중국패권의 뿌리와 이념

중국패권의 뿌리와 이념

이춘식

고려대학교출판부
KOREA UNIVERSITY PRESS

영원한 광복군

金俊燁 은사님을 추모하며

머리말

동서의 세계사 속에서 막강한 정치 · 경제 · 군사력과 선진문화를 기반으로 패권을 장악하고 세계질서를 수립하였던 경우를 보면 고대 오리엔트 지역의 페르시아 제국, 유럽의 로마 제국, 중동 지역의 이슬람 제국, 그리고 고대 지중해 세계, 중세 유럽 기독교 세계 등을 들 수 있다. 동아시아 세계에서도 이 같은 세계질서 수립이 중국을 중심으로 수차 실현되었는데 이것이 중화세계질서(The Chinese World Order)의 수립이었다.

1차 중화세계질서는 양한 시대(前漢 전206-후5, 後漢 25-220)에 수립되었는데 당시 양한 제국은 강력한 군사력, 방대한 경제력, 고도의 선진문물을 배경으로 주변 후진 약소국가와 군소 부족국가들에게 중국식의 왕(王), 후(侯), 군(君) 등의 작위를 수여하고 외신으로 책봉하여 봉건적 세계질서 안으로 포섭하였다. 이에 따라서 동아시아에는 한 제국 천자를 정점으로 한 제국을 내번(內藩)으로 약소 주변국을 외번(外藩)으로 한 봉건적 중화세계질서가 수립되었다.

2차 중화세계질서의 수립은 수당(隨唐, 581-907)제국 시대였다. 특히 당 제국은 북방의 동돌궐 유목제국을 정벌하고 이어서 서역 국가들과 서돌궐을 점령하였으며 동쪽의 백제와 고구려를 멸망시키고 동남아시아 지역을 장악하였다. 당 제국은 이 같은 정복지에 안동 · 안북 · 선우 · 북정 · 안서 · 안남의 6개 도호부(都護府)를 설치하여 통령하고 그 외의 주변국과는 봉건적 책봉입공관계를 수립하였다. 당 제국은 당시 동아시아 최고의 선진문화를 이룩하고 있었으므로 페르시아, 사라센, 중앙아시아 제국, 발해, 신라, 일본, 동남아시아 제국 등지에서 조공사, 교역상, 유학생, 구법승, 여행자들이 구름같이 몰려들어 모두 당 문화를 수렴하였다. 그러므로 당 제국의 수도 장안은 서방의 콘스탄티노플, 중동의 바그다드와 더불어 세계 3대 문화 중심지로 발달하였으며, 동아시아 세계에서는 당 제국을 중심으로 한 중화세계질서가 수립되었다.

3차 중화세계질서의 수립은 명청 제국(明淸, 1616-1912) 시대였다. 이 중에서 특히 대청 제국은 중국 본부와 만주 외에 대만, 만주, 내외몽골, 신강, 서장의 광대한 지역을 직접 통치하였으며 조선, 유구, 태국 등을 포함한 30여 국이 청 제국 황제의 책봉을 받아 입공을 행하였다. 또 청대에는 중국 문화가 크게 발달하였으므로 수도 북경은 동아시아 세계의 정치, 경제, 문화의 중심지로 발달하여 영광을 자랑하고 주변 각국은 이 같은 중국의 선진문화를 적극적으로 수입하였다. 여기에서 동아시아 세계는 대청 제국을 중심으로 중화세계질서가 수립되었다.

이 같이 수차 수립된 중국의 중화세계질서는 유일무이한 천명의 봉행자 중국 천자의 약소 주변국 군주에 대한 봉책제수(封冊除授)와 주변국 군주들의 중국 천자에 대한 사신 파견과 입공의 봉표칭신(遣使奉表稱臣)의 조공관계로 수립되었다. 그리고 이 같은 조공관계를 매개로 동아시아 세계에는 차등적 국제질서가 수립되어 중국을 중심으로 하나의 느슨한 문화적 통일세계를 이루고 있었다. 그런데 중국 측에서는 이 같은 조공관계 수립을 중국 천자에 대한 봉건적 신속관계로 인식하고 있는 반면 주변국은 국익 차원에서 수용한 단순한 의례적 절차로 인식하고 있었으므로 조공관계에 대한 중국과 주변국 간의 인식은 상당한 차이를 노출하고 있다.

사실 중국을 포함한 주변국들은 무력을 포함한 총체적 국력 면에서는 국력의 차이가 극심하였으나 본질적으로는 국력 강약에 관계없이 모두 자주국가였다. 그리고 조공관계를 수용한 후에도 자주국가 성격을 그대로 유지하고 조공관계를 통해서 외교와 교역 등을 계속하고 있었으므로 중국과 주변국 간의 조공관계의 본질은 후술하는 바와 같이 국제역학관계에 기본한 대국과 약소국 간의 차등적 국제관계였다. 그런데 종래 연구는 주로 패권국 중국을 중심으로 수립된 중화세계질서의 구성과 제도에만 집중되었으며 약소 주변국의 정치 · 경제 · 군사 · 문화적 입장에 대한 연구는 소홀히 하였는데 조공관계 수립의 한 축을 이루고 있던 주변국 입장에 대한 연구도 병행되어야 할 것이다.

또 중국은 중화세계질서 수립 후 주변 각국의 지정학적 위치에 따라서 상이한 정책을 취하였으며 주변국의 조공관계 수용의 이유와 배경도 각국의 내외의 전략적 상황과 지정학적 위치에 따라서 다양하였다. 그러므로 중국의 주변국에 대해 시행했던 정책과 주변 각국의 조공관계 수용의 정치적 의도와 입장 등에 관한 종합적인 연구도 병행되어야 동아시아 세계에서 중화세계질서 수립의 본질과 성격을 보다 분명히 파악할 수 있을 것으로 생각된다.

한편 중국 천자를 정점으로 한 중화세계질서 수립의 이면에는 유가의 통치사상이 자리하고 있다. 약육강식이 난무하였던 춘추전국 난세 속에서 출현한 유가들은 천명의 신성적 권위와 위엄에 의탁한 주 왕조의 통치사상과 천하일국상을 계승하고 또 주변의 몽매한 이적만이들을 봉건제도의 확대를 통하여 수용하여 중국 천자를 정점으로 화 · 이로 구성된 봉건적 천하일국상을 제시하였다. 그리고 이 같은 유가의 통치사상과 천하일국상은 이후 한 제국의 대외정책 독트린으로 채택되었으며 한 제국의 방대한 경제력, 고도의 선진문물 그리고 막강한 군사력과 연계되어 주변국 외번화(外藩化)와 천하일국의 봉건적 세계질서 수립 추진의 이념적 원동력이 되었다.

그런데 한 제국 천자를 정점으로 한 제국을 중심으로 화 · 이를 망라한 천하일국의 봉건적 세계질서 수립은 사실상 한 제국의 동아시아 세계 패권 장악이었으며 이념적으로는 천명의 신성적 권위와 위엄에 의탁된 유가 통치사상과 봉건적 천하일국상의 정치 · 군사적 실현이었다. 이런 점에서 한 제국의 동아시아 패권 장악은 바로 유일무이한 천명의 봉행자인 한 제국 천자가 '하늘의 뜻'을 받들어서 화 · 이로 구성된 천하 만백성들을 보살피라는 천명의 구현이었다. 그리고 이 같은 유가의 천명에 의탁한 통치사상과 봉건적 천하일국상은 한 제국 이후 역대 왕조로 전승되었다.

그러므로 중국 역대 통일왕조 군주들은 이 같은 유가의 통치사상과 봉건적 세계질서 구현에 집착하여 방대한 경제력, 고도의 선진문물, 막강한 군사력으로 약소 주변국 외번화를 강행하였으므로 동아시아 세계에서는 중국에서 새로운 통일왕조가 출현할 때마다 정치 · 군사적인 대지각 변동을 겪게 되었다. 이런 점에서 동아시아 세계에서 중국의 패권 장악과 천하일국의 봉건적 세계질서 수립에 대한 연구는 정치 · 군사적 측면뿐만 아니라 사상과 이념적 측면에서도 연구가 병행되어야 할 것이다.

이 책에서는 동아시아에서 최초로 전개되었던 한 제국, 흉노 유목제국, 남월국, 위만조선, 서역의 도시국가와 서남이 부족국가들로 구성되었던 열국 시대, 한 제국의 지정학적 위치, 은(殷) · 주(周) · 진(秦) 제국 이래의 통치사상과 통치이념의 성격, 한 제국과 주변국 간의 문화 발달 수준과 차이, 주변국의 지정학적 위치와 정치 · 경제 · 문화적 실체와 사정 등의 다각적 시각에서 검토하여 동아시아에서 처음으로 수립되었던 한 제국의 동아시아 패권 장악과 천하일국의 봉건적 세계질서 수립의 실체, 성격, 의미를 살펴볼 것이다. 그리고 조공의 실체, 성격, 의미를 한 제국의 입장과 주변국의 입장에서 공평하게 밝히고 이를 통해서 조공관계를 매개로 수립되었던 한 제국의 동아시아 패권 수립의 실체와 성격 그리고 조공을 매개로 수립된 동아시아의 국제관계와 질서의 성격도 밝혀 볼 것이다.

이 책을 서술하는 데 이현희 박사의 학문적 협조와 조언에 깊은 감사를 드린다. 그리고 필자의 학문적 능력과 노력 부족 등으로 미진한 부분이 있을 것인데 다음 기회를 통하여 보충할 예정이다.

차례

제1장 은(殷)·주(周) 왕조의 국가구조와 통치이념의 발달

1. 은 왕조의 방읍연맹(邦邑聯盟)과 신정(神政)정치

1) 방읍연맹의 형성과 내복(內服)·외복(外服)의 성격

상고 시대의 중원 지역에는 그 내원을 알 수 없는 무수한 씨·부족들이 황하 양안을 중심으로 생활하여 왔는데 이 중에서 화하족(華夏族)이 최초로 농경을 시작하였다. 농경은 황하가 크게 구부러진 황토 지역을 중심으로 숲이 많은 서북부 고원과 늪이 많은 동부 지대 사이의 가장자리에서 시작되었는데 이후 황하 중류와 하류를 따라서 북중국의 광대한 평원 지역으로 확대되었다. 주지하는 바와 같이 산업혁명 이전의 경제에서 농경은 가장 선진적 경제였다.[1] 농경의 발달은 인구를 급속도로 증가시키고 증가된 인구는 주변으로 진출하여 토지를 개간하여 농경에 종사하고 취락을 건설하였는데 이 취락이 바로 도시로 발달하였다.

그러므로 중원에는 농경과 취락에 기반한 앙소문화(仰昭文化, 전?–

1) 신석기 시대의 농업혁명은 18세기의 산업혁명(The Industrial Revolution) 이상으로 인류의 정치·경제·사회·문화 등의 모든 방면에 거대한 영향을 끼쳤다. 우선 농경의 발달과 확대는 비약적인 식량 증산을 초래하고 비약적인 식량 증산은 필연적으로 급속한 인구 증가를 유발하였다. 이 같은 식량 증산과 급속한 인구 증가는 부족원의 대외 활동과 발전을 크게 자극하였다. 그리하여 부족원들은 주변 지역으로 진출하여 황무지를 농경지로 개간하고 또 잉여의 부족원을 이주시켜서 새로운 도시를 건설하였으므로 각 지역에서 인구의 확산과 도시 발달이 급속도로 진행되었다.

2500?)가 발달하고 이어서 농경과 도시에 기반한 용산문화(龍山文化, 전2300?-1800)가 출현하였다. 특히 용산문화는 기원전 2300여 년 전후로 묘저구(廟底溝) 제2기 문화, 후강(後崗) 제2기문화, 객성장(客省莊) 제2기문화, 전형적인 용산(龍山)문화로 발달하였다. 그리고 이 용산문화권의 확대로 광대한 중원 지역에는 농경과 취락에 기반한 성읍(城邑)이 무수히 출현하였는데 이것이 고대 중국 문헌에 기록된 방(邦)·읍(邑)·국(國)이었다.

이 같이 광대한 중원 지역에 무수히 출현한 방·읍·국의 구조를 살펴보면 각 방·읍·국의 중앙에는 조상신을 모시는 사당(祠堂)이 있고 사당의 중앙에는 '봉(封)'이라고 하는 토단(土壇)이 축조되고 그 위에는 나무로 만들어진 시조의 신상(神像)이 안치되었는데 이 사당은 각 방·읍·국 공동체의 결합과 종교적 구심점이었다. 농사의 풍년을 기원하는 봄제사(春季祭)와 수확을 감사하는 가을제사(秋季祭)를 비롯하여 방·읍·국에 관한 큰일 결정 등은 모두가 이 사당에 모여서 토론하여 결정하고 맹서를 하였다. 각 방·읍·국 밖으로는 사람들이 거주하는 취락을 중심으로 농경지(田), 목초지(牧), 임야(林) 등이 전개되어 있었다.

각 방·읍·국[2]의 성격을 보면 정치적으로는 군장의 강력한 영도하에 있는 자주집단이었고, 경제적으로는 농경에 기반한 자급자족집단이었으며, 군사적으로는 자위능력을 갖춘 무장집단, 그리고 사회적으로는 장기간의 씨족전통, 공동혈연의식, 공동운명의식 등으로 결속되었다. 그러므로 상고 중원 지역에 출현하였던 방·읍·국은 고대 그리스에서 융성하였던 도시국가(Polis) 또는 고대 중동 지역의 도시국가(City-State)와 성격이 아주 유사한 성읍국가(城邑國家, The Walled

2) 邦·邑·國의 구조와 성격에 관한 고증은 金兆梓, 「封邑國邦方辨」, 『歷史研究』 第2期, 1956, p.83-85 참조.

City-State)였다.[3] 그런데 『춘추좌전(春秋左傳)』에 의하면 상고 중원 지역에는 이 같은 방 · 읍 · 국의 성읍국가가 은(殷) 초기에는 3000여 국, 주(周) 초기에는 1800여 국 그리고 주 동천 시에는 1200여 국이 있었다고 기록하고 있는데[4] 이 같은 숫자를 믿을 수는 없다. 그러나 지금까지 출토되고 있는 방대한 유물과 유적지에 의하면 상고 중원 지역에는 광범위하게 전개된 선진적 농경 발달을 배경으로 무수한 방 · 읍 · 국의 성읍국가가 출현하였던 것은 분명하다.

그런데 이 같은 방 · 읍 · 국의 성읍국가 출현은 한마디로 말해서 전쟁의 결과였다. 위에서 말한 바와 같이 농경의 발달과 확대는 비약적 식량 증산을 초래하고 비약적 식량 증산은 급속한 인구 증가를 유발하였으며 이 같은 급속한 인구 증가는 농경지의 부족과 생활필수품의 결핍을 초래하였다. 고대 농경사회에서 토지는 유일의 생산수단이었으므로 각 방 · 읍 · 국의 부족사회에서 농경지의 부족은 심각한 것이었다.

이에 따라서 새로운 농경지가 경쟁적으로 개간되고 새로운 취락이 새로 조성되어 세력을 확대하여 갔는데 이 과정에서 각 방 · 읍 · 국 간의 군사 · 경제적 이해관계의 상충은 종종 무력 충돌을 야기하였으므로 경계 지역에 나무를 심어 영역을 표시하였는데 이것이 봉수(封樹), 봉강(封疆)의 수립이었다.[5] 그러나 시일이 지날수록 각 방 · 읍 · 국 간의 전쟁은 더욱 치열해지고 빈번해짐에 따라 무력이 약한 방 · 읍 · 국은 수시로 약탈되어 소각 당하고 조상의 사당(祠堂)과 제기(祭器) 등이 유린되고 부족원이 납치당하여 노예로 전락되었으며 전쟁에 패

3) 李春植, 「中國古代國家의 二重構造와 世界觀」, 『亞細亞研究』 第XXXV권, 第1號, 1992, p.98.

4) 『春秋左傳』, 25:23a.

5) 金兆梓, 「封邑國邦方辦」, 『歷史研究』 第2期, 1956, p.83.

배하는 경우에는 전체 부족원이 총체적 노예로 전락하는 경우도 발생하였다. 이에 따라서 대읍(大邑)은 주변 약소의 방 · 읍 · 국을 규합하고 약소의 방 · 읍 · 국은 대읍을 중심으로 결속하여 일종의 군사적 공수동맹(攻守同盟)을 체결하고 상호 간의 군사적 안보와 공동의 경제적 이해를 추구하였는데 이것이 방읍연맹(邦邑聯盟)의 결성이었다. 또 이 같은 방읍연맹을 촉진하였던 것이 치수사업이었다.

주지하고 있는 바와 같이 황하 남북 양안 유역을 중심으로 한 상고 중원 지역에는 광범위한 농경이 전개되고 있었으므로 각 부족의 주요 관심사는 토지 확보와 더불어 물 확보를 위한 치수사업이었다. 그런데 당시 황하를 중심으로 한 중원의 지세를 살펴보면 서부는 지형이 험난한 고원지대였으나 동부는 저지대였으며 평야였다. 그러므로 청해 고원에서 발원한 황하는 감숙, 몽골, 섬서, 산서 그리고 하남의 서부 고지를 통과하여 저지대인 동부 지역으로 흘러들었는데 비가 한번 오면 물줄기는 지세가 험난한 고원 지대를 통과하는 동안 급박해지고 또 이 사이에 산서의 분수(汾水), 섬서의 낙수(洛水)와 위수(渭水), 하남의 이수(伊水), 필수(泌水)의 지류가 황하의 본류에 합류하였다.

이에 따라서 동부의 평원 지대는 바로 범람되는 경우가 비일비재하였으므로[6] 당시 중원에서는 물을 관리하는 치수관개사업이 전체 부족 공동의 당면 과제가 되었다. 그러나 황하를 다스리는 치수사업은 너무 거대하였으므로 개개의 방 · 읍 · 국의 힘으로는 감당할 수 없었으므로 치수사업을 공동으로 추진하고 관리할 필요성이 대두되었는데 이것이 방읍연맹 추진의 한 배경이 되었다. 이에 따라서 상고 중원에는 군사적 안보와 공동의 경제적 이해관계에 의해서 수많은 방읍연맹이 결성되었으며[7] 이 같은 방읍연맹을 기반으로 마침내 국가가 출현하기 시

6) 王震中, 「試論我國中原地區國家形成的道路」, 『中國史硏究(京)』 3, 1984, p.14.
7) 晁福林, 「殷墟卜辭中的商王名號與商代王權」, 『歷史硏究』 5, 1986, p.47.

작하였는데 그중에서 가장 대표적인 것이 은(殷) 왕조(전1766?-1122)의 건국이었다.

은 왕조의 국가기반이었던 방읍연맹은 정치 · 군사적으로 강력하였던 은족(殷族)의 상읍(商邑)을 중심으로 결속한 수많은 대소의 방 · 읍 · 국으로 구성되었는데 얼마나 많은 방 · 읍 · 국으로 구성되었는지는 알 수 없다. 은대 유적지, 출토품, 갑골문 등의 자료를 기초로 방읍연맹에 기반한 은 왕조의 국가조직과 구성을 살펴보면 은왕이 거주하고 있던 수도 은허(殷墟)를 중심으로 근접 지역의 내복(內服)과 원격 지역의 외복(外服)의 이중으로 구성되었다.

내복은 은왕이 거주하고 있던 수도 상읍(商邑)과 그 주변의 교외 지역으로 구성되었다. 이 교외 지역에는 은왕의 수렵지가 있고 은 왕조 통치의 중핵을 이루고 있는 왕족(王族), 다자족(多子族), 다부족(多婦族) 등을 포함한 은 왕조 지배 씨족들이 주변의 전략적 요충지에 따라서 포진되어 거주하고 있었는데 이 내복은 은왕의 직접 지배를 받는 직할지였다.

외복은 은왕에 정치 · 군사적으로 복속하여 방읍연맹을 형성하고 있는 주변 이성(異姓)의 연맹부족들로 구성되었다. 이들 연맹부족은 은왕의 정치 · 군사적 영도 아래에 결속하여 은 왕조를 구성하고 은왕에 대한 정치 · 군사적 복속의 표시로 조공(朝貢)을 행하고, 은 왕실의 제사를 받들고, 점복(占卜)에 필요한 구골(龜骨) · 수골(獸骨) 등의 갑골(甲骨)을 헌상하였으며 노예와 노역을 제공하고 유사시에는 일정의 병력을 제공하였다. 은왕은 이에 대한 보답으로 농경에 필요한 여러 가지의 협조와 외부 침입에 대한 군사적 보호를 제공하였다.

외복 밖에는 수많은 이족(異族)의 방(方) 방국(方國)이 산재해 있었다. 이들 이족의 방 · 방국은 은왕에 복속하지 않고 있던 적대적 또는 독립적 성읍들이었는데 모두 산지족 또는 유목민이었기 때문에 평야에 정착하여 농경에 종사하고 있던 은족과는 생활양식과 풍속이 달랐으며 따라서 은 왕조와 많은 무력 충돌과 대립을 야기하고 있었다.

그런데 은 왕조의 방읍연맹을 형성하고 있는 방 · 읍 · 국의 성격을 살펴보면 내복 · 외복을 불문하고 정치적으로 강력한 수장(首長)의 통치하에 있는 독립집단이었으며, 경제적으로는 농경에 기반한 자급자족집단이었으며 군사적으로는 자위능력을 갖춘 무장집단이었다. 그리고 내부적으로는 강력한 전통의식, 공동혈연의식, 공동운명의식으로 결속된 독립적 성읍국가였다. 그러므로 은왕은 이 같이 정치 · 경제 · 군사적으로 독립적이었던 방 · 읍 · 국을 통어하기 위해서 이념적 통치제도와 방법을 강구하지 않을 수 없었으므로 돈독한 숭신(崇神)사상에 기반한 국가 주도의 대규모 제사를 거행하고 우주 천지자연 창조주 상제(上帝)의 절대적 권위와 위엄에 의탁한 정문(貞問, The Oracle Bones)정치를 시행하였다.

2) 정문(貞問)정치와 은(殷) 통치이념의 발달

은대에는 많은 신들이 존재하고 숭배되었는데 이들 신들 중에서 가장 숭배되었던 신들은 상제(上帝)를 중심한 자연신(自然神)과 조상신(祖上神)이었다. 상제는 은족의 족신(族神)이었으며 자연신과 조상신들을 포함한 모든 신들을 통제하고 있는 최고신이었다.[8] 최고신 상제는 천상에 거주하고 수하 신들을 통제하면서 대자연의 바람 · 구름 · 번개 · 비 등을 관장하고 수도 천도와 전쟁의 승패를 결정하며 수하 신들에게 명령을 내려 농사의 풍 · 흉을 내리게 하고 인간의 길흉화복과 운명, 일상생활사 등을 주재하는 것으로 인식되었다.

자연신은 하신(河神) · 수신(水神) · 악신(嶽神) · 산신(山神) · 토신(土

---

8) 赤塚忠, 『中國古代の宗教と文化-殷王朝の祭祀』, 東京: 角川書店, 1977, p.480. 李藤道治, 『中國古代王朝の形成』, 創文社, 1975, p.68.

神)·풍신(風神)·운신(雲神) 등으로 구성되었는데 모두 자연을 신격화한 것이었다. 자연신 중에서 하신(河神)은 농사의 길·흉을 장악하고 수신(水神)은 홍수·수해를 일으키고, 산신(山神)은 비를 내리게 하며 토신(土神)은 비와 바람 그리고 농사의 풍·흉을 좌우하고 운신(雲神)과 설신(雪神) 역시 비를 내리는 것으로 인식되었다. 이 같이 자연신은 인간의 생활과 농사에 대해 절대적 영향을 미치는 권능을 가진 것으로 인식되었으므로 극진히 숭배되었다.

조상신은 선공(先公)·선왕(先王)·선비(先妣)·선신(先臣) 등으로 구성되었는데 이들 조상신은 은 왕조가 건국되기 이전의 은족 조상들로 구성되었으며 모두 지상의 후손들에게 도움을 주는 것으로 인식되었으므로 역시 극진히 숭배되었다.

그런데 이들 자연신과 조상신의 출신 배경을 살펴보면 반드시 은 씨족의 고유신과 조상신들로만 구성되었던 것은 아니었다. 예를 들면 하신(河神)은 하족(河族)의 족신이었으며 악신(嶽神)은 악족(嶽族)의 족신이었다. 선공 중에도 은족의 시조로 알려진 계(契) 외에 곤(困) 씨족의 왕해(王亥), 풍족의 조상신 등의 다른 부족 출신의 족신이 포함되어 있었다. 또 선신 중에는 탕왕(湯王)을 도와서 은 왕조를 개국하는데 공이 컸던 이윤(伊尹), 대무(大戊) 시대의 현신이었던 무함(巫咸), 대갑(大甲) 때의 보형(保衡), 반경(盤庚) 시대의 지임(遲任), 무정(武丁) 때의 감반(甘磐) 등의 역대 현신들이 신격화되어 숭신되었는데 이들 조상신들도 은 씨족 출신이 아니었다.[9] 이 같이 은 왕실에서 숭배되었던 자연신과 조상신 중에는 다른 부족의 족신(族神)들이 다수 포함되었는데 그 이유는 은 왕조의 건국 과정에서 은 왕실이 주변의 약소부족들을 연맹 안으로 포섭하고 결속을 강화하기 위해 그들의 족신을

9) 晁福林, 앞의 책, p.43.

수용하였기 때문이었다.

이와 같이 은대에는 상제를 포함한 자연신과 조상신은 우주 천지자연을 통제하고 인간의 길흉과 운명, 농사의 풍년과 흉년, 전쟁의 승패, 국가 전쟁의 승패 등을 결정하는 권능을 가지고 있었으므로 이들 신들에 대한 제사는 매년 사철을 통해 주기적으로 거행되었다. 국가 주도의 제사는 은왕이 사제장이 되어 직접 주관하였으며 양 50마리, 소 300~400마리가 제물로 오를 정도로 대규모였으며 극진하고 성대하였다. 또 은 왕실의 제사만으로 그치지 않고 상제에 대한 숭배와 제사를 방읍연맹의 모든 부족들에게 거행하도록 하였다. 이에 따라서 각 연맹방 · 읍 · 국의 성지(聖地)에는 제단이 설치되고 주기적으로 중앙에서 제관(祭官)이 파견되어 제사를 주관하였는데 이것은 은왕이 은 왕실의 제사권을 장악하였을 뿐만 아니라 연맹방읍의 제사권까지 장악하였던 사실을 말하고 있다.

또 갑골문에는 은 왕조의 관직명이 많이 보이고 있는데 군사 업무를 취급했던 무관(武官) 직명과 더불어 제사를 주관했던 사관(祀官) 직명이 대부분을 차지하고 있다. 무관 직명으로는 마(馬), 다마(多馬), 사(射), 다사(多射), 삼백사(三百射) 등의 명칭이 많고 사관(祀官) 명칭은 윤(尹), 다윤(多尹), 작책(作册), 복(卜), 다복(多卜) 등[10]이 열거되어 있다. 이 같이 제사를 담당하는 사관 직이 군사를 담당한 무관 직과 더불어 은 왕조 관료제도의 중추를 이루고 있고 또 갑골문에는 '군사와 제사(王事戎祀)'가 나라의 가장 큰일(王事)[11]로 기록되어 있는데 이 같은 사실에 의하면 은 왕조에서 제사가 군사와 더불어 얼마나 중요하였는가를 말하고 있다.

다시 말하면 은 왕조에서 상제를 비롯한 자연신과 조상신에 대한

10) 具塚茂樹 編, 『古代殷帝國』, 東京: みすず書房, 1967, p.244.
11) 위 책, p.242.

국가 주도의 대규모의 성대한 제사는 단순한 종교의식의 발로 또는 일상생활의 행 · 불행, 농사의 풍 · 흉, 그리고 전쟁 승리에 대한 염원에서 거행되기도 하였지만 근본적으로는 은 왕조의 국가 기반이었던 방읍연맹을 구성하고 있는 연맹의 방 · 읍 · 국들을 은왕을 중심으로 정신적으로 결속시키고 유대를 강화하는, 즉 은 왕조 국가 기반을 공고히 하는 범국가적 대행사였다.

이와 같이 은대의 상제는 우주 천지자연을 창조하고 수하에 자연신과 조상신을 거느리고[12] 인간의 길흉과 운명, 농사의 풍흉, 천재지변, 전쟁의 승패 등에 대한 절대적 권능을 장악하고 있는 유일무이의 최고신이었으며 조상신과 자연신들도 농사와 전쟁 그리고 인간사에 막강한 권능을 가지고 있었다. 그리고 은 왕조의 국가기반이었던 방읍연맹 상호 간의 결속과 유대의 중추를 형성하고 있었으므로 은왕은 최고신 상제의 뜻을 받들어 정치를 하지 않을 수 없었다.[13] 은대 상제의 뜻은 정문(貞問, Oracle Bones)을 통해서 타진되었다.

정문은 정인(貞人)들로 구성된 정인집단에 의해서 행해졌다. 이 정인집단은 은 왕실의 일족으로만 구성되었던 것이 아니고 연맹의 각 부족에서 선발되어 구성되었다. 각 부족에서 선발된 정인들은 자신의 부족을 대표하여 점복기관인 정인집단에 참여하여 공동으로 정문을 행하였다. 정문(貞問) 또는 점복(占卜)의 진행 과정을 살펴보면 먼저 거북 등뼈와 소다리 뼈 등의 갑골 재료를 준비한 다음 석제 또는 청동제의 날카로운 칼 또는 끌로 한 면에 수 개의 구멍을 관통되지 않게 뚫은 다음에 길일(吉日)을 택하여 당상에 올려놓고 제사를 지냈다. 제사 후에 골면(骨面)을 불로 지지면 뒷면에 조문(兆文) 또는 복문(卜文)이 생겼는데 정인들은 이 복문에 나타난 균열의 형태, 수효, 길이, 크

12) 松丸道雄, 「殷周國家の構造」, 『世界歷史 4, 東洋編 4』, 東京: 岩波書店, 1970, p.61.
13) 赤塚忠, 『中國古代の宗教と文化-殷王朝の祭祀-』, 東京: 角川書店, 1977, p.499.

기, 주변 색깔 등을 종합하여 '상제의 뜻'을 판독하였으며 판독된 '상제의 뜻'을 바로 은왕에게 보고하였다. 그리고 은왕은 이 같은 '상제의 뜻'을 정책으로 받들어서 시행하였다.

이런 점에서 볼 때 정문은 상제가 인간에게 자신의 뜻을 전달하는 통교(通交) 수단이었으며[14] 정인들은 정문을 통해서 받은 '상제의 뜻'을 판독하여 은왕에게 보고하는 신관(神官)들이었다. 그리고 은왕은 정문을 통해서 계시된 '상제의 뜻'을 정책으로 받들어 지상에서 시행하는 유일무이한 상제의 대리자였다.[15] 그리고 정치 · 군사적으로 독립적이었던 은 왕조 방읍연맹의 방백(方伯), 제후(諸侯)들은 이 같이 '상제의 뜻'을 받들어 시행하는 유일무이한 상제의 대리자 은왕의 신성성[16]을 인정하고 은왕 통치[17]에 복종하지 않을 수 없었는데 이것이 바로 은 왕조의 신정과 정문정치의 본질이었다.[18]

3) 정문정치와 사극(四極) · 사방(四方)

은 왕조의 수도 상읍(商邑)은 은왕의 거주지였으므로 왕도대읍(王

---

14) 貝塚茂樹 編, 앞 책, p.229.

15) 赤塚忠, 앞 책, p.499, 松丸道雄, 앞 책. p.61 참조.

16) 貝塚茂樹 編, 앞 책, p.229.

17) 위와 같음.

18) 갑골문에 나타난 정인의 이름을 보면 정인의 명칭이 부족의 명칭과 일치하는 경우가 많은데 이것은 정인 개개인이 자신의 부족을 대표하고 있는 사실을 말하고 있다(貝塚茂樹, 『中國古代史學の發展』, p.274). 이 같이 각 부족을 대표한 정인들이 은 왕조 최고정책기관이었던 정인집단에 참여하고 복문(卜問)에 계시된 신의를 공동으로 판독하여 정책을 결정하였다고 하는 것은 연맹의 부족들이 정인의 파견을 통해서 은 왕조의 정치에 참여하고 있었던 사실을 말하고 있다. 이런 점에서 정문은 단순한 주술적 행사가 아니라 은 왕조의 정책을 결정하는 중요한 정치적 행사였다. 그리고 각 부족의 정인들이 참여하여 국가 정책을 공동으로 결정하였다는 것은 은 왕조의 정치가 정문에 의해 판독된 신의(神意)를 행하는 신정정치였다고 해도 실제적으로는 각 부족 정인들의 공동 참여에 의한 일종의 부족연맹정치였음을 말하고 있다(「殷(商)代 朝貢의 性格에 대하여」, 『宋甲鎬敎授 停年退任記念論文集』, p.18-19 참조).

都大邑)이라고도 불렀는데 갑골문에는 상읍을 아래와 같이 표기하고 있다.

"천읍상(天邑商)"[19)]
"대읍상(大邑商)"[20)]

여기에서 보면 은족은 왕도대읍이었던 상읍을 천읍(天邑) 또는 대읍(大邑)이라고 불렀다. 천읍과 대읍의 의미를 살펴보면 '천(天)'과 '대(大)'는 같은 의미로 '위대' '신성'을 뜻하였으므로[21)] '천읍' '대읍'은 "위대한 읍" "신성한 읍"으로 해석할 수 있다. 또 주 왕실은 주 왕조를 개국한 후에 황하 연안의 낙읍(洛邑)을 새로운 정치 · 군사적 거점으로 선정하여 성주(成周)를 조성하였는데 성주를 완공한 후에 주공(周公)은 성주 건설에 동원되었던 은 왕조의 구 관료들과 유민들을 모아 놓고 그 동안의 수고에 대해서 위로하면서 겸하여 훈계의 연설을 행하였다.

"내 감히 하늘이 내린 도읍 상읍에서 그대들을 찾을 것이다(肆予敢求爾于天邑商)."[22)]

정현(鄭玄)은 주소에서 천읍은 상읍을 의미한다며 본래 하늘이 세운 도시로 설명하고[23)] 제임스 레그(James Legge)는 은왕의 거주지였기 때

---

19) 羅振玉 編, 『殷墟書契 前篇』, 1912, p.2, 3, 7. 陳蒙家, 『殷墟綜述』, 北京: 1956, p.255-257.
20) 위와 같음.
21) H · G, Creel, *The Origins of Statecraft in China* Vol 1, Chicago and London: The University of Chicago Press, 1970, pp.498-501.
22) 『尙書注疏及補正』, 「周書」, p.2a.
23) 위 책, 「周書」, p.2b.

문에 천읍으로,[24] 설명하고 있는데 이 같은 해석을 종합해 보면 천읍상, 대읍상의 의미는 하늘이 건립한 '신성한 읍,' '세상의 중앙에 위치한 읍'으로 이해할 수 있다. 다시 말하면 상읍을 천읍 또는 대읍이라고 불렀던 이유는 정문을 통해 계시된 '상제의 뜻'을 지상에서 실천하는 유일무이한 상제의 대리자 은왕이 거주하는 신성한 지역이었으므로 천읍 또는 대읍으로 불렀던 것으로 생각된다.

또 『춘추좌전(春秋左傳)』에 일만여 국,[25] 『묵자(墨子)』에 일만여 국,[26] 『여씨춘추(呂氏春秋)』에 일만여 국,[27] 그리고 『예기(禮記)』에 713여 국[28] 등의 방 · 읍 · 국의 기록이 있다. 물론 이들 기록은 모두 후대 것이므로 그대로 믿을 수 없다. 그러나 농경을 기반으로 앙소문화가 발생하고 이어서 농경과 도시에 기반한 용산문화가 융성하여 전 중원으로 확대되었던 사실을 감안하면 상고 중원에는 무수한 방 · 읍 · 국이 점철되어 있었던 것은 분명하다. 또 갑골문에도 1000여 개의 성읍국가들이 있었다는 기록이 있고 은 왕조 외복 밖에는 은왕에 복속하지 않는 수많은 이족의 독립적 방(方) 방국(方國)들도 산재하여 은 왕조에 대해서 침탈을 빈번히 감행하고 있었는데 이 같은 사실을 감안하면 은 왕조 말기와 주 왕조 초기에 무수한 방 · 읍 · 국들이 병립하여 있었을 것으로 생각된다.

또 갑골문에는 이 같은 1000여 개의 방 · 읍 · 국 중에서 상읍을 중방(中方), 중읍(中邑), 중국(中國), 중상(中商)이라고 불렀는데 모두 은왕 거주지 상읍의 지칭이었다. '사극(四極)'의 용어도 보이고 있는데 이 '사극'의 뜻을 살펴보면 『이아(爾雅)』 「석지(釋地)」 주에는 '사방의 아주

---

24) James Legge, *The Shoo king or The Book of Historical Documents*, p.460.

25) 『左傳住疏及補正』, 58:14a.

26) 『墨子』, 臺灣: 商務印書館印行, 5:10a.

27) 『呂氏春秋』, 19:9a.

28) 『禮記鄭注』, 4:3a.

멀리 있는 나라(皆四方極遠之國)'로 해석하고 있다.[29] 그리고 폴 휘틀리도 상읍을 사방(四方)의 중심(The Pivot of the Four Quarters)으로 해석하고 있는데[30] 이 같은 사실에 의하면 은대에 은왕의 거주지 왕도대읍 상읍을 중심으로 수많은 대소의 방 · 읍 · 국들로 구성된 하나의 세계, 즉 사방 · 사국의 세계가 형성되어 있었던 것은 분명하다.[31]

다시 말하면 은대에는 '상제의 뜻'을 지상에서 시행하는 유일무이한 상제의 대리자 은왕이 주재하는 신성한 지역 '천읍' 즉 상읍을 중심으로 은 왕조의 방국연맹을 포함한 1000여 개의 대소 방 · 읍 · 국으로 구성된 하나의 세계 즉 사방 · 사극이 형성되어 있었다. 그리고 은왕은 정문을 통해 계시 받은 '상제의 뜻'을[32] 지상에서 실천하는 유일무이한 상제의 대리자였기 때문에 사방 · 사극은 은왕의 이념적 통치영역이었다고 할 수 있다.

이 같은 사실을 종합해 보면 은왕은 은 왕조의 정치 · 군사력이 미치는 한정된 지역의 세속적 통치자였지만 이념적으로는 정문을 통해서 받은 '상제의 뜻'을 지상에서 시행하는 유일무이한 상제의 대리자였기 때문에 주변 대소 방 · 읍 · 국으로 구성된 사극 · 사방의 유일무이한 통치자였으며 유일무이한 상제의 대리자 은왕을 정점으로 은 왕조와 사방 · 사극으로 구성된 하나의 천하일국상이 출현하였다고 할 수 있다.

---

29) 『爾雅注疏(十三經注疏)』, 「釋地」, 北京: 北京大學出版社, 2000, p.221.

30) Paul Wheatley, *The Pivot of The Four Quarters, Edinburgh*: University of Edinburgh Press, p.84.

31) 김한규, 『天下國家』, 서울: 소나무, 2005, p.59.

32) 具塚茂樹 編, 앞 책, p.229.

2. 주 왕조의 봉건제도와 천명(天命)사상

1) 봉건제도의 구성과 내복 · 외복의 성격

기원전 1121년경 목야(牧野)의 전투에서 은(殷) 왕조를 멸망시키고 주(周) 왕조를 개국한 주 무왕(武王)은 수도를 호경(鎬京, 섬서성 서안 부근)에 정하고 봉건제도를 주 왕조의 통치제도로 채택하여 전국적으로 실시하였다.

이 봉건제도의 실시에 따라서 주 무왕은 전국의 전략적 요충지에 주 왕실의 자제와 원근의 일족 및 동맹부족들을 제후로 분봉하여 배치하였는데 배치 이전에 피봉된 제후들은 주 왕실의 태묘(太廟)에서 거행된 석명예식(錫命禮式)에서 주 무왕으로부터 책명(策命)을 받고 주왕에 대한 충성과 의무 이행을 서약한 후에 자신의 봉지(封地)로 출발하였다. 그러나 봉지 주변에는 적의에 찬 수많은 토착민들이 활거하고 수시로 침탈하고 있었으므로 수적으로 열세이고 또 고립되었던 제후들은 우선 주변 이족의 침탈을 방지하고 안정을 이룩할 수 있는 정치 · 군사적 거점이 필요하였다.

이에 각 제후는 자신의 봉지에 국(國)을 조성하고 자제와 일족들을 전략적 요충지에 배치하여 성읍을 조성하게 하였는데 이것이 경(卿) · 대부(大夫)의 채읍(采邑)이었다. 이렇게 각 제후는 봉지 내의 전략적 요충지에 정치 · 군사적 거점을 조성한 후에 다시 주변 토지에 농경지를 조성하여 경제적 기반을 확보하였는데 이것이 『시경(詩經)』과 『상서(尙書)』 등에 보이는 봉읍(封邑) · 봉국(封國) 등의 제후국 수립이었으며, 그 수효는 대체로 100-180여 국으로 추산된다.

이 같이 전국의 전략적 요충지에 수많은 제후들을 분봉하여 주 왕실의 번병(藩屛)을 구축한 주왕은 다음으로 이들 제후들을 통어할 수 있는 정치제도를 마련하였는데 그것은 조공(朝貢), 순수(巡狩), 조빙(朝

聘)제도 시행과 종법(宗法)제도의 도입이었다. 주왕은 제후들의 주기적 조근(朝覲)과 헌공(獻貢)의 조공 이행을 통하여 주왕과 제후 간의 봉건적 신속관계를 수립하고, 제후국에 대한 주왕의 순수를 통하여 각 지역 제후들의 시정(施政)을 시찰하고, 제후 상호 간의 조빙을 통하여 상호 간의 화합과 결속을 도모하였다.

그리고 동일혈연에 기반한 종법제도를 봉건제도 안으로 도입하여 주왕과 제후 간의 관계를 대종(大宗)과 소종(小宗)관계에 기본한 본가(本家)와 분가(分家)의 관계를 수립하고 이성제후(異姓諸侯)들은 동성불혼(同姓不婚)의 법칙에 의해 주 왕실의 인척으로 포섭하여 주 왕실을 중심으로 혈연적 결속과 유대를 강화하였는데 이것이 종법제도와 봉건제도에 기반한 주 왕조의 종법봉건제도(宗法封建制度)였다.

그러나 각 제후국의 내부 조직, 구성 그리고 성격을 살펴보면 제후국은 분봉 당시부터 이미 자립적이었다. 각 제후국은 수많은 대소의 읍으로 구성되었는데 이 같은 각 읍의 내부구조는 은대의 방 · 읍 · 국의 성읍국가 구조와 마찬가지로 중앙에는 조상을 모시는 사당(祠堂)이 있었다.

이 사당에서 농사의 풍년을 기원하는 춘제(春祭)와 가을 수확을 감사하는 추제(秋祭)가 거행되고 큰일이 있을 때 국인(國人)들이 모두 모여서 토론하고 결정하였으므로 사당은 공동체 결속의 정신적 구심점이었다. 또 사당의 주변과 아래에는 지배 씨족의 궁실, 무기와 제기를 보관하는 건물, 공인들의 작업장, 묘지 그리고 서인들의 주택으로 이루어졌으며 국 주변 멀리에는 농경지, 목초지, 임야, 황무지 등이 펼쳐져 있었는데, 이 같은 주 왕조 제후국의 내부 구성과 조직은 은대 방 · 읍 · 국으로 구성된 성읍국가와 별로 다를 것이 없었다.

또 제후국의 내부 성격을 살펴보면 제후국은 초기에는 주 왕실의 강력한 무력을 배경으로 종법제도에 기반한 공동혈연의식과 공동운명의식 등을 매개로 주왕을 중심으로 강력히 결속되어 있었으나 긴 세월이 지나면서 세대가 교체되고 분족(分族), 재분족(再分族)의 과정을 거치면서 공동혈연의식과 공동운명의식에 기반한 상호 간의 유대와 결속이 약화되었으므로 마침내 주왕과 제후국 그리고 제후국 간의 상호관계가 소원해졌다.

또 공동혈연의식과 공동운명의식의 약화와 병행하여 각 제후국은 각 지역의 자연환경과 지리적 조건에 따라서 토착화되기 시작하였다. 각 지역 제후국의 자연환경과 지리적 조건은 서로 달랐을 뿐만 아니라 선주민이 이룩한 토착문화도 각기 달랐다. 그리고 제후 일족의 문화수준도 토착민의 문화수준보다 반드시 높은 것이 아니었으므로 토착문화와 주변의 자연환경과 지리조건에 적응되는 정책을 취하지 않을 수 없었다. 이에 따라서 각 제후국의 문화는 긴 세월이 지남에 따라서 지역적 차이와 환경에 적응된 토착적 문화가 형성되면서 주 왕실 문화로부터 점차로 유리되어 갔다.

또 각 제후국의 내부에서는 제후를 정점으로 한 제후 일족들이 장구한 시일에 걸친 공동생활과 매년 정기적으로 거행되는 조상제사를 통해 형성된 공동혈연의식과 공동운명의식 등을 기반으로 강력히 결속하면서 새로운 지배 씨족으로 성장하여 서인들을 직접 통치하고 외부의 침입이 있는 경우에는 무력으로 방어하였다. 그러므로 제후를 정점으로 한 제후 일족의 지배 씨족들이 각 제후국의 실제적 정치 · 군사적 지배자였으며 주왕에 대해서는 조공을 통해서 간접적으로 복속만 하고 있었다.

이와 같이 수많은 독립적 제후국들로 구성된 주 왕조의 봉건제도는 주왕을 정점으로 내복(內服)과 외복(外服)의 이중구조로 조직되었다. 내복은 종주 호경(鎬京)과 성주 낙읍(洛邑)을 중심한 광대한 왕기(王畿) 지역으로 구성되었는데 주왕은 이 내복에 백료(百僚), 서윤(庶尹), 유아

(惟亞), 유복(惟服), 종공(宗工)과 같은 지방 장관과 관리들을 임명하여 통치하였으므로 내복은 주왕의 직할지였다.[33] 외복은 주 왕조 건국에 공훈을 세우고 신뢰할 수 있는 주 왕실의 일족과 이성의 동맹부족들이 후(侯), 전(田), 남(南), 방백(方伯) 등으로 임명된 제후국과 주 왕조 건국에 협조한 타성의 군소 제후들로 구성되었다.

그러므로 주 왕조의 봉건제도는 왕을 정점으로 내복과 외복의 이중구조로 구성되었으며 내복 외복의 모든 제후들은 주왕에 대해서 조근이행과 공물 헌상을 통해서 복속하고 있었다. 그러나 모두 정치 · 군사적으로 거의 독립적이었으므로 내복과 외복의 이중적으로 구성된 주 왕조의 봉건제도는 거의 독립적인 다수 제후국들로 구성되었다.

이런 점에서 볼 때 주왕을 정점으로 내복과 외복의 다수 제후국으로 구성된 주 왕조 봉건제도의 조직은 은왕을 정점으로 내복과 외복의 다수 제후국으로 구성되었던 은 왕조 방국연맹의 조직과 본질적으로 같은 것이었으므로 은 왕조의 은왕과 방읍연맹의 제후, 제백과의 관계가 대방 후(侯)와 소방 후(侯)와의 관계였던 것과 주왕과 제후와의 상호관계도 본질적으로는 대방 후와 소방 후와의 관계였다.

따라서 주왕은 정치 · 군사적으로 거의 독립적인 제후들을 통어하기 위해 은 왕조에서와 같이 어떠한 형태의 통치이념이 필요했는데 그것은 우주 천지자연의 창조주 '천(天)'의 절대적 권능과 위엄에 의탁한 '천명(天命)'사상의 창출이었다.

2) 천명(天命)사상과 주(周) 통치이념의 발달

『시경(詩經)』에 의하면 우주 천지자연의 창조주 '천'이 주 왕조 개국 이전의 주족 군장 창(昌)에게 부패, 타락한 은 주왕(紂王)을 멸하고 새

33) 伊藤道治, 『中國古代國家の支配構造』, 東京: 中央公論社, 1987, p.369.

로운 나라를 창업하여 백성들을 다스리라는 천명(天命, The Order of Heaven)을 내렸다고 서술하고 있다. 그러므로 당시 창이 하늘로부터 받았다고 하는 천명을 이해하기 위해서는 '천(天)'과 '명(命)'의 의미를 먼저 살펴볼 필요가 있다.

'천'은 『설문해자(說文解字)』에 의하면 「一」과 「大」로 되어 있는데 그 뜻은 '眞' 혹은 '頂'의 뜻으로 '지고무상(至高無上)'의 뜻이었다. 또 설문(契文)에는 「」, 금문(金文)에는 「」, 맹정(盂鼎)에는 「」의 형태로 묘사되어 있는데 모두 머리 위의 「」「」「」을 강조하고 있다. 그 뜻은 '사람의 머리 위(人頭上)'를 의미하였는데 후에 그 뜻이 점차로 변하여 사물의 두정(頭頂), 만물의 전정(顚頂)의 뜻으로 발전하여 마침내 '천'을 의미하게 된 것으로 설명하고 있다.[34)]

그러나 주대에는 '천'이 단순히 창공(蒼空), 천공(天空) 그리고 두정(頭頂), 전정(顚頂) 등을 의미하는 것만은 아니었다. 주대의 '천'은 우주 천지자연을 창조한 조물주, 천지자연의 법칙을 운행하고 인간사를 제어하는 규제자, 유덕자에게 천명을 내리고 악인에게 천벌을 내리는 불가항력의 절대신이었으며,[35)] 동시에 주족의 조상신이었고 최고신이었다.[36)] 그러므로 주대에 '천'은 우주 천지자연을 창조한 조물주 그리고 주족의 조상신으로 숭배되었으며 매년 주기적으로 성대한 제사를 통하여 신앙되었다.

'명(命)'은 '하늘의 뜻(天志)' 또는 '하늘의 명령(天命)'이 자연계의 현상 또는 인간의 생활 속에서 어떠한 형상, 형태로 반드시 시현되는

34) H. G. Creel, *The Origins of Statecraft in China*, Vol.1, Chicago: The University of Chicago Press, 1970, p.260. 좀 더 자세한 내용은 「釋天」, 『燕京學報』 XVIII, 1935, pp.59-71 참조.

35) 郭沫若, 「天の思想考」, 『東洋思潮』, 東京: 岩波書店, 1935, pp.36-37. 梁啓超, 『先秦政治思想史』, 「天道思想」 참조.

36) Bernard Karlgren, "Some Sacrifies in Chou China", *The Museum of For Eastern Antiquities*, No.40(1968), p.8.

궁극적 과정을 의미했다.[37] 그러므로 공자는 지명(知命), 노자는 복명(復命), 묵자는 비명(非命), 순자는 제명(制命) 등을 언급했으며 또 왕조의 교체 또는 통치의 정통성을 대변하는 천명(天命), 인간의 수명과 길흉에 관한 운명(運命), 그리고 인간의 도덕적 본성인 성명(性命) 등으로 다양하게 사용되어 왔는데 이 같은 '천명'에 관한 언급이 주 왕조의 개국과 관련된 『시경(詩經)』과 『상서(尙書)』에 많이 보이고 있다.

> "너의 크게 밝으신 문왕께서는 덕을 밝히고 죄를 삼가하였고 늙은 홀아비와 과부들을 무시하지 않았으며 수고하고 공경스럽고 위엄 있게 백성들을 깨우쳤다 … 이 일이 하늘에 알려져 하늘이 기뻐하고 문왕에게 대명을 내리어 은 나라를 멸하게 하여 왕업을 이루게 하였다(惟乃丕顯考文 克明德 慎罰不敢侮鰥寡 庸庸祗祗威威顯民 … 冒聞于上帝 帝休 天乃大命文王 殪戎殷誕受厥命)."[38]

> "하늘은 대방 은의 명을 마치게 하였다(天旣遐終大邦殷之命)."[39]

> "왕이 말하기를 은 나라의 관리들이여 불행하게도 하늘은 은 나라에 크게 실망하여 멸망의 화를 내리셨다. 우리 주는 하늘의 밝음과 징벌을 행사하여 은왕을 징벌하여 하늘의 뜻대로 은의 명줄을 끊은 것이다. 은 관리들이여 우리 소국 주가 감히 은 나라를 멸한 것이 아니다. 오로지 하늘이 도운 것이다. 우리가 어찌 제위를 구하랴 … 하늘이 두려움을 밝힌 것이다 … 뒤에 하(夏) 나라는 안일에 크게 빠져 하늘의 명을 거역하였으므로 마침내 하늘이 벌을 내린 것이다. 그래서 너희 선조 성탕에게 하 나라를 개혁하고 백성들을 다스리게 한 것이다. 그러므로 성탕에서 제을까지 덕을 밝히고 제사를 받들지 않음이 없었다 … 그러나 뒤에

---

37) 李愛熙, 「宋代의 天命觀에 관하여」, 『人文硏究』 第19輯, 1984, p.54.
38) 『尙書注疏及補正』, 「周書」 14:21b.
39) 위 책, 「周書」 15:29a.

은 나라 왕들은 하늘의 위엄을 밝히지 못하였다 … 끝없이 안일에 빠져서 하늘과 백성들을 공경하지 않고 돌보지 않았으므로 마침내 하늘이 이 같이 대멸망을 내렸다 … 은 나라의 관리들이여 우리 주는 큰 은총으로 하늘의 사업을 계승하였고 은 나라를 멸하고 보고하라는 명을 받았다(王若曰爾殷遺多士 弗弔旻天大降喪于殷 我有周佑命將天命威 致王罰勑殷命終于帝 肆爾多士非我小國敢弋殷命 惟天不畀允罔固亂弼我我其敢求位 … 唯天明畏 … 嚮羽時夏 弗克庸帝 大淫 有辭 惟時天罔念聞厥 厥惟廢元命降致罰 乃命爾先祖成湯革夏 俊民甸四方 自成湯至于帝乙 罔不明德恤祀 … 殷王亦罔敢失帝 罔不配天其澤 … 爾殷多士 今惟我周王丕靈承帝事 有命曰割殷 告賴于帝)."[40]

"우리는 하(夏) 나라를 귀감으로 하지 않을 수 없습니다 … 하 나라의 우는 천명을 받아 오랫동안 나라를 잘 다스렸습니다. 하 나라가 더 이어지지 못한 것은 덕을 공경하지 않아 명이 일찍이 땅에 떨어졌기 때문입니다 … 은 나라도 천명을 받아서 오랫동안 다스렸습니다 … 은 나라가 더 이어지지 못한 것은 덕을 공경하지 않아서 일찍이 그 명을 잃었기 때문입니다. 지금 왕께서는 천명을 받으셨습니다. 이제 주 나라는 두 나라의 운명을 거울삼아서 그 업적을 이어받아야 합니다(我不可不監有夏 亦不可不監有殷 … 夏服天命 惟有歷年 … 不其延 惟不敬厥德 乃早墜厥命 … 有殷受天命 惟有歷年 … 不其延 惟不敬厥德 乃早墮厥命 今王嗣受厥命 我亦惟茲二國命 嗣若功)."[41]

이 같이 천명에 관한 언급이 『상서』의 「소고」「다사」「다방」 등의 여러 편에 많이 언급되고 있다. 천명 언급의 시기와 내용은 모두 무경녹부(武庚錄父)를 중심한 은 나라의 제후, 관리, 유민들의 반란을 진압하고 이를 회유하고 무마하는 연설에서 많이 나타나고 있는데 그 내용은 한결같이

---

40) 위 책, 「周書」 1a.
41) 위 책, 「召告」 30a.

주가 은 나라를 대신해서 하늘로부터 천명을 받았다는 사실을 강조하고 있다. 즉 소국 주(周)가 대국 은(殷)을 멸하고 새로 왕조를 건국한 것은 단순한 무력행위가 아니라 은왕 주(紂)가 부덕 실정하였기 때문에 천명을 잃고 대신 주가 천명을 받아서 은을 멸한 것이라고 해명하고 있는 것이다.

다시 말하면 은 나라는 주의 무력 정벌에 의해 멸망한 것이 아니라 부덕, 실정으로 인해서 하늘로부터 천벌을 받은 것이라고 하였으며 이것은 하 나라 걸(桀)이 부덕 실정하여 은 나라 시조 탕(湯)에게 멸망된 것과 같은 것이라고 역설하고 있는 것이다. 이 같이 은 왕조의 멸망과 주 왕조의 건국은 하늘의 뜻을 따른 것이기 때문에 은 왕조의 관리들과 유민들은 더 이상 주에 적대하지 말고 협조할 것이며 협조하면 원래의 땅을 유지할 수 있고 자손이 대대로 번성할 것이라고 설득하고 있는 것이다.

이 같이 천명에 관한 언급 내용은 모두 주왕이 하늘로부터 천명을 받아서 부덕, 타락한 은 왕조를 멸망시켰다는 것인데 이것은 한마디로 말해서 '천'의 절대적 권위와 위엄에 의탁하여 주왕을 천명을 받은 유일무이한 천명의 봉행자로 부각시키어 은 왕조의 구관리들과 유민들을 포섭하고 회유하면서 주 왕조의 건국을 정당화하고 있는 것이다. 이런 점에서 천명사상은 은 왕조에 대한 무력정벌과 주 왕조의 건국과 통치를 정당화하기 위한 고도의 정략에서 창출되었던 것으로 생각된다.[42] 그러나 이 천명사상은 은 왕조 무력정벌과 주 왕조 건국과 통치의 정당성을 수립하는데 그치지 않고 주왕 통치의 신성성과 유일성을 수립하고 이를 통해 주왕을 정점으로 하는 새로운 정치이념과 세계관을 수립하여 발전시켰다.

---

42) H. G. Creel, *The Birth of China*, New York: Reynal & Hitchcock, 1937, p.371.

주대의 자료를 보면 주 왕조 건국 이후 주왕은 은 왕조 이래 사용하고 있던 왕(王)의 존호와 함께 천자(天子, The Son of Heaven)의 새로운 군주 존호를 만들어 사용하였다.[43] 위에서 언급한 바와 같이 '천'은 우주 천지자연의 창조주였을 뿐만 아니라 주족의 조상신이었다.[44] 그러므로 주 왕실은 천상의 통치자 '천'과 지상의 통치자 주왕을 의제적 부자관계로 설정하여 주왕을 하늘의 아들 천자로 승화 시켰던 같다.

사실 천자의 명칭은 은 왕조의 자료에는 보이지 않고 있다. 은 왕조의 최고신은 '상제'였는데 지상의 통치자 은왕과 어떠한 의제적 부자관계 설정은 보이지 않고 있으며 은왕을 그냥 왕이라고 하였다.[45] 이런 점에서 주왕의 하늘의 아들 천자로 승화는 우주 천지자연의 창조주 '천'의 절대적 권능과 위엄에 의탁하여 주왕 통치의 정통성과 신성성을 수립하는 데 목적이 있었다고 할 수 있다.[46]

이 같이 주 왕실은 천명사상 창출을 통하여 은 왕조 무력정벌과 주 왕조 건국과 통치를 정당화하고 주왕을 '천'으로부터 천명을 받은 유일무이한 천명의 봉행자 그리고 하늘의 아들 천자로 승화시켜서 주왕 통치의 신성성과 유일성을 수립하였다. 그런데 주 왕실은 여기에 그치지 않고 천명사상을 기반으로 주왕을 정점으로 화(華) · 이(夷)를 망라한 천하국가상을 수립하였다.

---

43) 주대 천자 존호 제정은 주 왕조의 융성기였던 성왕(成王) 말기와 강왕(康王) 초기로 추정된다(田中 柚美子, 「王と天子」, 『中國古代史硏究』 第六, p.297 참조).

44) Bernhard Karlgren, "Some Sacrifices in Chou times", *The Museum of Far Eastern Antiquities*, No.40(1968), p.8.

45) 진몽가(陳夢家)는 은대의 상제와 지상의 은왕 사이에는 부자의 관계는 보이지 않았고 따라서 천자의 명칭은 없었다고 주장하고 있다(殷墟卜辭綜述, p.581). H. G. Creel 역시 같은 주장을 하고 있다(위 책, p.503). 그러므로 H. G. Creel은 천자의 존호는 주대 주왕의 신성성을 높이기 위해 창안되었다고 주장하고 있다(같은 책, p.214).

46) Pan Yihong, *Son of Heaven and Heavenly Qaghan*, Bellingham: Western Washington University Press, 1997, p.19 참조.

3) 천명사상과 천하관(天下觀)의 형성

앞 절에서 설명한 바와 같이 은대의 세계 개념은 사방 · 사극이었는데 주 왕조 초기에는 사방 · 사극의 세계 개념 용어가 천하(天下, 天之下)로 대체되기 시작하였다. 주대 문헌에 천하가 세계 개념에 상응하는 의미로 사용된 예를 보면 『상서』「소고」, 「입정」 그리고 『시경』「대아」편에 횟수는 많지 않지만 사용되고 있고 금문(金文)에서도 사용되고 있는데 이 같은 사실은 주대에 천하 용어가 세계 개념의 뜻으로 사용되고 있었던 사실을 말하고 있다.[47] 따라서 주대에 새로이 출현한 천하 개념과 그 범주를 살펴볼 필요가 있다.

> "상제께서 문왕에게 말하기를 이리도 발호하지 말고 저리도 탐람히 굴지 말게 하되 먼저 송사의 시비를 밝히라고 하였습니다. 밀수국 사람들은 불공하게도 큰 나라 주의 명을 거부하고 완국을 치러 공(共)으로 몰려갔으므로 왕께서는 크게 노하시고 군대를 정비하시어 가는 적병을 막았습니다. 이렇게 주의 복을 두터이 하여 천하의 기대에 대답하시었다(帝謂文王 無然畔援 無然歆羡 誕先 登于岸 密人不恭 敢距大邦 侵阮徂共 王赫斯怒 爰整其旅 以按徂旅 以篤于周祜 以對于天下)."[48]

위 글은 주 왕조 개국 이전의 대왕(大王), 대백(大伯), 왕계(王季)의 덕을 칭송하고 또 후에 문왕으로 추존되었던 창(昌)의 업적을 서술하고 있는데 자세히 살펴보면 천명을 암시하는 '상제가 창에게 말하였다'는 전제하에서 천하(天下) 등의 용어가 등장하고 있다. 또 주 왕조 개국 이전의 창 시에 밀(密), 완(阮), 공(共), 대방(大邦) 등의 40여 국이 주읍(周邑)에 복속하고 있었는데 이 중에서 밀수국이 맹주인 주읍의 명령

---

47) 白川靜, 『金文の世界』, 東京: 1973, 제3장 참조. 大盂鼎에 있는 천하 용어를 근거로 주대 특히 강왕(康王) 시기에 천하관이 성립한 것으로 주장하고 있다.

48) 『毛詩注疏及補正 下』, 「大雅」, p.29a.

을 거부하고 주변의 공국을 정벌하였으므로 주읍이 웅징하여 천하의 기대에 부응하였다는 내용이다. 여기에서 언급되고 있는 천하는 주변의 성읍국가들을 지칭하고 있으므로 당시 천하 개념은 다수의 성읍국가들을 의미하고 있는 것이다. 그러므로 당시 천하 개념은 은대 수많은 방 · 읍 · 국으로 구성되었던 사방 · 사국과 같은 개념이었다고 할 수 있다.

> "왕께서 덕의 으뜸에 계시면 낮은 백성들이 이에 법을 지킬 것이며 천하에 쓰면 왕께서 빛나실 것입니다(其惟王位在德元 小民乃惟刑 用于天下越王顯)."[49]

이것은 소공(召公)이 나이 어린 성왕(成王)이 즉위하자 성왕에게 올렸던 상소문이다. 이 상소문에는 주변 성읍국가들로 구성된 '사국' '사방'에 관한 언급은 없고 소민(小民)들 즉 일반 백성들이 거주하고 있는 지역으로서 '천하'가 언급되고 있다. 또 같은 책 「입정(立政)」편을 보면 다음과 같은 글이 있다.

> "문왕의 자손이신 젊은 왕이여 서민들 송사 판단에 잘못이 없도록 하고 오로지 고을을 다스리는 자에게 맡기도록 하십시오. 군비를 정비하여 우 임금의 발자취를 따르고 널리 천하에 행하여 해외에 이르기까지 복종하지 않는 자가 없도록 하고 밝은 빛을 뚜렷하게 비치여 무왕의 큰 공을 발양하십시오(今文子文孫 孺子王矣 其勿誤于庶獄 惟有司之牧夫 其克詰爾戎兵 以陟禹之迹 方行天下 지于海表 罔有不服 以勤文王之耿光 以楊武王之大烈)."[50]

---

49) 『尙書注疏及補正』, 「周書」, 30b.
50) 『尙書注疏及補正』, 「周書」, p.14a,

이 글에서는 '천하'와 '해표(海表)'가 대비되어 나오고 있다. 주소에 의하면 여기에서 '천하'의 의미는 주왕이 통치하는 정치 · 군사적 영역을 말하고 있고 해표(海表)는 사이(四裔)로 해석하고 있다. 따라서 '천하'는 주 왕조 제후국을 포함한 주 왕조의 정치 · 군사력이 미치는 봉건적 통치영역을 말하고 해표는 주왕 통치영역 밖, 즉 이적만이 세계를 의미하고 있는데 이것은 분명히 화(華) · 이(夷)가 포함된 천하가 의식되고 있는 사실을 시사하고 있는 것이다.

> "빛나도다 우리 주여 그 높은 산에 올라 낮은 산과 높은 산 그리고 모든 강에 제사 드리고 넓은 하늘 아래의 사방을 함께 찬양하시니 이것은 바로 주의 명(命)이시다(於皇時 周陟其高山 嶞山喬嶽 允猶翕河 敷天之下 裒時之對 時周之命)."[51]

이 글은 주읍의 군장 창이 작고한 뒤 아들 무왕이 은 왕조를 멸하고 주 왕조를 개국한 뒤에 각지의 제후국을 순행하면서 사악(四嶽)의 신(神)과 하신(河神)들에게 제사를 지냈던 사실을 노래한 것이다. 이 글에서는 사방 · 사극으로 대표되는 주변 대소의 성읍국가들에 대한 언급은 없고 대신 '높고 낮은 모든 산 그리고 많은 강'을 포함하고 있는 "넓은 하늘 아래(敷天之下)"를 의미하는 천하가 언급되고 있는데 여기에서 천하의 의미는 주왕의 정치 · 군사적 통치영역뿐만 아니라 이적 · 만이의 사예(四裔) 지역까지 포함하고 있는 사실을 알 수 있다.

> "천자는 백성들의 부모가 되어 천하를 다스려야 한다(天子作民父母 以爲天下王)."[52]

---

51) 『詩經注疏及補正』.
52) 『尙書注疏及補正』, 「周書」, p.11b,

위문은 『상서』「홍범」 중의 기록인데 주지하는 바와 같이 이 「홍범」은 사료적 신빙성이 약하므로 아래 『시경』의 문장과 연관해서 살펴볼 필요가 있다.

> "넓은 하늘 아래에 왕의 땅이 아님이 없고 온 땅 끝까지 왕의 신하 아님이 없다(溥天之下 莫非王土 率土之賓 莫非王臣)."[53)]

여기에서 보면 천하는 '하늘 아래(天之下)'의 뜻으로 '넓은 하늘 아래의 땅, 바다 그리고 모든 백성들을 망라하고 있는데 이것은 주대 천하의 범주가 주변 성읍국가 또는 주왕 통치영역의 범위를 넘어서 사방의 이적 · 만이들이 거주하고 있는 사예(四裔) 지역까지 포함하고 또 주왕의 왕신(王臣) · 왕토(王土)로 설정하고 있는데. 이것은 주왕의 정치 · 군사적 통치력은 주 왕조의 영토에 한정되어 있지만 이념적으로는 하늘 아래의 모든 땅과 바다 그리고 화 · 이를 망라한 만백성들을 포함한 천하를 주왕의 통치영역으로 설정하고 있는 것이다.[54)]

이와 같이 주 왕실은 주왕을 우주 천지자연의 창조주 '천'으로부터 '천명'을 받은 유일무이한 천명의 봉행자로 선포하여 주 통치의 정통성을 수립하고 또 하늘의 '천'과 지상의 주왕을 의제적 부자관계로 설정하여 하늘의 아들 '천자'로 승화시켜서 주 통치의 신성성을 천명하고

---

53) 『毛詩正義』, 13-1:116.

54) 천하 개념과 범주에 대한 인식은 다양하다. 노자는 「天下論」에서 천하 개념을 형이상학적으로 파악하여 천하는 도(道)에서 생성된 萬事萬物이라고 했으며 추연은 천하 넓이를 중국의 81배라고 추정했는데 노자와 추연의 이 같은 천하 개념은 문화 발달에 따른 견문과 의식세계의 확대로 형성된 개념이었다고 할 수 있다. 津田左右吉은 주 왕조를 구성하고 있는 제후국을 총칭한 것이라고 했으며(東洋思潮, 王道思想, 東京 : 岩波書店, 1934, p.4), 安部健夫는 주대 화하인이 의식하고 있는 지리적 범주를 의미한다(中國人の天下觀念, 1956, pp.14-37)고 했는데 이것은 당시 선진문화를 향유하고 있던 화하의 정치 · 군사적 범주를 넘어서 주변 이적만이 세계까지 포함하였던 사실을 말하고 있다.

또 하늘 아래의 모든 땅과 바다 그리고 화·이를 망라한 천하를 통치영역으로 설정하여 주왕 통치의 유일성을 수립하였다. 이에 따라서 주대에는 우주 천지자연의 창조주 '천'의 절대적 권능과 위엄에 의탁한 천(天)-천명(天命)-천자(天子)-천하(天下)의 등식으로 구성된 주 왕조의 통치사상이 형성되고 주왕을 정점으로 화·이를 망라한 천하일국상이 수립되었던 것으로 생각된다.[55]

55) 李春植, 『事大主義』, 서울: 고려대학교출판부, 1998, pp.119-120.

제2장
유학의 천도관(天道觀)과 천하일국상(天下一國像)

1. 춘추전국 시대 화하(華夏) 세계의 분열과 이적만이

춘추전국 시대(전 770-221)는 중국 역사상 전무후무하게 정치 · 경제 · 사회 · 문화적으로 격렬한 변화와 새로운 사태가 전개되었던 전국난세였다. 북방 견융(犬戎)의 지속적 침입, 수도 호경(鎬京)의 함락과 주 평왕의 동천(전 770), 주 환왕(桓王)과 정후(鄭侯) 간의 무력충돌과 주 중앙군 패배 등 일련의 사태는 주 왕실의 권위와 위엄을 결정적으로 실추시켰을 뿐만 아니라 주 왕실의 무력 약화와 통어능력 상실을 폭로한 것이었다. 이에 따라서 각 제후국은 점차로 주 왕실의 봉건적 규제와 구속을 벗어나 독자적인 정치 · 군사적 노선을 취하기 시작하였으므로 마침내 독립 영토 주권국가로 발전하여서 열국(列國) 시대를 형성하게 되었는데 이것이 춘추전국 시대의 개막이었다.

이 같이 독립 영토 주권국가로 성장한 열국은 이후 자국의 국가이익과 세력 확충에 몰두하였으므로 상호 간의 대립은 점차로 치열해지고 무력에 의한 공벌과 병합이 노골적으로 자행되기 시작하였다. 춘추전국 시대 열국 간에 전개되었던 전쟁의 횟수를 보면 1200여회가 넘었고[56] 약육강식의 와중에서 제(齊), 진(晉), 초(楚) 등은 동성

56) Chou-yun Shü, “Ancient China in Transition; An Analysis of Social Mobility, 722-221 B.C.”, Standford University Press, 1965, p.56, Table 5 참조.

· 이성을 불문하고 주변 약소 제후국을 무력으로 병합하여 대국으로 성장하였다.[57] 이에 따라서 춘추 초기 100여 국에 달했던 열국의 수효는 춘추 말기에는 13개 국으로 축소되고 전국 시대에는 다시 7개국으로 압축되었는데 이 같은 사실은 춘추전국 시대 열국 간의 약육강식이 얼마나 극심하였는가를 말하고 있다.

그러나 이 같은 열국 간의 극심한 약육강식의 와중에서도 경제는 비약적으로 발전하였는데 농업이 먼저 발달하기 시작하였다. 농업 분야에서는 우경(牛耕)이 발명되고 철제농구 사용이 시작되었는데 우경 발명과 철제농구 사용은 하나의 거대한 기술혁명이었다. 철제농구 사용은 밭을 깊게 갈 수 있고 농경 작업을 용이하게 하였으며 우경 사용은 종래의 씨족적 집단농경 방식에서 일인의 단독농경을 가능케 하고 또 경작면적을 수배로 확대할 수 있었으므로 농업생산량이 크게 향상되었다. 또 우경 발명과 농구 철제화는 단순히 농업생산성과 생산량을 제고하였을 뿐만 아니라 종래 혈연적 씨족공동체의 해체, 사전(私田) 출현과 확대, 광범위한 자작 소농민층 형성을 급속도로 촉진하였으므로 이후 춘추 시대의 경제 · 사회 · 정치 방면에 심오한 영향을 미치고 변혁을 초래하였다.

농업의 비약적 발달은 수공업의 발달을 촉진하였다. 원래 서주(西周) 시대에 공인(工人)들은 주 왕실과 제후 등의 봉건귀족들에게 예속되어 있었으며 봉건귀족들에게 필요한 물품만 제작, 공급하고 판매는 하지 않았다. 그런데 춘추 중기 이래 열국 간의 상호 공벌과 병합은 많은 봉건귀족들의 몰락을 초래하였으며 이 몰락 과정에서 많은 공인들이 해방되어 자유롭게 공산품 생산에 종사할 수 있게 되었다. 또 각국에서는 수도를 중심으로 귀족사회가 형성되고 각 요충지에는 도시가 발

57) 李春植, 「左傳 중에 보이는 事大의 意味」, 『史叢』 제14집, pp.22–23.

달하여 거대한 소비와 수요를 창출하였는데 이 같은 거대한 소비와 수요 창출은 민영수공업을 발달시키고 또 각국 간의 전쟁 규모 확대와 장기간의 소모전은 무기 제조, 성곽 수축, 교통 발달 등의 군수공업 발달을 촉진하였다.

이에 따라서 수공업은 농업에서 분리되어 가내수공업, 소규모 개인수공업, 대규모 민영수공업과 관영수공업 등으로 다양하게 발달하였다. 이 같이 수공업이 발달하고 융성함에 따라서 공인들도 가내수공인, 개인수공인, 민간수공인, 관영수공인 등으로 분류되고 그 수효도 급속도로 증가하였는데, 이들 공인들은 각 분야에서 정교하고 우수한 제품을 생산했던 최고의 기술자들이었다. 이 같이 각 분야에서 최고의 기술자로 구성된 공인들은 서주 시대에는 존재하지 않았던 새로운 수공인 계층의 형성이었다.

상업은 우수한 공산품의 대량 생산, 각국 수도를 중심으로 발생한 귀족들의 사치품 수요, 각 요충지에서 발달한 도시 등을 기반으로 급속도로 발달하였는데 이 같은 상업의 급속한 발달로 각국에는 임치(臨淄), 한단(邯鄲), 대량(大梁) 등과 같은 경제도시가 출현하고 포전(布錢)·도전(刀錢)·원전(圓錢) 등의 화폐가 주조되어 사용되었다.

또 금·은·구리·옥·대나무 등과 같은 귀중품과 토산품은 특정 지역에 한정된 특산물이었으므로 각 지역 간의 가격 차이를 발생시켰다. 이에 따라서 상인들은 교통의 불편과 위험, 고율의 관세, 경제제도 차이, 화폐 불일치 등에도 불구하고 원격지 교역에 종사하여 막대한 이윤을 거둘 수 있었다. 그리고 이 같은 원격지 교역 발달에 의하여 지역과 지역이 연결되고 각국의 국경을 초월하는 거대한 규모의 시장망이 형성되었으므로 마침내 각국의 통치영역을 초월한 그리고 중원 전체를 하나로 묶는 거대한 단일경제유통권이 형성되었다.

이 같이 상업이 발달하자 상업에 종사하는 상인들이 급속도로 증가하였는데 이들 상인들은 소규모의 행상(行商)을 비롯하여 도시의 상점에서 상거래를 하였던 좌상(坐商), 지역과 지역을 넘나들면서 상거래를 하였던 객상(客商), 대자본으로 각 국의 국경을 넘나들면서 교역과 무력에 종사하였던 무역상 그리고 중개상 등 다양한 상인들로 구성되어 새로운 상인 계층을 형성하였는데, 이것이 서주 시대에는 존재하지 않았던 새로운 상인 계층의 형성이었다.

또 각국 간에는 처절한 약육강식이 전개되고 있었는데 이 약육강식 와중에서 요구되었던 것은 오직 부국강병이었다. 그러므로 각국은 부국강병을 이루기 위해서 경제 발달, 무력 양성, 군주권 강화와 중앙집권체제 수립을 위한 다양한 개혁을 추진하였는데 이 개혁 과정에서 각국 군주는 유능한 인재이면 혈연 · 비혈연을 가리지 않고 다투어 등용하였다. 이에 따라서 혈연적 씨족공동체 해체 과정에서 방출된 일부 자유인들은 농업 · 수공업 · 상업 등에는 종사하지 않고 오로지 학식과 지식을 연마하고 학식과 지식으로 군주에게 발탁되어 관리로 출세하려고 하였다. 여기에서 학식과 지식을 소유한 새로운 계층이 형성되었는데 이것이 중국 최초의 지식인 계층이었던 사인(士人) 계층의 형성이었다.

따라서 춘추전국 시대에는 각종 직업에 기반한 사 농 공 상민으로 구성된 사민(四民)사회가 수립되었는데[58] 이 같은 사 농 공 상민으로 구성된 사민사회는 정치 · 군사력을 장악한 봉건귀족들과 농경에 종사하는 농민들로만 구성되었던 서주 시대의 폐쇄, 고립된 봉건사회와는

---

58) 사민(四民)이라는 용어는 주 평왕의 동천 이래 약 90년 후에 제(齊) 환공이 상인 출신의 관중을 상(相)으로 기용하여 봉건적 토지제도, 조세제도, 병제를 개혁하고 상공업과 무역을 장려하고 염철업을 전매제로 전환하는 등의 삼국오비제(三國五鄙制) 개혁을 추진하여 부국강병을 도모하였다. 이때 관중이 영을 내려 사민은 서로 잡거하지 말라(四民勿使雜處)고 하였는데 이로부터 사민이라는 용어가 처음으로 나타났다.

근본적으로 다른 새로운 개방사회의 출현이었다.

또 춘추전국 시대는 전통 시대의 윤리 도덕 가치관과 구질서의 붕괴를 가져왔다. 각 제후국 간의 치열한 약육강식의 전개, 종법(宗法)질서에 기반한 대종과 소종 간의 혈연적 유대의 약화와 단절, 수공업과 상업 발달에 의한 봉건적 농업경제의 붕괴, 그리고 사 농 공 상민의 사민사회 성립은 종래 봉건적 농업경제와 혈연적 씨족공동체에 기반을 두었던 귀천유등의 봉건적 사회의 총체적 와해를 가져왔으며 전통 시대의 윤리 도덕의 타락과 변질을 가져왔다.

이에 따라서 난신적자(亂臣賊子)가 도처에서 횡행하고 하극상(下剋上)의 풍조가 전 사회에 만연하였으므로 마침내 윤리 도덕은 정치에서 유리되어 지도력을 상실하고 정치는 윤리 · 도덕에서 분리되어 권력 이외의 수단을 가지지 않게 되었으므로 각국에서는 권력정치가 노골적으로 자행되고 대외적으로는 약육강식의 현상이 더욱 치열하게 전개되었다.

또 춘추열국 간의 분열, 항쟁과 병행한 것은 주변 이적만이의 화하세계에 대한 대대적인 무력 침탈이었다. 주 왕실의 무력 약화와 제후 통어력 상실은 각 제후의 독자적 정치 · 군사적 활동을 촉진하여 화하세계의 분열과 대립을 야기하였을 뿐만 아니라 이적만이의 무력 활동까지 촉발하였다. 춘추 시대 이적만이의 화하세계에 대한 무력 침탈은 은공(隱公) 원년부터 애공(哀公) 27년까지 계속되었는데 이 과정에서 위(衛), 정(鄭), 노(魯), 송(宋), 온(溫), 제(齊) 등의 수많은 화하열국은 이적만이의 침입과 약탈을 거의 매년 받았다. 그리고 이 같이 장기간 계속된 이적만이의 무력 침탈은 마침내 화하세계의 몰락과 이적화(夷狄化)의 위기까지 초래하였다.

이 같이 춘추열국 간의 상호 대립과 항쟁, 농업생산기술의 발전, 사전의 확대, 자작 소농민 계층 형성 등에 수반된 농업 수공업 상업의 발달과 융성, 천민의 사회적 신분 향상과 사 농 공 상의 사민사회 성립, 윤리 도덕의 타락 그리고 이적만이의 무력 침탈과 화하세계 몰락 위기 등의 현상은 하나의 거대한 역사적 소용돌이였으며 전환기였는데 당시 사상가들은 이 같은 거대한 역사적 소용돌이와 전환기 속에서 깊은 충격을 받았다.

그리하여 일부 보수적 사상가들은 오랫동안 지켜 온 봉건적 구제도와 전통에 깊은 애착과 반성을 보였으며 다른 일부 진보적 사상가들은 이에 대한 통렬한 비판을 가하고 새로운 개혁을 시도하였으므로 마침내 정치 · 경제 · 사회 · 사상 등의 모든 면에서 새로운 개혁과 쇄신의 요구가 물결치게 되었다. 그리고 이 같은 시대적 요구에 부응하여 유가, 묵가, 도가, 법가 등의 제자백가(諸子百家)가 출현하여 새로운 학문을 진작하고 다양한 사상을 제시하였는데 이 제자백가 중에서 제일 먼저 새로운 정치사상과 구세관을 제시하였던 학파는 공자를 필두로 한 유가 학파였다.

2. 공자 · 맹자의 화이관(華夷觀) 형성과 성격

상고 시대의 황하 남북 양안을 포함한 중원 지역에는 그 내원을 알 수 없는 무수한 씨부족들이 산재하여 잡거하고 있었는데 이 중에서 화하계의 은 · 주족은 일찍부터 선진적 농업을 기반으로 황하 양안을 포함한 중원 일대를 중심으로 은 · 주 왕조를 건국하고 신석기 시대 이래 중원의 여러 지역에서 다양하게 발전하고 있던 문화를 흡수하고 융합하여 청동기 제련, 한자 창제, 예제문화 창조 등의 선진문화를 창달하면서 비약적인 발전을 계속하고 있는 반면 은 · 주족 이외의 주변 이적만이는 수렵, 채집, 목축 등에 종사하고 있었으므로 원시적 생활수

준을 벗어나지 못하고 있었다. 그러므로 이들 이적만이는 비옥한 농경지를 점유하여 풍부한 경제생활과 고도의 선진문화를 향유하고 있던 화하세계에 일면으로는 무력 침입과 약탈을 감행하고 다른 면으로는 평화적으로 내부하여 잡거하면서 동화되어 갔다.

따라서 화하세계는 이적만이가 무력 침입과 약탈을 감행해 오는 경우 인면수심의 금수로 간주하여 배척하고 평화적으로 내부(內附)하여 오는 경우에는 화하문화에 대한 애모, 동경으로 간주하여 포섭하고 수용하였다. 그러므로 은대의 갑골문에는 이 같은 이적만이를 지칭하는 '융(戎)' '이(夷)'의 명칭이 많이 보이고 서주 시대의 청동기 종주정(宗周鼎)에도 '적(狄)' '만(蠻)'의 이름이 자주 나타나고 있는데 사용 빈도를 보면 이적(夷狄)이 제일 많고 만이(蠻夷)가 그 다음으로 나타나고 있다. 그리고 『상서』에는 '사이(四夷)' '사예(四裔)' 등의 용어도 자주 나타나고 있는데 이것은 사이(四夷) 명칭이 이미 서주 말기에 출현하였던 사실을 말하고 있다. 또 『춘추좌전(春秋左傳)』과 『예기(禮記)』 등의 문헌에는 이 같은 이적만이의 생활상과 문화수준에 대한 상세한 모습이 기록되어 있다.

> "동방의 오랑캐를 이(夷)라고 한다. 이들은 머리를 풀어헤치고 문신(文身)을 하며 화식을 하지 않는 자도 있다. 남방 오랑캐는 만(蠻)이라고 한다. 이들은 이마에 먹물로 무늬를 새기고 두 발의 발가락이 서로 향하게 하며 화식을 하지 않은 자도 있다. 서방의 오랑캐는 융(戎)이라고 한다. 머리털을 풀어헤치고 짐승의 가죽을 입으며 곡식을 먹지 않는 자도 있다. 북방의 오랑캐는 적(狄)이라고 한다. 새의 깃털로 된 옷을 입고 굴속에 살며 곡식을 먹지 않는 자도 있다(東方曰夷 被髮文身 有不火食者矣 南方曰蠻 雕題交趾 有不火食者矣 西方曰戎 被髮衣皮 有不粒食者矣 北方曰狄 衣羽毛 穴居 有不粒食者矣)."[59]

"융과 적의 오랑캐는 물과 풀이 있는 곳을 따라서 생활하고 재물을 귀하게 여기고 토지를 소홀히 한다(戎狄荐居 貴貨易土)."[60]

"여러 융족들은 음식과 의복이 화하와 다르고 예물도 통하지 않으며 말도 소통되지 않는다(諸戎 飮食衣服不與華同 贄幣不通 言語不達)."[61]

"오방의 백성들은 말이 통하지 않고 기호와 욕망이 서로 같지 않다(五方之民 言語不通 嗜欲不同)."[62]

이 같이 이적만이는 수렵과 유목생활에 종사하고 음식, 언어, 생활방식 등이 화하세계와 아주 다르고 또 예의와 도덕도 없는 극히 원시적 문화수준에 있었는데, 이것은 농경에 기반하여 고도의 선진문화를 향유하고 있는 화하세계와 유목, 수렵에 종사하고 있던 이적만이 상호간의 문화는 근본적으로 다르고 또 문화적 우열의 차이가 극심했던 사실을 말하고 있다.

그런데 주 왕실의 쇠약과 더불어 화하열국 간의 상호 대립과 항쟁으로 화하세계의 결속과 단결이 급속도로 와해되자 절호의 기회를 포착한 이적만이는 화하열국에 대하여 노골적으로 침입과 약탈을 개시하였다. 『춘추좌전』의 기록을 보면 위에서 언급한 바와 같이 은공(隱公) 원년부터 애공(哀公) 27년까지 위(衛), 정(鄭), 노(魯), 송(宋), 온(溫), 제(齊) 등의 화하열국에 대한 이적만이의 침입과 약탈이 거의 매년 계속되었다. 당시 이적만이의 무력 침탈 상태를 보면 "이적의 오랑캐가 중국을 병들게 하고 있다. 남쪽 북쪽의 오랑캐가 교대로 중국을 침략하

59) 『禮記注疏及補正』, 「王制」, p.15b.
60) 위 책, 「襄公 4년」, p.30a.
61) 『左傳注疏及補正』, 「襄公 14년」, p.9b.
62) 『禮記注疏及補正』, 「王制」, p.15b.

고 있는 것이 선이 이어진 것 같았다"고[63] 하였는데 이 같이 주변 이적만이의 침탈이 극심하고 지속적이었으므로 화하세계에서는 이적만이에 대한 반감과 증오심이 급속도로 야기되고 고조되었다.

그러므로 화하세계는 주변 이적만이를 사람이 아닌 승냥이, 이리 같은 인면수심의 금수로 간주하여 차별하여 멸시하고 배척하기 시작하였으므로 마침내 화이사상(華夷思想)이 발생하였다. 화이사상은 무력 침탈을 계속하는 이적만이는 철저히 박멸해야 한다는 양이론(攘夷論), 비록 이적만이라도 화하문화를 존중하고 예법에 따르면 받아드려야 한다는 수용론(受容論), 혈통이 화하족이어도 인륜에 어긋나는 행위를 하는 경우에는 이적만이로 폄하하여 축출한다는 권계론(勸戒論)으로 구성되었는데[64] 이 같은 화이사상은 당시 최고지식인 계층이었던 공자와 유가들에게 깊은 영향을 끼치게 되었다.

> "공자가 말하기를 말이 성실하여 신의가 있고 행동이 돈독하여 공경스러우면 비록 오랑캐의 나라에서도 행할 수 있을 것이다. 말이 성실치 못하여 신의가 없고 행동이 돈독치 못하여 공경스럽지 않으면 비록 향리에서도 행할 수가 있겠는가(子曰 言忠信 行篤敬 雖蠻貊之邦 行矣 言不忠信 行不篤敬 雖州里 行乎哉)."[65]

> "공자가 말하기를 … 거처가 공손하고 신중히 일을 보고 남에게 성실하면 비록 오랑캐의 땅에 가더라도 결코 버림받지 않을 것이다(子曰 … 居處恭 執事敬 與人忠 雖之夷狄 不可棄也)."[66]

> "공자가 동쪽 오랑캐의 땅에 가서 살기를 바랐다. 이에 어떤 사람이 '오

63) 『公羊注疏及補正』, 「僖公 4년」, p.4a.
64) 日原利國, 『漢代思想の 研究』, 東京: 研文出版, 1986, p.164, 166.
65) 『論語注疏及補正』, 「衛靈編」, p.157.
66) 위 책, 「子路」, p.135.

랑캐 땅은 누추한데 어떻게 살 수 있습니까?' 라고 말하니 공자가 '군자가 거처하는데 어찌 누추함이 있겠는가?' 라고 대답하였다(子欲去九夷 或曰 陋如之何 子曰 君子居之 何陋之有)."[67]

이 같이 공자는 문화 발달의 선진 · 후진을 기준으로 화하세계와 이적만이의 두 세계로 설정하여 화하세계는 문화가 발달된 선진 지역 그리고 이적만이 지역은 문화가 낙후된 후진 지역으로 구분하여 인식하고 있었다.

"오랑캐는 제하를 도모할 수 없고 이적은 제하를 어지럽게 할 수 없다(裔不謀夏 夷不亂華)."[68]

위 글은 공자가 노(魯) 나라 재상으로 있을 때 노공(魯公)을 수행하여 협곡(夾谷)에서 제(齊) 나라 제후(齊侯)와 회동하였을 때의 장면 묘사이다. 당시 제후는 이 회동에서 노공의 양보를 얻어내기 위해 이적 출신의 래인(萊人)을 시켜서 노공을 무력으로 위협하였는데 이때에 공자가 나서서 이적은 무력으로 화하를 위협할 수 없다고 하였다. 이 같은 공자의 언급은 이적만이를 화하세계로부터 구분, 차별하고 있을 뿐만 아니라 철저히 무시하고 있는 것이다.

"공자가 말하기를 오랑캐 나라에 임금이 있는 것은 화하 나라에서 임금이 없는 것보다도 못하다(夷狄之有君 不如諸夏之亡也)."[69]

"만약 관중이 아니었다면 우리들은 머리를 풀고 옷깃을 왼쪽으로 메었

67) 위 책, 「子罕」, p.91.
68) 『左傳注疏及補正』, 「定公 14年」, p.1a.
69) 『論語注疏及補正』, 「八佾」, p.22.

> 을 것이다(微管仲 悟其被髮左衽의吾其被髮左衽矣).”[70]

여기에서 공자는 이적만이 지역에 설령 군주가 있다고 하더라도 군주가 없는 화하세계보다 훨씬 못하다고 비교하고 있는데 이 같이 공자는 정치 · 경제 · 문화 · 윤리와 도덕 등의 모든 면에서 이적만이 지역을 화하세계와는 비교할 수 없을 정도의 낙후 지역으로 그리고 이적만이를 무지몽매한 족속으로 인식하고 있었다.

공자가 이렇게 이적만이를 극단적으로 차별, 무시하고 있는 이유를 살펴보면 이적만이의 화하세계에 대한 지속적 무력 침탈에 의한 화하세계 몰락과 화하문화의 이적화(夷狄化)에 대한 깊은 우려에 있었던 사실을 알 수 있다. 다시 말하면 당시 공자는 최고 지식인의 한 사람으로 이적만이의 지속적인 무력 침탈에 의한 화하세계 몰락과 화하세계의 '이적화' 가능성을 누구보다 먼저 예견하고 깊이 우려하고 있었던 사실을 알 수 있다.

맹자는 공자보다 약 100여 년 늦은 전국 시대의 중기에 태어나서 활약하였다. 이 시대는 춘추 말기 못지않게 각국 간에 공벌 · 병합이 심하였을 뿐만 아니라 주변 이적만이의 화하세계에 대한 무력침탈도 계속되고 있었다.

> “나는 중국의 것으로 이적을 변화시켰다는 말은 들었어도 중국의 것이 이적에 변화되었다는 말은 아직 듣지 못하였다. 진량은 초 나라 사람으로 주공과 공자의 도를 좋아하여 북쪽으로 와서 중국의 학문을 배웠는데 북방의 학인들도 그보다 앞서지는 못하였다 … 당신의 형제들이 그를 수십 년 동안 섬기다가 스승이 죽자 배반하였다. 이제 당신은 남쪽 미개 족속의 때까치 같은 말로 선왕의 도를 비난하고 있다(吾聞用夏變

70) 위 책, 「憲問」, p.147.

夷者 未聞變於夷者也 陳良 楚産也 悅周公仲尼之道 北學於中國 北方之學者 未能或之先也 … 子之兄弟事之數年 師死而遂倍之 南蠻鴃舌之人 非先王之道).”71)

여기에서 언급되고 있는 등(滕)나라는 원래 주(周) 왕실과 동성이었던 희성(姬姓)의 소제후국이었다. 이 등 나라에서 초 나라 출신의 허행(許行)이라는 사람이 신농(神農)의 가르침을 실천하고 있었다. 그리고 진상(陳相)은 중국 사람으로 학식이 높았던 진량(陳良)으로부터 주공과 공자의 학문을 배우고 있었는데 어느 날 진상은 홀연히 진량으로부터 배웠던 주공과 공자의 학문을 모두 버리고 초 나라 허행의 가르침을 배우기 시작하였다. 그리고 이 같은 사실을 알게 된 맹자가 진상의 행위를 맹렬히 비난하고 있는 것이다.

이 같이 맹자는 남쪽 문화를 때까치 같은 말을 사용하는 남쪽 오랑캐의 문화로 비하하고, 주공과 공자의 학문을 버리고 남쪽의 야만 문화를 추종하는 진상을 ‘이적으로 변절되는 것(變於夷者)’으로 단정하여 비난하고 있다. 또 진상이 중국을 버리고 남쪽 만이를 추종하는 것을 ‘높은 나무에서 내려와 깊은 골짜기로 들어가는 것(下喬木而入於幽谷者)’과 같은 우둔한 짓이라고 비난하고 있는데 그 의미는 주공과 공자의 학문을 습득하여 발전을 도모하지 않고 때까치 같은 말을 사용하는 남쪽오랑캐(南蠻鴃舌之人)의 학문을 추종하여 퇴보하고 있다는 뜻이었다.

“백규가 나는 20분의 1의 세를 받고 싶다고 말하자 맹자는 당신의 방법은 학족의 방법이다 … 대체로 학족은 오곡을 생산하지 않고 겨우 수수만을 생산한다. 거기에는 성곽, 궁실, 그리고 종묘에서 제사 지내는 예의

71) 『孝經孟子注疏及補正』, 「滕文公上」, p.10b.

> 도 없다. 제후의 폐백과 빈객의 향연도 없고 백관과 유사도 없기 때문에 20분의 1을 받아도 충분하다(白圭曰 吾欲二十而取一何也 孟子曰 子之道 貉道也 … 夫貉 五穀不生 惟黎生之 無城郭宮室 宗廟祭祀之禮 無諸侯幣帛 饔飧 無百官有司 故二十取一而足也)."72)

전국 시대에는 토지사유제가 광범히 시행되고 있었지만 맹자는 토지공유제인 정전제(井田制)의 시행을 주장하고 정전제 시행과 더불어 10분의 1세를 주장하였다. 그런데 당시 백규(白圭)가 20분의 1세를 주장하자 이에 대한 답변으로 나온 맹자의 설명이다. 주소에 의하면 학(貉) 지방은 북방의 미개 지역이었다. 학 지방에서는 오곡이 생산되지 않고 수수만 생산되었는데 이것은 학족의 경제생활이 극히 낙후된 것을 의미하고 성곽 궁실 백관 관료 등도 없다는 것은 체계적인 국가조직과 통치제도의 미비를 시사하고 있다. 그리고 종묘에서 제사 지내는 예제(禮制) 없다는 것은 아직 예의범절이 발달되지 않았던 후진적 문화 수준을 반영하고 있는데 이 같은 사실은 학 지방이 문화가 극도로 낮은 미개 사회였음을 시사하고 있다.

이 같은 맹자의 언급에 의하면 맹자는 화하세계처럼 성곽, 궁실, 종묘, 향연, 제사, 예절 등의 문물제도가 발달된 지역은 선진지역이고 그렇지 않는 지역은 야만의 후진 지역으로 생각하고 있었다. 이런 점에서 맹자의 화이관은 이적만이의 무력 침탈에 의해 야기된 증오, 멸시, 차별 등의 감정적 요인도 있었지만 그보다는 문화 발달의 선진·후진 차이에 기본하고 있었던 사실을 알 수 있다.

> "북해 지역에서는 잘 달리는 말과 잘 짖는 개를 생산하므로 중국은 이것을 수입하여 길러서 부리고 남해 지역에서는 큰 새깃 상아 소가죽 …

72) 『孟子』, 「告子下」, p.12a.

등을 생산하므로 중국은 이것을 가져다가 재물로 쓰고 있다. 동해 지역에서는 자줏빛 천 고운 갈포 물고기 소금 등을 생산하므로 중국은 이를 가져다가 입거나 먹고 있다. 서해 지역에는 짐승가죽과 문양이 아름다운 쇠꼬리를 만들므로 중국은 이것을 가져다가 사용하고 있다(北海則有走馬吠犬焉 然而中國得而畜使之 南海則有羽翮齒革 … 東海則有紫紶魚鹽焉 然而中國得而衣食之 西海則有皮革文旄焉 然而中國得而用之)."[73]

이것은 중국을 중심으로 사방에 걸쳐 있는 북해, 남해, 동해, 서해를 사해(四海)로 지칭하고 있다. 그런데 『이아(爾雅)』「석지」에는 "9이(九夷) · 8적(八狄) · 7융(七戎) · 6만(六蠻)의 오랑캐를 말하여 사해라고 한다"라 하고 또 『예기』「왕제」 주소에는 "9이, 8적, 7융, 6만의 오랑캐를 사해하고 부른다"고 하여 『이아』「석지」편과 같은 해석을 하고 있으므로 '사해'는 이적 · 만이의 오랑캐들이 거주하고 있는 사방의 변방 지역 즉 '사이(四夷)' 지역을 의미하고 있다.[74] 그러므로 순자의 천하관 역시 중앙에 위치한 화하세계를 중심으로 무지몽매한 이적만이가 거주하고 있는 동서남북의 '사이' 지역으로 구성되어 있는 것을 알 수 있다.

"그러므로 제하의 나라는 모두 의복과 의례가 같았다. 만이 융적의 나라는 의복은 같았으나 의례는 달랐다 … 만이는 요복에 봉하고 융적은 황복에 봉하였다(故諸夏之國同服同儀 蠻夷戎狄之國 同服不同制 … 蠻夷要服 戎狄荒服."[75]

이 글에서 순자는 이적만이의 의례가 화하세계의 의례와 달랐던 사실을 시사하고 있다. 그리고 화하 제후들과 이적만이 제후들을 분봉하

73) 『荀子集解』, 「王制」, pp.102-103.
74) '사해' 개념에 대한 자세한 설명은 김한규의 앞 책, pp.23-33 참조.
75) 『荀子集解』, 「正論」, p.220.

는데 만이는 요복(要服)에 봉하고 융적은 황복(荒服)에 봉하는 것으로 서술하고 있다. 그런데 『상서』, 『주례』, 『예기』 등의 기록에 의하면 만이와 융적이 분봉된 요복과 황복은 모두 중원에서 멀리 떨어진 변방 지역으로 화하의 풍속, 관습과 완전히 다르고 문화도 낙후된 지역으로 죄인들을 귀양 보내는 유배지였다.

그런데 순자가 화하세계에서 멀리 떨어지고 문화가 낙후된 변방 지역에 이적만이 제후들을 분봉, 배치한 것은 순자 역시 이적만이를 비하, 폄하하고 있었던 사실을 말하고 있다. 이런 점에서 볼 때 이적만이에 대한 순자의 차별의식은 화하세계에 대한 이적만이의 지속적인 무력침탈에 의해 야기된 반감, 증오와 같은 감정적 요소도 작용하였지만 역시 화하세계를 중심으로 문화 발달의 선진 후진 차이에 의해 형성되었던 사실 알 수 있다.

이 같은 사실을 종합해 보면 공자를 비롯한 맹자와 순자 등 유가의 화이관은 이적만이의 화하세계에 대한 무력 침탈에서 야기되었던 반감, 증오, 차별 등의 감정적 요인을 포함하여 화하문화와 이적만이 간 문화의 본질적 상위, 문화 발달의 선진 후진적 차이, 그리고 지속적인 무력 침탈에 의한 화하문화 몰락과 이적화에 대한 깊은 반감과 우려에서 형성되었던 사실을 알 수 있다.

그런데 공자, 맹자, 순자 등 유가들은 모두 전국난세를 종식시키고 천하를 통일하여 태평성대를 이루려고 하였던 정치사상가들이었으므로 문화가 발달한 화하 지역과 낙후된 이적만이 지역을 기본으로 수립되었던 유가의 화이관은 이후 유가의 정치사상과 구세관에 필연적으로 반영되지 않을 수 없었다.

3. 공자·맹자의 천도관과 천하일국상

1) 공자·맹자의 천도관과 봉건적 천하일국상

춘추전국 시대는 위에서 언급한 바와 같이 정치·경제·사회·윤리 도덕적으로 전례 없는 극렬한 변화와 새로운 사태가 전개되었던 하나의 거대한 역사적 소용돌이었고 전환기였으며 극심한 진통의 시대였다. 이에 따라서 모든 면에서 개혁과 쇄신이 하나의 시대적 요구로 강렬하게 분출되고 있었으므로 제자백가가 출현하여 제각기 다양하고 독특한 학문과 사상을 주창하고 또 상호 간에 치열한 비판을 전개하면서 활발한 학문적 경쟁을 전개하였다. 이 중에서 공자와 유가들은 덕치(德治)와 예치(禮治)에 기반한 도덕정치를 주장하고 묵가들은 상동일의(上同一義)의 철인정치를 역설하였으며 도가들은 '무위지치(無爲之治)'를 주장하고 법가들은 중앙집권국가체제에 기반한 법치를 제시하였다.

이와 같이 선진 시대 제자백가 사상은 전국난세를 종식시키고 태평시대를 실현하려고 하였던 정치사상이었는데 이 중에서 제일 먼저 전국난세를 종식시키고 태평시대를 실현하려는 구세관(救世觀)을 제시하였던 학파는 공자를 필두로 한 유가들이었다. 유가의 정치사상과 구세관은 천(天), 천명(天命), 천도(天道)를 중심으로 형성되었다.

'천'에 대한 공자의 인식을 살펴보면 공자는 '천'을 우주 천지자연의 창조주, 천지자연의 법칙을 주관하고 만물의 생육 양장을 주관하는 주재자, 인간사에 깊은 관심을 갖고 상벌, 행불행, 생사, 운명을 결정하고 또 천명을 내리는 절대자로 인식하였다. 또 공자는 '명(命)'을 하늘의 명령, 뜻, 의지 등으로 이해하고 이 같은 하늘의 뜻이 '명'을 통해 인간사에서 운명, 수명, 행불행, 길흉 등의 형태로 나타나며 반드시 관철되는 것으로 인식하였다. 따라서 하늘이 내리는 '명'은 거부할 수 없는 불가항력적인 것이며 반드시 실천되고 또 실천될 수밖에 없는 필연적인 것이었다. '천도'는 '하늘의 도리' '하늘의 뜻' '하늘의 이치' '하늘의 행위' '권선징악을 행하는 존재' 등의 다양한 뜻으로 사용되었으며 또 우주 천지자연계의 현상, 우주 천지자연계의 어떤 항구적인 규칙, 법칙, 보편성'을 의미하였는데[76] 공자는 이 같은 천, 천명, 천도를 자신의 정치사상의 원천으로 설정하였다.

"공자가 말하기를 하늘이 지금 무엇을 말하고 있느냐 사시의 순환은 끊임없이 계속되고 있고 만물이 생성하고 있다. 하늘은 무엇을 말하고 있느냐(子曰 天何言哉 四時行焉 百物生焉 天何焉哉)."[77]

"감히 묻습니다. 군자는 어찌하여 천도를 귀하게 여깁니까. 공자가 대답하여 말하기를 그 그침이 없는 것을 귀하게 여기는 것이다. 천도는 일월과 같아서 동서가 서로 다르면서 그침이 없는데 이것이 천도이다. 막힘이 없이 영구하므로 이것이 천도이다. 무위(無爲)로 만물이 이루어지니 이것이 천도이다. 이미 이루어져 밝으니 이것이 천도이다(敢問君子何貴乎天道也 孔子曰 貴其不己 如日月東西相從而不已也 是天道也 不閉其久 是天道也 無爲而物成 是天道也 已成而明 是天道也)."[78]

이 같이 공자는 하늘에서 해 달 별 등 천체의 변함없는 운행, 봄 여름 가을 겨울 사철의 변함없는 순환, 그리고 땅 위에서 사시의 변함없는 순환 속에서 모든 만물의 생육(生育) · 양장(養藏)이 일월(日月)과 같은 무위작동의 항구적인 법칙 속에서 이루어지고 있는 우주 천지자연의 현상을 '천도(天道)'라고 하였다. 그리고 이 같은 '천도' 속에서

---

76) 이춘식, 『유학의 천도관과 정치이념』, 서울: 고려대학교출판부, 2004, p.85-86.
77) 『論語』, 「陽貨」, p.183.
78) 『禮記注疏及補正』, 「哀公問, p.10a.

항구적인 질서 · 평형 · 조화 · 평화를 체득한 공자는 '천도'를 지상에서 구현하려고 하였으므로[79] 공자의 정치이념은 바로 지상에서 '천도'의 구현이었다.

또 공자는 지상에서 '천도' 구현의 기량으로 덕치(德治)를 제시하고 덕치를 북극성을 중심한 성좌(星座)의 모습에 비유하였다.

> "덕으로 정치를 하면 비유컨대 북극성이 제 자리에 움직이지 않고 있어도 주변 뭇별들이 북극성을 앙모하여 둘러싸고 있는 것과 같다(爲政以德 譬如北辰居其所 而衆星共之也)."[80]

이에 대한 주소를 보면 "덕(德)은 무위(無爲)와 같은 것이다. 그러므로 북극성이 힘쓰지 않고 가만히 있어도 주변의 뭇 별들이 받들고 있다(德者 無爲 譬猶北辰之不務 而衆星共之也)"고 비유하고 있는데 이것은 북극성의 '덕'에 의해 주변의 뭇 별들이 항구적인 질서 평형 조화 평화를 이루고 있는 '천도'의 모습을 말하고 있는 것이다. 그리고 공자는 이 같은 북극성의 덕치와 같은 덕치를 통해서 지상에서 천도에서와 같은 항구적인 질서 · 평형 · 조화 · 평화를 구현하려고 하였다. 따라서 공자의 이상적 정치목표는 바로 지상에서 '천도' 구현이었으며 지상에서 '천도' 구현의 기량으로 '덕치'를 제시한 것이다.

맹자의 '천'에 관한 인식을 보면 공자와 마찬가지로 '천'을 우주 천지 자연의 창조주, 자연 법칙을 운행하는 운행자, 인간사에 지대한 관심을 갖고 행불행, 상벌과 재난을 내리고 생사와 운명을 결정하는 의지적 존재, 그리고 천명을 내려서 왕조를 교체하는 절대자로 인식하였다. 또 맹자는 '명(命)을 하늘의 뜻, 의지, 명령 등으로 이해하고 인간의

---

79) 이춘식, 「先秦시대 유학의 天道觀과 정치이념」, 『史叢』 제27집, 2003, p.114.
80) 『論語注疏及補正』, 「爲政」, p.10.

의사, 의지와는 관계없이 자연계와 인간사에서 반드시 관철되는 필연적인 것으로 인식하였다. 그리고 '천도'는 하늘의 행위, 하늘의 도리, 자연계의 현상 또는 자연계의 어떤 항구적인 규칙, 법칙, 보편성 등으로 다양하게 이해하였으며 인간에게도 부여되었다고 하였다.

> "하늘이 만물을 생성하였는데 한 가지 원칙을 따르게 하였다(天之生物使之一本)."[81]

> "하늘이 모든 백성들을 생성하고 사물에는 반드시 법칙이 있게 하였다(天生蒸民 有物有則)."[82]

> "맹자가 말하기를 모든 사물의 이치는 자신에게 갖추어져 있다(孟子曰萬物皆備於我矣)."[83]

이 같이 맹자는 천지자연의 모든 사물은 하늘에 의해서 창조된 피조물이므로 어떠한 법칙이 하늘에 의해서 부여되어 있다고 하였으며 하늘이 부여하였기 때문에 항구불변의 자연법칙이라고 하였다. 그리고 인간도 하늘의 피조물이므로 이 같은 항구불변의 자연법칙이 부여되었는데 인간에게 내재되어 있는 이 항구불변의 자연법칙은 '성(性)'이라고 하였다. 그리고 이 '성'은 바로 인(仁) · 의(義) · 예(禮) · 지(智)라고 하였다. 이 인 · 의 · 예 · 지에 대해서 맹자는 아래와 같이 설명하고 있다.

> "측은한 마음은 사람 모두가 갖고 있으며 부끄러워하는 마음도 사람

---

81) 『孝經孟子注疏及補正』, 臺北: 世界書局, 1972, 5b:12ab.
82) 위 책, 「告子上」, p.2b.
83) 위 책, 「盡心上」, p.14a.

모두 가지고 있다. 공경심도 사람 모두가 갖고 있으며 옳고 그른 것에 대한 마음도 사람 모두가 갖고 있다. 측은해 하는 마음은 인(仁)이다. 부끄러워하는 마음은 의(義)다. 공경하는 마음은 예(禮)이다. 시비를 가리는 마음은 지(智)이다. 인 · 의 · 예 · 지는 밖에서 나를 변질시키는 것이 아니고 내가 본래부터 가지고 있는 것이다(惻隱之心 人皆有之 羞惡之心 人皆有之 恭敬之心 人皆有之 是非之心 人皆有之 惻隱之心 仁也 羞惡之心 義也 恭敬之心 禮也 是非之心 智也 仁義禮智 非由外鑠我也 我固有之也)."[84]

이 같이 인간은 측은한 마음의 인(仁), 부끄러워하는 마음의 의(義), 공경하는 마음의 예(禮), 시비를 가리는 마음의 지(智)를 구비하고 있는데 모두 선(善)의 본(本)이므로 '사단(四端)'이라고 하였다. 이 '사단'은 후천적으로 길러지는 것도 아니고 외부에서 들어오는 것도 아니며 선천적으로 가지고 태어나기 때문에 선인 악인을 불문하고 모든 사람은 공통적으로 다 가지고 있다고 하였다.

"맹자가 말하기를 자기의 마음을 다 하면 자신의 성(性)을 알 수 있다. 자신의 성을 알면 하늘을 알게 된다. 자신의 마음을 살피고 자신의 성을 기르는 것이 하늘을 섬기는 방법이다(孟子曰 盡其心者 知其性也 知其性則知天矣 存其心 養其性 所以事天也)."[85]

"군자가 본성으로 지니는 인 · 의 · 예 · 지는 마음에 뿌리를 두고 있다. 그것이 빛을 발하면 얼굴에서 빛이 나타나고 등에 넘쳐흐르고 온몸에 뻗어나 말하지 않아도 온몸이 절로 움직인다(君子所性 仁義禮智根于心 其生色也 睟然見于面 盎於背 施於四體 四體不言而喩)."[86]

84) 위 책, 「告子上」, p.2a.
85) 위 책, 「盡心上」, p.13b.
86) 위 책, 「盡心上」, p.16a.

"맹자가 말하기를 … 인(仁)이 부자간에 베풀어지고 의(義)가 군신 간에 유지되고 예(禮)가 손님과 주인 간에 지켜지고 지혜가 현명한 사람에게 밝혀지고 성인이 하늘의 도를 천하에 행하는 것은 천명이다(孟子曰 … 仁之於父子也 義之於君臣也 禮之於賓主也 智之於賢者也 聖人之於天道也, 命也)."[87)]

이 같이 사람들은 자신 속에 내재되어 있는 '성'을 밝혀내어야 하고 밝혀내기 위해서 외부 사물에 대한 관심과 영향을 배제하고 부단한 수양과 실천을 통하여 마음을 닦고 탐구하면 하늘이 부여한 법칙 즉 성(性)을 알 수 있고 이 같은 '성'을 깨닫게 되면 하늘을 알 수 있게(知天) 된다고 하였다. 그리하여 사람들이 인 · 의 · 예 · 지의 '사단'을 체득하게 되면 인(仁)이 부자 간에 행해지고, 의(義)가 군신 간에 행해지고, 예(禮)가 손님과 주인 간에 행해지고 마침내 성인에 의해 천하에 행해진다고 하였다. 다시 말하면 인 · 의 · 예 · 지가 혈연관계로 구성된 가족과 친족사회 그리고 비혈연의 타인들로 구성된 사회와 국가에 단계적으로 행해지고, 마지막에는 성인에 의해서 천하에 시행된다고 하였다.

"이러한 이유로 성 그 자체는 하늘의 도리이다(… 是故誠者 天之道也)."[88)]

"성은 하늘이 사람에게 내린 것이므로 … 천도이다(故誠者是天授人 … 是爲天之道也)."[89)]

"성인은 하늘의 도를 천하에 행하는데 이것은 천명이다(聖人之於天道也

87) 위 책, 「盡心下」, p.22b.
88) 위 책, 「離婁上」, p.22a.
89) 위 책, 「離婁上」, p.22a.

此命也).”[90)]

이에 대한 주소에도 “성인은 천도로써 천하를 다스리는데 모두 하늘이 명하는 것이다(聖人得天道王於天下 此皆命)”라고 하여 ‘성’을 ‘천도’로 규정하고 있다. 이 같이 맹자는 하늘이 부여한 인 · 의 · 예 · 지를 ‘천도’로 규정하고 있으며 지상에서 ‘천도’ 구현은 ‘천명’이기 때문에 성인은 세상에 반드시 실현해야 한다고 하였다.

“인정(仁政)을 실시하면 백성들이 그 인정을 기뻐하는 것이 마치 거꾸로 달아 매인 것에서 풀려난 것 같다고 하였다(行仁政 民之悅之 猶解倒懸也).”[91)]

“인정을 시행하면 번영하고 인정을 행하지 않으면 치욕을 당한다(仁則榮 不仁則辱).”[92)]

“맹자가 말하기를 인자하고 현량한 인물을 신임하지 않으면 나라가 공허해진다. 예의를 무시하면 상하의 질서가 혼란해진다(孟子曰 不信仁賢則國空虛 無禮義 則上下亂).”[93)]

“인정은 천하를 움직이는 병기입니다(仁政是動天下之兵也).”[94)]

이 같이 성인은 천도인 인 · 의 · 예 · 지를 인(仁)에 기반한 인정(仁政)을 통해서 시행되어야 한다고 하였는데 이것은 맹자가 지상에서 인

90) 『孟子注疏』, 「盡心下」, p.463.
91) 『孝經孟子注疏及補正』, 「公孫丑上」, p.156.
92) 위 책, 「離婁上」, p.20a.
93) 위 책, 「盡心下」, p.21a.
94) 위 책, 「梁惠王下」, p.13a.

· 의 · 예 · 지의 '천도' 구현 기량으로 '인정'을 택했던 사실을 말하고 있다. 그리고 덕치와 인정은 모두 도덕에 기반하였으므로 공자와 맹자는 천도 구현의 통치기량으로 한결같이 도덕정치를 주장하였던 사실을 알 수 있다.

이와 같이 공자는 우주 천지 자연 속에서 진행되고 있는 항구적인 질서 평형 조화 평화를 이루고 있는 '천도'를 북극성과 같은 덕치를 통하여 지상에서 구현하려고 하였다면 맹자는 하늘이 부여하여 인간에게 내제되어 있는 인 · 의 · 예 · 지의 '천도'를 인정을 통하여 지상에서 구현하려고 하였다. 이런 점에서 공자와 맹자의 '천도' 실체에 대한 체득과 인식 방법은 서로 달랐어도 지상에서 '천도'를 구현하려고 하였던 정치이념은 같았다고 할 수 있다. 다시 말하면 공자와 맹자의 궁극적 정치이념은 바로 지상에서 '천도' 구현이었으며 지상에서 '천도' 구현은 도덕정치를 통하여 이루려고 하였던 사실을 알 수 있다.[95)]

그런데 지상에서 '천도' 구현은 어떤 한정된 지역이나 특정 국가에만 국한될 수 없는 것이었으므로 '천도' 구현의 대상과 범위는 바로 하늘 아래의 모든 땅과 바다 그리고 천하 만백성들이었다.

---

95) 순자는 공자와 맹자의 '천' '천명' '천도'에 관한 인식을 전부 부정하였다. 순자는 봄 여름 가을 겨울의 사시 순환과 만물의 생성 변화는 영구히 반복되는 '자연의 직분' 즉 천직(天職)이라고 하였으며, 해와 달이 온 누리를 비추고 별들이 일정하게 움직이고 음양이 반복 순환하면서 천지자연의 조화를 이루고 이 조화 속에서 만물이 생명을 얻어서 성장하고 있는 것을 '자연의 공덕(公德)' 즉 천공(天功)이라 하여 천직(天職)과 천공(天功)을 천도라고 하였다. 그리고 하늘에서 일식과 월식의 진행, 유성과 행성 등의 출현 등, 지상에서 군주의 선정과 악정, 인간의 길흉화복과 운명 등과는 아무런 관계가 없다고 하였는데 이 같은 순자의 '천' '천명' '천도'에 대한 개념은 공자, 맹자의 개념과는 아주 달랐다. 그러므로 한대 유학이 국학으로 채택되어 한 제국 황제를 유일무이한 천명의 봉행자로 선포하여 한 제국 통치의 정통성, 신성성, 유일성을 수립하고 천하의 유일무이한 통치자로 부각되면서 공자, 맹자의 '천' '천명' '천도'사상이 주류를 형성하고 순자의 학설은 철저히 배제되었다(이춘식, 『유학의 천도관과 정치이념』, p.96-100).

"하늘에는 두 태양이 없고 지상에는 두 왕이 없다(天無二日 土無二王)."[96]

이 같이 공자는 하늘에는 두 태양이 있을 수 없고 오직 하나의 태양만이 존재하고 있는 것과 같이 지상에서도 두 왕은 있을 수 없고 오직 유일의 왕만이 존재해야 한다고 하였는데 이 같은 공자의 주장은 사실상 지상에서 유일무이한 통치자를 정점으로 한 천하일국상(天下一國像)을 상정하고 있는 것이다.

"공자는 하늘에는 두 태양이 없고 백성들한테는 두 왕이 없다고 말하였다(孔子曰 天無二日, 民無二主)."[97]

이것은 맹자가 공자의 말을 인용하여 하늘에는 오직 하나의 태양 그리고 지상에는 오직 유일한 왕의 존재만을 상정하고 있는 것이다.

"넓고 넓은 하늘 아래에 왕의 땅이 아님이 없고 온 땅 끝까지 왕의 신하 아님이 없다(溥天之下 莫非王土 率土之賓 莫非王臣)."[98]

이것은 앞 장에서 인용한 바 있는 『시경』의 구절이다. 맹자는 이 같은 『시경』을 인용하여 유일의 통치자를 정점으로 하늘 아래의 땅 · 바다, 그리고 천하 만백성들을 포함한 즉 '하늘 아래의 모든 것'을 천자의 왕토(王土)와 왕신(王臣)으로 설정하였는데 이것은 맹자 역시 공자와 마찬가지로 유일무이한 통치자를 정점으로 한 천하일국상을 상정하고 있는 것이다.

96) 『禮記注疏及補正』, 「曾子問」, p.5a.
97) 『孟子』「萬章上」, p.9a.
98) 『毛詩正義』 臺北: 中華書局, 13-1:116.

이 같은 사실에서 볼 때 공자와 맹자는 하늘에 있는 유일의 태양이 온 누리를 비치고 있는 천도의 모습에서 천하일국상을 체득하고 지상에서 유일무이한 통치자를 정점으로 한 천하일국상을 상정하였던 것으로 생각된다. 다시 말하면 공자와 맹자는 지상에서 '천도' 구현의 정치적 실체로서 유일무이한 통치자를 정점으로 하늘 아래의 모든 땅과 바다 그리고 만백성들로 구성된 천하일국상을 상정하고 있었다고 할 수 있다.

> "공자가 말하기를 천하에 도가 있으면 예악(禮樂)과 정벌(征伐)에 대한 명령이 천자에게서 나오고 천하에 도가 없으면 예악과 정벌의 명령이 제후에게서 나온다. 명령이 제후에게서 나오면 대체로 10 대 안에 망하지 않음이 드물고 대부에게서 나오면 5대 안에 나라가 망하지 않음이 드물고 배신(陪臣)이 국권을 잡으면 3대 안에 나라가 망하지 않음이 드물다. 천하에 도가 있으면 정권이 대부에게 있지 않고 천하에 도가 있으면 서민들이 나라 일을 의논하지 않는다(孔子曰 天下有道 則禮樂征伐 自天子出 天下無道 則禮樂征伐 自諸侯出 自諸侯出 蓋十世 希不失矣 自大夫出 五世希不失矣 陪臣執國命 三世希不失矣 天下有道 則政不在大夫 天下有道 則庶人不議)."[99]

이 같이 공자는 '천하에 도가 있으면(天下有道)' 정령(政令)과 정벌(征伐)이 천자에 의해서 나오고 '천하에 도가 없으면(天下無道)' 정령과 정벌이 천자가 아닌 제후, 대부, 또는 배신에게서 나온다고 하였는데 여기에서 예악은 정령(政令)을 의미하고 정벌(征伐)은 군사를 말하고 있다. 그러므로 '도'가 있는 유도의 사회에서는 모든 정치가 천자에 의해서 행해지고 '도'가 없는 무도의 사회에서는 천자가 아닌 제후 또는 대부가 모든 정치를 장악하고 행한다는 뜻이다.

---

99) 『論語』, 「季氏」, p.169.

그런데 여기에서 공자가 언급하고 있는 천자, 제후, 대부, 배신, 서민 등의 서열로 구성된 정치 · 사회적 제도와 구조는 주 왕조 봉건제도의 정치 · 사회적 제도 및 구조와 일치하고 있으므로 공자가 열망하고 있는 '천하유도'의 사회는 사실상 주 왕조의 봉건제도를 의미하고 있다. 다시 말하면 공자는 지상에서 천도 구현의 정치제도로써 봉건제도를 상정하고 있는 것이다.

> "맹자가 말하기를 천하에 도가 행해지면 덕이 큰 사람이 덕이 작은 사람을 부리고 어진 사람이 덜 어진 사람을 부린다 … 천하에 도가 행해지지 않으면 큰 나라가 작은 나라를 부리고 강한 나라가 약한 나라를 부린다(孟子曰 天下有道 小德役大德 小賢役大賢 天下無道 小役大 弱役强 … 天下無道 小役大 弱役强)."[100]

여기에서 "천하에 '도'가 행해지면(天下有道)", "천하에 '도'가 행해지지 않으면(天下無道)"의 언급은 사실상 봉건제도를 전제하고 있는 공자의 언급이다. 그런데 맹자는 이 같은 공자의 언급을 인용하면서 "… 천하에 도가 없으면 큰 나라가 작은 나라를 부리고 강한 나라가 약한 나라를 부린다(天下無道 小役大 弱役强)"고 언급하고 있다. 주지하는 바와 같이 주 왕조의 봉건제도는 대소의 다수 제후국으로 구성되었으며, 다수 제후들 간의 결속과 화목을 도모하기 위해 주왕은 대제후는 소 제후들을 사랑하고 돌보며 소 제후들은 대 제후를 공경하고 받드는 이른바 사대자소(事大字小) 교린(交隣)의 예(禮)를 강조하였다.[101] 그러므로 "큰 나라가 작은 나라를 부리고 강한 나라가 약한 나라를 부린다(小役大 弱役强)"는 맹자의 언급은 사실상 대소의 제후국으

100) 위 책, 「離婁上」, p.21b.
101) 이춘식, 『事大主義』, pp.247-250.

로 구성된 주 왕조의 봉건제도를 전제하고 있는 것이다.

> "내가 분명히 말하겠소. 천자의 땅은 사방 1000리요. 1000리가 안 되면 제후들을 접대하기가 부족하다. 제후의 땅은 사방 100리요. 100리가 안 되면 종묘의 전적(典籍)을 지키기에 부족하다(吾明告子 天子之地方千里 不千里 不足以待諸侯 諸侯之地方百里 不百里 不足以守宗廟之典籍)."[102)]

여기에서 맹자는 봉지(封地)의 크기를 설명하고 있다. 주 무왕이 은 왕조를 멸하고 주 왕조를 건국하였을 때 주 무왕은 왕기(王畿)를 직할지로 설정하고 그 외의 모든 토지는 제후들에게 봉지로 분배하였으며 제후들은 분배받은 봉지를 일족인 경대부들에게 다시 분배하였는데 분배된 토지 면적은 제후 경대부 계층의 정치 · 사회적 신분 고하에 따라서 각기 달랐다. 이 같이 천자가 제후들에게 토지를 분배하고 제후들은 다시 일족들에게 토지를 분배하였던 정치제도는 바로 주 왕조의 봉건제도였다. 그러므로 맹자 역시 공자와 마찬가지로 주 왕조의 봉건제도를 천하일국상의 정치제도로 상정하고 있는 것이다. 다시 말하면 공자와 맹자는 모두 도덕정치 구현의 정치 기틀로서 봉건제도를 모델로 상정하고 있었다.[103)]

---

102) 위 책, 「告子下」, p.11a.

103) 공자와 맹자만이 봉건제도를 도덕정치 구현의 정치제도로 상정한 것은 아니었다. 『荀子』, 「君道」편의 "나라를 분봉받은 제후들은 영토를 분담하여 지키고 삼공의 대신들은 각 방면의 정사(政事)를 총괄하고 의논하여 결정해 나간다면 천자는 가만히 있어도 되는 것이다(建國諸侯之君 分土而守 三公摠方而議 則天子共己而止矣)", "천자는 삼공의 대신을 두고 제후는 재상 1인을 두며 대부(大夫)는 각기 관직을 담당하고 그 밑에 사(士)는 각기 직책을 맡는다(天子三公 諸侯一相 大夫擅官 士保職, 荀子, 君度編)", "경사를 중심으로 사방 5백 리 이내는 전복(甸服) 그로부터 사방 5백 리 밖은 후복(侯服) … 그로부터 사방 2500리의 땅은 빈복(賓服) … 천 리 밖에 있는 만이(蠻夷)의 땅은 요복(要服) … 천리 밖에 있는 융적(戎狄)의 땅은 황복(荒服)이라 한다(封內甸服 封外侯服 侯衛賓服 蠻夷要服 犬戎荒服)" 등에 의하면 순자 역시 공자 맹자와 마찬가지로 도덕정치 구현의

이 같은 사실을 종합해 보면 공자 · 맹자는 주 왕조의 쇠락으로 야기된 춘추전국 시대의 거대한 역사적 소용돌이와 전환기 속에서 지상에서 '천도' 구현을 정치이념으로 설정하고 '천도' 구현의 실체로서 천하일국상을 제시하고 '천도' 구현의 통치기량으로 도덕정치를 제시하고 도덕정치 시행의 정치제도로서 봉건제도를 상정하였던 사실을 알 수 있다.

2) 전국 말기 유가의 9주, 9기, 9복, 5복의 봉건적 천하일국상과 화 · 이

중국 고대 문헌에 의하면 천하는 9주(九州), 9복(九服), 9기(九畿), 5복(五服) 등의 질서정연한 행정구역으로 편성되어 있는데 이 중에서 제일 먼저 출현한 것이 9주설이다. 9주에 관한 기록은 『상서(尙書)』를 비롯하여 『주례(周禮)』 『여씨춘추(呂氏春秋)』 『묵자(墨子)』 『장자(莊子)』 『사기(史記)』 등의 자료에 모두 언급되고 있는데 내용은 조금씩 다르고 명칭도 9복(九服), 9기(九畿), 9토(九土), 9국(九國) 등으로 다양하다. 그러나 천하가 모두 9개의 행정구역으로 질서정연하게 편성되어 있는 것은 공통적이다.

9주에 관한 제일 오래된 기록은 『상서』 「요전」의 우공편이다. 이 우공편에 의하면 순(舜) 임금으로부터 황하 치수 명령을 받은 우(禹)가 치수에 착수한 지 13년 만에 황하의 범람을 막고 천하를 9주로 나누었다.

> "우(禹)는 땅을 9주로 나누었는데 … 기주(冀州) … 연주(兗州) … 청주(淸州) … 서주(徐州) … 양주(楊朱) … 형주(荊州) … 예주(豫州) … 양주(梁州) … 옹주(雍州)였다(禹別九州 … 冀州 … 兗州 … 徐州 … 荊州 … 豫州 … 梁州 … 雍州)."[104)]

이상적 정치제도로서 봉건제도를 상정하고 있는 것이다.

이 같이 『상서』 우공편에는 9주가 기주(冀州), 연주(兗州), 청주(青州), 서주(徐州), 양주(揚州)), 형주(荊州), 예주(豫州), 양주(梁州), 옹주(雍州)로 기록되어 있다. 『주례』 「하관」 직방씨와 같은 책 「추관」 사구 하편에는 9복에 관한 기록이 있다

"9복의 방국을 나누어 보면 사방 1000리 지역을 왕기라 하고 그 외 사방 5백 리 지역을 후복이라 한다 … 그 외 사방 5백 리 지역을 전복이라 한다 … 그 외 사방 5백 리 지역을 남복이라 한다 … 그 외 사방 5백 리 지역은 채복이라 한다 … 그 외 사방 5백 리 지역은 위복이라 한다 … 그 외 사방 5백 리 지역을 만복이라 한다 … 그 외 사방 5백 리 지역을 이복이라 한다. 그 외 사방 5백 리 지역을 만복이라 한다. 그 외 사방 5백 리 지역을 이복이라 한다. 그 외 사방 5백 리 지역을 진복이라 한다. 그 외 사방 5백 리 지역을 번복이라 한다(乃辨九服之邦國 方千里曰 王畿 其外方五百里曰 侯服 又其外方五百里曰 甸服 又其方五百里曰 男服 又其外方五百利曰 采服 又其外方五百里曰 衛服 又其外方五百里曰 蠻復 又其外方五百里曰 夷服 其外方五百里曰 鎭服 又其外方五百里曰藩服)."[105]

이 같이 9복은 천자의 직할지인 왕기(王畿)를 중심으로 그리고 사방 500리 지역을 단위로 후복, 전복, 남복, 채복, 위복, 만복, 이복, 진복, 번복으로 조직되었으며 같은 책 하관 직방씨편의 9복 역시 왕기를 중심으로 후복, 전복, 남복, 채복, 위복, 만복, 이복, 진복, 번복의 9복으로 조직되었는데 두 편의 9복에 관한 기록 내용은 서로 일치하고 있다. 9기(九畿)에 관한 기록은 『시경』 「국풍」과 『주례』 「대사마」편에 각기 언급되고 있다.

---

104) 『尙書注疏及補正』, 「禹貢」, p.1-7.
105) 『周禮注疎及補正』, 「夏官 司馬下」, p.14a.

"주공이 태평을 이루자 천하를 9기로 나누어 정하고 하 왕조의 우 임금 때의 옛 제도를 회복하였다(周公致太平 敷定九畿 復夏虞之舊制)."[106]

"이에 천하를 9기로 나누어 그 내용을 기록한 전적을 가지고 각 나라의 직무를 시행한다. 방 천 리를 국기라고 하며 그 외 방 5백 리를 후기(侯畿)라고 하며 그 외 방 5백 리를 전기(甸畿)라고 하며 그 외 방 5백 리를 남기(男畿)라고 하며 그 외 방 5백 리를 채기(采畿)라고 하며 그 외 방 5백 리를 위기(衛畿)라고 하며 그 외 방 5백 리를 만기(蠻畿)라고 하며 그 외 방 5백 리를 이기(夷畿)라고 하며 그 외 방 5백 리를 진기(鎭畿)라고 하며 그 외 방 5백 리를 번기(藩畿)라고 한다(乃以九畿之籍 施邦國之政職 方千里曰國畿 其外方五百里曰侯畿 又其外方五百里曰甸畿 又其外方五百里曰男畿 又其外方五百里曰采畿 又其外方五百里曰衛畿 又其外方五百里曰衛畿 又其外方五百里曰夷畿 又其外方五百里曰鎭畿 又其外方五百里曰藩畿)."[107]

9기도 국기(國畿)를 중심으로 사방 500리 지역을 단위로 후기, 전기, 남기, 채기, 위기, 만기, 이기, 진기, 번기의 9기로 조직되어 있다. 『상서』「하서」 우공편에는 5복에 관한 기록이 있다.

"5복은 … 경사로부터 사방 5백 리 이내의 지역은 전복(甸服) … 전복지역 밖으로 사방 5백 리는 후국(侯國) … 후복 밖의 사방 5백 리는 수복(綏服) … 후복 지역 밖의 사방 5백 리는 요복(要服)이었는데 3백 리 안에는 오랑캐들이 살았고 나머지 2백 리는 유배지였다. 요복 지역 밖으로 사방 5백 리는 황복(荒服)이었는데 첫 3백 리 안에는 오랑캐(夷와 蠻)들이 살았고 나머지 2백 리 땅은 중죄인의 유배지였다(五百里甸服 … 五百里綏服 … 五百里要服 三百里夷 二百里 蔡 五百里荒服 … 三百里蠻 二百里流)."[108]

---

106) 『毛詩正義』, 「齊風」, p.380.

107) 『周禮注疏及補正』, 「夏官 司馬下」, p.6a.

이 같이 우 임금도 5복을 실시하였는데 순 임금 때와 마찬가지로 경사를 중심으로 그리고 사방 500리 지역을 단위로 전복, 후복, 수복, 요복, 황복으로 구성되었다. 또 같은 책 「주서」 강고편에도 5복에 관한 기록이 있다.

> "주공이 처음으로 터를 마련하여 동쪽의 낙읍을 조성하였다 사방의 백성들이 크게 모여들었다. 후복 전복 남복 채복 위복의 제후들과 백관 널리 퍼진 백성들이 다 모여 와서 주 나라에 봉사하였다(周公初基于東國洛 四方民大和會 作新大邑 … 侯田男邦采衛 百工播民 和見士于周)."[109]

이에 의하면 주공이 정치 · 군사적 중심지로서 낙읍(洛邑)을 조성하기 위해서 기초를 닦고 있을 때 후복, 전복, 남복, 채복, 위복의 5복 제후들이 백관과 백성들을 이끌고 와서 역사적 사업에 봉사하고 축하하였다는 내용이다. 이 같이 당시 천하는 후복, 전복, 남복, 채복, 위복의 5복으로 구성되었다.

이와 같이 『상서』 『시경』 『예기』 『주례』 『순자』 등의 여러 책에서는 9주, 9기, 9복, 5복에 관한 상세한 기록이 있는데 자료에 따라서 그 명칭과 내용이 상당 부분 다르기도 하고 또 일부는 중복된 경우도 있지만 한 가지 공통적인 사실은 천하(天之下)는 유일무이한 천명의 봉행자 천자를 정점으로 직할지 왕기(王畿) 또는 국기(國畿)를 중심으로 9주, 9기, 9복, 5복 등의 체계적인 행정구역으로 편성되어 있는 것이다. 그런데 9주, 9복, 9기, 5복은 반드시 중원의 화하 제후국들로써 구성되었던 것만은 아니었다.

---

108) 『尙書注疏及補正』, 「禹貢」, 8a-b.
109) 위 책, 「康誥,」, p.21a.

> "방기는 천 리이다. 그 외 사방 5백 리 지역은 후복이라 한다 … 그 외 사방 5백 리 지역은 전복 … 남복 … 채복 … 위복 … 요복 … 구주 밖은 번국이라 한다(邦畿千里 其外方五百里 謂之侯服 … 甸服 … 男服 … 采服 … 衛服 … 要服 … 九州之外 謂之藩國)."[110]

주소에 의하면 9주는 중앙의 후복, 전복, 남복, 채복, 위복, 요복과 번국으로 구성되었는데 이 중에서 번국(藩國)은 이적만이 제후국으로 설정되어 있다. 그러므로 9주는 중앙의 후복, 전복, 남복, 채복, 위복, 요복의 화하 제후국과 9주 밖 변두리에 위치한 번복의 이적만이 제후국의 이중으로 구성되어 있다.

> "9복의 방국을 나누어 보면 사방 천 리 지역을 왕기라 하고 그 외 사방 5백 리 지역을 후복 … 전복 … 남복 … 채복 … 위복 … 만복 … 이복 … 진복 … 번복이라 한다(乃辨九服之邦國 方千里曰王畿 其外方五百里 侯服 … 甸服 … 男服 … 采服 … 衛服 … 蠻服 … 夷服 … 鎭服 … 藩服)."[111]

9복은 왕기를 중심으로 후복, 전복, 남복, 채복, 위복, 만복, 이복, 진복, 번복의 9복으로 구성되었는데 이 중에서 중앙의 후복, 전복, 남복, 채복, 위복은 화하 제후국이고 변두리의 만복, 이복, 진복, 번복은 이적만이의 제후국이었다. 그러므로 9복은 중앙의 후복, 전복, 남복, 채복, 위복은 화하 제후국과 변두리의 만복, 이복, 진복, 번복의 이적만이 제후국의 이중으로 구성되었다.

> "이에 천하를 9기로 나누어 그 내용을 기록한 전적을 가지고 각 나라에서 천자를 받드는 정사의 직무(賦稅)를 시행한다. 방 천 리를 국기라

---

110) 『周禮注疏及補正』, 「秋官 司寇下」, pp.22b-23a.
111) 위 책, 「夏官 司馬下」, p.14a.

하고 그 외 방 5백 리를 후기(侯畿) … 전기(甸畿) … 남기(男畿) … 채기(采畿) … 위기(衛畿) … 만기(蠻畿) … 이기(夷畿) … 진기(鎭畿)라고 하며 그 외 방 5백 리를 번기(藩畿)라고 한다(乃以九畿之籍 施邦國之政職 方千里曰國畿 其外方五百里曰侯畿 … 甸畿 … 男畿 … 采畿 … 衛畿 … 衛畿 … 夷畿 … 鎭畿 … 藩畿)."[112]

9기는 국기(國畿)를 중심으로 후기, 전기, 남기, 채기, 위기, 만기, 이기, 진기, 번기로 구성되었는데 이 중에서 중앙의 후기, 전기, 남기, 채기, 위기는 화하 제후국이고 변두리의 만기, 이기, 진기, 번기는 이적만이 제후국이었다. 그러므로 9기 역시 중앙의 후기, 전기, 남기, 채기, 위기의 화하 제후국과 변두리의 만기, 이기, 진기, 번기의 이적만이 제후국의 이중으로 구성되었다.

"5복의 제도를 정하여 경사로부터 사방 5백 리 이내의 지역은 전복(甸服) … 후국(侯國) … 수복(綏服) … 요복(要服)이었는데 3백 리 안에는 오랑캐(夷)들이 살았고 나머지 2백 리는 유배지였다. 요복지역 밖으로 사방 5백 리는 황복(荒服)이었는데 첫 3백 리 안에는 오랑캐(夷와蠻)들이 살았고 나머지 2백 리 땅은 중죄인의 유배지였다(五百里甸服 … 五百里綏服 … 五百里要服 三百里 夷 二百里 蔡 五百里荒服 … 三百里蠻 二百里流)."[113]

우 임금 때 시행된 5복은 전복, 후복, 수복, 요복, 황복으로 구성되었는데 이 중에서 중앙의 전복, 후복, 수복은 화하 제후국이고 변두리의 요복과 황복은 오랑캐의 이(夷)와 만(蠻)의 제후국이었으므로 5복 역시 전복, 후복, 수복의 화하 제후국과 요복과 황복의 이적만이 제후국의 이중으로 구성되었다.

112) 위 책, 「夏官 司馬下」, p.6a.
113) 『尙書注疏及補正』, 「夏書」, pp.8a-b.

> "봉내는 전복, 봉외는 후복, 위복, 빈복, 만이는 요복, 융적은 황복이다(封內甸服 封外侯服 侯衛賓服 蠻夷要服 戎狄荒服)."114)

이 같이 『순자』에 제시된 5복도 전복, 후복, 빈복, 요복, 황복으로 구성되었다. 이 중에서 전복, 후복, 빈복은 화하 제후국이며 요복, 황복은 이적만이국이었으므로 『순자』의 5복 역시 화 · 이의 이중으로 구성되어 있다. 그런데 9주, 9복, 9기, 5복의 모든 제후들은 화 · 이를 불문하고 작위의 고하와 거리의 원근에 따라 천자에게 차등적으로 조근(朝覲)과 헌공(獻貢)을 이행하는 것으로 되어 있다.

> "방기는 천 리이다 … 후복은 일 년에 한 번 조근하고 사물(祀物)을 공납한다 … 전복은 2년에 한 번 조근하고 빈물(嬪物)을 공납한다 … 남복은 3년에 한 번 조근하고 기물(器物)을 공납한다 … 채복은 4년에 한 번 조근하고 복물(服物)을 공납한다 … 위복은 5년에 한 번 조근하고 임물(林物)을 공납한다 … 요복은 6년에 한 번 조근하고 화물(貨物)을 공납한다(邦畿千里 … 之侯服 歲壹見 其貢祀物 … 甸服 二歲壹見 其貢嬪物 … 男服 三歲壹見 其貢器物 … 采服 四歲壹見 其貢服物 … 衛服 五歲壹見 其貢林物 … 要服 六歲壹見 其貢貨物)."115)

이 같이 후복은 매년 1회 조근을 행하고 사물(祀物)을 헌납하며, 전복은 2년 1회 조근을 행하고 빈물(嬪物)을 헌납하며, 남복은 3년 1회 조근을 행하고 기물(器物)을 헌납하며, 채복은 4년 1회 조근을 행하고 복물(服物)을 헌납하며, 위복은 5년 1회 조근을 행하고 재물(材物)을 헌납하며 요복은 6년 1회 조근하고 화물(貨物)을 헌납하는 것으로 되어 있다. 그리고 이적만이 제후들도 화하 제후들과 마찬가

114) 『荀子集解』, 「正論」, p.220.

115) 『周禮注疏及補正』, 「秋官 司寇下」, pp.22b–23a,

지로 천자에게 조근과 헌공을 이행하는 것으로 되어 있다.

> "옛날에 주공이 명당에서 제후들의 조근을 받았는데 천자는 부의(斧依)를 등지고 남쪽을 향하여 섰다. 삼공(三公)은 중계 앞에서 동쪽을 위로하고 북쪽을 향해서 섰다. 제후(諸侯)의 위치는 조계 동쪽에서 북을 위로하고 서쪽을 향해서 섰다. 제백(諸伯)들은 서계의 서쪽에서 북을 위로 하고 동쪽을 향해서 섰다. 제자(諸子)들은 문 동쪽에서 동을 위로 하고 북쪽을 향해서 섰다. 제남(諸男)들은 문 서쪽에서 동을 위로하고 북쪽을 향해서 섰다 … 9이(夷)의 나라는 동문 밖에서 서 쪽을 바라보고 북을 위로 했다. 8만(蠻)의 나라는 남문 밖에서 북쪽을 면하고 동을 위로 했다. 6융(戎)의 나라는 서문 밖에서 동쪽을 면하고 남을 위로 했다. 5적(狄)의 나라는 북문 밖에서 남쪽을 면하고 동을 위로 했다. 9채(采)의 나라는 응문 밖에서 북쪽을 면하고 동을 위로 했다. … 이것이 주공의 명당 위치이다. 명당은 제후의 존비를 분명히 하는 것이다(昔者 周公朝諸侯于明堂之位 · 天子負依南鄕而立 三公中階之前 北面東上 諸侯之位 阼昨階之東 西面北上 諸伯之國 西階之西 東面北上 諸子之國 門東北面東上 諸南之國 門西北面東上 九夷之國 東門之外 西門北上 八蠻之國 南門之外 北面東上 六戎之國 西門之外 東面南上 五狄之國 北面之外 南面東上 九采之國 應門之外 北面東上 … 此周公明堂之位也 明堂也者 明諸侯之尊卑也)."116)

> "구주 밖의 번국은 일생에 한 번 조근하고 각기 귀중한 바를 가져왔다(九州之外 謂之藩國 世一見 各以其所貴寶爲摯)."117)

이 같이 삼공(三公)을 비롯한 제후(諸侯), 제백(諸伯), 제자(諸子),제남(諸男)의 화하 제후들은 천자에게 조근을 행하고 9이(九夷), 8만(八蠻), 6융(六戎), 5적(五狄), 9채(九采) 등의 이적만이 제후들도 화하 제후들과

---

116) 『禮記注疏及補正』, 「明堂位」, p.9a.

117) 『周禮注疎及補正』, 「秋官司寇下」, p.23a.

함께 천자에게 조근을 행하는 것으로 되어있다. 그리고 제후들의 천자 조근 시 공물 헌상은 필수적이었으므로 화하 제후들의 천자에 대한 공물 헌상은 물론 9이, 8만, 6융, 5적, 9채의 이적만이 제후들의 천자에 대한 공물 헌상도 당연히 행하였을 것이며 아주 먼 지역에 위치한 이적만이 제후들은 일생에 한 번 하는 것으로 되어 있다.

다시 말하면 위의 기록 중에서 9주의 번복, 9복의 만복 이복 번복, 9기의 만기 이기 진기 번기, 5복의 요복과 황복 등의 이적만이 제후들의 천자에 대한 공물 헌상의 기록은 없지만 조근 시에 공물 헌상은 필수적이었으므로 이적만이 제후들도 화하 제후들과 마찬가지로 천자 조근 시에 공물을 헌상하였을 것으로 생각된다.

> "후복 밖 사방 5백 리는 요복(要服)이었다. 3백 리 안에는 오랑캐(夷)들이 살았고 나머지 2백 리는 유배지였다. 요복 밖 사방 5백 리는 황복(荒服)이었는데 첫 3백 리 안에는 오랑캐(夷와蠻)들이 살았고 나머지 2백리 땅은 중죄인의 유배지였다(五百里甸服 … 五百里 綏服 … 五百里 要服 三百里 · 夷 二百里 蔡 五百里 荒服 … 三百 里蠻二百里)."[118]

이에 의하면 이적만이가 분봉된 요복과 황복의 제후국은 천자의 직할지였던 왕기 또는 국기를 중심한 화하세계에서 거리가 멀어서 짐승들이 들끓고 죄인들을 귀양 보내는 유배지였으며 문화가 극히 낙후된 지역이었다. 이 같은 사실로 유추해 보면 9복 중에서 주변부에 배치된 만복 이복 번복, 9기 중에서 주변부에 배치된 이기 진기 번기 등의 이적만이 제후국, 5복 중에서 주변부에 배치된 요복 황복 등의 이적만이 제후국 등은 모두 화하세계에서 거리가 먼 변두리의 문화가 낙후된 지역에 분봉되었을 것으로 생각된다.

---

118)『荀子集解』,「正論」, p.8a.

이 같이 9주, 9기, 9복, 5복의 구도는 천자가 주재하고 직접 통치하는 왕기 또는 국기를 중심으로 문화가 발달된 중심부에는 화하 제후국이 배정되고 문화가 낙후된 주변부에는 이적만이 제후국이 배정된 구도로 설정되었는데 이 같은 9주, 9복, 9기, 5복의 구도 성격을 살펴볼 필요가 있다.

먼저 9기, 9복, 5복의 '복(服)'과 '기(畿)'의 뜻을 살펴보면 '복(服)'은 '천자를 받들어 복속한다(服 服事天子也)'의 뜻으로 천자에 대한 복속을 의미하고 '기(畿)'는 '한계와 같다(畿猶限也)'는 뜻으로 분한(分限), 한계(限界)와 같은 의미로 지역(地域) 또는 영지(領地)를 뜻했으므로[119] 9주, 9복, 9기, 5복은 사실상 천자로부터 분봉된 제후국을 의미하고 있다.

또 9주, 9복, 9기, 5복의 각 제후들은 천자에게 주기적으로 조근을 행하고 공물을 헌상하는 것으로 되어 있는데 이것은 주 왕조 제후들이 조근 이행과 공물 헌상을 통해 주왕에 대한 정치 · 군사적 복속을 표시하였던 봉건적 신례와 사실상 같은 것이다. 그러므로 9주, 9복, 9기, 5복 구도는 각기 명칭만 다를 뿐 공통적으로 천자를 정점으로 왕기 또는 국기를 중심으로 문화가 발달된 중앙부의 화하 제후국과 문화가 낙후된 주변부의 이적만이 제후국으로 구성되었음을 알 수 있다.

이런 사실에서 볼 때 천자를 정점으로 왕기 또는 국기를 중심으로 다수 제후국으로 구성된 9주, 9복, 9기, 5복 구도는 사실상 주왕을 정점으로 직할지 왕기를 중심으로 다수의 대소 제후국으로 구성된 주 왕조의 봉건제도를 그대로 모방하여 구상된 정치제도였다고 할 수 있다. 그러나 9주, 9복, 9기, 5복의 봉건제도는 주 왕조의 봉건제도를 그대로 모방한 것만은 아니었다.

---

119) 田崎仁義 著, 王學文 譯, 『中國古代經濟思想及制度』, 臺灣: 商務印書館, 1965, p.221.

위에서 언급한 바와 같이 9주는 중앙의 후복, 전복, 남복, 채복, 위복, 요복, 번국으로 구성되었는데 이 중에서 번국은 이적만이 제후국이었다. 9복은 중앙의 후복, 전복, 남복, 채복, 위복, 만복, 이복, 진복, 번복으로 구성되었는데 이 중에서 문화가 낙후된 변두리의 만복, 이복, 번복은 이적만이의 제후국이었다. 9기는 중앙의 후기, 전기, 남기, 채기, 위기, 만기, 이기, 진기, 번기로 구성되었는데 이 중에서 문화가 낙후된 변두리의 만기, 이기, 진기, 번기는 이적만이 제후국이었다. 그리고 5복도 중앙의 전복, 후복, 빈복, 요복, 황복으로 구성되었는데 이 중에서 문화가 낙후된 변두리의 요복, 황복은 이적만이국이었다.

이와 같이 9주, 9기, 9복, 5복 구도는 천자를 정점으로 왕기 또는 국기를 중심으로 문화가 발달된 중심부에 분봉된 화하 제후국과 문화가 낙후된 주변부에 분봉된 이적만이 제후국으로 구성되었는데 이 같은 화 · 이의 제후국으로 구성된 9주, 9기, 9복, 5복 구도는 화하의 제후국으로만 구성되었던 주 왕조의 봉건제도와는 분명히 다른 것이다. 다시 말하면 9주, 9기, 9복, 5복 구도는 봉건제도의 세계적 확대를 통해 종래 차별 무시되었던 주변 이적만이를 천자의 신민으로 수용하여 천자를 정점으로 화하 제후국과 이적만이 제후국으로 구성된 천하일국의 봉건적 세계질서상을 제시하고 있는 것이다.

> "양 나라 양 왕이 … 갑자기 말하기를 '천하는 어떻게 정해지겠습니까?' 하고 묻기에 나는 '하나로 정해질 것이다'라고 대답하였다. '누가 천하를 통일할 수 있을까요?' 하기에 '사람 죽이기를 좋아하지 않는 사람이 천하를 통일할 수 있을 것이다'라고 대답하였다(梁襄王 … 卒然問曰 天下惡乎定 吾對曰 定于一 熟能一之 對曰 不嗜殺人者 能一之)."[120]

---

120) 『孟子』, 「梁惠王上」, p.4a.

이것은 전국 중기에 활약하였던 맹자(전 371-289)의 언급이다. 이에 의하면 맹자는 각국의 정치 · 군사적 대립과 항쟁 속에서도 천하가 일통되어 가고 있는 당시의 국제적 상황과 시대적 추세를 명확히 파악하고 있었다.

> "주 나라에 복종케 한 것은 천명이 일정치 않는 것을 말한다(于周服 侯服于周 天命靡常)."[121]

이 같이 '천명은 일정치 않다(天命靡常)'고 한 맹자의 언급은 천명은 주 왕조 같은 특정국에 반드시 고정되어 있지 않고 다른 왕조도 하늘로부터 천명을 받을 수 있다는 천명의 교체와 이동을 시사하고 있는 것이다. 맹자는 원래 민심의 소재와 행방에 의한 천명의 교체와 이동 그리고 천명의 교체와 이동에 따른 왕조 교체를 주창하고 있었으므로 전국 중기 천하일통으로 지향하는 국제적 상황과 시대적 추세를 간파하고 천명은 다른 왕조에게 이동될 수 있다는 사실을 강력히 시사하고 있는 것이다.

> "천하는 하나로 통일되어야 하고 제후들은 신하가 되어야 한다(天下爲一 諸侯爲臣)."[122]

> "제후들을 신하로 만들어 천하를 통일해야 한다(臣使諸侯 一天下)."[123]

> "천하를 병합하여 다스려야 한다(合天下而君之)."[124]

121) 위 책, 「梁惠王 上」, p.21a.
122) 『荀子集解』, 「儒效」, p.89.
123) 위 책, 「王霸」, p.141.
124) 위 책, 「王霸」, p.141.

이것은 순자가 전국 시대에 이미 독립 주권국가로 성장한 전국 7국을 제후국으로 폄하하고 또 전제군주로 성장한 각국 군주들도 제후들로 폄하하면서 모든 제후국과 제후들은 반드시 병합되어 천하가 일통되어야 한다고 주장하고 있는 것이다. 이 같이 순자도 천하일통을 지향하고 있는 당시의 국제적 상황과 시대적 추세를 예의 주시하고 천하일통을 주창하고 있었는데 이 같은 사실을 감안하면 맹자와 순자를 포함한 전국 유가들은 정치 · 경제 · 사회 · 문화와 사상 등의 모든 면에서 천하통일을 지향하고 있는 역사적 흐름과 시대적 상황을 깊숙이 파악하고 천하일통을 주창하고 있었던 사실을 알 수 있다.

사실 전국 시대의 화하세계는 각국이 정치 · 군사적으로는 여전히 대립하고 치열한 공방전을 계속하고 있었지만 경제 · 사회 · 문화 · 사상 등의 거의 모든 면에서 눈부시게 발달하고 있었으며 이 같은 현상은 특정 지역이나 특정 국가에 한정되었던 것이 아니고 화하 각국에서 전반적으로 진행되고 있었다.

그러므로 화하세계는 진시황의 정치 · 군사적 통일 이전에 문화적으로는 이미 통합되어 가고 있었다. 그리고 북적 출신의 진국(秦國), 남만(南蠻) 출신의 초국(楚國) · 오국(吳國) · 월국(越國) 등의 이적만이 출신 국가들도 새로운 강국으로 성장하고 중원으로 진출하여 화하열국과 항쟁하면서 정치 · 군사적으로는 패권은 장악하였지만 경제 · 사회 · 문화적으로는 급속도로 화하문화에 동화되어 가고 있었는데 이 같은 화하세계의 통일 추세와 이적만이 출신 국가의 화하세계에 대한 급속한 문화적 동화는 사실상 거역할 수 없는 역사적 흐름이며 시대적 추세였다. 그리고 이 같은 역사적 흐름과 시대적 추세를 통찰한 전국 말기의 유가들은 공자와 맹자의 '천' '천명' '천도'에 의탁한 통치사상과 천하일국가상을 계승하고 당시 역사의 새로운 주체로 떠오르고 있는 이적만이를 수용하여 유일무이한 천명의 봉행자 천자를 정점으로 내복의 화하 제후국과 외복의 이적만이 제후국으로 구성된 9주, 9복, 9기, 5복의 천하일국의 봉건적 세계질서상을 제시하였던 것으로 생각된다.

다시 말하면 유일무이한 천명의 봉행자 천자를 정점으로 화·이로 구성된 9주, 9복, 9기, 5복의 천하일국의 봉건적 세계질서상은 전국 말기의 유가들이 공자와 맹자가 제시한 천명의 신성적 권위와 위엄에 의탁한 통치사상과 천하일국상의 기틀 위에 새로 등장하고 있는 이적만이를 수용하여 유일무이한 천명의 봉행자 천자를 정점으로 화·이로 구성된 천하일국의 봉건적 세계질서상을 수립하고 이 같은 천하일국의 봉건적 세계질서상이 『상서』, 『시경』, 『예기』, 『주례』, 『순자』 등에 삽입되어 제시되었던 것으로 생각된다.[125)]

---

125) 9주, 9기, 9복, 5복에 관한 기록을 담고 있는 자료를 살펴보면 『상서』 「우공편」은 대체로 춘추 말기와 전국 초기에 편찬되고 『순자』는 전국 말기 그리고 9주, 9기, 9복, 5복에 관한 『주례』 『예기』 중의 기록도 전국 말기에 삽입된 것으로 알려지고 있다. 또 9주의 지리적 구역과 범주를 살펴보면 황하의 중·하류의 화북 지역을 중심으로 양자강 중·하류까지의 광대한 지역을 포함하고 있는데 그 범위는 대개 전국 말기 중국인의 지리적 지식과 거의 일치하고 있다(貝塚茂樹, 『中國の歷史 上』, 岩波書店, 1967, p.54). 이 같은 사실은 전국 말기 유가들이 당시 화하세계가 장기간의 분열과 대립 속에서 하나로 통합되어 가고 있고 또 주변 이적만이도 화하문화에 동화되어 가고 있는 역사적 흐름과 시대적 추세 그리고 통일을 염원하는 민심을 수용하여 9주, 9기, 9복, 5복 등의 화·이로 구성된 천하일국의 봉건적 세계질서상을 제시하였던 것으로 생각된다.

제3장 진시황의 황제신격화(皇帝神格化)와 통치이념

1. 진(秦) 제국의 국가구조와 성격

주 왕조 쇠락 이후 550여 년 간 전개되었던 춘추전국 시대는 춘추 시대와 전국 시대의 두 시기로 나누어서 볼 수 있다. 춘추 시대(전 770-453)가 주 왕조 시대 동일 혈연에 기반한 혈연적 씨족공동체와 농업경제를 기반으로 구축되었던 봉건적 정치 · 사회 · 경제적 기반과 제도가 와해되고 있던 시대였다고 한다면 전국 시대(전 453-221)는 이렇게 와해된 정치 · 경제 · 사회적 요인들이 진한(秦漢) 제국 탄생의 잉태기로 재편되고 있던 시대였다고 할 수 있다.

그러므로 전국 시대 각국 간에는 약육강식 현상이 더욱 심해지고 건곤일척의 대결 양상이 계속되었는데 약소국은 대국에 압박당하여 백척간두의 위기 속으로 몰리고 대국은 기회 있는 대로 약소국을 병합하였다. 이에 따라서 각국은 치열한 약육강식 와중에서 살아남기 위해서 부국강병책을 우선적으로 추진하지 않을 수 없었다. 그리고 부국강병을 이루기 위해서 강력한 군주권 확립과 더불어 정치 · 경제 · 사회 · 군사 등의 모든 면에서 전례 없는 개혁을 추진하였는데 이 같은 전례 없는 총체적 개혁 속에서 가장 특징적인 것은 각국 군주의 성격 변화였다.

주 왕조 개국 이후 분봉된 제후들은 봉지(封地)로 출발하여 제후국을 건설하였는데 제후국 건국 과정에서 각 제후는 일족이었던 경대부 등과 일치단결하여 정치 · 군사적 난관을 극복하고 국기(國基)를 공고히 하였다. 그런데 이 과정에서 제후 일족들은 사도(司徒) 사마(司馬) 사공(司空) 등의 관직을 맡고 제후를 보좌하여 국정을 운영하였지만 누대에 걸친 세습적 권력 장악과 방대한 토지 소유로 유력세족으로 성장하였다. 그리고 점차로 국정을 농락하면서 군주를 자신들의 정략에 따라서 수시로 폐립하기 시작하였다.

그러나 춘추 중기 이후 이들 유력세족 간에는 치열한 권력투쟁이 진행되어 점차 그 수효가 줄어들었으며 전국 시대에는 찬탈 또는 자립에 의해 군주로 변한 유력세족 이외에는 거의 존재하지 않게 되었다. 그러므로 전국 시대 한(韓), 위(魏), 조(趙)의 3진(晉)과 제(齊)의 군주들은 모두 군주를 축출하고 들어 선 유력세력 출신의 군주들이었으며 진(秦), 초(楚) 양국의 군주들은 춘추 시대 이래 왕실 출신이었으나 각국에서 유력세족에 의한 군주 찬탈의 경우를 많이 목격하였기 때문에 자국 내의 유력세족을 거세하고 군주권을 확립하였다.

이 같이 전국 중기 이후 각국 군주는 주변의 유력세족을 거세하거나 유력세족이 나약한 군주를 축출하고 등극하였기 때문에 모든 권력이 군주 1인에게 집중되었다. 그리고 각국에서는 점차로 군주의 전제화(專制化)가 시작되었으며 이 같은 각국 군주 전제화의 상징은 바로 군주의 왕호(王號) 채택으로 나타났다. 따라서 기원전 334년에 제(齊) 군주는 서주(徐州)에서 왕이 되었고, 기원전 325년에는 진(秦) 혜왕(惠王)과 한(韓) 위왕(威王)이 왕으로 칭했고, 기원전 323년에는 한(韓), 위(魏), 조(趙), 연(燕)이 각기 왕이라 칭했으며, 기원전 286년 진(秦)은 서제(西帝), 제(齊)는 동제(東帝)라 칭하였다. 또 각국 군주의 왕호 채택은 단순한 왕호 채택만으로 끝나지 않았다.

각국 군주는 왕호 채택과 더불어 군주권 확립과 중앙집권화를 위해 종래와 같이 동일혈연의 일족을 기용하지 않고 고위 관직과 후한 녹봉으로 당시 신흥 지식인 계층이었던 사인(士人) 중에서 유능한 인재를 발탁하여 등용하기 시작하였는데 이것이 관료제도의 시행이었다.[126] 이 같은 관료제도 시행에 의해 군주는 과거 유력세족들에 의해 자행되었던 토지 분할, 권력 세습과 공유, 왕위 찬탈 등과 같은 봉건적 병폐를 피할 수 있었고 또 자신의 권력을 무한히 확대할 수 있었다. 이에 따라서 관료제도는 귀족정치였던 세경제도(世卿制度)를 대신하게 되었는데 이 같은 관료제도 시행은 각국의 중앙조직과 지방제도에 근본적 변화와 영향을 가져왔다.

그러므로 제(齊), 위(魏),한(韓), 연(燕), 제(齊), 진(秦) 등의 각국 군주는 상(相) 상국(相國) 재상(宰相) 혹은 승상(丞相) 영윤(令尹) 등의 재상(宰相)을 임명하여 군주를 보필하고 백관을 통솔하여 국무를 총괄케 하였는데 이들 재상은 춘추 시대의 세경(世卿)과는 달리 군주와는 비혈연 관계였고, 종신 또는 세습직이 아니었으며, 언제든지 군주에 의해 면직될 수 있었다.[127]

지방에서는 군(郡)과 현(縣)으로 구성된 군현(郡縣)제도가 시행되었다. 각국 군주는 군수(郡守)와 현령(縣令)을 직접 임명하여 지방 통치를 담당케 하고 수시로 감찰어사를 파견하여 군현의 통치 상황을 철저히

---

126) 전국 시대의 군주와 신하는 관료제도를 기반으로 관직(官職) · 녹봉(祿俸)과 봉사(奉仕)를 매개로 새로운 군신관계를 형성하였다. 그러나 새로운 군신관계의 형성 과정에서 군주는 관직과 녹봉을 제공하는 고용자의 입장이었기 때문에 관료들은 피고용자로 전락되어 결과적으로 군주에게 무한의 복종과 봉사를 일방적으로 강요당하게 되었다.

127) 각국에서 시행된 관료제도의 조직과 운영 등에 대해서는 자료의 부족으로 자세히 고증할 수 없으나 상군서(商君書) · 한비자(韓非子) 등에서 수많은 관리 명칭이 보이고 있고 사인들이 관직을 구하기 위해 각국을 수시로 넘나들고 한비자는 관료제도의 필요성과 중요성 그리고 군주가 관료들을 다루는 세(勢) · 술(術)에 대해서 치밀하게 언급하고 있는데 이 같은 사실은 전국 시대 각국에서는 세경제도가 와해되고 국가의 핵심적 통치제도로서 관료제도가 광범위하게 시행되고 있었던 사실을 말하고 있다.

감독하였으며 부정부패 등의 비리가 발견되거나 불충한 경우에는 언제든지 파면하였다. 이에 따라서 전국 시대에는 군현제도가 주 왕조의 봉건제도를 대신하게 되었으며 군주의 통치력은 군현제도를 통하여 중앙에서 지방 말단까지 관철될 수 있었는데 이것이 중앙집권적 관료제도의 출현이었다.

또 전국 시대에는 종래 동일 혈연에 기초한 씨족공동체는 완전히 해체되고 다양한 직업에 의한 사 · 농 · 공 · 상민으로 구성된 사민(四民)사회가 수립되었는데 이 중에서 자신의 토지를 소유한 자작 소농민 계층이 인구의 절대다수를 차지하였다. 이들 자작 소농민 계층은 대개 부부와 자녀를 포함한 5-6인의 소규모 가족으로 구성된 '가(家)' 또는 '호(戶)'를 이루고 100무 내외의 토지를 가족노동으로 경작하면서 국가의 조세, 요역, 병역을 부담하고 있었다. 수공인과 상인들도 대소의 수공업 경영과 상업 · 교역 등에 종사하여 자산을 축적한 자산계층으로 성장하고 있었으며 국가의 각종 조세와 부역을 담당하고 있었다. 그리고 문무의 사인(士人)들은 학식, 지식, 용력을 기반으로 종래 봉건귀족들이 독식하고 있던 정치 · 관료 · 군사 방면으로 눈부시게 진출하고 있었으므로 이들 사 · 농 · 공 · 상민으로 구성된 사민계층은 사실상 국가의 핵심계층으로 성장하였다.

이에 따라서 각국은 이 같은 경제 · 사회적 변화와 시대적 추세에 상응하여 각 호의 토지 면적, 가족 수와 노동력, 가축을 포함한 재산 정도 등에 관한 정밀한 호적(戶籍) 또는 명전(名田) 등을 작성하여 조세, 병역, 요역 등을 공평하게 부과하였으며 황무지 개간과 대여, 대규모 관개수리공사 추진, 제전(齊田)과 행전(行田) 등을 통한 토지 배분 등의 여러 정책을 추진하여 소농민 계층의 경제적 안정을 도모하였다. 그리고 자산계층으로 성장한 일반 백성들의 사유재산을 보호하고 사회질서와 안정을 유지하기 위해서 성문법을 제정하여 법치를 시행하였으며 또 평적법(平糴法)을 제정하여 물가를 조절하는 복지정책을 시행하기도 하였다. 이 같이 전국 시대 각국에서는 전례 없는 새로운 개혁이 진행되고 있었는데 각국의 개혁을 집약하여 국가의 핵심제도로 정착시킨 것이 진국(秦國)에서 시행된 상앙(商鞅, 전 ?-338)의 변법(變法)이었다.

진국은 원래 북쪽 변방에 위치한 반읍제의 후진국이었다. 그런데 상앙의 2차에 걸친 변법 시행에 의해서 진국은 단기간에 강력한 군주를 정점으로 관료제도와 군현제도로 조직된 중앙집권체제, 자작 소농민 계층의 육성, 중농억상 정책에 기반한 농본(農本)경제와 농전(農戰)체제에 기반한 강력한 무력, 엄법과 신상필벌에 의한 강력한 법치 등으로 조직된 새로운 국가로 개혁되었는데[128] 이 같이 개혁된 진국의 국가체제는 혈연적 씨족공동체, 봉건적 농업경제 그리고 분권적 봉건제도에 기반하였던 주 왕조와는 근본적으로 다른 새로운 국가 즉 전제군주국가였다.

한편 이 같이 북쪽 변방 반읍제의 후진국이었던 진국이 상앙의 2차 변법 성공에 의해 단기간에 군주를 정점으로 강력한 전제군주국가로 탄생하고 군사강국으로 부상하자 크게 충격을 받은 각국은 상앙의 변법을 모방하여 자국에서 개혁을 급속도로 추진하였다. 각국의 진국에 대한 모방은 국내 특수 사정과 실시 시기와 방법 등에는 차이가 있었으나 일반적 추세로 진행되었다. 이에 따라서 각국은 관료제도와 군현제도를 실시하고 성문법을 제정하여 법치를 시행하였으며 또 십오제(什伍制)와 같은 연좌제(連坐制)를 실시하고 군공에 기반한 작제(爵制) 등을 제정하여 백성들의 일상생활을 조직화하여 철저히 통제하였다.

이에 따라서 진국을 포함한 전국 시대의 각국은 강력한 군주를 정점

128) 이춘식, 『춘추전국 시대의 법치사상과 세(勢) · 술(術)』, 고려대학교출판부, 2002, p.200, 352.

으로 관료제도와 군현제도로 구성된 중앙집권체제, 자작 소농민 계층, 중농억상정책에 기반한 농본(農本)경제, 농전(農戰)체제에 기반한 강력한 무력, 엄법과 신상필벌에 의거한 강력한 법치 등의 제도로 조직되었는데 이것이 전국 중기 이후 출현한 전제군주국가였다. 그리고 이 같은 전제군주국가 체제는 진왕 정(政)의 중국통일 이후 진 제국에 계승되었다.

그러므로 진 제국 황제는 국가의 모든 토지를 소유하고 전국 백성들의 생사여탈권을 장악하고 모든 관리 임명과 파면권을 소유하고 전국의 무력을 옹유한 유일무이한 무소불위의 전제군주였다. 정치제도는 전제군주 황제를 정점으로 중앙집권적 관료제도와 군현제도로 구성되었으며 경제·사회체제는 인구의 절대다수를 차지하고 있는 자작 소농민 계층을 기반으로 중농억상정책에 기반한 농본(農本)경제, 농전(農戰)체제에 기반한 강력한 무력, 엄법과 신상필벌에 의한 강력한 법치로 조직되었다. 그러므로 진 제국은 봉건제도에 기반하여 다수의 독립적 제후국으로 구성된 주 왕조와는 근본적으로 다른 무소불위의 전제군주 황제를 정점으로 중앙집권적 관료제도와 엄격한 법치로 통치되는 중국 역사상 최초의 강력한 전제군주국가였다.[129)]

---

129) 진시황은 전제군주 황제를 정점으로 한 중앙집권적 관료국가를 수립하였다. 중앙정부는 삼공구경(三公九卿)을 두었는데 삼공(三公)은 승상(丞相) 태위(太尉) 어사대부(御史大夫)로 구성되었다. 승상은 황제를 보필하는 행정의 수반으로 전국의 국무(國務)를 장악하고 태위는 국방과 병사 업무를 담당하였으며 어사대부는 백관을 감찰하고 관리의 비행을 탄핵하는 감찰을 맡았다. 삼공 아래 구경(九卿)은 봉상(奉常), 낭중령(朗中令), 위위(衛尉), 정위(廷尉), 내사(內史), 치속내사(治粟內史), 전객(典客), 종정(宗正), 태복(太僕), 소부(少府), 장작소부(將作少府)로 구성되었는데 이들 부서는 종묘의례, 궁중경비, 형법, 재정, 종사사무 등의 독자적 고유 업무를 담당하였다. 지방은 36개 군으로 조직되었다. 각 군(郡)에는 황제가 파견한 군수(郡守), 군위(郡尉), 군감(郡監)이 지방 통치를 담당하였는데 군수는 군의 최고통치자로서 민정(民政)을 장악하였으며 군의 총책임자였다. 군승은 군수를 보좌하였으며 군위는 군의 병사·병역 및 훈련을 담당하였다. 군감은 군 행정을 감찰하여 중앙에 보고하였다. 중앙과 지방의

이 같이 진시황은 주 왕조의 봉건적 요소와 잔재를 일소하고 무소불위 황제를 정점으로 강력한 중앙집권적 전제국가를 수립하였음에도 불구하고 후술하는 바와 같이 이념적으로는 우주 천지자연의 창조주의 절대적 권위와 위엄에 의탁하였던 주 왕조의 통치이념과 천하일국상을 계승하여 확대하고 화 · 이를 망라한 천하의 유일무이한 통치자로 자처하였다.

2. 진시황의 황제신격화와 통치이념

전국 6국을 병합하여 진 제국을 수립한 진왕 정은 패망한 6국 군주들이 사용하고 있던 왕(王)의 존호를 폐지하고 새로운 존호를 제정하여 천하를 통일한 자신의 위업을 과시하고 또 후세에 길이 전하기 위해서 신하들에게 새로운 군주 존호 제정을 하명하였다. 그리고 이 같은 진시황의 명령을 받은 승상 왕관(王綰), 정위 이사(李斯), 어사대부 풍겁(馮劫) 등은 당시 박사들과 상의하여 아래와 같이 상주하였다.

"옛날 오제(五帝) 때에는 땅이 사방 천리에 지나지 않았고 그 바깥에는 후복 · 이복 등의 제후가 있었는데 이들은 어떤 때는 조현(朝見)을 하고 어떤 때에는 조현을 하지 않아도 천자는 그들을 제압할 수 없었습니다. 이제 폐하께서 의로운 군사를 일으키어 잔적을 토벌하시고 천하를 평정하여 전국에 군현을 설치하고 법령을 하나로 통일하였으므로 상고 이래로 일찍이 없었던 일로 오제라고 할지라도 미치지 못할 것입니다. 신들이 삼가 박사들과 함께 논의하기를 '고대에는 천황(天皇), 지황(地皇),

---

모든 관료들은 지위 고하를 불문하고 황제에 의해 임명되었으며 황제가 파견한 감찰어사의 감찰을 받았는데 이것이 무소불위의 황제를 정점으로 중앙집권적 관료제도에 기반한 전제군주국가 진 제국의 실체였다.

> 태황(泰皇)이 있었는데 이 중에서 태황이 가장 존귀했다'라고 하였습니다. 신들이 죽음을 무릅 쓰고 존호를 올리나니 왕(王)을 태황(泰皇), 명(命)을 제(制), 영(令)을 조(詔), 천자 자신을 지칭할 때는 짐(朕)이라고 하십시오. 이에 왕이 태(泰)를 버리고 황(皇)을 취하고 상고 시대의 제(帝)를 채택하여 황제(皇帝)라고 칭할 것이며 다른 것은 논의한 대로 하라(昔者五帝地方千里 其外侯服夷服諸侯或朝或否 天子不能制 今陛下興義兵 誅殘敵 平定天下 海內爲郡縣 法令有一統 自上古以來未嘗有 五帝所不及 臣等謹與博士議曰 古有天皇 有地皇 有泰皇 泰皇最貴 臣等昧死上尊號 王爲泰皇 命爲制 令爲詔 天子自稱曰朕 王曰去泰 著皇 采上古帝位號 號曰皇帝 他如議)."[130]

이 같이 승상 왕관, 정위 이사, 어사대부 풍겁 등은 천황(天皇), 지황(地皇), 태황(泰皇)의 3개 존호를 선정하고 이 중에서 '태황'을 군주의 존호로 짐(朕), 제(制), 조(詔) 등을 황제 전용어로 채택할 것을 건의하였다. 그리고 이 같은 군주의 새 존호 선택을 상주받은 진시황은 태황(泰皇)에서 '태(泰)'를 빼고 대신 '제(帝)'를 더하여 황제(皇帝)로 정하고 짐(朕), 제(制), 조(詔) 등의 용어를 황제의 전용어로 결정하였다. 대체로 이 같은 과정을 거쳐서 진시황은 은 · 주 왕조와 춘추전국 시대 이래 각국 군주들이 장구히 사용하여 왔던 왕(王)과 천자(天子) 존호를 폐지하고 황제(皇帝)를 통일제국의 새로운 군주 존호로 정하였는데 이 황제 존호는 단순히 새로운 군주 존호의 제정만이 아니라 심오한 정치이념을 내포하고 있었다.

먼저 황제의 '황(皇)'의 뜻을 살펴보면 금문(金文)에는 '' '' ''으로 되어 있는데 황조(皇祖), 황천(皇天), 황군(皇君)에서와 같이 '광휘한' '위대한' 뜻으로 지상에서 찬란히 떠오르고 있는 태양(太陽)을 의미하였다. '제(帝)'는 갑골문에서 '' '' ''로 되어 있고 금문(金文)에는

130)『史記』卷6,「秦始皇本紀」, p.237.

의 형상으로 되어 있는데 우주 삼라만상을 통괄하고 있는 모습을 의미하였다. 또 은대에는 우주 삼라만상의 조물주이며 바람·비·재해·농작물의 풍흉, 전쟁 등 대자연의 현상을 주제하고 있는 최고신을 상제(上帝) 또는 제(帝)라고 하였는데 진시황은 찬란히 떠오르고 있는 태양을 의미하는 황(皇)과 '상제'를 의미하는 '제'를 발췌하여 황제(皇帝)를 군주의 새로운 존호를 결정하였다.[131] 따라서 '황제'는 '광휘의 상제' 또는 '위대한 상제'의 뜻이었는데 이것은 황제를 상제와 동일시한 것으로[132] 사실상 황제를 지상상제로 신격화(神格化, Divinization)한 것이다.

다시 말하면 진왕 정은 황제를 자가신격화(自家神格化, The Self-Divinization)한 것이며, 이 같은 황제의 자가신격화를 통하여 주 왕조 개국 시 주왕이 우주 천지자연의 창조주 '천'으로부터 천명을 부여받은 유일무이한 천명의 봉행자로 선포하여 은 왕조 타도와 주 왕조 건국과 통치의 정당성, 신성성, 유일성을 이념적으로 수립하였던 것과 같이 진 제국 건국과 통치의 정당성, 신성성, 유일성을 이념적으로 수립하였다고 할 수 있다.

또 진시황은 황제 존호를 채택한 후에 기원전 212년 수도 함양(咸陽) 남쪽에 위치한 위수(渭水) 남안에 아방궁(阿房宮)을 새로 건축하기 시작하였는데 진시황 생전에 완공을 못하고 2세 황제 때 진승·오광의 반란으로 중단되었다가 항우군에 의해서 소각되었다. 현재 서안(西安) 서쪽 교외 삼두진(三橋鎮) 남쪽에 아방궁이라는 구릉(丘陵)이 유적지로 추정된다.[133] 아방궁의 규모는 아래와 같이 서술되어 있다.

131) 『史記』 卷5, 「秦始皇本紀」, p.236.

132) 西嶋定生, 「皇帝支配の成立」, 『世界歷史 4 東アジア世界の形成』, 東京: 岩波書店, 1970, p.224

133) 渡辺龍策, 秦の始皇帝99の謎, 東京: 産報ジャーメャル, p.62.

"위수 남쪽에 신궁을 지었다. 얼마 후에 신궁을 극묘(極廟)로 개명하였는데 천극(天極) 즉 북극성을 상징하였다. 극묘에서 여산까지 길을 뚫고 감천궁의 전전(前殿)을 지었으며 양쪽으로 담을 쌓은 길(甬道)을 수축하여 함양까지 통하게 했다(焉作信宮渭南 已更命信宮爲極廟 象天極 自極廟道通여山 作甘泉前殿 築甬道 自咸陽屬之)."[134]

"이에 위수의 남쪽 상림원에 궁전을 지었다. 먼저 아방에 전전(前殿)을 건축하였는데 동서의 길이가 500보, 남북의 길이가 50장으로 위쪽에는 10,000명이 앉을 수 있으며 아래에는 5장 높이의 깃발을 꽂을 수 있었다. 사방으로 구름다리를 만들어 궁전 아래부터 남산에 이르게 했으며 남산 봉우리에 궐루(闕樓)를 세워서 표지로 삼았다. 또 구름다리를 수축하여 아방궁에서 위수를 건너서 함양에까지 이르게 하여 북극성의 각도성(閣道星, 북두칠성 중 한 별의 이름)이 은하수를 건너서 영실성(營室星, 28宿 중 한 별의 이름)까지 이르는 모양을 상징하게 하였다(乃營作朝宮渭南上林苑中 先作前殿阿房 東西五百步 南北五十丈 上可以坐萬人 下可以建五丈旗 周馳爲閣道 自殿下直抵南山 表南山之顚以爲闕 爲復道 自阿房渡渭 屬之咸陽 以象天極閣道絶漢抵營室也)."[135]

이에 의하면 아방궁은 동서로 690미터, 남북으로 150미터, 위로는 만여 명이 앉을 수 있고, 아래로는 5장(丈)의 깃발을 세울 수 있는 거대한 규모였다. 이 같은 아방궁의 내부구조를 보면 아방궁에서 시작된 각도(閣道)는 남쪽의 남산 정상에 이르러 궁궐의 정문(正門)을 형성하고 북쪽으로는 위아래의 이중 복도가 위수(渭水)를 건너서 함양(咸陽)으로 연결되었는데 이것은 천극에서 시작된 각도가 한(漢)을 넘어서 영실(營室)에 도달한다는 형상이었다.

주소에 의하면 아방궁은 극묘(極廟), 즉 천극(天極)으로 상제가 거

134) 『史記』 卷5, 「秦始皇本紀」, p.241.
135) 위 책, p.257.

주하고 있는 중궁(中宮)으로 중앙의 북극성, 각도는 중궁과 주변의 궁궐을 연결하는 복도, 그리고 '한(漢)'은 천한(天漢)으로 은하수, '영실'은 28수의 하나인 천마(天馬, Pegasus)의 두 별로 함양을 각기 상징하였다. 그러므로 아방궁은 천극으로, 위수는 은하수로, 함양은 영실로 비정되고 있는데 이 같은 형상은 아방궁이 상제가 거주하고 있는 천극과 천극 주변의 성좌(星座)를 모방하여 축조된 사실을 말하고 있는 것이다.[136)]

또『사기』「진시황 본기」에 실려 있는 진시황의 순수비명문(巡狩碑銘文),[137)]을 검토해 보면 천하 개념과 범주를 의미하는 내외(內外),[138)] 사방(四方),[139)] 사극(四極),[140)] 육합(六合),[141)] 우내(宇內),[142)] 사해(四海),[143)] 해내(海內)[144)] 등의 용어가 빈번이 사용되고 있는데 이 중에서 '우내(宇內)'와 '해내(海內)'를 제외하고는 모두 천하 개념으로 사용되고 있다.[145)]

"해와 달이 비추는 곳은 모두 복종하지 않음이 없다(日月所照 莫不賓

136) 西嶋定生,「皇帝支配の成立」,『世界歷史 4, 東アジア世界の形成』, 東京: 岩波書店, 1970, p.224.
137) 시황제는 기원전 220년부터 지방 순시를 6차에 걸쳐서 시행하였다. 이 순행시에 시황제는 각지에 자신의 공덕을 과시하는 순수비명문을 세웠는데 추역산(鄒嶧山, 산동성 추현)·태산(泰山, 산동성 태산)·낭야대(琅야臺, 산동성 난사산)·지부산(之罘山, 산동성 육등현)·동견(東硯, 위와 같음)·갈석문(碣石門, 하북성 낙형현)·회계산(會稽山, 절강성 소홍현)의 7개소였다. 이 중에서 역산의 비문을 제외하고는 모두 사기 시황본기에 그대로 실려 있다.
138)『史記』卷5,「秦始皇本紀」, p.243.
139) 위 책, p.243.
140) 위 책, p.243.
141) 위 책, p.267.
142) 위 책, p.251.
143) 위 책, p.267.
144) 위 책, p.247.
145) 金翰奎,『古代中國的世界秩序硏究』, 서울: 一潮閣, 1982, pp.55-57.

服).”[146)]

“천지사방이 황제의 영토이다(六合之內 皇帝之土).”[147)]

“해와 달이 비추는 곳과 수레와 사람이 다니는 곳은 모두 황제의 명령이 미친다(日月所照 舟輿所載 皆終其命).”[148)]

“사람의 발자취가 이르는 곳에는 신하 아닌 사람이 없다(人迹所至 無不臣者).”[149)]

이 같이 진시황은 ‘해와 달이 비추고 수레와 사람이 다니는 곳’, ‘천지사방’을 황제의 영토로 설정하고 있고 사람의 발자취가 이르는 곳에 거주하고 있는 화 · 이를 망라한 천하 만백성들을 황제의 신민으로 선포하였는데 이것은 진시황 역시 주 왕조와 마찬가지로 ‘하늘 아래의 모든 것(天之下, All under Heaven)’을 황제의 통치영역과 통치대상으로 선포하였던 사실을 말하고 있다.

“그러므로 땅에는 사방이 없고 백성들에게는 다른 나라가 없다(是以地無四方 民無異國).”[150)]

이것은 진 제국 수립의 일등 공신이었던 이사(李斯, 전 280?-208)의 언급이다. 이사도 천하에는 오직 유일의 국가만이 존재하고 백성들에게 다른 국가는 있을 수 없다고 하였는데 이 같은 이사의 언급 역시

146) 『史記』 卷5, 「秦始皇本紀」, p.243.
147) 위 책, p.245.
148) 위 책, p.245.
149) 위 책, p.245.
150) 위 책, p.245.

해와 달이 비치고 있는 천지사방을 황제의 영토로 설정하고 천지사방에 거주하고 있는 화 · 이를 포함한 천하 만백성들을 황제의 신민으로 선포하여 황제를 정점으로 화 · 이를 망라한 천하일국상을 상정하고 있는 것이다.

이 같은 사실을 종합해 보면 당시 진 제국의 정치 · 군사력이 미치고 있는 실제적 통치영역은 동쪽으로는 동해(東海), 서쪽으로는 유사(流沙), 남쪽으로는 북호(北戶), 북쪽으로는 대하(大夏)[151] 등 특정 지역에 한정되었지만 이념적으로는 지상상제 황제를 정점으로 천지사방과 화 · 이를 망라하여 천하 만백성들을 포함한 천하일국상을 상정하고 있는 것을 알 수 있다.

다시 말하면 은 왕조의 정치 · 군사적 통치력은 특정 지역에 한정되었지만 이념적으로는 유일무이한 상제의 대리자 은왕을 정점으로 은 왕조를 중심으로 사방 · 사극의 천하일국상을 상정하고, 주 왕조의 정치 · 군사적 통치력은 특정 지역에 한정되었지만 이념적으로는 유일무이한 천명의 봉행자 주왕을 정점으로 주 왕조를 중심으로 화 · 이를 포함한 천하일국상을 상정했던 것과 같이 진시황도 진 제국의 정치 · 군사적 통치력은 특정 지역에 한정되었지만 이념적으로는 황제의 지상상제 신격화를 통하여 유일무이한 지상상제 황제를 정점으로 화 · 이를 망라한 천하일국상을 상정하고 있는 것이다.

이와 같이 진시황은 우주 천지자연의 창조주 상제의 '제(帝)'를 발췌하여 황제를 지상상제로 자가 신격화하고 지상상제 황제의 거주지로 천상의 상제 거주지 천극(天極) 북극성과 주변의 성좌를 모방하여 아방궁을 축조하고 유일무이한 지상상제 황제를 정점으로 화 · 이를 망라한 천하일국상을 상정하였는데 이것은 사실상 진시황이 우주 천지자

151) 위 책, p.245.

연을 천상(天上)과 천하(天下)로 이분하여[152] 천상은 상제가 천국에 주재하면서 통치하고 천하는 지상상제 황제가 지상의 천국 아방궁에서 주재하면서 천하를 통치한다는 새로운 통치이념을 창출한 것이다. 이런 점에서 진시황은 황제의 지상상제 신격화를 통하여 은 · 주 왕조의 통치이념과는 다른 차원의 통치이념을 제시한 것이었다고 할 수 있다.

이 같은 사실을 종합해 보면 은 왕조의 은왕이 '상제'의 절대적 권위와 위엄에 의탁한 정문정치를 통하여 은왕 통치의 신성성과 유일성을 수립하여 제후 · 제백들을 이념적으로 통어하였으며 주 왕조의 주왕이 '천'의 절대적 권위와 위엄에 의탁한 천명사상 창출을 통하여 은 왕조의 무력정벌과 주 왕조 건국을 정당화하고 주왕 통치의 정당성, 신성성, 유일성을 수립하여 제후들을 이념적으로 통어하였던 것과 같이 진시황은 황제의 지상상제 신격화에 의탁한 통치이념을 창출하여 진제국 통치를 정당화하고 화 · 이를 망라한 천하의 유일무이한 통치자로 선포한 것이었다고 할 수 있다.

한편 은 · 주 왕조의 국가구조를 살펴보면 은 왕조는 은왕을 정점으로 다수의 독립적 방 · 읍 · 국으로 구성된 방읍연맹에 기반하였으며 주 왕조는 주왕을 정점으로 다수의 독립적 제후국으로 구성된 봉건제도에 기반 하였다. 그러나 진 제국은 무소불위의 전제군주 황제를 정점으로 중앙집권적 관료제도에 기반한 전제군주국가였으므로 진 제국의 국가구조와 성격은 은 · 주 왕조의 국가구조와 성격과는 근본적으로 다른 것이었다. 그럼에도 불구하고 진시황이 황제의 지상상제 신격화

---

152) 고대 중국에서는 상제가 천상에서 거주하면서 막강한 위력을 가지고 하늘 아래의 인간사를 감시하고 있으며 상제의 뜻은 하늘의 일 월 성신의 변화를 통해서 표시된다고 하였다. 그러므로 천문현상 즉. 천상(天象)의 변화는 상제가 세상에 보내는 의사 표시로 믿었다(顧頡剛 著, 小倉芳彦 外 共譯, 『中國古代の學術と政治』, p.30 참조). 진시황이 우주를 천상과 천하로 양분한 개념도 이 같은 중국고대의 상제에 대한 관념에서 기원한 것으로 생각된다.

를 통하여 진 제국 통치를 정당화 하고 유일무이한 지상상제 황제를 정점으로 한 천하일국상을 상정한 것은 국가구조와 성격의 상위와는 관계없이 은 · 주 왕조의 특정신의 절대적 권위와 위엄에 의탁한 통치이념과 천하일국상을 그대로 계승하였던 사실을 말하고 있다.

이런 점에서 볼 때 고대 중국에서 특정신의 절대적 권위와 위엄에 의탁한 통치이념과 천하일국상은 은 · 주 왕조와 진 제국을 통하여 국가구조와 성격과는 관계없이 계승되어 왔으며 후술하는 바와 같이 진 제국을 계승한 한 제국에도 계승되었다.

제4장
한대 동중서(董仲舒) 유학과 천하대일통 사상

1. 진한(秦漢) 교체기의 시대성과 유가의 사상적 변신

춘추전국 시대에서 진 제국과 한 제국 초기까지 가장 현실적 영향을 끼쳤던 정치사상은 법가사상과 황노사상이었다고 할 수 있다. 주지하는 바와 같이 춘추전국 난세에 제자백가 중에서 제일 늦게 출현한 법가들은 주 왕조의 쇠락과 더불어 전개된 제후국의 독립, 주권, 영토국가로의 성장과 상호 대립 항쟁, 동일 혈연관계에 기반한 씨족공동체의 해체와 개별 소농민 계층 형성, 수공업과 상업 등의 새로운 경제 발달과 상공인 계층의 형성, 전통적 윤리 도덕과 가치관의 와해, 지식인 계층이었던 사인 계층 출현 등으로 소용돌이치는 역사적 전환기를 깊이 통찰하고 또 예치와 덕치의 한계를 깊이 느끼고 있었다.

그러므로 법가들은 유가의 도덕정치, 묵가의 철인정치, 도가의 무위정치 등을 배격하고 성문법에 기반한 법치를 제시하고 법치에 기반한 강력한 군주권의 확립, 중앙집권국가체제 수립, 경제와 무력에 기반한 부국강병책으로 구성된 구세관(救世觀)을 제시하였다. 그리고 각국에서 개혁을 적극적으로 추진하였는데 이 중에서 진국(秦國)에서 시행된 상앙(商鞅)의 변법(變法)이 가장 성공하였다.

상앙의 변법 성공에 의해서 종래 반읍제의 후진국이었던 진국은 강력한 군주를 정점으로 관료제도와 군현제도에 기반한 중앙집권체제, 중농억상정책에 기본한 농본(農本)경제, 농전(農戰)체제에 기반한 부국강병, 신상필벌에 의한 강력한 법치시행으로 단기간에 새로운 국가로 탄생하였는데 이 같이 새로운 국가로 탄생된 진국은 종래 주왕조와는 물론 춘추 시대 열국과도 근본적으로 다른 강력한 전제군주국가였으며[153] 전제군주국가로 탄생한 진국은 진시황에 의해서 550여 년 간 분열 대립되었던 중국을 통일하였다.

그러므로 법가들의 변법에 의한 전제군주국가의 탄생은 예치와 덕치를 주장하였던 유가, 무위정치를 역설한 도가, 겸애와 상동정치를 제시한 묵가 등 다른 학파와의 치열한 경쟁에서 거둔 사상적 승리였으며 종래 기득권을 수호하고 귀천유등의 봉건적 전통사회를 견지하려고 하였던 봉건귀족들과의 피 어린 투쟁을 전개해 온 법가들의 정치적 승리였다. 또 이 같은 진 제국의 전제군주국가 체제는 이후 한 제국에 계승되고 봉건제도를 대신하여 2000여 년 간 중국에서 장구히 시행되었는데 이 같은 사실은 법가들의 영향이 중국 역사에서 얼마나 깊고 길게 영향을 미쳤는가를 말하고 있다.

황노(黃老)사상은 도가사상에서 발달하였다. 황노(黃老)는 노자(老子)와 황제(黃帝)를 의미하는데 중심사상은 청정무위(淸淨無爲), 무위지치(無爲之治), 무위자연(無爲自然) 등의 도가사상을 기본으로 구성되었다. 한 제국 수립 후 개국공신이었던 소하(蕭何)는 제(齊) 나라의 상(相)으로 임명되었는데 한초전으로 인해 백성들의 생활이 극도로 피폐해진 상황을 목격하고 무위정치를 주장하는 황노사상을 정책으로 채택하였다.

이에 소하는 백성들에게 농사에만 전념케 하고 일체의 불간섭과 방임정책을 취하였으므로 점차로 경제가 부흥하고 사회가 안정되기 시

---

153) 이춘식, 『중국고대의 역사와 문화』, 신서원, 2007, p.183.

작하였다. 이후 소하는 중앙정부의 상국(相國)으로 승진되자 다시 황노사상을 한 제국의 경제 부흥과 사회 안정의 핵심 정책으로 채택하였다. 그리하여 전국의 모든 백성들에게 농사에만 전념케 하고 노역을 금지시키고 조세를 크게 경감하였으며 또 민생에 대해서 일체의 불간섭과 방임정책을 취하였다.[154)]

이에 따라서 민생이 점차로 안정되어 피폐되었던 경제가 회복되고 사회질서가 수립되기 시작하였으므로 이 무위(無爲)정책은 혜제와 여후 시대는 물론 문제 · 경제 그리고 무제 초기까지 계속되었으며 마침내 "모든 사람들이 넉넉하고 집집마다 풍족한 가급인족(家給人足)의 태평시대를 이루게 되었다. 그리고 문제 · 경제 시대 이래 축적된 국부(國富)는 이후 무제가 흉노를 구축하고 주변 국가들을 정벌할 수 있는 재정적 기반이 되었다. 그러므로 황노정책은 다년간의 전란으로 피폐해진 경제를 회복하고 불안하였던 사회를 안정시켜 신생 한 제국의 국가기반을 다지는 데 절대적 공헌을 하였다.

이 같이 법가사상과 황노사상은 소용돌이치는 역사적 전환기 속에서 각기 현실적 정책과 구세관을 제시하고 국가의 핵심정책으로 채택되어 역사적 · 시대적 소임을 다하였는데 이 기간 동안에 유학은 공자 이래로 국가의 핵심정책으로 채택되어 실제적으로 운영된 적이 한 번도 없었다. 공자, 맹자, 순자가 활동하였던 춘추전국 시대는 열국 간에 처절한 약육강식이 전개되고 경제적으로는 농업 외에 수공업과 상업이 새로운 경제로 대두되고 사회적으로는 혈연적 씨족공동체가 해체되고 사 · 농 · 공 · 상민의 새로운 사민(四民)사회가 형성되고 종래의 봉건적 윤리와 도덕은 와해되어 난신적자가 횡행하고 하극상의 풍조가 난무하는 역사적 소용돌이였으며 동시에 새로운 시대가 잉태되고

---

154) 『史記』 卷53, 「趙相國世家」, p.2021.

있던 전환기였다.

그런데도 불구하고 공자와 맹자 등의 유가들은 이 같은 역사적 전환기 속에서 새로운 시대가 태동되고 있는 현상과 의미를 깨닫지 못하고 주 왕조 시대로 복귀만을 주장하면서 시대착오적인 구세관과 통치제도만을 제시하고 있었다. 그러나 진 제국 말기, 한초전 시기 그리고 한 제국 개국 초기 유가들은 춘추전국 시대의 유가들과는 여러 가지 면에서 분명히 달랐다.

주지하는 바와 같이 진 제국의 수립과 더불어 진시황에 의해 자행된 분서갱유(焚書坑儒) 사건에 의해서 유가들은 극심한 탄압을 받고 지하에 잠복하지 않을 수 없었다. 이에 따라서 유가의 정치 · 학문적 활동은 크게 위축되어 학통(學統)은 거의 끊어지고 오직 동쪽의 제(齊) · 노(魯) 지역에서만 겨우 명맥을 유지하고 있었다. 그러나 이 같은 암흑 시기에도 유가의 경학(經學) 연구는 지하에서 계속되고 있었다.

당시 유가의 경학 연구를 살펴보면 유가들은 특정의 경(經) 하나 즉 일경(一經)만을 선정하여 평생을 통해 연구하고 그 연구 결과를 문하생들에게 전수하고 또 문하생들도 이 같은 스승의 사법(師法)을 그대로 따르고 지키고 있었으므로 당시 경학 연구는 분업화되고 평생 연구가 진행되고 또 대(代)를 이어서 계속되었다. 이 같이 유가의 경학 연구는 특정의 '경'에 대한 집중적 연구, 평생 연구, 대를 이은 연구를 통하여 계속되고 있었으므로 다른 제자백가의 추종을 불허할 정도로 발달하고 있었다.

또 한 제국 수립 이후 혜제 · 여후 시대에는 학문과 사상을 통제하고 압박했던 진 제국의 혹독한 각종 법령이 폐기되기 시작하였다. 혜제 4년에는 협서율(挾書律), 여후 원년에는 요언령(妖言令) 그리고 문제 2년에는 비방법(誹謗法) 등이 차례로 폐지되었다. 또 각 제후왕국은 군국제도(郡國制度)하에서 주 왕조의 제후국과 같이 거의 독립성을 누리고 있었으므로 다투어 사인(士人)들을 규합하여 양성하고 적극적으로 후원하였으므로 사인들은 이 같은 제후왕국의 후원과 보호 아래서 학문 연구에 매진할 수 있었다.

이에 따라서 춘추전국 시대 이래 유학을 포함한 음양가(陰陽家), 명가(名家), 법가(法家), 도가(道家), 종횡가(縱橫家) 등의 제자백가 학문과 사상이 다시 발달하기 시작하였다. 그러나 진 제국 말기, 한초전(漢楚戰) 그리고 한 초기에 이르는 기간에 제자백가의 학문과 사상 중에서 유가처럼 특정 경(經)에 대한 집중적 연구, 평생 연구, 대를 이은 연구를 통하여 다양하고 심오하게 발달하고 있던 학술과 사상은 없었다.

한 초기 유가의 경학 연구 상황을 살펴보면 역(易)은 왕씨역전(王氏易傳) 2편, 양씨역전(楊氏易傳), 주씨역전(周氏易傳) 2편, 정씨역전(丁氏易傳) 2편 외에 채공역전(蔡公易傳)과 한씨역전(韓氏易傳)이 융성하고 있었고 시(詩)는 노(魯)의 신공(申公), 제(齊)의 원고생(轅固生), 연(燕)의 한영(韓嬰)이 문하생과 더불어 각기 노시(魯詩), 제시(齊詩), 한시(韓詩)의 3파를 형성하고 있었다. 서(書)는 제남인 복생(伏生)이 문하생 조조(晁錯), 장생(張生), 구양생(歐陽生) 등에게 자신의 이론을 전수하고 있었으며 예(禮)는 고당생(高堂生)과 문하생 소분(蕭奮), 맹경(孟卿), 후창(后倉) 등이 연구에 몰두하고 있었다. 그리고 춘추(春秋)는 호모생(胡母生)과 동중서(董仲舒)가 연구에 몰두하고 있었으며 이 외에도 이름 없는 수많은 유가들이 지방 도처에서 경학 연구에 몰두하고 있었다.

그런데 학문의 성과가 하루아침에 이루어질 수 없는 사실을 감안하면 유학의 경학 연구는 장기간에 걸쳐서 계속되어 왔으며 한 제국이 수립되고 학문과 사상에 대한 속박이 풀리자 그 동안의 연구 성과가 바로 눈부시게 나타난 것이었다고 할 수 있다.

이 같이 유가들은 경학 연구에 몰두하고 있었을 뿐만 아니라 현실에 참여하여 적극적으로 활동하였다. 유가들은 한초전에서 한때 열세에 빠져 있던 유방에게 접근하여 '천'으로부터 천명을 받아 세상을 구한다는 '천명사상'의 수용을 제의하였다. 유가들이 이렇게 유방에게 천명사상 수용을 제의한 것은 유방이 한초전에서 천하통일을 이룩하고 또 천하통일 이후 유학을 수용할 수 있는 큰 인물로 평가하였기 때문에 한초전에서 유방의 사상적 후원자가 되려고 하였던 것이다.

또 유방이 항우를 물리치고 한 제국을 수립하였을 때 유가였던 육고(陸賈)는 유방에게 『시(詩)』『서(書)』에 의한 정치를 건의하였고, 유경(劉敬)은 유학의 단순한 덕치 보다는 시세의 변화에 따른 현실적 덕치를 제의하였다. 진대의 박사였던 유학자 숙손통(叔孫通)은 한 고조의 요청에 응하여 옛 의례와 진 제국의 조정 의례를 참고하여 황제를 정점으로 군신 간의 명분(名分)을 밝히고 신하 관료 간 상하의 위계질서를 수립하는 조례를 제정하였다.[155]

한 고조는 또 재위 12년에 순행(巡幸)을 마치고 회남에서 경사로 돌아가는 도중에 노국(魯國)을 통과하게 되자 공자의 사당에 들려서 제사를 성대하게 지냈다.[156] 그리고 임종 시에는 "내가 포의와 삼척 칼 한 자루로 천하를 취하였는데 이것이 천명이 아니고 무엇이겠는가(吾以布衣 提三尺取天下 此非天命)[157]라고 하여 자신의 한 제국 창업을 천명에 의한 것으로 선포하였는데, 한 고조의 이 같은 선포는 한 고조가 유학의 천명사상에 깊은 영향을 받았다는 사실을 시사하고 있는 것이다.

원래 한 고조 유방은 젊었을 때 임협(任俠)을 좋아하여 무뢰배들과 어울려서 각지를 오랫동안 유랑하였으며 주막에서 유생을 만나면 유생의 관(冠)을 벗겨서 오줌을 누어 버릴 정도로[158] 유학을 싫어하였다.

---

155) 金谷 治, 『秦漢思想史研究』, 京都: 平樂寺書店, 1981, p.285.
156) 『漢書』 卷1 上, 「高帝紀」, p.77.
157) 위 책, 「高帝紀」, p.79.
158) 『史記』 卷57, 「酈生陸賈列傳」, p.2693.

이 같이 유방은 개국 이전에는 『시경』『서경』을 노골적으로 비난하고 유생들을 능멸하였지만 개국 이후에는 유학에 대한 인식이 근본적으로 변하였는데 유방의 유학에 대한 근본적 인식 변화는 육고와 유경을 포함한 유가들의 영향 때문이었다.[159)]

사실 한 고조는 비록 무식한 임협 출신이었지만 창업주로서 다년간의 전란에서 얻은 깊은 경륜과 시대 전환을 꿰뚫어 보는 총명과 안목을 가지고 있었기 때문에 유가들이 수시로 진언하는 조언 속에서 유학의 가치와 의미를 깊이 인식하고 정치에 서서히 도입하려고 하였던 것 같다. 이런 점에서 무제 시대 유학의 국학 채택은 그 씨앗이 이미 한 고조 시에 뿌려졌다고 할 수 있다.[160)]

이와 같이 진 제국 멸망과 한초전 당시의 유가들은 선진(先秦) 시대 유가들과는 달리 진 · 한 제국 교체기에 수반된 극렬한 정치 · 사회적 변동과 새로운 사태로 소용돌이치는 역사적 전환기 속에서 진 제국과 같은 대제국이 태동하는 시변(時變)을 통찰하고 현실정치에 적극적으로 참여하고 있었을 뿐만 아니라 불가피한 시변을 수용할 수 있는 사상적 변신까지 모색하고 있었는데 이 같은 유가의 사상적 변신에 앞장섰던 인물들이 육고(陸賈) · 유경(劉敬) · 숙손통(叔孫通) 가의(賈誼) · 동중서(董仲舒) 등이었다.

2. 육고(陸賈) · 유경(劉敬) · 숙손통(叔孫通) · 가의(賈誼) 유학과 전제군주국가

육고(陸賈)는 초(楚) 나라 출신으로 한초전 당시에 유방의 휘하에

159) 金谷治, 『秦漢思想史硏究』, 京都: 平樂寺書店, 1981, p.259.
160) 위 책, p.291.

들어가 종군하였다. 한 제국 개국 이후 육고는 유방에게 진언할 때마다 항상 『시』 『서』를 인용하였는데 유학을 싫어하였던 유방은 “내가 말 위에서 천하를 얻었는데 어찌 『시』 『서』 따위가 필요하겠는가”라고 핀잔을 주면 육고는 “마상에서 천하를 얻었어도 어찌 마상에서 천하를 다스릴 수 있겠습니까. 옛날 은 나라의 탕왕(湯王)과 주 나라의 무왕(武王)은 역도(逆道)로써 천하를 얻었지만 민심에 순응하여 나라를 지켰습니다. 문무를 함께 사용하는 것이 장구의 계책입니다”[161]라고 대답하였다. 이 같이 육고는 유방에게 『시』 『서』에 의한 정치를 끊임없이 건의하였는데 이 같은 육고의 부단한 건의는 분열과 대립의 난세가 끝나고 대일통의 평화 시대가 도래하고 있는 역사적 추세와 시대 전환을 통찰하고 무치(武治)에서 유학에 기본한 문치(文治)에로의 정책 전환과 방향을 제시한 것이었다.

또 육고는 여기에서 그치지 않고 한 고조를 정책적으로 조언하기 위해 『신어(新語)』 12편을 저술하였다. 육고의 사상을 이해하기 위해서 『신어』의 내용을 살펴볼 필요가 있다.

> “예의가 행해지지 않고 기강이 서지 않으면 후세에 쇠퇴하므로 성인이 오경을 정하고 육예를 밝히었다(禮義不行 綱紀不立 後世衰廢 於是後聖乃定五經明六藝).”[162]

> “성인은 인(仁)을 품고 의(義)에 의지하여 미세한 것도 분명히 하고 천지를 헤아리면 위험해도 기울어지지 않고 분실해도 혼란해지지 않는데 모두 인의로 다스리기 때문이다(故聖人懷仁杖義 分明纖微 忖度天地 危而不傾 佚而不亂者 仁義之所治也).”[163]

161) 『史記』 卷57, 「酈生陸賈列傳」, p.2699.
162) 王利器 撰, 『新語校注』, 「道基」, p.18.
163) 위 책, 「道基」, p.115.

"다스리는 데 도덕을 최상으로 하고 인의를 근본으로 삼아야 한다. 자리가 높아도 덕이 없으면 쫓아내야 하고 재산이 많아도 의롭지 못하면 벌을 받아야 하고 비천해도 덕을 좋아하면 존경을 받아야 하고 가난해도 의가 있으면 영예를 주어야 한다(治以道德爲上 行以仁義爲本 故尊於位而無德者絀 富於財而無義者刑 賤而好德者尊 貧而有義者榮)."[164)]

"대체로 배를 띄울 수 있을 만큼 많은 술과 멀리서도 볼 수 있을 만큼 음식이 많으니 어찌 재물이 빈곤하다고 할 수 있겠는가? 사해를 통치하는 권력을 가지고 9주의 백성들을 다스리니 어찌 힘이 약하다고 할 수 있겠는가? 그러나 공(功)은 자신을 보존하지 못하고 위엄은 자신을 지키지 못한 것은 재물이 모자라고 힘이 약해서가 아니라 자신의 도덕 수행에 힘쓰지 않고 백성들에게 인의를 베풀지 않기 때문이다(夫酒池可以運舟 糟丘可以遠望 豈貧於財哉 統四海之權 主九州之衆 豈弱於武力哉 然功不能自存 而威不能自守 非貧弱也 乃道德不存乎身 仁義不加於下也)."[165)]

이 같이 육고는 '인의(仁義)'를 정치의 근본으로 설정하여 도덕을 고취하고『신어』전편을 통하여 예의 · 도덕 · 교화 · 인의를 강조하였는데 이것은 육고의 정치 목표가 예의 · 도덕 · 교화 · 인의로 구성된 도덕정치 구현에 있었던 사실을 말하고 있다. 이런 점에서 육고의 정치 목표는 도덕정치를 주창했던 선진 유가들의 사상과 일치하고 있다.[166)] 그러나 육고는 도덕정치 구현의 기량으로 반드시 예치와 덕치만을 주장하지는 않았다.

"그러므로 해와 달을 펼치고 성신을 나열하고 사시를 순환시키고 음양을 조절하여 기를 발산시키고 성을 다스린다. 다음으로 오행을 배치하

---

164) 위 책,「本行」, p.142.
165) 위 책,「本行」, p.146.
166) 曺德本 主編,『中國政治思想史』, 北京: 高等教育出版社, 1999, p.92

여 봄에는 만물을 탄생시키고 여름에는 성장케 하고 가을에는 거둬들이게 하고 겨울에는 수장케 하여 … 만물을 양성한다(故曰 張日月 列星辰 序四時 調陰陽 布氣治性 次置五行 春生夏長秋收冬藏 … 養育群生)."[167]

"악정은 나쁜 기(氣)를 발생시키고 나쁜 기는 재난을 일으키고 병충의 무리가 악기를 따라서 생겨나고 불길을 알리는 홍예의 빛이 정치에 보이기 시작한다. 정치가 아래에서 잘못하면 위에서 천문이 변하고 악정이 백성들에게 미치게 되면 나방과 벌레들이 들에 생긴다. 군주가 지혜로우면 때의 변화를 알고 바로 고친다(惡政生惡氣 惡氣生災異 螟蟲之類隨氣而生 虹蜺之屬 因政而見 治道失於下 則天文變於上 惡政流於民 則螟蟲生於野 賢君智則知隨變而改)."[168]

"성인은 천변을 다스리어 공을 세우고 그 실정을 바로 하고 이변을 다스리어 태평을 이룬다(聖人因變而入功 由異而治太平)."[169]

이 같이 육고는 도덕정치 구현의 기량으로 음양오행가의 이론 일부를 수용하고 있다. 음양오행가의 이론에 의하면 봄 · 여름 · 가을 · 겨울의 4시는 각기 고유의 성정을 가지고 있는데 봄은 따뜻하여 만물을 태어나게 하고 여름은 무더위로 만물을 길러주고 가을은 서늘하여 만물을 영글게 하고 겨울은 추위로 만물을 수장시키는 천지자연 만물의 생육(生育) · 양장(養藏)의 자연 세공(歲功)을 이루고 있는데 군주도 이 같은 천지자연 만물의 생육 · 양장의 자연 세공을 본받아야 한다고 하였다.

또 음양오행가들은 군주가 정치를 잘못하면 하늘의 천문(天文)이 변하므로 벌레가 들에 생기고 재난이 발생하여 백성들의 생활에 큰 해를

---

167) 王利器 撰, 『新語校注』, 「道基」, p.2.
168) 위 책, p.155.
169) 위 책, p.168.

미치게 되므로 군주는 때(時)의 징후와 변화를 살펴서 정치를 해야 한다고 하였다. 이 같이 육고는 군주 선정을 위해서 예치와 덕치만을 주장하지 않고 음양오행가의 일부 이론과 치술을 수용하고 통치 방법을 보강하여 군주 선정을 유도하였던 사실을 알 수 있다.

"이로써 군자는 도를 장악하여 다스리고 덕에 의지하여 행하고 인을 깔고 앉으며 의에 의지해야 강해진다. 마음을 비우고 조용히 해야 한다(是以君子 握道而治 據德而行 席仁而坐 杖義而彊 虛無寂寞)."[170)]

"군자가 다스리는 데 편안한 것이 아무 일이 없는 것 같고 고요한 것이 아무 소리가 없는 것 같고 관부에는 이졸들이 없는 것 같고 마을에는 백성들이 없는 것 같다(是以君子之爲治也 塊然若無事 寂然若無聲 官府若無吏 亭落若無民)."[171)]

"도는 무위보다 큰 것이 없고 행동은 신중한 것보다 큰 것이 없다. 왜 그런가? 옛날 요 임금이 천하를 다스리면서 오현의 거문고를 튕기고 남풍의 시를 읊었는데 그 조용한 것이 나라를 다스리는 마음이 없는 것 같았고 그 고요한 것이 천하를 걱정하는 마음이 없는 것과 같았기 때문이다 … 그러므로 무위는 바로 유위인 것이다(道莫大於無爲 行莫大於謹敬 何以言之 昔舜治天下也 彈五弦之琴 歌南風之試 寂若無治國之意 寞若無憂天下之心 然而天下大治 … 故無爲者乃有爲也)."[172)]

여기에서 육고는 '도(道)' '무위(無爲)' '적(寂)' '막(寞)' '적막(寂寞)'과 같은 도가적 치술 용어를 많이 언급하고 있는데 이 같은 도가적 치술은 춘추 시대의 노자와 전국 시대의 한비자가 이미 제시한 것이다.

---

170) 위 책, p.28.
171) 위 책, p.118
172) 위 책, p.59.

노자는 아무것도 하지 않으면서 하지 않는 것이 없는 '도'의 원리를 이용하여 무통치의 통치(無統治之統治) 치술을 제시하였으며[173] 또 도가의 영향을 크게 받은 한비자 역시 군주에게 '도'의 원리에 기본한[174] 형명참동(形名參同)[175]의 치술을 제시하였다. 형명참동은 군주가 '도'의 원리에 기본한 수정치허(守靜致虛)의 경지에 들어가서 모든 사물을 주시하면 어둠 속에서 밖을 바라보는 것과 같이 모든 정황과 시비를 정확히 꿰뚫어 볼 수 있게 되므로 냉철한 이성과 철저한 합리성으로 관리의 실적을 객관적이고 공평하게 평가할 수 있다고 하였다. 이 같이 육고는 '무위' '적' '막' '적막' 등 '도'의 원리에 기본한 무통치의 통치와 법가의 형명참동의 치술을 수용하여 제시하였는데 이것은 육고가 도가

173) '도'는 무형체의 초감각적 존재로서 모든 사물의 생성 변화를 관장하고 있으면서도 동시에 모든 사물이 제 나름대로 자기 일을 하도록 내버려두고 있는데 이것은 '도'는 "아무것도 하지 않으면서도 하지 않는 것이 없다"는 뜻이다. 그러므로 군주도 이 같은 '도'의 원리를 본받아 백성들을 강요하지 말고 스스로 살도록 내버려두면 백성들은 그들이 타고 난 덕성(德性)에 의해 스스로 잘 살아간다고 하였는데 이것이 바로 '도'의 원리를 응용한 노자의 무위지치(無爲之治)의 정치사상이었다(이춘식, 『춘추전국 시대의 법치사상과 세(勢) · 술(術)』, p.273 참조).

174) 한비자는 "도는 만물의 시초로서 시비의 기준이다" "'도'는 눈으로 볼 수 없는 곳에 있고 작용을 알 수 없는 곳에 있다"라 하고 또 '도'는 "무형지상(無形之狀)" "무물지상(無物之象)"이라고 하여 형태는 없지만 그 존재는 '상(狀)'에 의하여 알 수 있으며 모습은 보이지 않지만 '상(象)'에 의하여 그 존재를 알 수 있다고 하였는데(韓非子集解, p.28) 이 같은 '도'에 관한 한비자의 개념은 노자의 '도' 개념에 기본하고 있음을 알 수 있다.

175) '형명참동(形名參同)'은 '도' 원리에 기본하여 관리의 실적을 평가하는 한비자의 고과방법이다. '형명(形名)'은 '형(形)'과 '명(名)'으로 구성되었는데 '형'은 '형상(形狀)'을 말하고 '명'은 신하가 제안한 의견을 말하고 있다. 군주가 '도'의 원리를 체득하여 마음을 비우고 조용하게 있으면서 신하의 말(名)에 따라 일(形)을 맡기고 다음에 그 실(實)을 평가하여 '명(名)'과 '형(形)'이 일치되면 상을 주고 '명'과 '형'이 일치되지 않으면 벌을 가해야 한다고 하였는데 이것이 '도'의 원리에 기본한 '형명참동'이었다. 다시 말하면 군주가 냉철한 이성과 철저한 합리성에 기반하여 사물을 판단하고 평가할 수 있을 때 이것이 '형명참동'이며 이 '형명참동'의 수행은 오로지 군주가 '도'의 경지에 있을 때 가능한 것이라고 하였다. 그리고 이 경지에서는 군주가 '도'의 원리를 체득하였기 때문에 아무것도 하지 않으면서 하지 않는 것이 없게 된다고 하였다(이춘식, 위 책, p.275).

와 법가의 일부 치술을 수용하여 예치와 덕치 구현의 보조 치술로 채용하여 활용할 것을 제시한 것이다.

"그러므로 하늘은 일(一)로써 숫자를 구성하는 원칙으로 삼고 사람은 일(一)로써 인륜을 구성하는 원칙으로 삼아야 한다고 하였다.(故天一以大成數 人一以ㅁ成倫)."176)

"눈의 기능은 사물을 보는 것이며 귀의 기능은 소리를 듣는 것이며 입의 기능은 맛을 느끼는 것이며 코의 기능은 냄새를 맡는 것이며 손의 기능은 물건을 잡는 것이며 발의 기능은 걷는 것이다. 신체 기능은 이렇게 한 가지 기능이 있으며 두 가지 기능을 겸할 수 없다(目以精明 耳以主聽 口以別味 鼻以聞芳 手以之持 足以之行 各受一性 不得兩兼)."177)

"군주가 마음을 하나로 굳게 하면 안락에 빠지지 않으므로 아래 백성들은 해를 당하지 않게 된다. 그러므로 군주는 하나를 꽉 잡고 모든 사물을 통일해야 한다(正心一堅 久而不忘 在上不逸 爲下不傷 執一統物)."178)

육고는 이 같이 '일(一)' 즉 '일통(一統)'을 천도의 원리로 설정하고 이 같은 '일통'의 원리는 인간의 형상과 기능에 작동하고 있다고 하였다. 그러므로 군주는 천도인 '일통'의 원리를 본받아서 인륜을 제정해서 정치와 사회를 당연히 하나로 일통시켜야 한다고 하였다.

"그러므로 성인은 정치를 통일하여 백성들을 똑 같이 다스리고 도량형을 통일하여 백성들이 똑 같이 사용하게 하여 통치를 하나로 일통시켜야 한다고 하였다(故聖人執一政以繩百姓 持一概 以等萬民 所以同一治而

176) 『新語校注』, 「懷慮」, p.134.
177) 위 책, 「懷慮」, p.168.
178) 위 책, 「懷慮」, p.139.

明一統也).”[179)]

“군사들은 농사에 종사하지 않으며 관리들은 상업에 종사하지 않는다. 사악한 것이 정직을 범할 수 없으며 둥근 원이 모난 것을 훼손할 수 없는 것이다(戰士不耕 朝士不商 邪不奸直 圓不亂方).”[180)]

이 같이 천도인 ‘일통’의 원리에 의해 인륜이 제정되어서 정치와 사회가 일통되면 군주는 정치에 전념하고 백성들은 각자 본업에 충실하고 태만이 없게 되므로 사회는 질서가 유지되고 각종 제도는 정립되어 정치 · 사회가 군주를 정점으로 일통되어 일사분란하게 운영된다고 하였다.

“별은 낮에 보이지 않으며 해는 밤에 비치지 않으며 우뢰는 겨울에 들리지 않으며 서리는 여름에 내리지 않는다. 신하는 군주를 범해서는 안 된다(星不晝見 日不夜照 雷不冬發 霜不夏降 臣不凌君).”[181)]

또 육고는 군주와 신하 간의 군신관계를 항구불변의 천지자연 이치에 연계하여 신하는 어떠한 경우에도 군주를 배신, 배반해서는 안 된다고 하였다. 이 같이 육고는 군신관계를 항구불변의 천지자연의 이치에 연계하여 신하의 군주에 대한 불변의 충성을 요구하였는데 이 같은 육고의 논리는 진 제국과 같은 대제국이 태동하는 거센 역사적 흐름을 통찰하고 분권적 봉건제도 대신에 군주를 정점으로 한 중앙집권적 전제국가 체제를 수용하고 신하들의 군주에 대한 항구적 복종과 충성을 요구하고 있는 것이다. 이것은 후술하는 바와 같이 한비자의 영향을 크게 받은

---

179) 위 책, 「懷慮」, p.132.
180) 위 책, 「懷慮」, p.139.
181) 위 책, 「懷慮」, p.168.

것이다.

이 같은 육고의 사상을 종합해 보면 육고가 제시한 이론과 사상은 극히 초보적이고 여러 면에서 미흡하였지만 분명한 것은 육고는 장기간 분열 대립되었던 춘추전국 시대가 종식되고 진 제국과 같은 대제국을 중심으로 천하가 통일되는 시대적 추세를 통찰하고 있었다. 그러므로 유가의 이상적 정치제도였던 분권적 봉건제도를 포기하고 전제군주를 정점으로 한 중앙집권국가체제를 수용하고 그 기틀 위에서 도덕정치를 정치의 근본으로 설정하고 음양오행사상, 도가사상, 법가사상 등 제자백가의 사상과 이론 중에서 필요한 부분만 발취하여 도덕정치 구현의 보조적 치술로 수용하였던 사실을 알 수 있다.[182)]

유경(劉敬)은 제(齊) 나라 출신이었는데 생년월일은 미상이다. 한 제국 개국 직후 한 고조 유방에 합류하였는데 수도 선정에 결정적 역할을 하였다. 그러나 유경은 육고(陸賈), 가의(賈誼) 등과 같이 저서를 남기지 않았기 때문에 그의 학문과 사상에 대해서는 자세히 알 수는 없다. 『한서(漢書)』「예문지(藝文志)」 제자략(諸子略) 유가류(儒家類)에 「유경3편(劉敬三篇)」이 올려져 있는데[183)] 현재 전해지지 않고 있으므로 그 내용도 알 수가 없다. 그러나 「유경3편」이 「예문지」 유가류에 올려져 있는 사실[184)]을 보면 유경이 유가였던 것은 분명하다.

한 제국 개국 직후 한 고조 유방의 급선무는 신제국의 수도 선정이었다. 당시 새로운 수도 후보지로 낙양(洛陽)과 장안(長安) 두 곳이 가장 유력한 물망에 올라 있었는데 한 고조는 내심으로 주 왕조의 수도였던 낙양에 도읍하여 주 왕조의 영화를 재현하려고 하였다. 그러나 이 같은 사실을 알게 된 유경은 낙양 대신 장안을 수도 후보지로 천거

---

182) 金谷治, 『秦漢思想史研究』, 東京: 平樂寺書店, 1981, p.271.
183) 『漢書』 卷30, 「藝文志」, p.1727.
184) 金谷治, 위 책, p.280.

하면서 그 이유를 아래와 같이 열거하였다.

“유경이 말하기를 폐하가 낙양에 도읍하시려고 하는데 주 왕실과 융성함을 비교하시려는 것입니까? 황제가 ‘그렇다’고 대답하였다. 유경이 말하기를 ‘폐하가 천하를 얻은 것은 주 왕실과 다릅니다. 주 나라의 선조는 후직으로 요 임금이 그를 태(邰)에 봉하였는데 덕을 쌓고 선정을 베푼 지 10여 대가 지났습니다. 그 뒤로 공유는 빈(豳)에 정착하였는데 후에 적인들의 침략을 피해서 빈을 버리고 … 기산(岐山)으로 옮겨 왔는데 백성들이 앞을 다투어 그를 따랐습니다. 문왕이 서백으로 임명되고 … 처음으로 천명을 받자 여망(呂望)과 백이(伯夷)가 바닷가에서 찾아와 문왕에게 귀의하였습니다. 무왕이 은 주왕을 정벌할 때 미리 약속을 하지 않았는데도 제후들이 맹진의 해안가에 회합하였는데 그 수가 800여 명이 되었습니다 … 성왕이 즉위하자 주공과 사람들이 성왕을 보좌하여 성주의 낙읍을 건설하였는데 이것은 천하의 중심으로 사방 제후들이 조공을 하였습니다 … 낙읍은 덕이 있는 사람은 다스리기가 쉽고 덕이 없는 사람은 쉽게 망하는 곳입니다 … 지금 폐하께서는 … 촉(蜀)과 한(漢)을 석권하고 삼진(三秦)을 평정하고 항우와 형양에서 싸우고 성고의 요충지를 장악하기 위해 70차례의 큰 전투를 하고 40차례의 작은 전투를 치렀습니다 … 그런데 주 나라의 성왕과 강왕 때의 융성과 비교하시려고 하는데 소인은 서로 비교할 수 없다고 생각합니다. 반면 진 나라 땅은 산에 에워싸여 있고 하수(河水)를 끼고 있어서 사면이 천애의 요새로 견고하게 막혀 있어 갑자기 위급한 사태가 있더라도 100만의 군사를 동원할 수 있습니다. 진 나라의 옛 터전을 차지하고 비옥한 땅을 차지한다면 이것이 이른바 하늘이 준 곳간이라고 할 수 있습니다 … 지금 폐하께서 함곡관에 들어가서 도읍을 하고 진 나라 옛 땅을 차지하는 것이 바로 천하의 목을 조르는 것이며 등을 치는 것입니다(婁敬曰 陛下都洛陽與周室比隆哉 上曰 然 婁敬曰 陛下取天下 與周室異 周之先自后稷 堯封之邰 積德累善十有餘世 公劉避桀居豳 太王以狄伐故 去豳 … 居岐 國人爭隨之 及文王爲西伯 … 始受命 呂望 伯夷自海濱來歸之 武王伐紂 不期而會孟

津之上八百諸侯 … 成王卽位 周公之屬傅相焉 迺營成周洛邑 以此爲天下之中也 諸侯四方納貢職 … 有德則易以王 無德則易以亡 … 今陛下 … 券蜀漢定三秦 與項羽戰滎陽 爭成皐之口 大戰七十 小戰四十 … 而欲比隆於成康之時 臣竊以爲不侔也 且夫秦地被山帶河 四塞以爲固卒然有急 百萬之衆可具也 因秦之故 資甚美膏腴之地 此所謂天附者也 … 今陛下入官而都 案秦之故地 此亦搤天下之亢而拊其背也).”[185]

이 같이 유경은 주 왕실은 후직 이래 10대에 걸쳐서 쌓은 덕으로 천명을 받았으며 천명을 받은 후 모든 백성들, 여상(呂望)과 백이(伯夷) 같은 현신 그리고 사방 제후들의 추앙을 받고 협조를 얻어서 타락한 은 주왕을 정벌하여 주 왕조를 개국하였다고 설명하면서 주 왕조의 수도 낙양(洛陽)은 이 같이 덕이 있는 군주만이 천하를 다스릴 수 있는 곳이며 덕이 없는 군주는 다스릴 수 없는 지역으로 지목하였다.

그런데 한 제국은 큰 전투 70차례 작은 전투 40차례의 수많은 격전을 치르고 개국하였으므로 '덕'이 아닌 무력으로 개국한 것이라고 하였다. 이 같이 한 제국은 무력에 의해 개국하였기 때문에 '덕'으로만 다스릴 수 있는 낙양은 피하고 군사 · 경제적으로 천험의 요새인 장안(長安)을 새로운 수도로 정하여 국가의 돌발 사태에 대비하는 것이 국가 경영의 장구책이라고 주장한 것이다. 그리고 이 같은 유경의 조언에 크게 깨달은 한 고조는 그 즉시 장안을 수도로 결정하고 입성하였으며 유경에게는 수도 선정의 공로로 자신의 성씨인 '유(劉)' 씨 성(姓)을 하사하여 유경(劉敬)으로 개명하게 하고 낭중(郎中)에 임명하면서 봉춘군(奉春君)에 봉하였다.

이 같은 유경의 조언을 분석해 보면 유경은 주 왕조 시대와 같이 덕치에 의한 도덕정치의 시대는 지나가고 한 제국과 같이 힘과 무력에

185) 『史記』 卷99, 「劉敬叔孫通列傳」, p.2717.

의한 정치 즉 패도(覇道)정치 시대가 도래하고 있는 시대의 변화와 추세를 분명히 인식하고 수도 선정과 국가 경영은 이 같은 시대 변화와 추세에 따를 수밖에 없다는 불가피성을 지적하고 있는 것이다. 다시 말하면 시대 변화와 추세에 따라서 수도 선정과 국가 경영이 달라져야 한다고 주창하고 있는 것이다.

그런데 이 같은 유경의 시대 전환에 대한 인식은 전국 시대의 법가 특히 한비자의 주장과 일치하고 있다. 예를 들면 한비자는 각 시대와 사회는 그 시대와 사회가 요구하는 특유의 제도와 규정이 있기 때문에 시대적 요구와 사회적 추세를 잘 살펴서 새로운 제도와 규정을 준비해야 한다며 '옛것으로 돌아가고(復古)' '옛것을 본받는(法古)' 등 유가들의 주장을 철저히 반대하였는데[186] 유경의 '시변'에 따른 수도 선정 기준과 국가 경영책은 이 같은 한비자의 주장과 유사하다고 할 수 있다.

또 유경은 위에서 언급한 바와 같이 한 제국은 한 고조가 풍패(豊沛)에서 기병한 이래 큰 전투 70차례 작은 전투 40차례의 격전을 거치는 등의 힘과 무력에 의해 건국되었으므로 군사 · 경제적 천험의 요새인 장안에 도읍하여 무력을 비축하고 있어야 한다고 주장하였는데 이 같

186) "지금 나무를 얽어서 집을 짓거나 나무를 비벼서 불을 얻는 짓을 하후씨 시대에 하는 사람이 있으면 반드시 곤이나 우왕의 웃음거리가 될 것이다. 도랑을 터서 물을 빼내는 짓을 은 나라와 주 나라 시대에 하는 사람이 있다면 반드시 탕왕이나 무왕의 웃음거리가 될 것이다. 지금 요, 순, 우, 탕, 무왕의 도를 지금 세상에도 합당하다고 칭찬하는 사람이 있다면 새로운 성인의 웃음거리가 될 것이다(今有構木鑽燧於夏后氏之世者 必爲鯀禹笑矣 有決瀆於殷周之世者 必爲湯武笑矣 然則今有美堯舜湯武禹之道於當今之世者 必爲新聖笑矣)." "성인은 반드시 옛것 따르기를 바라지 않으며 항시 옳다는 것을 본받지 않으며 그 시대 세상의 일을 논하여 적합한 준비를 한다(是以聖人不期修古 不法常可 論世之事 因爲之備)." 등의 예를 들면서 한비자는 시대, 사회, 문화는 끊임없이 변하고 발달하고 있으므로 절대로 '옛것으로 돌아갈 수 없고' '옛것을 본받을 수 없다'고 주장하였다. 그러므로 각 시대는 그 시대 특유성에 부합된 것을 가질 수밖에 없다고 하였다(이춘식, 『춘추전국 시대의 법치사상과 세(勢) · 술(術)』, pp.209-211 참조).

은 유경의 주장은 사실상 힘과 무력에 의한 일종의 패도정치를 권유하고 있는 것이다.

그런데 유경이 주장하는 무력에 기본한 패도정치는 선진 시대 유가들이 주장하였던 왕도(王道), 즉 도덕정치와는 반대되는 것이었으므로 유경은 '덕치'와 '예치'에 기본한 도덕정치 시대는 이미 지나고 힘과 무력에 의한 패도정치 시대의 도래를 분명히 인식하고 패도정치를 한 제국 국가 경영의 방책으로 건의한 것이었다고 할 수 있다.

> "지금 폐하께서는 비록 관중에 도읍을 하였지마는 실상 인구가 너무 적고 북쪽으로는 흉노와 너무 가까이 있고 동쪽으로는 6국의 왕족들이 남아 있으며 그 종족의 세력이 매우 강하여 변란이라도 있는 날에는 폐하라고 하실지라도 베개를 높이 베고 편안하게 잘 수가 없을 것입니다. 신이 바라건대 제 나라의 전씨와 초 나라의 소씨, 굴씨, 경씨 그리고 연, 조, 위 나라의 왕족의 후손과 호걸 · 명문 사람들을 관중으로 이주시켜 살게 하십시오. 그렇게 하면 아무 일이 없을 때에는 흉노에 대비할 수 있고 제후들이 변란을 일으킬 때에는 그들을 이끌고 동쪽으로 가서 정벌하시기에 충분할 것입니다. 이것은 나라의 근본은 튼튼히 하고 말단을 약화시키는 방법입니다(劉敬 … 因言 … 今陛下雖都關中 實少人 北近胡寇 東有六國之族 宗疆 一日有變 陛下亦未得高枕而臥也 臣願陛下徙齊諸田 楚昭屈景燕趙韓魏後 及豪傑名家居關中 無事 可以備胡 諸侯有變 亦足率以東伐 此彊本弱末之術也)."[187]

이 상소는 유경이 호전적인 북방 흉노에게 사신으로 갔다 온 후에 올린 것이다. 이 상소에서 유경이 건의하고 있는 것은 흉노로부터의 수도 방어와 동방에 잔존하고 있는 구세력의 위협 제거였다. 사실 수도 장안은 북쪽으로는 흉노 기병들이 하루 밤낮이면 도달하여 불시의

187) 『史記』 卷99, 「劉敬叔孫通列傳」, pp.2719-20.

습격을 감행할 수 있는 근거리에 위치하였기 때문에 전략적으로 매우 취약하였다. 그리고 동쪽으로는 전국 시대 6국 왕실의 후손들과 일족들이 그대로 잔존하고 있었으므로 국가 유사시에는 변고로 작용할 위험성이 아주 높았다. 유경은 한 제국이 당면하고 있는 이 같은 내외의 전략적 취약점을 지적하였는데 이것이 유경이 뿌리를 강하게 가지를 약하게 하는 '강본약말(疆本弱末)'의 사민(徙民)정책 건의였다.

그런데 이 같은 사민정책은 이미 진시황이 시행한 바가 있었다. 진시황은 진 제국 수립 후 26년에 부호 12만 호를 함양으로 이주시켜서 중앙정부 감시하에 두고 또 35년과 36년에도 각기 수만 호를 함양으로 강제로 이주시켜서 6국 왕실 후예와 일족들의 지역적 연고와 뿌리를 송두리째 뽑아 버리고 그 세력을 해체하여 유사시에 발발할 수 있는 반란 가능성을 사전에 제거하였다. 그러므로 한 고조는 이 같은 유경의 '강본약말'의 정책을 상주받자 바로 10여 만의 구6국 왕실 후예들과 일족들을 관중 지역으로 강제 이주시켜서 반란 가능성을 사전에 제거하고 흉노 침탈에 대한 북방 수비를 강화하였는데 이 같은 유경의 '강본약말'의 정책은 사실상 중앙집권적 전제군주국가 체제를 전제한 것이었다.

이 같은 사실을 종합해 보면 유경은 유가였지만 진 제국과 같이 대제국이 태동되는 역사적 추세와 시대 변화의 불가피성을 인식하고 육고와 같이 주 왕조의 분권적 봉건제도의 회귀 대신 전제군주국가 체제를 수용하고 '강본약말'의 중앙집권화 정책을 제시하고 도덕정치 대신에 패도정치를 수용하였던 것으로 생각된다.

숙손통(叔孫通, 전 2001?-168))은 산동 설(薛) 지방 출신이었다. 생년월일은 미상이나 진 제국 말기에서 한 제국 개국 초기까지 활동하였다. 숙손통은 유가였지만 진시황 때 문학으로 입관하고 2세 황제 때 박사에 제수되었다. 한초전 당시에는 항량(項梁)과 항우(項羽)에게 일시 몸을 의탁하였으며 한 제국이 수립되자 한 고조에 발탁되어 박사로 임명되었다. 이렇게 숙손통은 진 제국 말기에서 한초전 그리고 한 제국이 수립되는 전란의 과정에서 여기 저기 몸을 의탁하고 있었으나 선진시대 유가들과는 달리 당시의 역사적 추세와 시대 변화는 깊이 통찰하고 있었다.

> "노 나라 두 유생이 말하기를 당신이 섬긴 군주가 모두 열 사람이 됩니다. 모두 앞에서 아첨하여 가깝고 귀하게 되었습니다. 지금 천하가 겨우 평정되었어도 죽은 사람은 아직 장례를 치르지 못하고 부상당한 사람은 움직일 수도 없습니다 … 예악은 덕을 100년 동안 쌓은 다음에 홍성할 수 있는 것입니다. 나는 당신이 하려고 하는 바에 동참할 수 없습니다 … 우리는 갈 수 없으니 그만 돌아가시오 … 숙손통은 웃으면서 '당신들은 참으로 고루한 선비들입니다. 시대의 변화를 모르고 있습니다'(魯有兩生 … 曰 公所事者且十主 皆面諂以得親貴 今天下初定 死者未葬 傷者不起 … 禮樂所由起 積德百年以後可興也 吾不忍爲公所爲 公所爲不合古 吾不行 公往矣 … 叔孫通笑曰 若眞鄙儒也 不知時變)."188)

이것은 숙손통이 한 고조로부터 조례(朝禮) 제정의 명령을 받고 노(魯) 나라에 가서 조례를 같이 제정할 유생들을 규합할 때 일부 유생들이 정권에 따라서 오락가락하는 숙손통의 행동을 비난한 것이다. 유생들의 이 같은 비난에 대해서 숙손통은 유생들을 '시대 변화를 모르고(不知時變)' 있는 '고루한 선비(鄙儒也)'로 비웃었다는 일화이다. 이 같이 숙손통은 유가였지만 진 제국과 같은 전제군주 황제를 정점으로 한 강력한 중앙집권국가가 태동되는 역사적 추세와 시대 변화를 분명히 인식하고 있었다.

또 한 제국 수립 이후 개국공신들은 무인 출신들이 많았는데 주석에

---

188) 『史記』 卷99, 「劉敬叔孫通列傳」, p.2723.

서 술을 마시고 취하면 함부로 떠들고 큰 소리를 지르고 칼을 뽑아서 궁궐 기둥을 찍는 등의 행동이 거칠었는데 이 같은 작태를 목격한 한 고조는 크게 걱정하였다. 숙손통은 한 고조가 신하들의 이 같은 작태를 크게 싫어하는 것을 알고 아래와 같이 건의하였다.

> "대체로 선비들은 진취적인 일을 함께 하기에는 어렵지만 함께 성업(成業)을 지킬 수는 있습니다. 원컨대 신은 노(魯) 나라의 선비들을 불러서 신의 제자들과 함께 조정의 의례를 제정하게 해 주기를 바랍니다 … 오제(五帝)는 음악을 달리하였고 삼왕(三王)은 예법을 달리하였습니다. 예법은 세상사와 인정에 따라 적절하게 꾸미고 만든 것입니다. 그러한 이유로 하(夏), 은(殷), 주(周) 나라의 예는 이전의 예를 더하기도 하고 빼기도 하면서 만든 것임을 알 수 있습니다. 그러므로 고금의 예는 중복되지 않았다고 말하고 있습니다. 원컨대 고대의 예와 진 나라의 예를 결합하여 한 나라의 예를 만들고자 합니다. 이에 고조가 '사람들이 이해하기 쉽고 내가 실행할 수 있도록 염두에 두고 제정하라'고 지시하였다(夫儒者難進取 可與守成 臣願徵魯諸生 與臣弟子共起朝儀 … 叔孫通曰 五帝異樂 三王不同禮 禮者 因時世人情爲之節文者也 故夏 殷 周之禮所因損益可知者 謂不相復也 臣願頗采古禮與秦儀雜就之 上曰 … 令易知度 吾所能行爲之)."[189)]

이 같이 숙손통은 한 고조에게 개국 이후 국정의 첫 단계로 조례 제정의 필요성을 상주하였다. 그리고 한 고조의 승낙을 받은 숙손통은 제(齊) · 노(魯) 지역의 유생 30여 명, 황제 측근의 인물 그리고 자신의 제자 100여 명을 데리고 교외에서 조례를 제정하였다. 이 조례 제정 과정에서 숙손통은 하 · 은 · 주의 3대의 고례(古禮)와 진 제국 조례를 참조하여 한 제국의 조례를 제정하였다. 현재 숙손통이 제정한 조례의

189) 위 책, p.2723.

상세한 규정과 내용에 대해서는 알 수가 없다. 그런데 한 고조 7년에 장락궁(長樂宮)이 완성되자 한 고조는 숙손통이 제정한 조례에 따라 조회(朝會)를 거행하도록 하였다.

> "알자(謁者)가 조회에 참석하는 사람들을 예에 따라 대궐문 안으로 들어오게 하였다. 뜰 가운데는 전차, 기병, 보병과 위병들이 무기를 갖추고 깃발을 세우고 배열하여 있었으며 … 궁전 아래 각 계단에는 낭중(郎中) 수백 명이 배열하였다. 공신과 열후, 여러 장군들과 군리들은 서열에 따라 서쪽에 열을 지어 동쪽을 바라보고, 문관인 승상 이하는 동쪽에 열을 지어서 서쪽을 바라보게 하였다 … 황제가 봉련(鳳輦)을 타고 나타나자 깃발을 들어 백관들을 정숙하게 하고 제후왕 이하 봉록 600석의 관리들을 인도하여 황제에게 차례로 하례하도록 하였다. 이렇게 하니 제후왕 이하 누구도 두려워 떨며 엄숙하고 공경하지 않은 사람이 없었으며 … 의식을 준수하지 않는 사람은 어사가 법에 의거하여 즉시 데리고 나갔다. 의식을 끝내고 다시 주연을 베푸는 동안 어느 누구도 감히 시끄럽게 예를 위반하는 사람이 없었다. 이에 고조는 '나는 오늘에서야 황제의 고귀함을 알았다'고 말하였다(謁者治禮 引以次入殿門 延中陳車騎步卒衛宮 設兵張旗志 … 殿下郎中俠階 階數百人 功臣列侯諸將軍軍吏以次陳西方 東鄕 文官丞相以下陳東方 西鄕 … 於是皇帝輦出房 百官執職傳警引諸侯王 以下 至吏六百石以次奉賀 自諸侯王以下莫不振恐肅敬 … 御史執法擧不如儀者輒引去 章朝置酒 無敢讙譁失禮者 於是高帝曰吾迺今日知爲皇帝之貴也)"[190]

이 같이 숙손통이 제정한 조례에 의해 제후왕에서 600석까지의 신하 관료들은 지위의 고하에 따라 차례로 황제에게 하례를 올렸는데 신하 관료들의 하례를 받은 한 고조는 "나는 오늘에서야 황제의 고귀함을 알았다"는 소감을 피력하였다. 이 같은 사실은 숙손통이 하 · 은 · 주

190) 위 책, 「劉敬叔孫通列傳」, p.2723.

왕조의 고례와 진 제국 의례를 참작하여 만들었다고 하나 실제적으로는 전제군주 황제를 정점으로 제정된 진 제국의 조례를 대부분 모방하여 만들었던 것을 시사하고 있다.

그런데 주지하는 바와 같이 진 제국은 생사여탈권을 장악한 무소불위의 전제군주 황제를 정점으로 중앙집권적 관료제도로 구성된 전제군주국가였으므로 진 제국의 조례를 기본으로 제정된 숙손통의 조례는 군주를 높이고 신하들을 낮추는 '존군비신(尊君卑臣)'의 조례였다.[191] 다시 말하면 숙손통은 전제군주국가 한 제국의 조례를 제정한 것이다.

이후 숙손통은 조례 제정의 공로로 태상(太常)에 임명되었으며 한 고조 9년에는 다시 태자를 보좌하는 태자태부(太子太傅)에 임명되었다. 그런데 한 고조는 12년에 태자를 조왕 여의(如意)로 교체하려고 하였는데 이 같은 사실을 감지한 숙손통은 태자 교체에 대해서 강력히 반대하면서 태자 교체의 반대 이유를 아래와 같이 제시하였다.

> "태자는 천하의 근본으로 근본이 한번 흔들리면 천하가 진동합니다. 그런데 어떻게 천하의 큰일을 가지고 농담을 하실 수 있습니까? … 고제가 '공의 의견에 따르겠다'고 말하였다(太子天下本 本一搖天下振動 奈何以天下爲戲 高帝曰 吾聽公言)."[192]

이에 의하면 숙손통은 태자를 천하의 중심으로 설정하고 있다. 그런데 천하의 중심인 태자를 정당한 명분과 이유 없이 함부로 바꾸게 되면 옛날 진(晉) 헌공이 태자를 폐하고 해제(奚齊)로 교체했다가 나라가 수년 간 혼란을 겪었던 것과 진(秦) 나라가 부소(扶蘇)를 일찍이 태자로

---

191) 『後漢書』 卷30, 「張曹鄭列傳」, p.1205.
192) 『史記』 卷99, 「劉敬叔孫通列傳」, p.2725.

정하지 않았기 때문에 그 틈을 탄 조고(趙高)가 농간을 부려서 호해(胡亥)를 태자로 바꾸었다가 진 제국이 단명으로 망했던 역사적 사실을 교훈으로 들면서 명분 없는 태자 교체를 강력히 반대하였다. 그리고 이 같은 숙손통의 강력한 반대에 봉착한 한 고조는 할 수 없이 태자 교체를 중단할 수밖에 없었다.

이와 같이 숙손통은 태자를 천하의 중심으로 설정하였는데 이것은 사실상 군주를 천하의 중심으로 전제한 것이며 군주를 천하의 중심으로 설정한 것은 바로 전제군주 황제를 정점으로 한 중앙집권국가 체제를 전제하고 있는 것이다. 이 같이 숙손통은 비록 유가였지만 대제국이 태동되는 '시변'을 분명히 인식하고 있었으므로 주 왕조의 분권적 봉건제도에로 회귀를 거부하고 한 고조에게 자청하여 전제군주국가 한 제국의 조례를 제정하였으며 명분 없는 태자 교체를 반대하여 한 제국의 국기를 공고히했던 사실을 알 수 있다.

가의(賈誼, 전 200?-168)는 낙양(洛陽) 출신이었다. 18세 때 이미 『시』 『서』에 능통하였으므로 고향 사람들이 그를 칭찬하여 가생(賈生)이라고 불렀다. 하남 태수 오공(吳公)이 가의의 총명함을 듣고 발탁하여 그 문하에 두었는데 이후 오공이 중앙정부의 정위(廷尉)로 승진하자 가의를 문제에게 추천하였다. 문제는 가의를 바로 박사로 임명하였는데 당시 가의의 나이가 20세로 박사 중에서 나이가 제일 어렸다.

그 후 가의는 문제의 깊은 신임을 받아서 급속도로 승진하여 태중대부(太中大夫)로 임명되었으며 법령 정리와 개정, 흉노 대책, 제후왕 대책, 권농정책 등에 많은 정책과 개혁을 건의하였다. 그러나 주발, 관영 등 권신들의 시기와 배척으로 점차로 문제와 소원해지고 좌천되어서 장사왕 태부, 양회왕 태부가 되었다. 가의는 33세의 나이로 요절하였는데 저서 『신서(新書)』 58편이 전하고 있다.

『신서』를 통하여 가의의 학문 성향을 살펴보면 가의는 인의, 예의,

도덕을 가장 중시하고 공자, 관자, 묵자, 안자 등을 많이 언급하고 유학, 노장학, 음양오행 사상 그리고 법가사상 등의 영향을 받은 흔적이 많이 있는데 이것은 가의의 학문이 유학을 뼈대로 제자백가 학문의 섭렵으로 형성되었던 사실을 말하고 있다. 『한서(漢書)』「예문지」 유가류(儒家類)에는 「賈誼五十八篇」이 포함되어 있는데[193] 가의 저서가 유가류에 포함된 사실을 보면 가의는 기본적으로 유가였던 것을 알 수 있다.

가의가 활동하였던 문제 초기는 한 제국이 건국된 지 60여 년이 경과된 시기였으므로 아직 국가 기반이 공고히 수립되지 않았다. 정치적으로는 군국(郡國)제도하에서 거의 독립적이었던 제후왕들의 황제와 중앙정부에 대한 교만, 방종이 날로 심해 가고 있었으며 사회적으로는 황노사상이 풍미하여 사회가 무기력하였으며 대외적으로는 북방 흉노의 무력 위협 아래서 매년 입공을 행하고 있었다. 그러므로 가의는 당시 이 같은 국내외의 사정을 깊이 통찰하고 여러 가지의 개혁정책을 제시하였다.

> "하(夏) 나라는 천자가 되어서 10여 대에 걸쳐서 다스렸다. 은(殷) 나라가 천자가 되어서 20여 대에 걸쳐서 다스렸다. 주(周) 나라가 천자가 되어서 30여 대에 걸쳐서 다스렸다. 진(秦) 나라가 천하를 이어받았으나 2대에 망하였다. 인성은 그렇게 다르지 않은 것인데 왜 그런가. 하 · 은 · 주의 삼대 왕들은 유도(有道)하였으므로 장수하고 진 나라는 무도(無道)하였으므로 단명하였다. 그 이유를 가히 알 수 있다(夏爲天子 十有餘世 而殷受之 殷爲天子 而二十餘世 而周受之 周爲天子 三十餘世 而秦受之 秦爲天子 二世而亡 人性不甚相遠也 何三代之君有道之長 而秦無道之暴也 其故可知也)."[194]

193) 『漢書』 卷30, 「藝文志」, p.1727.
194) 위 책, 卷48, 「賈誼傳」, p.2249.

"진 나라 왕은 탐욕스럽고 스스로 총명하다고 생각하여 공신들을 믿지 않고 선비와 백성들을 가까이 하지 않고 왕도를 폐지하고 사리에 빠져서 책을 불태우고 엄한 형벌을 실시하고 시기와 무력을 중시하고 인의를 뒷전에 두고 포악한 방법으로 천하를 다스렸다. 대체로 토지를 겸병하는 자는 못된 힘을 숭상하고 위험을 즐기는 자는 권세를 따르는 것이다. 군사를 내어 취하고 지키는 것은 다른 것이다. 그런데 진 나라가 비록 육국을 해체하여 천하를 다스렸으나 그 도를 바꾸지 않았고 그 정치를 고치지 않았으므로 … 신속히 망했다(秦王懷貪鄙之心 行自奮之智 不信功臣 不親士民 廢王道而入私愛 焚文書而酷刑法 先詐力而後仁義 以暴虐爲天下始 夫幷兼者高詐力 安危者貴順權 … 取與攻守不同術也 秦雖離戰國而王天下 其道不易 其政不改 … 故其亡可立而待也)."[195]

이 같이 가의는 하 · 은 · 주의 3대 왕조는 '왕도'를 시행하고 '인정'을 시행하였기 때문에 장구한 왕조 수명을 누릴 수 있었지만 진 왕조는 '인정'을 버리고 무력에 의한 폭정을 행하였기 때문에 신속히 멸망했다고 설명하고 있다. 그러므로 이제 천하를 통일한 한 나라는 폭정에 의존하였던 진 나라의 전철을 밟지 말고 하 · 은 · 주 3대 왕조의 전례를 본받아서 '인정'에 기반한 도덕정치를 시행해야 된다고 주장하였다. 그리고 도덕정치 구현의 기량으로 가의는 '예'를 제시하고 예치 시행을 역설하였다.

"그러므로 도덕과 인의도 예가 없으면 이루어지지 않고 교훈을 행하고 풍속을 바로 잡는 것도 예가 없으면 안 되고 분쟁 소송도 예가 없으면 안 되고 군신 상하와 부자 형제 사이도 예가 없으면 정립할 수 없다(故道德仁義 非禮不成 教訓正俗 非禮不備 分爭辯訟 非禮不決 君臣 上下 父子 兄弟 非禮不定)."[196]

---

195) 『新書校注』, 北京: 中華書局, 2000, p.14.
196) 위와 같음.

이에 의하면 가의는 인간 행위를 자발적으로 규제하는 도덕과 인의도 '예'가 밑받침 되지 않으면 이룰 수 없고 군신 부자 형제간의 상하질서도 예가 없으면 정립할 수 없다고 설파하면서 '예'를 도덕과 인의 기반으로 설정하고 있다.

> "예는 국가를 견고히 하고 사직을 안정케 하고 군주가 그 백성들을 잃지 않게 하는 것이다. 군신간의 상하 질서를 세워주는 것이 예의 바름이고 군주에게 위엄과 덕을 갖추게 하는 것이 예의 명분이며 존비 대소와 강약의 위계질서를 지키게 하는 것이 예의 도리이다. 예는 천자가 천하를 사랑하는 것이고 제후가 제후국을 사랑하는 것이고 대부가 관속들을 사랑하는 것이고 사인과 서인들이 가족을 사랑하는 것이다. 예를 잃으면 불인(不仁)해지고 지나치면 의롭지 못하게 된다. 그러므로 예는 존비의 질서를 지키는 날실이다(禮者 所以固國家 定社稷·君無失其民者也 主主臣臣 禮之正也 威德在君 禮之分也 尊卑大小 强弱有位 禮之數也 禮 天子愛天下 諸侯愛境內 大夫愛官屬 士庶各愛其家 失愛不仁 過愛不義 故禮者所以守尊卑之經)."[197]

이 같이 가의는 '예'를 도덕과 인의 기반으로 인식하고 있었을 뿐만 아니라 국가를 공고히 하고 사직을 안정시키는 근본, 군주 신하 백성간의 상하 지위를 수립하고 그 본분을 수행케 하는 원칙 그리고 차등적 사회질서를 유지하는 준칙으로 인식하였다.

> "편안은 하루에 이루어지지 않고 위험도 하루에 이루어지는 것이 아니다. 모두 점차로 쌓여서 이루어진 것이므로 불가불 잘 살펴야 한다. 군주의 공적은 그 선택에 달려 있다. 예의로 다스리면 예의가 쌓이고 형벌로써 다스리면 형벌이 쌓인다. 형벌이 쌓이면 백성들이 원망하고 배반한

---

197) 『新書校注』, p.14.

다. 예의가 쌓이면 백성들이 화목해진다. 군주가 백성들을 선하게 하려는 것은 같으나 백성들을 선하게 하는 방법은 다를 수도 있다. 혹은 덕교로써 인도하고 혹은 법령으로써 몰아붙일 수도 있다. 백성들을 덕교로써 인도하면 덕교가 흡족하게 스며들어서 백성들의 기풍을 왕성하게 하고 법령으로 몰아붙여서 극단적으로 시행하면 백성들의 기풍이 쇠퇴된다(安者非一日而安也 危者非一日而危也 皆以積漸然 不可不察也 人主之所積 在其取舍 以禮儀治之者 積禮儀 以刑罰治之者 積刑罰 刑罰積而民怨背 禮儀積而民和親 故世主欲民之善同 而所以使民善者或異 或道之以德教 或歐之以法令 道之以德教者 德教洽而民氣樂 歐之以法令者 法令極而民風衰)."[198]

"대체로 미풍양속을 생성하여 천하 사람들의 마음을 도(道)로 향하게 해야 한다(夫移風易俗 使天下移心而向道)."[199]

가의는 군주가 예의로 다스리면 예의가 쌓여서 백성들이 화목해지고 형벌로 다스리면 형벌이 쌓여서 원망하고 배반하므로 예의로 다스려서 백성들의 기풍을 일으키고 미풍양속을 생성시켜야 한다고 하면서 예치의 필요성을 역설하였다.

이 같이 가의는 군주가 예를 제정하여 군주의 본분, 신하의 본분 그리고 일반 백성들의 본분을 정해 주면 모든 사람들은 '예'에 의해 부여된 본분을 각기 충실히 이행하게 되므로 군주를 정점으로 신하와 백성들 간의 서열과 등급에 의한 차등적 사회질서가 질서정연하게 수립되고 신뢰가 쌓여서 안정되고 화목한 사회가 이루어진다고 하였는데 이것은 가의가 도덕을 정치의 근본으로 설정하고 도덕정치 구현의 기량으로 '예치'를 제시하였던 사실을 말하고 있다.

198)『漢書』卷48,「賈誼列傳」, p.2253.
199) 앞 책. p.92.

그런데 '예치'를 시행하기 위해서는 먼저 '예'가 사회적으로 확산되고 보편화되어야 한다고 하였으며 '예'의 사회적 확산과 보편화를 위해서는 '예'의 사회적 교육이 필수적이라고 하였다. 그리고 '예'의 사회적 교육은 당연히 인성(人性)의 본질에 대한 인식을 전제하고 있는데 주지하는 바와 같이 인성에 대해서 전국 시대의 맹자는 성선설(性善說)을 제시하여 인간의 본성은 선(善)한 것으로 보았고 순자는 성악설(性惡說)을 제시하여 인간의 본성은 악(惡)한 것으로 보았다. 그런데 가의는 인성에 대해서 아래와 같이 언급하고 있다.

"대체로 호(胡)나라와 월(越)나라 사람들은 갓 태어났을 때는 소리에 별 차이가 없으며 즐기고 바라는 것도 별로 다르지 않다. 그러나 장성하고 풍속이 형성됨에 따라 서로 달라져 여러 번 통변해도 서로 통하지 않고 행동은 비록 죽는다 하더라도 같이 할 수 없게 되는데 이것은 가르치고 익히는 것이 다르기 때문이다(夫胡越之人 生而同聲 嗜慾不異 及其長而成俗也 累數譯而不能相通 行有雖死而不相爲者 則教習然也)."[200]

"대체로 성품이 완성되지 않았을 때 먼저 효유하여 가르치면 교화하기가 쉽다. 도에서 이끌어 낸 지혜를 알게 하는 것이 교육의 힘이다(夫心未濫而先諭教 則化易成也 開於道術智誼之指 則教之力也)."[201]

"대체로 도에서 깨우쳐 사리를 알게 하는 것이 교육의 기능이다(夫開於道術 知義理之指 則教之功也)."[202]

이 같이 가의는 맹자의 성선설 또는 순자의 성악설 등과는 달리 인간의 본성을 태어날 때는 선한 것도 아니고 악한 것도 아닌 중성(中

200) 『新書校注』, p.186.

201) 『漢書』 卷48, 「賈誼傳」, pp.2251-2253.

202) 『新書校注』, p.186.

性)으로 보았다. 그런데 중성인 인성은 사람이 태어난 이후 성장하면서 자연환경, 생활습관, 전통, 가치관 등 주변의 여러 후천적인 요인들에 의해 변화되어 형성된다고 하면서 긴 세월이 지나면 서로 상종할 수 없을 정도로 달라지고 메울 수 없는 차이가 생성된다고 하였다. 그러므로 인간은 어려서부터 사회적 · 체계적 교육이 절대적으로 필요하다고 보았다.

> "관자가 말하기를 사유는 예(禮) · 의(義) · 염(廉) · 치(恥)인데 이 사유를 널리 실행하지 못하면 나라가 망한다고 하였다(管子曰 四維, 一日禮 二日義 三日廉 四日恥 四維不張 國乃滅亡)."[203]

가의는 이 같은 인성 교육을 위해서는 춘추전국 시대 관중(管仲)이 시행했다고 하는 예(禮) · 의(義) · 염(廉) · 치(恥)로 구성된 '사유(四維)'를 제시하였다. 이 '사유' 중에서 예는 예의, 의는 정의, 염은 청렴, 치는 수치를 말하고 있는데 가의는 이 '사유'는 교육을 통해서 가르쳐야 한다고 하였다. 그런데 예의 · 정의 · 청렴 · 수치의 '사유'는 사실상 모두 윤리 도덕의 규범에 해당되므로 가의가 주장하는 '사유' 교육은 사실상 도덕교육을 말하고 있는 것이다.

이 같이 가의는 체계적인 교육을 통한 예의 · 정의 · 청렴 · 수치의 '사유'의 사회적 확신과 보편화를 주장하고 '사유' 교육을 등한시하면 나라가 망한다고 하면서 '사유'의 도덕교육 여부를 국가 존망으로 연계하였는데 이것은 가의가 도덕교육을 얼마나 중요시하였는가를 말하고 있다. 가의는 도덕교육의 효과와 역할 그리고 예방적 기능에 대해서 아래와 같이 설명하고 있다.

---

203) 위 책, p 91.

> “대체로 사람의 지혜는 이미 일어난 일은 잘 보나 장차 일어나려고 하는 일은 보지 못한다. 예는 장차 일어나기 이전에 금지하는 것이고 법은 일이 이미 일어난 후에 금지하는 것이다. 이러한 이유로 법의 적용은 보기 쉽고 예의 효용은 알기 힘들다. 그러므로 상으로 선을 권하고 형벌로 악을 징치해야 한다. 선왕은 이 같이 집행해 온 정치를 금석같이 견지하고 이 같이 시행해 온 법령을 4시가 오는 것처럼 믿고 그것에 근거한 공정성은 천지와 같이 사심 없이 시행해야 한다(凡人之智 能見已然 不能見將然 夫禮者禁於將然之前 而法者禁於已然之後 是故法之所用易見 而禮之所爲生難知也 若夫慶賞以勸善 刑罰以懲惡 先王執此之政 堅如金石 行此之令 信如四時 據此之公 無私如天地耳).”[204]

이 같이 ‘법’은 이미 저질러진 범행을 형벌로써 처벌하는 것이므로 범죄 발생을 미리 차단할 수 없지만 ‘예’는 범죄 발생을 미연에 차단할 수 있다고 하였는데 이것은 가의가 ‘예’의 예방적 기능을 역설하고 있는 것이다. ‘예’와 ‘예의’는 이 같이 모든 범죄 발생을 미연에 근원적으로 차단하므로 군주는 형벌을 버리고 예의 · 정의 · 청렴 · 수치의 ’사유’를 백성들에게 부단히 교육시켜 사회에 침투시키고 보편화시켜야 한다고 하였다.

그리하여 예의 · 정의 · 청렴 · 수치의 ‘사유’가 교육을 통해 사회에 충만되고 보편화되면 범죄가 근원적으로 발생할 수 없는 또는 최소화되는 미풍양속의 사회가 수립될 수 있다고 하였다. 그러므로 군주는 이 같은 ‘예치’를 “금석과 같이 견지하고(堅如金石)” “사시가 어김없이 순환하는 것처럼 신뢰하고(信如四時)” “천지와 같이 사심이 없이(無私如天地耳)” 시행해야 한다고 주장하였는데 이것은 가의가 ‘예’와 ‘예치’를 항구불변의 천지자연의 이치에 연계하여 ‘예’와 ‘예치’의 권위와 위엄을 높이고 항구적 시행을 의도한 것이었다고 할 수 있다.

---

204)『漢書』卷48,「賈誼傳」, p.2253.

이 같은 사실에서 볼 때 가의가 제시한 예의 · 정의 · 청렴 · 수치의 '사유' 교육의 궁극적 목표는 교육을 통해서 '사유'를 사회 전체 구성원에게 습득시켜서 보편화시키고 군주가 이 같은 '예'와 '예치'를 금석과 같이 견지하고, 사시가 순환하는 것처럼 신뢰하고, 천지와 같이 사심이 없이 시행하면 근본적으로 범죄가 발생할 수 없는 또는 최소화되는 미풍양속의 사회가 수립되며 이 같은 미풍양속의 사회 수립이 바로 도덕정치의 구현이라고 하였다.

이와 같이 가의는 '사유'의 도덕교육을 주창하고 '사유'의 사회적 확산과 보편화에 기본한 도덕정치 시행을 주창하였는데 도덕정치 시행의 정치적 기틀에 대해서는 구체적인 언급이 없다. 그러나 아래 가의의 언급을 통해서 도덕정치 시행의 정치적 기틀을 살펴볼 수 있을 것 같다.

> "군주의 높은 지위는 집의 당상과 같고 신하들의 지위는 계단과 같으며 백성들의 지위는 마당과 같다. 그러므로 아홉 칸의 계단이 있고 추녀가 땅에서 멀면 당상이 높아지고 계단이 없어진다. 추녀가 땅에 가까우면 당상이 낮아진다. 높으면 올라가기가 어렵고 낮으면 올라가기 쉬운 것이 자연의 이치이다. 그러므로 옛날 성왕은 제도를 만들고 서열을 정하여 안으로는 공 · 경 · 대부 · 사를 두고 밖으로는 공 · 후 · 백 · 자 · 남을 두었다. 그런 후에 또 크고 작은 관리들을 두어 서민에 이르기까지 서열을 바로 했다. 서열이 분명하고 그 위에 천자가 군림하니 그의 존엄을 가히 따를 수 없다(人主之尊譬如堂 群臣如階 衆庶如地 故陛九級上 廉遠地 則堂高 階亡級 廉近地 則堂卑 高者難攀 卑者易陵 理勢然也 古者聖王制爲等列 內有公卿大夫士 外有公侯伯爵男 然後有官師小吏 延及庶人 等級分明 而天子加焉 故其尊不可及也)."[205]

이에 의하면 가의는 국가를 집(家)에 비유하고 있다. 집은 당상, 계단,

---

205) 위 책, 「賈誼傳」, p.2255.

마당으로 구성되어 있는데 가의는 군주를 집의 당상, 중신(衆臣)인 신하들을 계단 그리고 중서(衆庶)인 백성들을 마당으로 비유하고 있다. 이 같은 가의의 비유에 의하면 집이 당상, 계단, 마당의 3요소로 구성된 것처럼 국가도 군주, 신하, 백성의 3요소로 구성되어 있는 것이다.

그런데 이 중에서 가의는 군주를 "등급이 분명하고 그 위에 천자가 군림하니 그의 존엄을 따를 수 없다(等級分明 而天子加焉 故其尊不可及也)"라고 하여 군주를 차등적 서열과 등급으로 구성된 사회의 최상층에 배정하여 그 존엄을 따를 수 없는 지고의 존재로 상정하고 있는데 가의의 이 같은 군주상은 제후들과 권력의 일정 부분을 공유하고 종법상의 대종이었던 주 왕조의 봉건적 군주상과는 거리가 멀고 오히려 지배 씨족과의 혈연적 유대를 단절하고 만백성들 위에 군림한 전제군주상을 연상시키고 있는 것이다.

또 가의는 군신(群臣) 즉 신하들을 집안의 계단으로 비유하고 있다. 계단은 당상과 마당을 연결하는 중개 역할을 하고 있으므로 계단의 신하는 당상의 군주와 마당의 백성 사이에서 매개적 역할을[206] 수행하고 있는 중개집단을 의미하고 있다. 그런데 군주와 백성들 사이에서 매개적 역할을 수행하고 있는 중개집단은 다수의 제후국으로 구성되었던 주 왕조의 봉건제도에서는 존재하지 않았던 집단이었다. 그리고 법을 제정하고 관청을 세워서 백성들을 다스려야 한다고 하였는데 이 같은 사실을 감안해 보면 중개 역할을 하고 있는 중신은 사실상 전제군주국가의 관료집단을 의미하고 있는 것이다.

또 가의는 중서(衆庶)를 일반 백성들로 비유하고 있다. 원래 서인들은 주 왕조 시대에는 혈연적 씨족공동체하에서 농경에 종사하면서 제후의 직접 통치를 받고 있었으며 주왕의 통치는 배제되어 있었다. 그

206) 金翰圭, 「賈誼의 政治思想-漢帝國秩序確立의 思想史的 一過程」, 『歷史學報』 第六十輯, p.413.

런데 춘추전국 시대 열국 간의 대립과 항쟁, 우경의 발명과 철제 농구 사용 등 생산기술의 진보와 발전, 수공업과 상업의 발달과 융성 등의 사회 · 경제적 발전에 따라서 서인들은 자산을 소유한 농 · 공 · 상의 자산 계층으로 성장하고 조세, 병역, 노역 등을 부담하고 있는 국가의 핵심계층으로 성장하였는데 마당의 중서(衆庶)는 이 같은 일반 백성들을 지칭하고 있는 것이다.

이와 같이 집 구조가 당상, 계단, 마당으로 구성되어 있는 것과 같이 가의는 국가도 군주, 관료, 일반 백성들로 구성된 것으로 이해하였는데 군주, 관료, 일반 백성들로 구성된 국가 구성은 주왕을 중심으로 다수의 제후국으로 구성되었던 주 왕조 봉건제도와는 근본적으로 다른 새로운 국가 즉 전제군주를 정점으로 관료와 일반 백성들로 구성되고 전제군주의 통치력이 관료들을 통하여 전국의 모든 백성들에까지 관철되는 전제군주국가를 상정하고 있는 것이다.

이 같은 사실에서 볼 때 가의는 유가였지만 유가의 이상적 정치제도였던 주 왕조의 봉건제도로 돌아갈 수 없는 불가항력적 '시변'을 인식하고 황제가 중앙집권적 관료제도를 통하여 전국의 모든 백성들을 직접 통치하는 전제군주국가 체제를 도덕정치 구현의 정치적 기틀로 수용하였던 것으로 생각된다. 그러나 전제군주국가 체제는 유가의 사상적 숙적이었던 법가의 산물이었기 때문에 전제군주국가 체제를 적극적으로 주창하지 못하고 암묵적으로 수용하였던 것으로 이해된다.[207)]

---

207) 한 고조 시 한 제국은 군국(郡國)제도하에서 동성 · 이성의 15개 제후 왕국으로 분봉되어 있었으나 점차로 이성 제후왕들은 제거되고 동성 제후왕들로 대체되었다. 그러나 동성 제후왕들의 영토는 여전히 광대하여 한 제국 영토의 2/3에 달하고 큰 제후 왕국은 5-6개의 군을 합친 정도의 영토를 소유하고 있었으므로 점차로 중앙정부에 대해서 위협이 되기 시작하였다. 이에 가의는 문제에게 중건제후책(衆建諸侯策)을 건의하여 제후왕이 사망하면 장자를 포함한 다수 아들들에게 영토를 똑 같이 분할하여 상속케 하였다. 이 같은 중건제후정책에 의해 제후왕국은 다수의 약소제후국으로 분할되어 영토, 인구, 경제력이 분산되어

따라서 가의 사상을 일괄해 보면 가의는 도덕정치를 정치의 근본으로 설정하고 도덕정치 구현의 기량으로 '예'를 제시하고 '예'를 예의 · 정의 · 청렴 · 수치의 사유교육을 통해서 백성들의 몸에 배게 하여 습관으로 만들어야 한다고 하였다. 그리하여 예의 · 정의 · 청렴 · 수치가 전 사회에 확산되고 보편화되면 범죄가 미연에 차단되어 근원적으로 발생할 수 없는 미풍양속의 사회가 수립되어 도덕정치가 구현된다고 하였다. 또 가의는 유가의 이상적 정치제도였던 봉건제도 대신 전제군주를 정점으로 한 전제군주국가 체제를 수용하고 이 전제군주국가 체제의 기틀 위에서 예의 · 정의 · 청렴 · 수치의 사유교육과 사회적 확산을 통하여 도덕정치를 구현하려고 했던 사실을 알 수 있다.

이와 같이 육고, 유경, 숙손통, 가의 등 한 초기 유가들의 이론과 사상을 종합해 보면 여러 면에서 초보적이고 미흡하였으나 이상적인 도덕정치 구현에만 집착하였던 선진시대 유가들의 학문 · 사상적 태도와는 달랐다. 음양오행사상, 도가사상, 법가사상 등의 다른 학파의 이론과 사상을 두루 섭렵하였으나 유가 특유의 도덕정치 구현의 정치이념은 끝까지 고수하였다. 그리고 다른 학파의 이론과 사상 중에서 장점만을 발췌하여 도덕정치 구현의 보조적 치술로 채택하였다. 또 대제국이 태동되는 불가항력적 '시변'을 인식하고 주 왕조의 분권적 봉건제도를 포기하고 군주를 정점으로 한 중앙집권적 전제국가 체제를 수용하고 이 중앙집권적 전제군주국가 체제의 기틀 위에서 도덕정치 구현을 추구하였던 사실을 알 수 있다.

약화되고 또 유사시에 제후왕국 간의 행동통일을 어렵게 만들었다. 이 같은 '중건제후정책'은 경제 때의 조조(晁錯)의 '삭번정책(削藩政策)' 그리고 한 무제의 추은령(推恩令)으로 이어져 마침내 제후왕국을 소멸하는 데 결정적 기여를 하였는데 이것이 중앙을 강하게 하고 지방을 약하게 하는 '강간약기(强干弱技)'의 정책이었다. 이 같이 가의는 유가였지만 중앙집권적 전제군주국가 체제를 지지하고 옹호했다.

이와 같이 한 제국 초기 유가들은 도덕정치 구현의 정치이념은 끝까지 고수하면서 '시변'에 따라서 능동적으로 변하고 과감히 포기하고 또 개방적으로 수용하고 보강하여 사상적으로 변신하면서 신생 한 제국 개국기의 정책과 방향을 제시하였다. 그리고 후술하는 바와 같이 동중서는 이 같은 초기 유가들의 이론과 사상을 종합하고 자신의 독창적 사상을 가미하여 전국 시대의 한비자가 법가 종래의 세(勢) · 술(術) · 법(法)을 종합하여 전제군주 통치의 이론을 완성하였던 것과 같이 한 제국의 전제군주체제를 지지하고 옹호하는 이론을 완성하였으며 전제군주 체제의 기틀 위에서 도덕정치 구현을 추구하였다.

3. 동중서 유학과 화(華)·이(夷)의 대일통 사상

1) 천도와 음양오행의 원리

동중서(董仲舒, 전 200?-120?)는 무제 때 활약하였던 춘추공양학(春秋公羊學)의 대가였다. 지금의 하북성 오교현에서 태어났는데 어려서부터 춘추공양학에 정통하였다. 무제가 등극하자 현량(賢良)에 응시하여 발탁되었으며 무제의 형 이왕(易王)에 벼슬하여 강도(江都)의 상(相)이 되었고 이왕 사후에는 중대부(中大夫)를 지냈다. 한때 그의 정치이론인 춘추재이설(春秋災異說)로 인해 사형을 언도받기도 하였으나 사면되었다.

사면된 후 동중서는 오로지 『춘추공양전(春秋公洋傳)』[208] 연구에 몰

208) 『춘추공양전(春秋公羊傳)』은 『춘추좌전(春秋左傳)』, 『춘추곡량전(春秋穀梁傳)』과 함께 『춘추삼전(春秋三傳)』을 이루고 있다. 『춘추(春秋)』는 주 왕조의 제후국이었던 노국(魯國)의 제후 은공(隱公) 원년부터 애공(哀公) 14년(전722-481)까지의 12공(隱 · 桓 · 莊 · 閔 · 僖 · 文 · 宣 · 成 · 襄 · 昭 · 定 · 哀)의 역사 242년(춘추좌전에는 244년)간의 사실이 기록되어 있는 편년체의 역사서인데 공자가 자신의 정치적 이상을 밝히고 또 후세에 남기기 위해 찬술한 것으로 전해지고 있다. 그런데 이 『춘추』는 소위 미언대의(微言大義)의 서체로 씌어졌기 때문에 이해하기 힘들

두하였다. 춘추공양학의 학문 · 사상적 특징은 춘추 시대의 역사적 사실 규명보다는 '존왕양이(尊王攘夷)'와 '대일통(大一統)'을 주창하고 주(周) 왕조 이후 출현하는 새 왕조에 건국 명분과 정통성을 부여하는 것이었는데 동중서는 이 같은 춘추공양학의 학문과 사상을 그대로 수용하고 여기에 자신의 이론과 사상을 첨가하여 『춘추번로(春秋繁露)』를 저술하였다. 따라서 동중서의 중심사상은 17편으로 구성된 『춘추번로』에 집약되어 있는데 우주 천지자연의 창조주 '천'이 동중서 사상의 중핵을 이루고 있다.

"천은 만물의 조물주이다. 만물은 하늘이 창조하지 않는 것이 없다(天者萬物之祖 萬物非天不生)."[209]

"천지가 만물을 창조하였다(天地之生萬物)."[210]

었다. 그러므로 전국 시대 이래 많은 학자들이 『춘추』의 원문인 '경(經)'에 대해서 자신들의 해석과 설명을 가하였는데 이것이 '전(傳)'이었다. 그러나 이 과정에서 학자들의 '경'에 대한 학문 · 사상적 성향과 목적에 따라 그 내용과 해석이 각기 달랐으므로 오랜 시일이 지나면서 제각기 하나의 독립적 학파로 발전하였는데 좌씨(左氏), 공양(公羊), 곡량(穀梁), 추씨(鄒氏), 협씨(夾氏), 담조(啖助), 조광(趙匡) 등을 들 수 있다. 또 송대에도 여러 학자들이 많이 연구를 하였으므로 다양한 학설이 제시되고 중복되어 현재에는 어느 학설이 공자의 참된 뜻을 반영하고 있는지 알 수 없게 되어 버렸다. 현재까지의 연구 중에서 가장 대표적인 것은 좌구명(左丘明)이 찬술한 『春秋左傳』, 곡량적(穀梁赤)이 찬술한 『春秋穀梁傳』, 공양고(公羊高)가 찬술한 『春秋公羊傳』을 들 수 있다. 이 중에서 『춘추공양전』은 전국 시대 공자의 제자 자하(子夏)의 문인으로 알려진 제(齊)의 공양고(公羊高)가 찬술하였다. 공양고 사후 춘추공양학은 공양평, 공양지, 공양김 등의 자손들에 의해 가학(家學)으로 구전을 통해 내려오다가 한 제국 경제(景帝) 때 공양수(公羊壽)와 호모생(胡毋生)에 의해 죽백(竹帛)에 기록되어 『춘추공양전』이 완성되었다. 이에 따라서 춘추공양학은 한대에 큰 학파를 이루었으며 호모생과 동중서가 제일 유명하였다. 이후 태학이 설립되고 『춘추』가 오경(五經) 중의 하나로 채택됨에 따라 춘추공양학이 더욱 융성하게 되었다.

209) 『春秋繁露義證』, 「順命」, p.410.

210) 위 책, 「服制像」, p.151.

"만물은 천에 의해 만들어지지 않는 것이 없다 … 양만으로 생명을 생성할 수 없고 음만으로 생명을 생성할 수 없다. 음, 양, 하늘, 땅이 참여한 후에 생성되는 것이다(萬物非天不生 獨陰不生 獨陽不生 陰陽與天地參參然 後生)."[211]

이 같이 동중서는 '천'을 천지자연의 만물을 생성한 조물주로 설정하였다.

"천이 사람을 생성하였다(天生民)."[212]

"사람을 만든 자는 하늘이다(爲人者天)."[213]

"천은 오곡을 생성하여 사람을 양육한다(天生五穀以養人)."[214]

"하늘의 뜻은 항시 백성들의 복리에 있다(天之常意 在於利人)".[215]

"하늘은 사람에게 이익되게 한다(且天之欲利人)."[216]

"하늘은 항상 사랑과 이익을 생각하고 기르고 성장시키는 것을 일로 삼고 있으며 봄 가을 겨울 여름을 모두 거기에 사용한다(天常以愛利爲意 以養長爲事 春秋冬夏皆其用也)."[217]

'천'은 또 인간을 생성하고 양육에 지대한 관심을 갖고 있으므로 봄

211) 위 책, 「順命」, p.410.
212) 위 책, 「深際名號」, p.302.
213) 위 책, 「爲人者天」, p.318.
214) 위 책, 「止雨」, p.438.
215) 위와 같음.
216) 위 책, 「如天之爲」, p.465.
217) 위 책, 「王道通三」, p.329.

· 여름 · 가을 · 겨울의 4시 순환을 통하여 오곡을 생산하여 먹게 하며 복리 증진에 관심을 갖고 있으며 항시 인간사를 살펴보며 규제하고 있다고 하였다. 동중서는 또 '천도'에 대해서 아래와 같이 언급하고 있다.

"천도에 항상 있는 것은 음과 양이다(天道之常者 一陰一陽)"[218)]

"천도의 큰 것은 음양에 있다(天道之大者在陰陽)." "[219)]

"천지간의 기(氣)는 합하면 하나가 되고 분리하면 음양이 된다. 음양을 나누면 사시가 되고 열거하면 오행이 된다(天地之氣 合而爲一 分爲陰陽 判爲四時 列爲五行)."[220)]

이 같이 동중서는 음양오행(陰陽五行)을 천도로 설정하고 있다. 천도인 음양을 분리하면 봄 · 여름 · 가을 · 겨울의 4시(四時)가 되고 4시를 열거하면 오행(五行)이 된다고 하였다. 그러므로 '천도'는 음양오행이고 음양오행의 변화는 봄 · 여름 · 가을 · 겨울의 4시이고 사시의 변화는 오행인데 동중서는 이것을 '천도'의 표현이고 변화라고 하였다.[221)]

"봄은 태어나는 것을 주관하고 여름은 성장을 주관하고 가을은 수확을 주관하고 겨울은 수장을 주관한다(春主生 夏主養 秋主收 冬主藏)."[222)]

"하늘의 도는 봄은 따뜻하게 하여 태어나게 하고 여름은 덥게 하여 길러주고 가을은 청량하게 하여 시들게 하고 겨울은 춥게 하여 수장하게

218) 위 책, 「陰陽義」, p.341.
219) 『漢書』卷56, 「董仲舒傳」, p.2502.
220) 앞 책, 「五行相生」, p.362.
221) 李景明, 『中國儒學史』, 廣東敎育出版社, 1998, p.164.
222) 『春秋繁露義證』, 「王道通三」, p.33.

한다(天之道 春暖以生 夏署以養 秋清以殺 冬寒以藏)."[223]

"양(陽)은 항시 한 여름에 있으면서 생육양장을 맡고 음(陰)은 한 겨울에 있으면서 공허 불모의 땅에 쌓여 있다. 하늘이 양을 내어서 위로 시혜를 베풀어 세공(歲功)을 주관케 하고 음은 아래로 엎드려 있다가 때때로 나와서 양을 돕게 한다(是故陽常居大夏 而以生育養長爲事 陰常居大冬 而積於空虛不用之處 使陰入伏於下而時出佐陽 … 天使陽出布施於上而主歲功 使陰入伏於下而時出佐陽)."[224]

이에 의하면 천도인 양(陽)과 음(陰)은 일 년의 세공(歲功)을 수행하고 있다. 세공은 인간을 포함한 천지자연 만물의 생육(生育) · 양장(養藏)을 말하는데 동중서는 이 세공 과정에서 양은 생육 · 양장을 맡고 있고 음은 양을 도와주고 있는 보조적 역할을 수행한다고 하였다. 이것은 음양의 원리가 천지자연 만물의 생육 · 양장에 깊이 연관되어 작동하고 있는 사실을 말하고 있는 것이다.

"소양(小陽)은 나무(木)으로 인하여 일어나는데 봄의 생성을 도와준다. 태양(太陽)은 불(火)로 인하여 일어나는데 여름의 성장을 도와준다. 소음(小陰)은 쇠(金)로 인하여 일어나는데 가을의 숙성을 도와준다. 태음(太陰)은 물(水)로 인하여 일어나는데 겨울의 수장(收藏)을 도와준다(故小陽因木而起 助春之生也 太陽因火而起 助夏之陽也 小陰因金而起 助秋之成也 太陰因水而起 助冬之藏也)."[225]

이 같이 동중서는 음양의 성정(性情)을 각기 소양(小陽) · 태양(太陽) · 소음(小陰) · 태음(太陰)으로 나누어 춘 · 하 · 추 · 동의 4시에 배정하고

223) 위 책, 「四時之附」, p.353.
224) 『漢書』 卷56, 「董仲舒傳」, p.2503.
225) 『春秋繁露義證』, 「天辨在人」, p.335.

모든 만물의 생(生) · 육(育) · 양(養) · 장(藏)을 각기 주관하고 있는 것으로 설명하고 있다. 그리고 오행은 목(木) · 화(火) · 토(土) · 금(金) · 수(水)로 구성되어 있는데[226] 다음과 같은 역할을 하고 있다.

> "수(水)는 겨울이 되고 금(金)은 가을이 되고 토(土)는 여름이 되고 화(火)는 여름이 되고 목(木)은 봄이 된다. 봄은 만물의 생육을 주관하고 여름은 만물을 성장시키고 가을은 만물을 숙성시키며 겨울은 만물을 수장한다(水爲冬 金爲秋 土爲季夏 火爲夏 木爲春 春主生 夏主長 秋主收 冬主藏)."[227]

동중서는 봄은 소양(小陽)이 활동하는 시기이므로 따뜻하여 만물을 태어나게 하고 여름은 태양(太陽)이 활동하는 시기이므로 무더위로 만물을 성장시키고 가을은 태음(太陰)이 활동하는 시기이므로 청량하여 만물을 숙성시키고 겨울은 태음(太陰)이 활동하는 시기이므로 추위로 만물을 수장(收藏)시킨다고 하였다. 이 같이 동중서는 천도인 음양오행이 작동하여 봄 · 여름 · 가을 · 겨울 4시의 순환과 변화를 주도하고 4시의 순환과 변화에 따라 천지자연 만물은 생육 · 양장의 세공을 이루고 있다고 하였다. 그리고 이 과정을 도표로 만들어 보면 다음과 같다.

천도(天道)
↓
음양(陰陽)
↓
봄(春) — 소양(小陽) — 목(木) — 난(暖) — 생(生)
여름(夏) — 태양(太陽) — 화(火) — 서(曙) — 양(養)
가을(秋) — 소음(小陰) — 금(金) — 청(淸) — 성(成)
겨울(冬) — 태음(太陰) — 수(水) — 한(寒) — 장(藏)

---

226) 위 책, 「天辨在人」, p.335.
227) 위 책, 「五行對」, p.315.

이와 같이 동중서는 음양과 오행의 상생설(相生說)을 천지 · 자연의 법칙과 춘 · 하 · 추 · 동 4시의 순환과 변화에 교묘히 접목하여 결합시켰는데[228] 동중서는 여기에서 그치지 않고 이 음양오행설을 다시 인성(人性)에까지 확대하여 접목시키고 있다.

"천지 사이에 음양의 기(氣)가 있다. 이 음양의 기는 항시 사람에게 침투하고 있는데 물이 물고기에 침투하고 있는 것과 같다. 기가 물과 다른 것은 보이고 안 보이는 것의 차이뿐이다(天地之間 有陰陽之氣 常漸人者 若水常漸魚也 所以異於水者 可見與不可見耳)."[229]

이에 의하면 인간은 물고기가 물에 싸여 있듯이 천도인 음양의 기(氣) 속에 싸여 있고 사시사철 음양의 기 속에 생활하고 있으며 그 영향을 항시 받고 있는데 이것은 음양 원리가 우리 인간 생활의 모든 면에 깊은 영향을 미치고 있는 사실을 말하고 있다. 그런데 이 같은 음양 원리는 또 인간의 성격과 취미 등의 인성(人性) 형성에도 깊이 영향을 미치고 있다고 하였다.

"사람에게 기뻐하고 화를 내고 슬퍼하고 즐거워하는 것이 있는 것은 하늘에 봄 · 여름 · 가을 · 겨울이 있는 것과 같다(人有喜怒哀樂 猶天之有春夏秋冬也)"[230]

"음양의 기는 하늘에도 있고 사람에게도 있다. 사람에게 있는 것은 좋아하고(好) · 싫어하고(惡) · 기뻐하고(喜) · 화를 내는(怒) 성품이다. 하늘에 있는 것은 따뜻하고(暖) · 서늘하고(淸) · 춥고(寒) · 무더운(暑) 것의 성정

---

228) 佐川修, 『春秋學論考』, 東京: 東方書店, 1983, p.196 참조.
229) 『春秋繁露義證』, 「天地陰陽」, p.467.
230) 위 책, 「如天之爲」, p.465.

이다. 이 성정은 위와 아래, 왼쪽과 오른쪽, 앞과 뒤로 출입하고 고르게 행하며 중단하지 않고 계류하거나 체류하지 않는다. 사람에게 있는 것도 또 적당하게 행하거나 체류하지 않는데 사시와 같은 것이다. 대체로 기뻐하고 화를 내고 슬퍼하고 싫어하는 것은 하늘이 사람의 성(性)에 명하여 만든 것이다(陰陽之氣 在上天 亦在人 在人者爲好惡喜怒 在天者爲暖淸寒暑 出入上下 左右 前後 平行而不止 未嘗有所稽留滯鬱也 其在人者亦宜行而無留 若四時之條條然也 夫喜怒哀樂之止動也 且天之所謂人性命者)."[231]

이 같이 천지자연계에는 따뜻하고(暖) · 서늘하고(淸) · 춥고(寒) · 무더운(暑) 것의 4개 성정이 있듯이 사람에게도 좋아하고(好), 싫어하고(惡), 기뻐하고(喜), 화를 내는(怒) 4개의 성품이 있다고 하였으며 사람의 이 같은 호(好) · 악(惡) 희(喜) · 노(怒)의 성품은 모두 하늘이 만든 것이라고 하였다. 다시 말하면 천지자연의 따뜻하고 서늘하고 춥고 무더운 난(暖) · 청(淸) · 한(寒) · 서(暑)의 4개 성정과 인간의 좋아하고 싫어하고 기뻐하고 화를 내는 호(好) · 악(惡) · 희(喜) · 노(怒)의 4개 성품은 모두 하늘이 만든 것이다.

그런데 동중서는 천지자연에는 난 · 청 · 한 · 서의 4개 성정이 있고 인간에게는 호 · 악 희 · 노의 4개 성품이 있듯이 군주의 정치 즉 왕정(王政)에도 이 같은 음양오행의 원리가 작용하여 4정(四政)이 있다고 하였다.

"성인은 하늘이 행하는 바에 따라 정치를 해야 한다. 경(慶)은 따뜻하므로 봄에 해당되고 상(賞)은 풍성하므로 여름에 해당된다. 벌(罰)은 싸늘하므로 가을에 해당된다. 형(刑)은 냉정하므로 겨울에 해당된다. 경(慶) · 상(賞) · 벌(罰) · 형(刑)이 하는 일은 달라도 이루는 공(功)은 같은데

---

231) 위 책, 「如天之爲」, p.463.

이것이 왕이 덕을 이루는 소이이다(聖人副天之所行以爲政 故以慶副暖而當春 以賞副暑而當夏 以罰副淸而當秋 以刑副寒而當冬 慶賞罰刑異事而同功 皆王者之所以成德也)."[232]

"경사로운 일은 봄에 하고 포상하는 일은 여름에 하고 벌을 내리는 일은 가을에 하고 형을 내리는 일은 겨울에 한다. 경 · 상 · 벌 · 형은 불가불 갖추어야 한다. 마치 춘하추동을 갖추지 않으면 안 되는 것과 같다(慶爲春 賞爲夏 罰爲秋 刑爲冬 慶賞罰刑之不可不具也 如春夏秋冬不可不備也)."[233]

이 같이 군주는 하늘이 행하는 바에 따라 정치를 해야 하므로 반드시 음양오행의 작동과 변화에 따르고 순응해서 경 · 상 · 벌 · 형으로 구성된 4정(四政) 정치를 해야 한다고 하였다. 동중서는 이 경 · 상 · 벌 · 형의 4정 정치를 음양오행의 변화인 봄 · 여름 · 가을 · 겨울 4시의 성정에 연계하여 그 성향과 역할을 아래와 분석하고 있다.

"봄 성정은 사랑하는 것이고 여름 성정은 즐거워하는 것이고 가을 성정은 엄한 것이고 겨울 성정은 슬퍼하는 것이다. 사랑하면서 엄함이 있어야 하고 즐거우면서 슬퍼함이 있어야 하는 것이 네 계절의 법칙이다. 기뻐하고 화를 내는 것이나 슬퍼하고 즐거워하는 것은 사람에게만 있는 것이 아니고 하늘에도 있다. 봄과 여름의 양(陽)이나 가을과 겨울의 음(陰)은 하늘에만 있는 것이 아니고 사람에게도 있다. 사람에게 봄의 기(氣)가 없다면 무엇으로 널리 사랑하고 모든 것을 용납할 것이며 사람에게 가을의 기(氣)가 없다고 하면 무엇으로써 엄히 하여 공을 이룰 것이며 사람에게 여름의 기(氣)가 없다면 무엇으로써 잘 길러서 삶을 즐길 것이며 사람에게 겨울의 기(氣)가 없다면 무엇으로써 죽음

---

232) 『春秋繁露義證』, 「四時之副」, p.353.
233) 위 책, 「四時之副」, p.353.

을 슬퍼하고 잃은 것을 구휼할 것인가. 하늘에 기뻐하는 기(氣)가 없다면 무엇으로 따뜻하게 하여 봄에 태어나 기르게 할 것이며 하늘에 노하는 기(氣)가 없다면 무엇으로 차게 하여 가을에 죽이게 할 것이며 하늘에 즐거워하는 기(氣)가 없다면 무엇으로 따뜻하게 하여 봄에 태어나게 하여 길러 줄 수가 있으며 하늘에 즐거운 기가 없다면 무엇으로 양(陽)을 멀리하여 여름에 성장케 할 것이며 하늘에 슬픈 기가 없다면 무엇으로 음(陰)을 끌어 들여서 겨울에 닫고 저장케 할 것인가?(春愛志也 夏樂志也 秋嚴志也 冬哀志也 故愛而有嚴 樂而有哀 四時之則也 喜怒之禍 哀樂之義 不獨在人 亦在於天 而春夏之陽 秋冬之陰 不獨在天 亦在於人 人無春氣 何以博愛而容衆 人無秋氣 何以立嚴而成功 人無夏氣 何以盛養而樂生 人無冬氣 何以哀死而恤喪 天無喜氣 亦何以暖而春生育 天無怒氣 亦何以淸而秋殺就 天無樂氣 亦何以疎陽而夏養長 天無哀氣 亦何以激陰而冬閉藏)."[234]

이에 의하면 경(慶)은 따뜻하므로 봄에 해당되고 상(賞)은 풍성하므로 여름에 해당되고, 벌(罰)은 싸늘하므로 가을에 해당되고, 형(刑)은 냉엄하므로 겨울에 해당된다고 하였다. 그러므로 모든 생명이 소생하는 따뜻한 봄은 경사(慶事)에 해당되므로 군주는 사랑으로 백성들을 감싸는 박애중용(搏愛衆容)의 정치를 해야 하며, 모든 것이 풍성해지는 더운 여름은 상(賞)에 해당되므로 군주는 풍성한 생활을 누리는 성양낙생(成養樂生)의 정치를 해야 하며, 차고 싸늘한 가을은 벌(罰)에 해당되므로 군주는 위엄을 세우고 공을 이루어야 하는 입엄성공(入嚴成功)의 정치를 해야 하며 매섭게 추운 겨울은 형(刑)에 해당되므로 죽음을 애도하고 상사(喪事)를 걱정해야 하는 애사휼상(哀死恤喪)의 정치를 해야 한다고 하였다.[235] 그리고 이 같은 군주의 경 · 상 · 벌 · 형의 4정은

234) 『春秋繁露義證』, 「天辨在人」, pp.335-336.
235) 佐川修, 『春秋學論考』, 東京: 東方書店, 1983, p.196.

반드시 천도인 춘 · 하 · 추 · 동의 4시의 성정에 따라서 정치를 해야 천도에 어긋나지 않는다고 하였다.

> "음양의 기는 하늘에도 있고 사람에게도 있다. 사람에게 있는 것은 호(好) 오(惡) 희(喜) 노(怒)이며 하늘에 있는 것은 난(暖) 청(淸) 한(寒) 서(暑)이다(陰陽之氣 在上天 亦在人 在人者爲好惡喜怒 在天者爲暖淸寒暑)."[236]

> "경(慶) 상(賞) 벌(罰) 형(刑)이 하는 일은 달라도 이루는 공(功)은 같은데 이것이 왕이 덕을 이루는 소이이다. 경(慶) 상(賞) 형(刑) 벌(罰)과 춘(春) 하(夏) 추(秋) 동(冬)이 서로 상응하여 부합하는 것과 같다(慶賞罰刑 異事而同功 皆王者之所以成德也 慶賞罰刑與春夏秋冬 以類相應也 如合符)."[237]

> "군주의 호오희노(好惡喜怒)는 바로 천의 춘하추동이다 … 하늘이 4시를 냈는데 때가 맞으면 세공(歲功)이 잘 되고 때가 맞지 않으면 세공(歲功)이 잘 되지 않는다. 군주도 이 4정을 행하는데 옳으면 세상이 잘 다스려지고 옳지 않으면 난세가 된다. 이 까닭으로 성세(盛世)와 미세(美歲)는 같고 난세(亂世)와 악세(惡歲)는 같은 것이다. 이로써 인리(人理)가 천도(天道)에 해당됨을 알 수 있다(然而主之好惡喜怒 乃天之春夏秋冬也 天出此物者 時則歲美 不時則歲惡 人主出此四者 義則歲治 不義則歲亂 是故治世與美歲同數 亂世與惡歲同數 以此見人理之副天道也."[238]

이 같이 천지자연의 춘 · 하 · 추 · 동의 4성정, 인간의 호 · 오 · 희 · 노의 4 성품, 그리고 군주의 경 · 상 · 벌 · 형의 4정은 모두 천도인 음양오행의 변화와 작동에 직접 연관되어 있고 서로 상응하는 관계라고 하였는데 이것이 바로 동중서가 주장하고 있는 천인감응설(天人感

---

236) 위 책, 「如天之爲」, p.463.
237) 위 책, 「四時之副」, p.353.
238) 위 책, 「王道通三」, p.330.

應說)이다. 다시 말하면 동중서는 '천인감응'에 의해서 천지자연 4시의 난 · 청 · 한 · 서, 인성의 호 · 오 · 희 · 노 그리고 군주의 경 · 상 · 벌 · 형은 각기 독립되어 있고 단절되어 있는 것이 아니라 서로 부합하여 연결되어 있고 상응한다고 하였다.

동중서는 이 같이 천도인 음양오행의 원리는 춘 · 하 · 추 · 동의 4시로 작동하여 따뜻하고 무덥고 서늘하고 추운 난(暖) · 서(暑) · 청(淸) · 한(寒)의 성정을 갖고 천지자연 만물의 생육 · 양장을 주관하고 있으며 인성에도 작동하여 기뻐하고 즐거워하고 화내고 슬퍼하는 희(喜) · 호(好) · 노(怒) · 오(惡)의 4 성품으로 인간의 삶을 누리게 하고, 군주의 정치 왕정(王政)에도 작동하여 격려하고 상을 내리고 싸늘하게 처벌하고 무섭게 형을 집행하는 경(慶) · 낙(樂) · 엄(嚴) · 애(哀)의 '4정' 정치를 주관하고 있다고 하였다. 다시 말하면 천도인 음양오행 원리의 작동과 변화에 의해서 춘 · 하 · 추 · 동 4시의 난 · 청 · 한 · 서의 4 성정, 호 · 오 · 희 · 노의 인간 4 성품, 경 · 상 · 벌 · 형의 군주 왕정의 4정이 진행되고 있으며 상호 부합되어 상응하고 있다고 하였다. 난 · 청 · 한 · 서의 4시 성정, 호 · 오 · 희 · 노의 인간 4성품 그리고 경 · 상 · 벌 · 형의 군주 4정의 상호 관계를 도표로 표시해 보면 아래와 같다.

천도
↓
음양오행
↙ ↓ ↘

사시(四時)	인성(人性)	왕정(王政)
봄(春): 난(暖)-생(生),	희(喜)-애지(愛志),	경(慶)-박애용중(搏愛容衆)
여름(夏): 서(暑)-양(養),	낙(樂)-낙지(樂志),	상(賞)-성양낙생(盛養樂生)
가을(秋): 청(淸)-성(成),	노(怒)-엄지(嚴志),	벌(罰)-입엄성공(入嚴成功)
겨울(冬): 한(寒)-장(藏),	애(哀)-애지(哀志),	형(刑)-애사휼상(哀死恤喪)

이와 같이 자연의 4시(四時), 인간의 4성(四性), 그리고 군주의 4정(四政)은 모두 천도인 음양오행 원리의 작동과 변화에 의한 공통적 산물이므로 상호 간에 부합되어 상응하고 서로 깊은 영향을 미치고 있으며 어느 것 하나도 천도인 음양의 원리에서 절대로 벗어날 수 없다고 하였다.

2) 음양오행의 원리와 왕정(王政)

앞 절에서 언급한 바와 같이 '천'은 우주 천지자연의 창조주이며, 만물의 생육 · 양장을 주관하며 인간을 생성하고 보살피는 조물주였다. 그런데 '천'은 여기에서 그치지 않고 군주를 세워서 백성들을 돌보게 한다고 하였다.

> "하늘이 백성들을 낳았는데 성(性)은 선하나 질(質)은 선에 못 미친다. 이에 왕을 세워서 백성들을 선하게 양육하도록 하였는데 … 이것이 하늘의 뜻이다(天生民 性有善 質而未能善 於是爲之立王而善之 此天意也)."[239]

> "왕은 하늘의 뜻을 받들어 백성들의 성을 이루게 하는 것이 임무이다(王承天意 以成民之性爲任者也)."[240]

백성들은 이 같이 태어날 때부터 '성(性)'이 부족하게 태어났으므로 '천'은 백성들의 부족한 '성'을 이루게 하기 위해서 군주를 임명한다고 하였다. 그러므로 천자는 '하늘의 뜻'을 받들어서 백성들의 '성'을 이루게 해야 하는 절대적 책임이 있는 것이다.

239) 『春秋繁露義證』, 「深察名號」, p.302.
240) 위 책, p.302.

"천자는 천명을 받은 군주이므로 … 천자라고 부른다(受命之君 … 故號爲天子)."241)

"하늘의 뜻을 부여받았으므로 천자라고 부른다(受命之君 天意之所予也 故號爲天子)."242)

"천자는 하늘의 아들이다(天子者 則天之子也)."243)

군주는 이 같이 백성들의 부족한 '성'을 이루게 하는 절대적 책임을 하늘로부터 부여받았으므로 당연히 하늘로부터 천명을 받는다고 하였다. 동중서는 이 같은 논리에 의해서 군주를 천명을 받은 유일무이한 천명의 봉행자 그리고 하늘의 아들 천자로 설정하였는데 이것은 동중서가 우주 천지자연의 창조주 '천'의 절대적 권위와 위엄에 의탁하여 군주 통치의 정당성, 신성성, 유일성을 수립한 것이다. 그리고 이 같은 동중서의 논리는 '천명'의 절대적 권위와 위엄에 의탁하여 주왕 통치의 정통성, 신성성, 유일성을 수립하였던 주 왕조 천명사상과 선진 유가의 영향을 크게 받았던 사실을 말하고 있다.

"천자는 명을 하늘에서 받는다(天子受命於天)."244)

"왕은 하늘의 뜻을 받들어서 다스린다(王者承天意以從事)."245)

"백성들은 군주를 따르고 군주는 천을 따른다(以人隨君 以君隨天)."246)

---

241) 위 책, p.286.
242) 위 책, p.286.
243) 위 책, 陰陽終始」, p.399.
244) 위 책, 「順命」, p.412.
245) 『漢書』 卷56, 「董仲舒傳」, p.2502.

천자는 이 같이 하늘로부터 천명을 받은 유일무이한 천명의 봉행자이기 때문에 '하늘의 명령(天命)' 또는 '하늘의 뜻(天意)'을 받들어서 정치를 시행하지 않으면 안 된다고 하였는데 이것은 동중서가 군주에게 '하늘의 뜻'을 지상에서 반드시 시행해야 한다는 윤리적 의무를 부과한 것이다. 다시 말하면 동중서는 '천'의 절대적 권위와 위엄에 의탁하여 '천'에 대한 군주의 윤리적 종속성을 부여한 것이다. 그런데 동중서는 여기에서 그치지 않고 있다.

"군주가 군주인 것은 위세 때문이다(君之所以爲君者威也)."[247]

"군주는 그 덕을 굳게 지켜서 백성들이 따라 붙게 하고 그 권력을 굳게 장악하여 신하들을 올바르게 해야 한다(是故爲人君者 固守其德 以附其民 固執其權 以正其臣)."[248]

"왕은 지고의 덕에 있으면서 생사여탈권을 조정하여 백성들을 변화 시킨다(爲人主者 居至德之位 操殺生之勢 以變化民)."[249]

"군주가 생사의 지위에 서서 하늘과 더불어 변화의 세를 가지고 있으면 사물이 하늘의 변화에 응하지 않는 것이 없다(人主立於生殺之位 與天共持變化之勢 物莫不應天化)."[250]

"위세는 나눌 수 없다 … 위세를 나누면 권력을 잃게 되고 권력을 잃으면 군주가 천해지고 은혜를 잃게 되며 백성들이 흩어지게 된다. 백성들이 흩어지면 나라가 어지러워지고 군주가 천해지면 신하들이 반란을 일으

246) 『春秋繁露義證』, 「玉杯」, p.31.
247) 위 책, 「保位權」, p.174.
248) 위 책, 「保位權」, p.175.
249) 위 책, 「爲德所生」, p.462.
250) 위 책, 「王道通」, p.332.

킨다(威不可分 … 威分則失權 失權則君賤 失恩則民散 民散則國亂 君賤則臣叛)."[251]

위의 사실을 종합해 보면 군주는 사람을 죽이고 살리는 생사여탈권을 장악하여 신하들을 바르게 하고 백성들을 통치하면 하늘의 변화에도 응할 수 있다고 하였으며 군주가 만일 위세를 잃고 권력을 상실하면 백성들을 잃게 되고 나라는 혼란에 빠지고 신하들은 반란을 일으킨다고 하였다. 그러므로 군주는 반드시 위세와 권력을 소유하고 생사여탈권을 장악해서 신하와 백성들을 통치해야 된다고 하였는데 이것은 동중서가 군주에게 생사여탈권을 포함한 막강한 권력과 위세를 부여한 것이다.

그런데 군주가 '위세' '권력' '생사여탈권' 등의 강력한 권력을 장악하여 백성들을 다스리고 국가를 통치해야 한다는 동중서의 주장은 사실상 덕(德)과 예(禮)에 기본하여 도덕정치를 주장하였던 선진 유가들의 주장과는 상반된 것이다. 사실 '위세' '권력' '생사여탈권'을 장악한 군주상은 전제군주를 중심으로 강력한 법치에 기반한 중앙집권적 전제국가 수립을 추진하였던 전국 시대 법가들의 정치사상이었다.[252] 이 같은 사실로 미루어 볼 때 동중서는 전국 시대 법가들의 전제군주상을

---

251) 위 책, 「保位權」, pp.174-175.

252) "군주가 위에서 권세를 장악하고 있으면 신하들이 감히 잘못을 저지르지 못한다 … 군주의 권세가 두렵기 때문이다(『商君書』「明法篇」, p.343)" "세(勢)가 없으면 … 못난 사람도 제어할 수 없다(『韓非子集解』「功名篇」, p.208)" "걸(桀)이 천자가 되어 천하를 제어할 수 있었던 것은 … 권세가 무겁기 때문이었다(『韓非子集解』, p.208)" "못났으면서도 똑똑한 사람을 굴복시킬 수 있는 것은 권세가 무겁고 자리가 높기 때문이다(『韓非子集解』, 「難勢篇」, p.388)" "세(勢)는 대중을 이기는 바탕이다(『韓非子集解』, 「八經篇」, p.431)" 등의 언급과 같이 전국 시대의 법가들은 군주가 '세' '위세' '권력' 등을 장악하고 있어야 신하와 백성들을 다스리고 국가를 경영할 수 있다고 하였는데 이 같이 강력한 통치권의 행사는 사실상 무소불위의 전제군주를 전제하고 있는데 동중서는 이 같은 법가사상의 영향을 강력히 받았음을 말하고 있다.

일부 수용하여 군주를 하늘로부터 천명을 받은 유일무이한 천명의 봉행자로 주창한 유가의 도덕적 천자상(天子像)에 첨가한 것이라고 할 수 있다.

이 같은 사실을 종합해 보면 동중서가 제시한 군주상(君主像)은 이념적으로는 유가들이 주창한 우주 천지자연의 창조주 '천'의 절대적 권위와 위엄에 의탁하여 통치의 정통성 신성성 유일성을 수립한 유가의 도덕적 천자상과 위세 권력 생사여탈권 등의 강력한 통치권을 장악한 법가의 전제적 군주상이 혼합된 새로운 군주상이었는데 이 같은 유가적 군주상과 법가적 군주상으로 혼합된 군주상은 역사적으로 볼 때 전례 없는 새로운 군주상의 창출이었다고 할 수 있다.

> "군주는 지고의 덕을 갖추고 생사여탈권을 조정하여 백성들을 다스리고 백성들은 초목이 춘하추동의 4계절을 따르는 것과 같이 군주를 따라야 한다(爲人主者 居至德之位 操殺生之勢 以變化民 民之從主也 如草木之應四時也)."[253)]

여기에서 보면 동중서는 산천초목이 춘 · 하 · 추 · 동 4계절의 순환과 변화에 순응하고 있는 것과 같이 백성들도 군주에게 순응하고 복종해야 한다고 하였다. 그런데 위에서 언급한 바와 같이 천도인 음양오행 원리가 작동하여 춘 · 하 · 추 · 동의 '4시'를 이루고, 따뜻하고 무덥고 서늘하고 추운 '4시'의 성정으로 산천초목의 생육 · 양장을 이루고 있으므로 산천초목이 춘 · 하 · 추 · 동의 '4시'에 순응하는 것은 바로 천리(天理)였다. 다시 말하면 산천초목은 천리에 의해서 '4시'에 순응하고 있는 것이다.

그런데 동중서가 백성들의 군주에 대한 복종을 산천초목이 춘 · 하

---

253) 앞 책, 「爲德所生」, p.462.

· 추 · 동 '4시'의 변화에 순응하는 것과 같은 복종을 요구한 것은 천리에 의탁하여 백성들의 군주에 대한 절대적 복종을 요구하고 있는 것이며 또 천리는 항구불변의 원리이기 때문에 동중서는 사실상 백성들에게 군주에 대한 항구적 복종을 강요하고 있는 것이라고 할 수 있다. 그런데 이 같은 동중서의 논리는 한비자에게서도 볼 수 있다.

전국 말기의 한비자는 군주와 신하 간의 군신관계를 아비와 자식 간의 관계와 같은 천륜(天倫) 관계로 설정하였다.[254] 그러므로 자식은 어떠한 이유로든지 부모를 비난할 수 없고 부모의 재산을 탈취할 수 없으며 부모가 아무리 못났어도 효도를 해야 하듯이 신하도 군주를 비난할 수 없고 국가를 찬탈할 수 없으며 군주가 못났어도 충성을 다해야 한다고 하였다. 이 같이 한비자는 군주와 신하 간의 군신관계를 부모와 자식 간의 부자관계와 같은 천륜관계로 설정하여 신하의 군주에 대한 항구적 복종을 강요하였는데 이 같은 동중서 논리는 한비자의 영향을 크게 받았던 사실을 말하고 있다.

이 같이 동중서는 군주에게 이념적으로는 '천'의 절대적 권위와 위엄에 의탁하여 통치의 정통성 · 신성성 · 유일성을 부여하고 현실적으로는 위세 · 권세와 생사여탈권을 장악한 무소불위의 전제군주 권력을 부여하였으며 또 천리에 의탁하여 백성들의 군주에 대한 절대적 복종을 요구하였다. 그러나 군주에게 통치권을 항구적으로 부여하지는 않

---

254) "효자가 아비를 섬기는데 아비의 집을 취하지 않는다. 충신이 임금을 섬기는데 임금의 나라를 취하지 않는다. 대체로 자식이 되어서 다른 사람의 부친을 칭찬하여 말하기를 '모모의 부친은 늦게 자고 일찍 일어나서 열심히 재산을 벌어서 자손과 신첩들을 양육한다'고 하면 이것은 그 부모를 비방하는 것이다. 신하된 자가 선왕의 덕을 칭찬하고 바란다면 이것은 그 군주를 비방하는 것이다. 부모를 비난하는 것이 불효인 줄은 알면서도 군주를 비난하면 천하가 현명하다고 하는데 이것이 혼란되는 이유이다. 그러므로 신하는 요 · 순의 현명함을 칭찬하지 말고 탕왕과 무왕의 정벌을 칭찬하지 말고 열사의 고고함을 말하지 말고 힘을 다하여 법을 지키고 마음을 다하여 군주를 섬겨야 충신이 된다."(『韓非子集解』, 「難勢篇」, p.468 참조)

았다.

"하늘이 백성들을 태어나게 하였는데 왕을 위한 것이 아니다. 하늘이 왕을 세운 것은 백성들을 위한 것이다(且天之生民 非爲王也 而天立王以爲民也)"[255]

"그러므로 하늘은 덕으로 백성들을 편안하고 즐겁게 하는 사람에게 왕위를 부여하고, 악으로 백성들을 해치고 상하게 하는 사람에게는 왕위를 빼앗는다(故其德足以安樂民者 天與之 其惡足以賊害民者 天奪之)."[256]

'천'은 이 같이 인간을 생성하고 인간의 생육과 복리에 지대한 관심을 갖고 있으므로 백성들의 복리를 도모하기 위해서 군주를 세운 것이라고 하였다. 다시 말하면 하늘은 백성들을 위해서 군주를 세운 것이지 군주를 위해서 백성들을 생성한 것이 아니므로 군주는 이 같은 '하늘의 뜻'을 받들어서 마땅히 백성들을 위해 좋은 정치를 해야 한다고 하였다. 그런데 군주가 이 같은 '하늘의 뜻'을 버리고 실정 또는 폭정을 하여 백성들을 도탄에 빠지게 하면 '천'은 왕위를 빼앗고 축출한다고 하였다.

"하늘은 왕위를 수시로 주고 빼앗는다(天之無常予 無常奪之也)."[257]

"왕위는 하늘이 주는 것이다. 왕을 벌하고 빼앗는 것도 하늘이 하는 것이다(王者 天之所予也 其所伐皆天之所奪也)."[258]

---

255) 『春秋繁露義證』, 「堯舜不擅移」, p.220.
256) 위 책, 「堯舜不擅移」, p.220.
257) 위 책, 「堯舜不擅移」, p.220.
258) 위 책, p.420.

"그러므로 하(夏) 나라가 무도했으므로 은(殷)이 벌하고 은 나라가 무도했으므로 주(周)가 벌하고 주 나라가 무도했으므로 진(秦)이 벌하고 진 나라가 무도했으므로 한(漢) 나라가 벌하였다. 유도(有道)가 무도(無道)를 벌한 것이다. 이것은 하늘의 이치로 내려온바 오래되었다(故夏無道而殷伐之 殷無道而周伐之 周無道而秦伐之 秦無道而漢伐之 有道伐無道 此天理也 所從來久矣)."[259]

이 같이 동중서는 '천'이 군주가 실정 또는 폭정을 행하여 백성들을 도탄에 빠지게 하면 언제든지 왕위를 빼앗는다고 하였다. 그리고 하·은·주·진 왕조는 모두 무력정벌에 의해 멸망되었지만 사실은 무력에 의해서 멸망된 것이 아니라 '무도(無道)'하였으므로 '유도(有道)'에 의해 멸망된 것이며 그것은 모두 하늘이 행한 것이라고 하였다. 다시 말하면 '유도'가 '무도'를 벌하였는데 바로 '천'이 행한 것이라고 하였다. 동중서는 이 같이 군주의 실정과 폭정을 '천'에 연관시키고 노출시켜서 군주를 압박하고 선정으로 유도하였는데 이 동중서의 논리는 전국 시대 맹자가 제시했던 '방벌론(放伐論)'[260]의 영향을 받은 것이다.

앞 장에서 설명한 바와 같이 전국 중기에 활약하였던 맹자는 군주가 '하늘의 뜻'을 버리고 정치를 잘못하여 백성들을 도탄에 빠지게 하면 '천'이 군주에게 천명을 거두어들이는데 이때 백성들은 무력으로 군주를 축출할 수 있다는 '방벌론'을 제시하였다. 당시 맹자는 모든 권력과 정치의 원천은 군주 개인에 있는 것을 간파하고 이 같은 '방벌론'을 제시하여 군주를 우주 천지자연의 창조주 '천'의 절대적 권위와

259) 위 책, p.220.

260) 맹자는 "하늘이 군주의 통치를 백성들의 눈을 통해서 보고 귀를 통해서 들으면서 끊임없이 민심을 살피고 있다고 하였다."(孟子 萬章 上) 만일 군주가 천명을 받고도 백성들을 돌보지 않고 사치, 방종에 빠지면 탕(湯) 임금이 걸(桀) 임금을 쫓아내고 무왕(武王)이 주(紂) 임금을 정벌했던 것과 같이 신하와 백성들이 무력으로 군주를 축출할 수 있다고 하였는데 이것이 맹자의 방벌론(放伐論)이다.

위엄에 노출시키고 연관시켜서 군주 개인의 도덕화를 유도하고 군주 개인의 도덕화를 통하여 군주의 선정을 유도하려고 하였다. 그런데 동중서 역시 우주 천지자연의 창조주 '천'에 군주를 연관시키고 노출시키어 군주 개인의 도덕화를 유도하고 군주 개인의 도덕화를 통하여 군주의 선정을 유도하였는데 이 같은 동중서의 논리는 맹자의 '방벌론'에서 크게 영향을 받았던 사실을 말하고 있다.

> "성인은 하늘을 바라보고 정치를 행한다(聖人視天而行)."[261]

> "하늘의 덕(德)을 행하는 자를 성인이라 한다(行天德者謂之聖人)."[262]

> "성인은 하늘의 행하는 바에 부합되게 정치를 해야 한다(聖人副天之所行以爲政)."[263]

이 같이 군주는 '하늘의 뜻'을 받들고 '하늘의 덕'을 본받고 '하늘의 이치'에 따라서 정치를 해야 하므로 반드시 '하늘의 뜻'을 살펴보지 않으면 안 된다고 하였다. 군주가 '하늘의 뜻'을 살펴보는 방법에 대해서 동중서는 아래와 같이 언급하고 있다.

> "하늘의 뜻을 알아보기는 힘들고 천도는 헤아리기 어렵다. 그러므로 음양의 출입과 허실을 밝히어 하늘의 뜻을 알아보고 오행의 본말 순역 대소 광협을 밝히어 천도를 알아본다(天意難見也 其道難理 是故明陰陽入出 實虛之處 所以觀天之志 辨五行之本末順逆 小大 廣狹 所以觀天道也)."[264]

---

261) 『春秋繁露義證』, 「天容」, p.333.
262) 위 책, 「威德所生」, p.462.
263) 위 책, 「四時之副第」, p.353.
264) 위 책, 「天地陰陽」, p.467.

여기에서 보면 인간의 식견과 능력으로는 천의(天意)를 인식하거나 천도(天道)를 헤아리는 것이 어려우므로 천도인 음양의 작동과 변화를 통해 '하늘의 뜻'을 살펴보고 오행의 시말 · 순역을 통해서 천도를 살펴보아야 한다고 하였다. 그러므로 먼저 군주는 마땅히 음양오행의 작동과 변화를 살펴보지 않으면 안 된다.

> "천지간의 기(氣)는 합하면 하나가 되고 분리하면 음양이 된다. 음양을 나누면 사시(四時)가 되고 쪼개면 오행(五行)이 된다(天地之氣 合而爲一 分爲陰陽 判爲四時 列爲五行)."[265]

> "천도는 봄을 따뜻하게 하여 만물을 태어나게 하고 여름을 더웁게 하여 길러주고 가을을 서늘하게 하여 시들게 하고 겨울을 춥게 하여 수장하게 한다. 따뜻하고(暖) · 무덥고(暑) · 서늘하고(淸) · 추운(寒) 것은 각기 그 기(氣)가 달라도 이루는 공(功)은 같은 것으로 하늘이 성세를 이루는 이유이다. 군주도 하늘이 하는 바를 따라서 정치를 해야 한다(天之道 春暖以生 夏暑以養 秋淸以殺 冬寒以藏 暖暑淸寒 異氣而同功 皆天之所以盛世 聖人副天之所行而爲政)."[266]

이 같이 천도에서 분리된 봄 · 여름 · 가을 · 겨울의 4시는 각기 고유의 성정을 가지고 있는데 위에서 언급한 바와 같이 봄은 따뜻하고(暖), 여름은 무덥고(暑), 가을은 차고(淸), 겨울은 추운(冷) 성정을 가지고 있다. 이 같은 각 계절 성정의 역할을 살펴보면 봄은 따뜻하여 만물을 태어나게 하고 여름은 더위로 만물을 길러 주고 가을은 서늘하여 만물을 영글게 하고 겨울은 추위로 만물을 수장시킨다고 하였다. 그리고 춘 · 하 · 추 · 동의 4시 성정이 하는 일은 이 같이 각기 다르지만 이루는

265) 위 책, 「五行相生」, p.362.
266) 위 책, 「四時之副」. p.353.

공(功)은 같다고 하였는데 동중서는 이것을 천지자연 만물의 생육(生育) · 양장(養藏)을 이루고 있는 자연의 세공(歲功)이라고 하였다.

그러나 인간은 이 같은 '하늘의 뜻'을 직접 알아볼 수 없기 때문에 군주는 음양오행의 변화인 춘 · 하 · 추 · 동 4시의 순환과 작동을 통하여 이루어지고 있는 일 년의 세공(歲功) 즉 만물의 생육 · 양장의 자연 세공과정을 본받아서 정치를 해야 한다고 하였다.

"그러므로 경(慶)은 따뜻한 것에 부합되므로 봄에 해당되고 상(賞)은 더위에 부합되므로 여름에 해당되고 벌(罰)은 서늘한 것에 부합되므로 가을에 해당되고 형(刑)은 추위에 부합되므로 겨울에 해당된다. 경 · 상 · 벌 · 형은 하는 일은 달라도 그 공은 같은 것이다. 모두 군주가 덕으로 이루는 소이다(故以慶副暖而當春 以賞副暑而當夏 以罰副淸而當秋 以刑副寒而當冬 慶賞罰刑 異事而同功 皆王者之所以成德也)."[267]

"경축은 봄에 하고 포상은 여름에 하고 처벌은 가을에 하고 처형은 겨울에 한다(慶爲春 賞爲夏 罰爲秋 刑爲冬)."[268]

이 같이 '천도'는 따뜻하고 무덥고 서늘하고 추운 춘 · 하 · 추 · 동 4시의 순환과 작동을 통하여 천지자연 만물의 생육 · 양장의 세공을 이루고 있으므로 군주도 천도가 행하는 천지자연 만물의 생육 · 양장의 세공 과정을 본받아서 농사가 시작되는 봄에는 따뜻하게 격려 축하하고, 여름에는 수고에 대한 포상을 하고, 가을에는 잘못을 처벌하고, 겨울에는 형을 집행하는 경(慶) · 상(賞) · 벌(罰) · 형(刑)의 '4정' 정치를 행하여 백성들의 생육 · 양장의 세공을 이루어야 한다고 하였다.

따라서 군주는 만물이 소생하고 새 생명이 시작하는 봄철에는 사랑

267) 『春秋繁露義證』, 「四時之副」, p.353.
268) 위 책, 「四時之副」, p.353.

으로 백성들을 감싸고 포용하는 정치를 시행해야 하고, 날씨가 무더워서 만물이 무럭무럭 성장하는 여름철에는 상을 내려서 생업을 즐겁게 하는 정치를 펼쳐야 하고, 날씨가 싸늘한 가을철에는 위엄을 세워서 공을 세우는 정치를 시행해야 하고 날씨가 춥고 냉한 겨울철에는 죽음을 애도하고 상사(喪事)를 걱정하는 정치를 해야 한다고 하였는데 이것이 동중서가 제시한 천도의 춘 · 하 · 추 · 동 4시의 순환과 작동에 따라서 정치를 행하는 경(慶) · 상(賞) · 벌(罰) · 형(刑)의 군주 '4정(四政)'이었다.

"하늘에는 4시가 있고 군주에게는 4정이 있는데 '4정은 4시와 같은 것이다. '4시'와 '4정'은 같은 것으로 모두 동류이다(天有四時 王有四政 四政若四時 通類也)."[269]

"경상벌형과 춘하추동은 동류로 서로 상응하여 부절을 맞춰 보는 것과 같다(慶賞罰刑與春夏秋冬 以類相應也 如合符)."[270]

이 같이 하늘에서는 천도인 춘 · 하 · 추 · 동의 4시가 행하는 천지자연 만물의 생육 · 양장의 자연 세공을 이루고 있고 지상에서는 군주가 천도인 자연 세공을 본받아서 경 · 상 · 벌 · 형의 4정 정치를 시행하여 백성들의 생육 · 양장의 세공을 이루고 있으므로 춘 · 하 · 추 · 동의 '4시'에 의한 천지자연 만물의 생육 · 양장의 자연 세공과 경 · 상 · 벌 · 형의 '4정'에 의한 백성들의 생육 · 양장의 군주 세공은 같은 것이라고 하였다.

"경상벌형이 각기 그 자리가 있는 것은 춘하추동이 각기 그 때가 있는

269) 앞 책, 「四時之副」, p.353 .
270) 위 책, 「四時之副」, p.353.

것과 같다. 경상벌형은 서로 간섭할 수 없는데 그것은 4시가 서로 간섭할 수 없는 것과 같다. 4정이 그 자리를 바꿀 수 없는데 그것은 4시가 그 자리를 바꿀 수 없는 것과 같다(慶賞罰刑各有正處 如春夏秋冬各有時也 四政者 不可以相干也 猶四時不相干也 四政者 不可相干也 猶四時不可相干也 四政者 不可以易處也 猶四時不可易處也)."[271].

"양이 처음으로 나오면 사물 역시 처음으로 나오고 양이 바야흐로 왕성하면 사물 또한 바야흐로 왕성해진다. 양이 처음으로 쇠약해지면 사물 역시 쇠약해진다(陽始出 物亦始出 陽方盛 物亦方盛 陽初衰 物亦初衰)."[272]

"이런 까닭으로 목(木)은 동쪽에 있으면서 봄철을 따뜻하게 주관하고 화(火)는 남쪽에 있으면서 여름철을 더위로 주관하고 금(金)은 서쪽에 있으면서 가을철을 서늘하게 주관하고 수(水)는 북쪽에 있으면서 겨울철을 추위로 주관한다. 그러므로 목은 생을 주관하고 금은 죽는 것을 주관하고 화는 더위를 주관하고 수는 추위를 주관하므로 사람들은 반드시 그 순서에 따라야 한다(是故木居東方而主春氣 火居南方而主夏氣 金居西方而主秋氣 水居北方而主冬氣 是故木主生而金主殺 火主暑而水主寒 使人必以其序)."[273]

춘 · 하 · 추 · 동의 '4시'에는 이 같이 각기 정해진 때가 있고 고유의 역할이 있어서 서로 간섭하고 바꿀 수 없는 것과 같이 군주의 경 · 상 · 벌 · 형의 '4정'에도 각기 정해진 때가 있고 고유의 역할이 있으므로 군주 임의대로 순서와 역할을 바꾸거나 간섭할 수 없다고 하였다. 다시 말하면 군주는 반드시 천도인 춘 · 하 · 추 · 동 '4시'의 순환과 작동에 따라서 경 · 상 · 벌 · 형의 '4정' 정치를 해야 하며 정해진 순서와 고유

271) 위 책, 「四時之副」, p.353.
272) 위 책, 「陽尊陰卑」, p.324
273) 위 책, 「五行之義」, p.322.

역할 등을 군주 마음대로 바꾸거나 변화시킬 수 없다고 하였다.

그런데 군주가 천도인 춘 · 하 · 추 · 동 4시의 순환과 작동에 따라서 '4정' 정치를 하지 않고 '4정'의 정해진 순서를 군주 임의대로 바꾸고 고유 역할 등을 마음대로 바꾸는 등의 자의적인 정치를 하게 되면 '천도'를 어기는 것이므로 즉각 음양오행에 영향을 주어서 하늘에 이상이 생기고 지상에 그 변화와 영향이 바로 나타난다고 하였다.

> "봄철에 가을의 정치를 하면 풀과 나무가 말라죽고 겨울의 정치를 하면 눈이 내리고 여름의 정치를 하면 살기가 내린다(春行秋政 則草木凋 行冬政 則雪 行夏政 則殺)."274)

> "목(木)은 봄이고 만물을 태어나게 하는 성(性)이며 농사의 근본이다. 그러므로 농사를 권장하고 백성들의 농사짓는 시간을 빼앗아서는 안 된다. 백성들을 부리는 일은 1년에 3일을 넘지 않아야 한다 … 만약 군주가 술에 빠져서 방종하며 정치를 돌보지 않고 사역을 발동하여 백성들의 농사철을 빼앗으면 … 백성들은 옴을 긁는 것같이 괴로워한다 … 이 같은 재앙이 나무에 미치면 울창한 나무가 말라 죽는다(春者 生之性 農之本也 勸農事 無奪民時 使民 歲不過三日 … 飮酒沈湎 … 不顧政治 事多發役 以奪民時 … 民病 疥搔 … 咎及於木 則茂木枯槁)."275)

> "화(火)는 여름이며 만물을 성장시킨다. 그러므로 현량을 천거하고 재주 있는 자를 승진시키며 관리가 그 능력으로 임무를 맡게 한다. 공이 있으면 상을 주고 덕이 있으면 봉함을 받아야 한다. 재물을 내어서 궁핍에서 벗어나게 한다 … 만약 군주가 참소와 사특한 것에 현혹되면 안으로는 골육이 떠나고 밖으로는 충신이 소외된다 … 이 같은 재앙이 화(火)에 이르게 되면 크게 가물고 반드시 불의 재앙이 있게 된다(火者夏 成長

274) 위 책, 「五行五事」, p.392.
275) 위 책, 「五行順逆」, p.372.

… 擧賢良 進茂才 官得其能 任得其力 賞有功 封有德 出貨財 振困乏 … 如人君惑於讒邪 內離骨肉 外疏忠臣 … 咎及於火 則大旱 必有火災)[276)]

"토(土)는 한여름(夏中)으로 온갖 곡식을 성숙시킨다 … 은혜가 토에 이르게 되면 오곡이 성숙하고 가화(태평성대에 성장하는 벼)가 피어난다 … 백성들과 친해지고 성곽이 튼튼해지고 현인 성인들이 모여든다 … 만약 군주가 음란한 것을 좋아하면 처첩들이 정도를 어기고 친척들을 범하여 부모 형제를 모독하고 백성들을 속인다 … 오곡이 성숙하지 않고 군주는 포학해져서 처벌을 일삼는다 … 이렇게 되면 백성들이 배반하여 떠나 버리고 성현들은 도망가 버린다(土者夏中 成熟百種 … 恩及於土 則五穀成 而嘉禾興 … 百姓親附 城郭充實 賢聖皆遷 … 如人君好淫佚 妻妾過度 犯親戚 侮父兄 斯罔百姓 … 五穀不成 暴虐妄誅 … 百姓叛去 賢聖放亡)."[277)]

"금(金)은 가을이며 살기가 시작된다. 깃발과 북을 세우고 모월(천자가 내리는 기와 도끼)을 꽂고 도적들을 주멸한다 … 성곽을 수리하고 … 무기들을 정돈 수리하고 … 관리들을 경고하고 불법을 처벌한다 … 만약 군주가 전쟁을 좋아하면 제후들을 능멸하고 성읍의 뇌물을 탐하고 백성들의 생명을 가볍게 여기게 된다(金者秋 殺氣之始也 建立旗鼓 杖把旄鉞 以誅賊殘 … 修城郭 … 警百官 誅不法 … 如人君好戰 侵陵諸侯 貪城邑之賂 輕百姓之命)."[278)]

---

276) 위 책, 「五行順逆」, pp.373-374. 이 외에도 "화(火)에 변괴가 있으면 겨울에 따뜻하고 여름에 춥다. 이것은 군주가 밝지 못하여 선한 자를 포상하지 않고 악한 자를 물리치지 않기 때문이다. 불초자가 재위에 있어 현인을 억압하면 한서(寒暑)의 순서가 바뀌며 백성들에게는 역질(疫疾)이 돈다(火有變 冬溫夏寒 此王者不明 善者不賞 惡者不絀 不肖在位 賢者伏匿 則寒暑失序 而民疾疫)" 등의 예가 많다.

277) 위 책, 「五行順逆」, pp.374-378.

278) 위 책, 「五行順逆」, pp.375-376.

이 같이 군주가 천도인 춘 · 하 · 추 · 동의 '4시' 성정과 순환에 따르지 않고 군주 마음대로 정치를 하면 오행의 변화에 이상이 생겨서 나라에 가뭄, 재앙, 화재, 흉년 등이 일어나서 농사를 망치고 사회에는 무질서와 혼란, 반란 등이 야기되며, 마침내는 성현 군자가 이탈하기 시작하고 ,골육상쟁이 발생하는 윤리 도덕의 타락과 큰 역병이 유행하는 등의 온갖 말기적 현상이 일어난다고 하였다.

그러므로 군주는 이 같은 정치 · 사회의 말기적 현상을 피하기 위해서 반드시 천도인 음양오행의 춘 · 하 · 추 · 동 '4시'의 순환과 작동에 따라서 경 · 상 · 벌 · 형의 '4정' 정치를 시행해야 된다고 하였다. 그리고 군주가 춘 · 하 · 추 · 동 '4시'의 성정과 순환에 따라서 경 · 상 · 벌 · 형의 '4정' 정치를 행하면 춘 · 하 · 추 · 동의 '4시'가 만물의 생육 · 양장의 자연 세공을 이루고 있는 것과 같이 군주도 백성들의 생육 · 양장의 군주 세공을 이룰 수 있다고 하였으며 이것이 '하늘의 이치에 부합되는 정치'[279]라고 하였다. 이 같이 동중서는 춘 · 하 · 추 · 동 '4시'의 성정과 순환에 따른 경 · 상 · 벌 · 형의 군주 '4정' 정치를 주장하였는데 군주 '4정' 정치의 성격과 이념을 살펴볼 필요가 있다.

앞에서 언급한 바와 같이 동중서는 "천도의 큰 것은 음양이다", "천도의 기를 분리하면 … 음양이 된다", "음양을 나누면 '4시'가 되고 열거하면 오행이 된다"고 하였는데 이 같은 춘 · 하 · 추 · 동의 '4시' 변화는 사실상 '천도'의 변화인 것이다. 또 "하늘에는 '4시'가 있어서 천지자연 만물의 생육 · 양장의 자연 세공을 이루고 있고 지상에서는 군주가 '4정'을 통하여 천지자연 만물의 생육 · 양장의 자연 세공을 본받아서 백성들의 생육 · 양장의 군주 세공을 이루고 있으므로 춘 · 하 · 추 · 동의 '4시'에 의한 자연 세공과 경 · 상 · 벌 · 형의 '4정'에 의한 군주

---

279) 위 책, 「四時之副」.

세공은 똑 같이 천도의 작동과 변화에 순응하고 있는 것이다.

이런 점에서 볼 때 천도인 음양오행의 원리는 천지자연에서는 춘·하·추·동의 '4시'로 작동하여 자연의 생육·양장을 주관하고 지상에서는 군주의 경·상·벌·형의 '4정'으로 작동하여 백성들의 생육·양장을 주관하고 있는 것이므로 군주의 '4정' 정치는 사실상 지상에서 천도의 구현이었다, 따라서 동중서의 정치이념은 지상에서 천도의 구현이었다고 할 수 있다.

그런데 공자는 우주 천지자연 속에서 진행되고 있는 항구적인 질서·평형·조화·평화를 이루고 있는 '천도'를 북극성의 덕치와 같은 덕치(德治)를 통하여 지상에서 구현하려고 하였으며 맹자는 하늘이 부여하여 인간에게 내제되어 있는 인·의·예·지의 '천도'를 인정(仁政)을 통하여 지상에서 구현하려고 하였다. 그리고 동중서는 천도인 음양오행 원리가 천지자연에서는 춘·하·추·동 '4시'를 통하여 만물의 생육·양장의 자연 세공을 이루고 있고 지상에서는 경·상·벌·형의 '4정'을 통하여 백성들의 생육·양장의 군주 세공을 이루고 있으므로 지상에서 경·상·벌·형의 '4정'에 의한 군주 세공은 바로 지상에서 '천도'의 구현이었다.

이 같은 사실에서 볼 때 공자·맹자 그리고 동중서는 '천도'의 실체 인식과 체득 방법은 각기 달랐어도 지상에서 '천도'를 구현하려고 하였던 정치이념은 공통적이었다고 할 수 있다. 또 동중서는 군주의 경·상·벌·형의 '4정' 정치를 시행하기 위해서 새로운 통치제도가 필요하다고 하였다.

"관료제도는 하늘을 모방해야 한다(官制象天)."[280)]

---

280) 『春秋繁露義證』, 「官制像天」, p.213.

> "군주 된 자는 법을 하늘에서 모방해야 한다(爲人君者 其法取象於天)."[281]

> "그러므로 명철한 성현은 하늘의 하는 바를 따라서 제도를 만든다(故明聖者象天所爲 爲制度)."[282]

> "성인이 나라를 다스릴 때 하늘과 땅의 성정과 백성들의 이로운 바에 따라 존비의 제도를 세워서 귀천의 차이를 구분하고 관청과 작록을 설치해야 한다(故聖人之治國也 因天地之性情 孔竅之所利 以立尊卑之制 以等貴賤之差 設官府爵祿)."[283]

이에 의하면 군주가 천도인 춘 · 하 · 추 · 동 '4시'의 순환과 작동에 따른 경 · 상 · 벌 · 형의 '4정' 정치를 행하기 위해서는 반드시 하늘을 모방한 관료제도와 작록제도를 수립해야 한다고 하였다.

> "왕이 관제를 만들었다. 3공(三公) · 3경(三卿) · 27대부(大夫) · 81원사(元士)의 120인인데 이들 신하들 반열이 갖추었다 … 이런 까닭으로 천자는 3공의 보좌를 받고 3공은 9경의 보좌를 받고 9경은 각기 3대부의 보좌를 받고 3대부는 각기 3사의 보좌를 받는다(王者制官 三公九卿二十七大夫八十一元士 凡百二十人 而列臣備矣 … 是故天子自參以三公 三公自參以九卿 九卿自參以三大夫 三大夫自參以三士)."[284]

군주가 '4정' 정치를 수행하기 위해서는 이 같이 하늘을 모방한 관료제도를 수립해야 하고 수립된 관료제도는 3공 · 3경 · 3대부 · 3사의

281) 위 책, 「天地之行」. p.458.
282) 위 책, 「度制」, p.230.
283) 위 책, 「保位權」, p.173.
284) 위 책, 「官制象天」, p.214.

4등급으로 조직되어야 한다고 하였다. 그리하여 1공(公)은 3경(卿)의 보좌를 받고 1경(卿)은 3대부(大夫)의 보좌를 받고 1대부(大夫)는 3원사(元士)의 보좌를 받아야 한다고 하였는데[285] 군주를 정점으로 3공 · 3경 · 3대부 · 3사의 위계적 4등급으로 조직된 관료제도는 명목상으로는 하늘을 모방한 제도였으나 실제적으로는 군주를 정점으로 차등적으로 조직된 중앙집권적 관료제도였다.

> "이러한 이유로 3공의 지위는 성인을 선발하는 것이며 3경의 지위는 군자를 선발하는 것이며 3대부의 지위는 선량한 사람을 선발하는 것이며 3사의 지위는 정직한 사람을 선발하는 것이다(是故三公之位 丨聖人之選也 三卿之位 君子之選也 三大夫之位 善人之選也 三士之位 正直之選也)."[286]

여기에서 보면 "3공은 성인을, 3경은 군자를, 3대부는 선량한 사람 그리고 3사는 정직한 사람들로 관리를 충원해야 한다고 하였다. 그런데 동중서가 관리가 될 수 있는 자격으로 제시하고 있는 성인, 군자, 대부, 선량한 사람 등은 기본적으로 청렴결백하고 덕을 갖추고 예지가 총명한 인재를 말하고 있는데[287] 이 같은 인재는 종래 혈연적 씨족공동체에 기반한 봉건제도하에서는 존재하지 않았으므로 사실상 충원할 수 없는 인재들이었다. 그러므로 동중서가 제시하는 관료 충원 대상과 충원 방식은 혈연적 씨족공동체에서 해체되어 다양한 직업들로 구성된 · 농 · 공 · 상민으로 구성된 일반 사민(四民) 출신의 인재들을 전제하고 있는 것인데 이것은 청렴하고 총명한 인재이면 사회적 출신 성분과 배경을 가리지 않고 발탁하여 임용한다는 사실을 전제하고

285) 위 책, 「官制像天」, p.216.
286) 위 책, 「官制象天」, p.219.
287) 王永祥, 『董仲舒評傳』, 南京: 南京大學出版社, 2002년, p.360.

있는 것이다.

이 같은 여러 사실을 종합해 보면 동중서 역시 공자 · 맹자 이래로 유가들의 이상적 정치제도였던 분권적 봉건제도를 외면하고 군주를 정점으로 3공 3경 3대부 3사의 4등급으로 조직된 중앙집권적 관료제도를 주창하고 있는 것이다. 이 같이 중앙집권적 관료제도 수립을 주창한 동중서는 다음으로 이들 관료들의 실적에 대한 철저한 고과(考課)를 시행해야 한다고 하였으며 고과 방법까지 제시하고 있다.

> "관리를 고과하는 방법은 관리가 수행한 것을 평가하는 것이다(考積之法 考其所積也)."[288]

> "오행의 관리들은 그 능력을 다하게 해야 한다 … 관리들은 반드시 그 능력에 따라 임명해야 한다(五行之官 各致其能 … 官人必以其能)."[289]

> "능력을 헤아려서 관직을 주고 … 현명하고 어리석은 것에 차등을 두어야 하고 … 실적을 고과해야 한다 … 상벌로 공로가 있는 자는 승진시키고 공로가 없는 자를 퇴출시킨다. 상벌인 것이다(量能授官 賢愚有差 … 考實事功 … 有功者進 無功者退 所以賞罰也)."[290]

> "이름을 통찰하여 실질을 따져서 헛된 말을 하지 못하게 한다. 공로가 있는 자는 상을 내리고 죄가 있는 자는 벌을 내린다. 공로가 많은 자는 상을 빛나게 하고 죄가 많은 자는 벌을 무겁게 한다. 공이 없으면 비록 유명하더라도 상을 주지 않는다 … 상과 벌은 실적에 따라 행해져야 하고 명성에 따라 행해져서는 안 된다. 현명하고 어리석은 것은 본바탕

288) 위 책, p.360.
289) 『春秋繁露義證』, 「五行之義」, p.312.
290) 위 책, 「天地之行」, p.459.

(質)에 있고 밖의 문양에 있지 않다. 시비가 혼란되지 않게 하고 기쁘고 성난 것이 한쪽으로 기울어지지 않게 하며 간사한 것들이 날뛰지 못하게 하여 만물이 각각 그 본분(冥)에 있게 하면 모든 관리들이 직분에 근면하고 다투어 그 공을 세우게 된다(擥名責實 不得虛言 有功者賞 有罪者罰 功盛者賞顯 罪多者罰重 不能致功 雖有賢名 不予之賞… 賞罰用於實 不用於名 賢愚在於質 不在於文 故是非不能混 喜怒不能傾 姦軌不能弄 萬物各得其冥 則百官勸職 爭進 其功)."[291]

이 같이 군주는 관리를 임명하면 직책을 부여하여 공이 있으면 상을 주고 공이 없으면 퇴출시키는 등의 실적에 기반한 고과를 반드시 시행하고 또 사회적 명성이 아무리 높더라도 공이 없으면 상을 주지 말아야 한다고 하였다. 군주가 이렇게 실적에 따라서 관리들을 공평하게 평가하면 모든 관리들은 직무에 충실하고 다투어 공을 쌓게 된다고 하였는데 이 같은 동중서의 주장은 관리의 직책 수행에 대한 독책(督責)과 고과(考課)의 필요성을 분명히 밝히고 있는 것이다. 그런데 동중서는 여기에서 그치지 않고 관리에 대한 군주의 독책과 고과 방법까지 제시하고 있다.

"군주는 깊은 곳에 처하며 그 몸이 보이지 않게 해서 신이 되어야 한다(深居隱處 不見其体 所以爲神也)."[292]

"군주는 아무것도 하지 않으면서도 말 없는 가르침으로 행하고 고요하게 소리 없이 듣고 있으면서도 형체가 없어야 하고 하나를 잡되 끝이 없는 것으로 국가의 원천을 삼아야 한다(爲人君者居無爲之位 行不言之教 寂而無聲 聽而無形 執一無端 爲國源泉)."[293]

---

291) 위 책, 「考功名」, p.178.
292) 『春秋繁露義證』, 「天地之行」, pp.458-459.
293) 위 책, 「保位權」, p.175.

"그러므로 군주는 마음을 비우고 자리를 조용히 하여 총명으로 그 소리를 듣고 그 그림자를 명확히 살펴서 상벌을 행한다 … 이름을 통찰하여 본질을 살피고 실적을 평가하면 상은 헛되지 않고 벌은 헛되지 않는다. 이로써 신하들이 직무를 나누고 다스려서 각기 공경하여 섬기고 다투어 공을 내세운다 … 그러므로 공은 신하에게서 나오고 명성은 군주에게 돌아간다(故爲君虛心靜處 聰聽其響 明視其影 以行賞罰之象 … 擥名考質以參其實 賞不空施 罰不虛出是 以群臣分職而治 各敬而事 爭進其功 … 功出於臣 名歸於君也)."[294]

이 같이 군주가 마음을 비우고 자리를 조용히 지키고 있으면서 직책에 부합되는 실적을 평가하여 잘 했으면 상을 내리고 잘못했으면 벌을 내려야 한다고 하였다. 그리고 군주가 실적에 기본하여 상벌을 내리게 되면 공은 신하들이 이루지만 명성은 군주에게 돌아온다고 하였다. 이 같이 동중서는 군주가 관리들을 공정하고 객관적 평가를 내릴 수 있는 고과방법까지 제시하였는데 동중서가 제시한 관료의 평가방법은 이미 한비자가 제시하였다.

한비자는 군주가 신하, 관료들의 실적을 평가하는데 희 · 노 · 애 · 락 등 군주의 표정과 행동 관리만으로는 부족하고 여러 사실을 조사 비교 분석하고 참고 증험하는 참오(參伍)의 과정을 거쳐야 하는데 이 참오는 '허심(虛心)' 속에서 진행되어야 한다고 하였다. '허심'은 '수정치허(守靜致虛)' '수정처허(守靜處虛)'를 의미하는데 군주가 '도(道)'의 경지에 진입하여 '수정치허' '수정처허' 상태에 있게 되면 어둠 속에서 밖을 바라보듯이 모든 것을 정확히 꿰뚫어 볼 수 있고 공정, 공평한 판단을 내릴 수 있다고 하였으며, 이것이 한비자가 제시한 '도'의 원리에 기반한 '형명참동(形名參同)'이었다.

---

294) 위 책, 「保位權」, pp.175-176.

이 같이 '도'의 경지 속에서 '형명참동'이 이루어지면 군주는 아무것도 하지 않으면서 신하, 관료들의 모든 능력과 재주를 전부 뽑아 쓸 수 있다고 하였는데 동중서는 이 같은 한비자 이론의 일부를 수용한 것이다. 또 동중서는 여기에서 그치지 않고 3공 · 3경 · 3대부 · 3사의 4등급으로 조직된 중앙집권적 관료제도를 천리(天理)에 연계하고 있다.

> "하늘에는 4계절이 있고 각 계절은 3개월로 되어 있다. 왕에게도 4선(選)이 있어서 3신하를 뽑는다(天有四時 時三月 王有四選 選三臣)."[295]

위에서 언급한 바와 같이 관료제도는 하늘을 모방하여 3공 · 3경 · 3대부 · 3사의 4등급으로 조직해야 한다고 하였는데 관료제도가 4등급으로 구성되어야 하는 이유는 춘 · 하 · 추 · 동의 4시는 4계절로 구성되었기 때문이라고 하였다. 또 3공 · 3경 · 3대부 · 3사가 각기 3인의 보좌를 받아야 된다고 하였는데 이 같이 3인의 보좌를 받아야 하는 이유는 춘 · 하 · 추 · 동 4시의 각 계절이 3 개월로 구성되었기 때문이라고 하였다. 그리고 이렇게 조직된 3공 · 3경 · 27대부 · 81원사의 관리 수효는 모두 120인으로 구성되어야 하는데 이 120의 수는 일 년의 천수(天數)이기 때문이라고 하였다.[296]

동중서는 이 같이 3공 · 3경 · 27대부 · 81원사로 조직된 중앙집권적 관료제도를 '하늘을 모방한 관료제도(官制象天)'라고 하여 천리(天理)에 연계시키고 있는데 이것은 선진 시대 유가들이 봉건제도를 천상(天像)의 신성적 권위와 위엄에 의탁하여 어느 외부의 권위와 압력에도 흔들리지 않을 권위와 위엄을 부여하였던 것과 같이 3공 · 3경 · 3대부

---

295) 『春秋繁露義證』, 「官制象天」, p.216.
296) 위 책, 「官制象天」, p.217.

· 3사로 구성된 중앙집권적 관료제도를 '천리'에 연계시켜서 어느 외부 압력에도 흔들리지 않을 신성한 권위와 위엄을 부여한 것이었다고 할 수 있다.

이 같은 사실을 종합해 보면 동중서가 제시한 3공 · 3경 · 27대부 · 81원사로 구성된 관료제도는 명칭상으로는 하늘을 모방한 관료제도였으나 실제적으로는 법가들이 제시하였던 전제군주를 정점으로 조직된 중앙집권적 관료제도를 그대로 답습한 것이다. 그리고 관료제도의 효과적인 운용을 위한 독책과 고과방법도 한비자가 제시한 관료의 독책과 고과방법 중에서 필요한 부분만을 발췌하여 보강한 것이다. 그런데 동중서는 여기에서 그치지 않고 관리 충원과 교육 그리고 관리들의 군주에 대한 항구적 충성을 담보할 수 있는 즉 이념교육을 실시할 수 있는 제도를 마련하였다.

위에서 언급한 바와 같이 동중서는 무제에게 유학의 국학 채택을 상주하였을 뿐만 아니라 수도 장안에 대학(大學)을 지방에는 향학(鄕學)을 세워서 청렴결백하고 인덕과 예지를 갖춘 인재를 제도적으로 양성하여 등용할 것을 아래와 같이 건의하였다.

> "옛날의 군주는 … 남쪽을 바라보고 앉아서 천하를 다스릴 때 교화에 크게 힘쓰지 않음이 없었다. 나라에는 대학을 설립하고 지방에는 향학을 설립하여 인(仁)을 서서히 침투시키고 의(義)로써 무마하고 예(禮)로써 조절하였으므로 그 형벌이 심히 가벼웠고 금하는 것을 범하지 않았다. 교화가 시행되어서 풍속이 아름다웠다(古之王者 … 是故南面而治天下 莫不以教化爲大務 立大學以 教於國 設庠序以化於邑 漸民以仁 摩民以誼 節民以禮 故其刑罰甚輕而禁不犯者 教化行而習俗美也)."[297]

---

297) 『漢書』 卷56, 「董仲舒傳」, pp.2503-2504.

이 같은 동중서의 상주를 받은 무제는 원삭 5년(전 124)에 학문을 권장하고 예를 진흥시킬 수 있는 방안을 강구하라는 권학조(勸學詔)를 내렸다. 이에 유가 출신이었던 승상 공손홍(公孫弘)은 수도 장안에 박사제자원(博士弟子員)을[298] 설치하고 5경박사(五經博士)를 임명하여 『시(詩)』『서(書)』『예(禮)』『역(易)』『춘추(春秋)』의 5경을 전문적으로 교육하도록 하였다.[299] 그리고 12년 후에는 마침내 국립대학에 해당되는 태학(太學)을 정식으로 창설하였다.

이 유학 경전 전문가인 5경박사 임명과 태학 설립은 교육의 중심이 종래 민간 주도의 사학(私學)에서 국가 주도의 관학(官學)으로 옮겨진 것이며 종래 귀족 자제들에게 편중되었던 교육이 일반 백성 자제들에게도 개방된 것이다. 이에 따라서 사회적 출신 신분을 불문하고 학문으로 관료가 될 수 있는 통로가 국가에 의해서 제도적으로 마련된 것이며 국가도 전국에서 학식을 갖춘 가장 우수한 인재를 관리로 충원할

---

298) 박사제자원 설치의 주요 내용을 보면 '1) 박사관에서 공부할 제자원 수는 50인으로 한다. 2) 박사 제자의 선거는 태상위문(太常衛門)이 주관한다. 3) 박사 제자의 나이는 18세 이상으로 하고 요역을 면제한다. 4) 선발 방법은 태상(太常)이 18세 이상의 의표(儀表) 단정한 자를 선택한다. 군국 현관(郡國 縣官)의 관리 중에서 문학을 좋아하고 윗사람을 공경하고 향리 질서에 순응하는 자를 천거한다. 5) 수업 연한은 1년으로 한다. 6) 졸업 후 일예(一藝) 이상에 능통한 자는 문학(文學, 군국의 박사)과 장고(掌故, 태상의 속관)에 보임하고 성적이 특히 우수한 자는 낭중(郎中)에 임명한다' 등의 내용으로 되어 있다. 유학의 국학(國學) 채택의 건의와 태학의 설치에 대한 건의가 동중서에 의해 먼저 이루어졌지만 구체적 실시는 공손홍(公孫弘)에 의해 시작되었다고 할 수 있다. 또 후일에 설립될 태학(太學)의 출발이라고 할 수 있는 이 박사제자원의 설치가 유가들이 주장하여 왔고 박사제자원 설치에 참여한 사람들이 대부분 유가들이었으며 박사원의 교육이 경학(經學) 중심이었던 사실을 감안하면 이 박사제자원의 설치야말로 태학의 설립 및 유학 국학화의 출발이었다고 할 수 있다.

299) 중국 고대에서 '경(經)'은 상도(常道)를 의미하고 경서(經書)는 사람들이 지키고 따라야 할 도(道)를 기록한 책을 의미하였다. 한 무제 때 유학이 국학으로 채택되면서 『詩』·『書』·『禮』·『春秋』·『易』이 오경으로 지정되었는데, 이 오경 중에서 『역』과 『춘추』는 원래 경(經)에 포함되지 않았는데 유가들이 정치적 필요에 의해서 오경에 편입하였다.

수 있는 항구적 제도를 갖추게 되었다.

이에 따라서 관료를 지망하는 전국의 무수한 젊은이들은 유학의 5경을 공부하지 않을 수 없었으므로 마침내 유학의 학식과 윤리 도덕의식으로 교육된 유학 지식인들이 전국적으로 넘치게 되고 또 관료사회로 대거 진출하였다. 그리고 관료제도는 전국에서 가장 우수한 인재들로 충원되어 이후 국가 경영의 핵심이 되었으며 전제군주 통치의 항구적 기반이 되었다.

이와 같이 천도에 기본한 경 · 상 · 벌 · 형의 '4정' 구현을 정치이념으로 설정하고 하늘을 모방한 중앙집권적 관료제도를 '4정' 구현의 통치제도로 제시한 동중서는 '4정' 구현의 목표를 도덕정치 구현으로 설정하였으며, 도덕정치 구현의 기량으로 덕치(德治)를 주창하였다. 동중서는 '덕치'를 반드시 시행해야 하는 이유를 아래와 같이 설명하고 있다.

> "양은 덕이고 음은 형이다. 형은 살생을 주관하고 양은 생명을 주관한다 … 이것은 하늘이 덕을 신임하고 형을 불신하는 것을 보여 주는 것이다 … 그러므로 덕에 맡겨서 교화하고 형에 맡기지 않는다. 형은 치세를 맡을 수 없는데 그것은 음이 세공을 이룰 수 없는 것과 같다. 정치를 하는데 형에 맡기면 하늘을 따르지 않는 것이다(陽爲德 陰爲刑 刑主殺而德主生 … 此見天之任德不任刑也 … 故任德敎而不任刑 刑者不可任以治世猶陰之不可任以成歲 爲政而任刑 不順於天)"300)

> "양은 하늘의 덕이고 음은 하늘의 형이다 … 하늘은 인을 좋아하여 가까이 하고 추하고 흉한 것은 멀리한다 … 하늘은 양을 가까이 하고 음을 멀리한다 … 그러므로 군주는 하늘이 가까이 하는 것을 가까이 하고 하늘이 멀리하는 것을 멀리해야 하므로 … 덕에 힘쓰고 형에 힘쓰지 않는다. 형에 맡겨서 한 해를 이룰 수 없는 것은 음에 맡겨서 한 해를

300) 『漢書』卷56, 「董仲舒傳」, p.2502.

이룰 수 없는 것과 같다. 형으로 정치를 하면 하늘을 거역하는 것이며 왕도가 아니다(陽天之德 陰天之刑也 … 天之好仁而近 惡戾之變而遠 … 天之近陽而遠陰 … 是故人主近天之所近 遠天之所遠 … 務德而不務刑 刑之不可任而成歲也 猶陰之不可任而成歲 爲政而任刑 謂之逆天 非王道也)."[301]

"왕은 하늘의 뜻을 받들어서 정치를 해야 하므로 덕에 힘쓰고 형에 맡기지 않는다. 형으로 치세를 이룰 수 없는 것은 음으로 성세(成歲)를 이룰 수 없는 것과 같은 것이다. 형으로 정치를 하면 하늘을 거역하는 것이므로 선왕들은 따르려고 하지 않았다(王者承天意以從事 故任德敎而不任刑 刑者不可任以治世 猷陰之不可任以成歲 爲政以任刑 不順於天 故先王莫之肯爲也)."[302]

이 같이 동중서는 '양은 하늘의 덕이고 음은 하늘의 형이다'라고 하고 또 천지자연 만물의 생육양장을 주관하고 있는 '양'은 '덕'에 해당되므로 군주는 이를 본받아서 '덕치'를 행해야 하며 천지만물의 생명을 시들게 하고 죽이는 '음'은 '형'에 해당되므로 '형'으로 정치를 해서는 안 된다고 하였다. 그리고 이것을 어기는 것은 '천도'를 거역하는 것이며 왕도(王道)가 아니라고 하였다. 다시 말하면 천지자연 만물의 생육ㆍ양장을 주관하여 자연의 세공을 이루고 있는 것은 '양'의 '덕기'이므로 군주도 이 같은 '양'의 '덕기'를 본받아서 '덕치'를 행하여 백성들의 생육ㆍ양장의 군주 세공을 이루어야 한다고 하였다.

그런데 동중서는 이 같이 '덕치'를 강조하였지만 동시에 형벌도 필요하다고 주장하였다. '덕치'를 시행하는 데 형벌이 필요한 이유를 역시 음양오행의 원리에 의해 제시하고 있다.

---

301) 『春秋繁露義證』, 「陽尊陰卑」, pp.327-328.
302) 『漢書』 卷56, 「董仲舒傳」, p.2502.

"하늘과 땅은 … 더위와 추위로만 한 해의 세공을 이룰 수 없고 반드시 춘하추동의 4계절을 갖추어야 한다(天地 … 不能獨以寒暑成歲 必有春夏秋冬)."[303]

"경상벌형은 다 갖추지 않으면 안 되는 것인데 그것은 춘하추동을 갖추지 않으면 안 되는 것과 같다(慶賞罰刑之不可不具也 如春夏秋冬不可不備也)."[304]

"교화는 정치의 근본이고 형벌은 정치의 말단이다. 교화와 형벌은 비록 하는 일은 달라도 용도는 한 가지이다. 불가불 서로 따르지 않을 수 없으므로 군주는 형벌도 중히 한다(敎 政之本 獄 政之末也 其事異域 其用一也 不可不以相順 故君者重之也)."[305]

여기에서 보면 하늘이 천지자연 만물의 생육 · 양장의 세공을 이루는 데 필요한 춘 · 하 · 추 · 동의 '4시' 중에서 춘 · 하는 덕기에 해당되지만 이 춘 · 하의 덕기만으로 일 년의 세공을 이룰 수 없고 반드시 추 · 동의 음기가 있어야 춘 · 하의 양기와 더불어 천지자연 만물의 생육 · 양장의 일 년 세공을 이룰 수 있다고 하였다. 이렇게 하늘도 천지자연 만물의 생육 · 양장의 일 년 세공을 이루는 데 음기인 추 · 동의 보조를 받고 있는 것과 같이 군주도 백성들의 생육 · 양장의 세공을 이루는 데 '양'의 덕기만으로는 부족하므로 반드시 음기에 해당되는 벌 · 형의 보조를 받아서 정치를 해야 백성들의 생육 양장의 일 년 세공을 이룰 수 있다고 하였다.

다시 말하면 하늘도 천지자연 만물의 생육 · 양장의 세공 과정에서

303) 『春秋繁露義證』, 「爲人者天」, p.319.
304) 위 책, 「四時之副」, p.353.
305) 위 책, 「精華」, p.94.

양기의 춘 · 하만으로 일 년의 세공을 이룰 수 없으므로 반드시 음기인 추 · 동의 보조를 받고 있는 것과 같이 군주도 양기인 경(慶) · 상(償)의 정치만으로는 백성들의 생육 · 양장의 세공을 이룰 수 없으므로 반드시 음기에 해당되는 벌(罰) · 형(刑)의 보조를 받아야 한다고 하였다. 또 동중서는 양의 덕기인 경 · 상은 교화를 의미하고 음의 덕기인 벌 · 형은 형벌을 의미한다고 하면서 교화와 형벌 사용의 비율을 아래와 같이 언급하고 있다.

> "칭찬과 상으로 덕을 세우고 … 연후에 형벌로써 위엄을 세운다(發慶賞以立其德 … 然後發刑罰以立其威)."[306]

> "하늘은 따뜻한 양을 보내어 생명을 양육하고 땅은 서늘한 음을 보내어 생명을 숙성시킨다. 따뜻하게 하지 않으면 생명이 없고 서늘하게 하지 않으면 숙성도 없다. 그 비율을 계산해 보면 따뜻하고 무더운 양은 99%이고 서늘하고 차가운 음은 1%에 해당된다. 덕교와 형벌의 비율이 이 같으므로 성인은 … 덕을 후하게 하고 형을 박하게 하였는데 이것은 하늘에 부합되는 것이다(天出陽 爲暖以生之 地出陰 爲淸以成之 不暖不生 不淸不成 然而計其多少之分 則暖暑居百而淸寒居一 德敎之與刑罰猶此也 故聖人 … 厚其德而簡其刑 以此配天)."[307]

이 같이 천지자연 만물의 생육 · 양장을 주관하고 있는 '양'의 덕기도 '음'의 보조를 받아서 자연의 세공을 이루고 있으므로 군주도 이 같은 '천도'를 본받아 음기인 '형'의 보조를 받아서 백성들의 생육 · 양장의 세공을 이루어야 하는데 이 생육 · 양장의 세공 과정에서 군주는 '덕'은 절대적으로 많게 '형'은 아주 적게 시행해야 한다고 하였다. 이것은

---

306) 위 책, 「威德所生」, p.462.
307) 위 책, 「基義」, pp.351-352.

덕치와 형벌이 군주의 필수적 통치기량이나 형벌은 덕치 시행의 극히 보조적 수단이었던 사실을 말하고 있다. 다음에 동중서는 이 같은 덕치는 교화(教化)를 통해서 이루어져야 한다고 하였다.

"교화는 정치의 근본이고 형벌은 정치의 말단이다(教 政之本也 獄 政之末也)."[308)]

동중서는 이렇게 교화를 정치의 근본으로 제시하고 형벌은 정치의 말단으로 주장하였는데 그 이유를 아래와 같이 설명하고 있다.

"백성들은 이익을 좇는데 물이 아래로 흐르는 것과 같다(夫萬民之從利也 如水之走下)."[309)]

"사람의 욕심을 정(情)이라고 하는데 … 제도가 아니면 바로잡을 수 없다(人欲之謂情 情非度制不節)."[310)]

인간은 이 같이 태어날 때부터 이기적인 욕망을 가지고 태어났으므로 평생 재리(財利)를 추구하는 것은 인간의 본능이라고 하였다. 그리고 이 같은 재리 추구의 욕망은 본능이기 때문에 물이 아래로 흐르는 것과 같아서 제도가 아니면 막을 수 없다고 하였다.

"지금은 덕과 교육이 폐지되어 백성들을 교화시키지 못하고 있으므로 백성들은 의를 행하지 않고 죽도록 재리만 추구하므로 법을 어기고 죄를 많이 지어서 1년에도 수천만 명이 옥살이를 하고 있다(今世廢而不修

308) 『春秋繁露義證』, 「精華」, p.94.
309) 위 책, p.2053.
310) 『漢書』 卷56, 「董仲舒傳」, p.2515.

亡以化民 民以故棄行誼而死財利 是以犯法而罪多 一歲之獄以萬千數)."[311]

"교화를 폐지하면 간악하고 사악한 것이 다 함께 쏟아져 나오므로 형벌만으로 다스릴 수 없다(教化廢而奸邪竝出 刑罰不能勝者)."[312]

"은(殷) 나라 사람들은 다섯 가지의 형을 집행하여 간악을 바로 잡았고 피부를 벗기어 악인을 징벌하였다. 주(周) 나라 성왕과 강왕은 형벌을 사용하지 않은 지가 40여 년이 되었는데 천하에 범죄가 발생하지 않아서 감옥이 텅 비었다. 진(秦) 나라가 다시 형벌을 사용하였으므로 죽은 자가 심히 많았고 형벌을 받은 자가 서로 원망하였다(殷人執五刑以督姦傷刖膚以懲惡 成康不式四十餘年 天下不犯囹圄空虛 秦國用之 死者甚衆 刑者相望)."[313]

"주(周) 나라의 성왕은 난세를 이어받아서 그 흔적을 제거하여 없애고 다시 교화를 닦아서 일으켰다. 교화가 이미 시행되고 풍속이 이루어져서 자손들이 따르고 지킨 지가 오륙백 년이 경과되었어도 폐지되지 않았다. 주 나라 말기에 이르러 무도가 크게 횡행하여 천하를 잃었고 진(秦) 나라가 그 후를 계승하였으나 홀로 고칠 수 없었고 또 더 심하였다(成王之繼亂世也 掃除其迹而悉去之 復修教化而崇起之 教化已明 習俗其成 子孫循 之 行五六歲尙未廢也 至周之末世 大爲亡道 以失天下 秦繼其後 獨不能改 又益甚之)."[314]

이 같이 백성들은 타고난 본능에 따라 죽을 때까지 재리만 추구할 수밖에 없으므로 수많은 범죄가 필연적으로 발생하고 일 년에도 수천만 명이 옥살이를 할 수 밖에 없는데 본능적으로 자행되는 범죄를 단

311) 위 책, p.2514.
312) 위 책, p.2503.
313) 위 책, p.2506
314) 위 책, p.2504.

순히 위세와 형벌만으로는 막을 수 없다고 하였다. 그리고 은(殷) · 진(秦) 나라가 극엄한 형벌을 사용하였지만 범죄를 막지 못하였다는 역사적 사례를 들어 보이고 있다.

> "하늘의 명은 천명이다. 천명은 성인이 아니면 행할 수가 없다 … 그러므로 군주는 조심해서 하늘의 뜻을 살펴서 명에 따르고 아래로는 교화를 밝히어 백성들의 성을 이루게 해야 한다. 법도를 바로하고 상하 질서를 세워서 욕망을 방지한다. 이 세 가지를 3년 동안 닦으면 국가의 근본을 일으킬 수 있다(天令之謂命 命者非聖人不行 質樸之謂性 性非教化不成 人欲之謂情 情非度制不節 是故王者 上勤於承天意 以順命也 下務明教化民 以成性也 正法度之宜 以防欲也 修此三者 而大本擧矣)."[315]

> "옛날에 덕을 닦아서 백성들을 가르치는 관리는 덕과 선으로 백성들을 교화시키는 데 힘썼다. 백성들이 다 교화된 후에는 천하에 옥살이하는 자가 하나도 없었다(古者修教訓之官 務以德善化民 民已大化之後 天下常亡一人之獄矣)."[316]

인간은 이 같이 재리만 추구하는 본능에 의해 무수한 범죄를 범할 수밖에 없고 또 본능이기 때문에 극엄한 형벌로도 막을 수 없으므로 인간의 본성을 근본적으로 개조해서 범죄 발생을 원천적으로 예방하거나 차단해야 된다고 하였으며 인간의 본성 개조는 교화를 통해서 이루어져야 한다고 하였다. 다시 말하면 군주는 하늘의 뜻을 받들어 사랑과 인에 기반한 교화를 통하여 욕망으로 가득 찬 인간의 본성을 선하게 바꾸어 범죄 발생을 원천적으로 차단해야 한다고 하였다. 그리고 인간의 본성을 선하게 개조하는 것은 위에서 언급한 바와 같이 군

---

315) 위 책, pp.2515-16.

316) 『漢書』 卷56, 「董仲舒傳」, p.2515.

주가 하늘로부터 부여받은 임무였다.

"선왕이 먼저 가르침을 보여서 백성들을 교화시키는 것이다(先王見教之可以化民也)."[317]

"성인은 위세만으로 정치를 할 수 없고 반드시 교화를 해야 한다. 그러므로 먼저 사랑을 베풀고 인으로 가르쳐야 한다(聖人之道 不能獨以威勢成政 必有教化 故曰 先之以博愛 教以仁也)."[318]

"정치에는 세 가지 단서가 있다. 부자가 친하지 않으면 사랑과 자비를 다 하게 하고 대신이 불화하면 예로 공경하게 하고 백성들이 불안해하면 효제에 힘쓰게 한다. 힘쓴다는 것은 몸으로 행하여 변하게 하는 것이다 … 성인의 도는 위세만으로 정치를 할 수 없고 반드시 교화를 행해야 한다. 그러므로 먼저 사랑을 베풀고 인으로 가르쳐서 교화를 해야 한다고 하였다(政有三端 父子不親 則致其愛慈 大臣不和 則敬順其禮 百姓不安則力其孝悌 孝悌者 所以安百姓也 力者勉行之身以化之 … 聖人之道 不能獨以威勢成政 必有教化 故曰 先之以博愛 教以仁也)."[319]

여기에서 동중서는 교화의 방법에 대해서 언급하고 있다. 군주는 위세와 권위를 버리고 높은 덕망에 기본한 솔선수범을 백성들에게 먼저 보이고 다음에 사랑과 인에 기반한 교화를 통하여 욕심으로 가득 찬 백성들의 심성을 근본적으로 바꿔야 한다고 하였다. 그리고 사랑과 인에 기반한 교화를 시행하기 위해서는 학교 설립과 교육이 불가피하다고 하였다.

317) 『春秋繁露義證』, 「爲人者天」, p.320.
318) 위 책, 「爲人者天」, p.319.
319) 위 책, 「爲人者天」, p.319.

"무릇 교화를 행하지 않으면 백성들을 바르게 할 수 없다 … 옛날의 군주는 이 같은 사실을 명확히 알고 있었다. 그러므로 천하를 다스릴 때 교화에 가장 힘을 썼다. 대학을 세워서 교육시키고 지방에 학교를 세워서 교육시켜서 인(仁)이 백성들에게 스며들게 하고 의(誼)를 닦고 예(禮)로 절제하게 하였다. 그러므로 형벌이 극히 가벼웠고 금법을 범하지 않았다. 교화가 행해지고 풍속이 아름다웠다(凡以教化不立而萬民不正也 … 故之王者明於此 是故南面而治天下 莫不以教化爲大務 立大學而教於國 設庠序以化於邑 漸民以仁摩民以誼 節民以禮 故其刑罰甚輕而禁不犯者 教化行而習俗美也)."[320]

"선비를 양성하는 데는 태학보다 큰 것이 없습니다. 태학은 어진 선비들이 유래하는 곳이고 교화의 근본입니다 … 신은 폐하가 태학을 설립하여 학문이 높은 스승을 두고 천하의 인재를 양성하기를 바랍니다. 그리하여 수시로 책문을 행하여 그 재능을 다하게 하면 훌륭한 인재를 얻을 것입니다(故養士之大者 莫大太學 太學者 賢士之所關也 教化之本原也 … 臣願陛下興太學 置明師 以養天下之士 數考問以盡其材 則英俊宜可得矣)."[321]

"성인의 도는 모든 것에 제방을 쌓는 것이다. 이것을 제도라 하고 예절이라 부른다. 그러므로 귀천에는 등급이 있으며 복장에 제약이 있으며 조정에는 지위가 있고 향당에는 서열이 있으며 백성들은 겸손하게 되어 싸우지 않게 된다. 하나로 통일되는 이유이다(聖人之道 衆堤防之類也 謂之度制 謂之禮節 故貴賤有等 衣服有制 朝廷有位 鄕黨有序 則民有所讓而不敢爭 所以一之也)."[322]

이 같이 동중서는 옛날 군주들이 전국에 학교를 세워서 백성들을

320) 『漢書』 卷56, 「董仲舒傳」, pp.2503-2504.

321) 위 책, p.2512.

322) 『春秋繁露義證』, 「度制」, p.231.

교화시켰던 역사적 사실을 예로 들면서 수도에 태학을 설립하고 지방에는 학교를 세우고 학문이 높은 스승을 초빙하여 인(仁) · 의(誼) · 예(禮)를 체계적으로 교육시키면 백성들에게 인 · 의 · 예가 스며들어 사회에 확산되고 이 같은 확산이 교육을 통해 장기간 지속되면 모든 백성들이 예절을 갖추어지게 된다고 하였다. 그리고 모든 백성들이 예절을 갖추게 되면 사회에는 존비유등, 조정에는 지위 고하, 향당에는 상하 서열이 수립되고 백성들은 겸손해져서 사회질서가 수립되고 안정된다고 하였다.

다시 말하면 인 · 의 · 예 가 태학과 학교 등의 교육을 통해 전국으로 확산되어 보편화되고 사회의 공덕(公德)으로 확립되면 사회의 모든 제도와 조직에는 지위, 서열 등의 차등적 질서가 수립되고 백성들은 인 · 의 · 예 등의 예절을 갖추어 겸손과 양보가 배양되므로 전체 사회가 하나로 일통된다고 하였는데 이것이 동중서가 추구하였던 '4정' 정치의 궁극적 목표였던 덕치 구현이었으며 동시에 지상에서 천도의 구현이었다.

그런데 동중서는 천도 구현을 화하(華夏) 세계에만 국한시키지 않고 주변의 사이(四夷)를 포함한 천하로 확대하였는데 이것이 화 · 이 간의 대일통을 전제한 동중서의 천하대일통 사상이었다.

3) 천하대일통(大一統)의 원리와 화 · 이

동중서의 천하대일통 사상은 춘추공양학의 '대일통' 사상에 뿌리를 두고 있다. 위에서 언급한 바와 같이 춘추공양학의 학문 · 사상적 특징은 춘추 시대의 역사적 사실 규명보다는 '존왕양이(尊王攘夷)'와 '천하대일통'을 주창하고 주(周) 왕조를 정통으로 그 이후에 출현하는 왕조에 대한 개국 명분과 정통성 부여에 치중하였는데 동중서는 이 같은 춘추공양학의 학문과 사상을 그대로 수용하였다. 먼저 '일통(一統)'에 관한 『춘추공양전』 은공 원년의 기사를 보면 아래와 같다.

"원년의 봄 왕이 월력을 바로 한다(元年春王正月)."[323]

주소에는 "왜 먼저 왕을 말하고 그 뒤에 정월을 말하는가? 그것은 왕이 월력을 제정하기 때문이다. 왜 왕이 월력을 제정하는가? 그것은 하늘 아래의 모든 것을 대일통(大一統)하기 위해서이다"[324]라고 하여 왕이 월력을 제정하는 것은 대일통을 하기 위한 것으로 설명하고 있다. 그리고 동중서는 춘추에 있는 이 같은 '대일통' 사상에 근거하여 자신의 '대일통' 사상을 전개하고 있다.

"춘추에 있는 대일통은 하늘과 땅의 불변의 상도(常道)이고 고금을 관통하는 통의(通義)이다(春秋大一通者 天地之常經 古今之通宜也)."[325]

"그래서 춘추에서는 일(一)을 원(元)이라고 부른다. 원(元)은 근원과 같은 것이며 그 의(義)는 천지와 함께 시작하고 끝난다(是以春秋變一謂之原 元猶原也 其義以隨天地終始也)."[326]

"일(一)은 하나이다 … 하늘의 도이기 때문이다. 그러므로 일은 항시 불멸이다. 일에는 대소가 없고 사물에는 쉽고 어려운 것이 없다. 하늘의 도를 어기면 큰일이건 작은 일이건 혹은 어려운 일이건 쉬운 일이건 모두 이룰 수 없다. 그러므로 눈은 동시에 두 가지를 볼 수 없고 귀는

---

323) 『春秋公羊傳注疏及補正』, 隱公 元年, p.2a.

324) Michael Loewe, *Dong Zhongshu, a Confucian' Heritage and the Chunqiu fanlu*, Brill: Leiden-Boston, 2011, p.317.

325) 『漢書』 卷56, 「董仲舒傳」, p.2522.

326) 『春秋繁露義證』, 「重政」, p.147.

동시에 두 소리를 들을 수 없고 손은 동시에 두 가지 일을 할 수 없다. 한 손으로 사각형을 그리면서 다른 손으로 원을 그리려고 하는 것은 불가능하다(一者一也 … 一天之道也 故常一而不滅 天之道 事無大小 物無難易 反天之道 無成者 是以目不能二視 耳不能二聽 手不能二事 一手畵方 一手畵圓 莫能成).”[327)]

이 같이 동중서는 ‘일(一)’을 고금 불변의 진리, 영원불멸의 천도 ‘천지자연 만물의 근원인 ‘원(元)’과 더불어 최고 원리로 설정하고 모든 사물은 이 ‘일(一)’의 원리를 벗어나서는 아무것도 이룰 수 없고 또 이루어지지 않는다고 하였다. 따라서 모든 사물은 천도인 ‘일’의 원리에 의해서 일통되어야 한다고 하였다. 또 동중서는 모든 사물은 일(일통)의 원리에 의해서 일통되지만 ‘합(결합)’의 원리에 의해서 결합된다고 하였다. ‘합(결합)’의 원리에 의한 일통의 구성과 성격에 대해서 아래와 같이 밝히고 있다.

“모든 사물에는 합이 있다(凡物必有合).”[328)]

“사물은 모두 짝과 합한다. 짝이 있어야 합해지고 합하면 좋은 것이다(百物皆有合偶 偶之合之 仇之匹之 善矣).”[329)]

“모든 사물에는 반드시 합이 있다. 합에는 반드시 위가 있고 아래가 있다. 반드시 왼쪽이 있고 반드시 오른쪽이 있다. 반드시 앞이 있고 반드시 뒤가 있다. 반드시 겉이 있고 반드시 속이 있다 … 추위가 있으면 반드시 더위가 있고 낮이 있으면 반드시 밤이 있다. 이 모든 것이 합(合)이다(凡物必有合 合必有上必有下 必有左必有右 必有前必有後 必有票必有裏 … 有

327) 『春秋繁露義證』, 「天道無二」, p.346.
328) 위 책, 「基義」, p.350.
329) 위 책, 「楚莊王」, p. 11.

寒必有暑 有晝必有夜 此皆其合也).”[330]

“양은 음과의 합이다. 처는 남편과의 합이며 자식은 부모와의 합이며 신하는 군주와 합이다. 모든 사물은 합하지 않는 것이 없는데 합에는 각기 음양이 있다. 양은 음을 겸하고 음도 양을 겸하고 있다. 남편은 처를 겸하고 처도 남편을 겸하며 아버지도 아들을 겸하고 아들도 아버지를 겸하고 군주는 신하를 겸하고 신하도 군주를 겸하고 있다. 군주와 신하, 아버지와 아들, 남편과 처의 의(義)는 모두 음과 양의 도에서 취한 것이다(陰者陽之合 妻者夫之合 子者父之合 臣者君之合 物莫無合 而合各有陰陽 陽者兼于陰 陰兼于陽 夫兼于妻 妻兼于夫 父兼于子 子兼于父 君兼于臣 臣兼于君 君臣父子夫婦之義 皆取諸陰陽之道).”[331]

천지자연의 모든 사물은 이 같이 복수의 합(合)으로 구성되고 조직되어 있는데 예를 들면 여름과 겨울, 낮과 밤, 겉과 속, 군주와 신하, 아버지와 자식, 남편과 처, 위와 아래, 왼쪽과 오른 쪽, 앞과 뒤, 겉과 속 등에서와 같이 반드시 ‘복수의 합’으로 구성, 조직되어 있으며 또 이 같은 ‘복수의 합’은 상반, 상충, 모순, 차등 그리고 이질적인 2원적 요소로 구성되어 ‘합(결합)’을 이루고 있다고 하였다. 이 같이 모든 사물은 상반, 상충, 모순, 차등 그리고 이질적인 두 개 요소의 ‘합(결합)’으로 이루어져 있는데 상호 관계, 역할, 성격은 각기 다르다고 하였다.

“양과 음은 상반된 것이다. 하나가 나타나면 다른 하나는 들어가고 하나가 우측에 있으면 다른 하나는 좌측에 있다. 양기가 봄에는 동에서 남으로 운행하며 가을에는 서에서 북으로 운행한다. 여름에는 음양이 앞에서 합하고 겨울에는 뒤에서 합한다. 서로 병행하되 길이 다르고 서로 만나도 하는 일이 다르다(陰與陽 相反之物也 故或出或入 或右或左 春俱南

330) 위 책, 「基義」, p.350.
331) 위 책, 「基義」, pp.350-351.

秋俱北 夏交於前 冬交於後 竝行而不同路 交會而各代理)."[332]

이 같이 모든 '합(결합)'의 작동을 살펴보면 '하나가 나오면 다른 하나가 들어가는(一出而一入), 하나를 열면 다른 하나가 닫히는(開一而一塞), 하나가 나타나면 다른 하나는 없어지는(起一廢一)'[333] 것 등에서와 같이 상반, 상충된 두 개체가 '합(결합)'을 이루고 있으며 그 역할과 성격은 서로 다르다고 하였다. 그리고 각기의 역할과 성격이 다르면서도 '합(결합)' 속에서 한쪽은 다른 한쪽의 존재를 인정하면서 이끌고 다른 한쪽은 따르면서 의지하고 또 역할을 교체해 가면서 공(功)을 이루어 간다고 하였다. 그러므로 이 같은 '합(결합)'의 구성, 작동, 성격은 변증법에서 말하는 '정(正)-반(反)-합(合)'의 원리와는 다른 것이다.

변증법에서 '정-반-합'의 과정은 '정'과 '반'의 대등 대립적 관계에 있는 상반된 독립적 두 개체가 '합(결합)'의 진행과정에서 '정'과 '반'의 독립적 두 개체는 사라지고 '합(결합)'이라는 하나의 새로운 개체로 탄생되는 것을 말한다. 그런데 동중서가 제시하는 '합(결합)'은 '정'과 '반'의 대등·대립의 양립 관계에 있는 독립적 두 개체가 결합되어서 하나의 새로운 개체로 생성되는 것이 아니라 군주와 신하, 아버지와 자식, 남편과 처, 위와 아래, 왼쪽과 오른쪽, 앞과 뒤, 겉과 속 등에서와 같이 상하의 '종속적 합(결합)'의 개체로 생성된다고 하였으며 모든 사물은 이 같은 '종속적 결합'으로 조직되어 있지 않은 것이 없다고 하였다.

"오직 성인만 만물을 천도인 일(一)에 귀속시키고 원(元)에 연계할 수 있다(唯聖人能屬萬物於一而繫之元也)."[334]

---

332) 위 책, 「基義」, pp.350-351.
333) 위 책, 「天道無二」, p.346.
334) 위 책, 「重政」, p.147.

동중서는 또 오직 성인만이 만물을 일통시킬 수 있고 또 천도인 원(元)에 연계할 수 있다고 하였다. 여기에서 만물을 일통시킬 수 있는 성인은 천자를 지칭하고 있고 또 대일통을 천도인 '원'에 연계하고 있는데 이것은 대일통은 오직 천자에 의해서만 가능하고 천자에 의한 대일통을 천도인 '원'의 절대성에 의탁하여 그 신성성과 필연성을 강조하고 있는 것이다.

그런데 동중서는 천자가 대일통을 이루기 위해서는 먼저 정치를 바르게 해야 하고 정치를 바르게 하기 위해서는 그 단초를 하늘에서 먼저 찾아야 한다고 하였다.

> "춘추의 글을 살펴보면 왕도의 단초는 올바름(正)에서 구하고 있다. 정(正) 다음에는 왕(王)이 있고 왕 다음에는 춘(春)이 있다. 춘은 하늘의 행위이고 올바름은 군주의 행위이다. 그 뜻은 위로는 하늘의 행위를 이어받고 아래로는 군주의 행위를 올바르게 하는 것이다. 그러므로 올바름(正)은 왕도의 단초인 것이다 … 그런즉 군주가 정치를 하려고 하면 마땅히 그 단초를 하늘에서 구해야 한다(臣勤案春秋之文 求王道之端 得之於正 正次王 王次春 春者 天之所爲也 正者 王之所爲也 其義曰 上承天之所爲 而下以正其所爲 正王道之端 … 然則王者欲有所爲 宜求其端於天)."[335]

이 같이 군주는 하늘에서 대일통의 단초를 찾아야 하므로 군주는 천지자연의 만물이 소생하고 한 해가 시작되는 봄철에 나타나는 하늘의 천기를 받아서 자신의 행위를 먼저 올바르게 한 후에 정치를 해야 한다고 하였다.

> "그러므로 춘추의 도는 원(元)의 깊은 것으로 하늘의 단초를 바로잡고

335) 『漢書』 卷56, 「董仲舒傳」, p.2502.

하늘의 단초로써 군주의 정사를 바로잡고 군주의 올바른 정사로써 제후의 정사를 바로잡고 제후의 올바른 정사로 경내를 바로잡는데 이 다섯 가지를 구비하게 되면 교화가 크게 행해진다(是故春秋之道 以元之深正天之端 以天之端正王之政 以王之政正諸侯之節位 以諸侯之節位正境內之治 五者俱正而化大行)."[336]

"그러므로 군주가 마음을 올바르게 하여 조정을 대하고 조정을 바르게 하여 백관들을 대하고 백관들을 바르게 하여 만민들을 바르게 해야 한다. 만민이 바르게 되면 사방이 올바르게 되고 사방이 올바르게 되면 원근이 올바르게 통일되며 그 사이에 간악과 사기가 없어지게 된다. 이로써 음양이 조화롭게 되고 풍우가 때맞게 내리므로 만물이 번창하고 만백성들이 농사에 열중하며 오곡이 무르익고 초목이 울창해진다. 천지가 윤택해져 대풍년이 든다. 사해가 그 성덕을 듣고 와서 신하가 되며 온갖 선물이 이른다고 하였다(故爲人君者 正心以朝廷 正朝廷以正百官 正百官以正萬民 正萬民以正四方 四方正 遠近莫敢不壹於正 而亡有邪氣奸其間者 是以陰陽調而風雨時 群生和而萬民殖 五穀熟而屮木茂 天地之間彼潤澤而大豊美 四海之內聞盛德而皆徠臣 諸福之物 可致之祥 莫不畢至)."[337]

"천자는 하늘로부터 명령을 받고 제후는 천자로부터 명령을 받고 자식은 아버지로부터 명령을 받고 신하는 군주로부터 명령을 받고 처는 남편한테서 명령을 받는다. 모든 명령을 받는 자의 가장 높은 것은 하늘이므로 하늘로부터 명령을 받는 것이다(天子受命於天 諸侯受命於天子 子受命於父 臣妾受命於君 妻受命於夫 諸所受命者 其尊皆天也 雖謂受命於天)."[338]

---

336)『春秋繁露義證』,「二端」, pp.155-156.
337)『漢書』卷56,「董仲舒傳」, p.2502.
338)『春秋繁露義證』,「順命」, p.412.

여기에서 정(正)은 하늘의 뜻(天意)를 의미하고 있다.[339] 그러므로 군주가 하늘의 뜻을 받들어서 정치를 올바르게 하면 조정과 백관이 올바르게 되고 조정과 백관이 올바르게 되면 백성들이 차례로 올바르게 되고 마침내 원근 사방이 올바르게 되어 일통된다(四方正 遠近莫敢不壹於正)고 하였다. 그리고 하늘의 뜻을 받든 군주를 정점으로 조정, 백관, 백성들이 올바르게 일통되므로 마침내 천자의 명령이 사회의 말단까지 수직적으로 하달된다고 하였으며 이 같은 군주의 올바른 정치는 천도인 음양의 도리에 부합되는 것이므로 풍우가 때 맞게 내리고 만물이 번창하고 오곡이 무르익어서 천하가 윤택해지고 사해의 이적만이들이 내조하여 신하가 된다고 하였다.

그런데 위에서 언급한 바와 같이 '일(일통)'의 원리와 '합(결합)'의 원리는 모두 천도이기 때문에 특정 지역에만 한정될 수 없고 화하와 이적만이를 포함한 천하가 그 대상이었는데 춘추공양가에 의하면 공자의 '삼세이사설(三世異辭說)'에 제시되어 있다고 하였다. '삼세이사설'은 아래와 같다.

> "공자가 목격하였던 시대, 공자가 전하여 들었던 시대, 공자가 기록을 통하여 알았던 시대(所見異辭 所聞異辭 所傳聞異辭)."[340]

이것은 공자가 춘추(春秋)를 쓸 때 자신이 살았던 시대를 중심으로 노(魯) 나라의 12공 242 년간의 시대를 1) 공자가 직접 목격하였던 시대(所見異辭), 2) 공자가 구전을 통하여 탐문하였던 시대(所聞異辭), 3) 공자가 기록을 통하여 알게 된 시대(所傳聞異辭)의 3기로 나누어 구분하

---

339) 王永祥은 '정(正)'을 천의(天意) 또는 천의 소위(所爲)로 이해하고 있다(王永祥, 『董仲舒評傳』, p.373).

340) 『春秋公羊傳』, 隱公 원년, p.6a, 桓公 2년, p.53, 哀公 14년, p.562 등의 기록 외에도 많이 있다.

였는데 이것이 3세였다. 그런데 공자는 이 3세에 일어난 사건을 기록하는 데 극히 간단하면서 함축된 상이한 어구를 사용했으므로 '이사(異辭)'라고 하였는데 이것이 미언대의(微言大義)의 필법이었으며 이 미언대의의 필법을 통해서 천하대일통을 제시하였다.[341] 동중서는 이 3세설을 그대로 이어받고 또 3세에 대한 미언대의 필법에 함축된 의미를 연구하였다.

> "춘추는 노 나라 12공 시대를 3분하여 공자가 직접 목격하였던 시대, 공자가 전하여 들었던 시대, 기록을 통하여 알았던 시대로 구분하고 있다. 공자가 목격하였던 유견(有見)의 시대는 3세이고 공자가 구전을 통하여 들었던 유문(有聞)의 시대는 4세이고 공자가 기록을 통하여 알았던 유전문(有傳聞)의 시대는 5세였다. 그러므로 애공, 정공, 소공의 시대는 공자가 살아서 직접 목격하였던 시대이고 양공, 성공, 문공, 선공의 시대는 공자가 구전을 통하여 알았던 시대이고 희공, 민공, 장공, 환공, 은공의 시대는 공자가 기록을 통하여 알았던 시대였다. 직접 눈으로 목격한 것이 61년, 직접 들어서 알았던 것이 85년, 전하여 알았던 시대가 96년이었는데 공자가 직접 목격하였던 시대는 그 말들이 정묘하고 공자가 들었던 시대는 그 재앙에 아파하고 공자가 전하여 들었던 시대는 그 은혜를 없애서 그 정과 함께 갖추어 놓은 것이다(春秋分十二歲以爲三等 有見 有聞 有傳聞 有見三歲 有聞四歲 有傳聞五歲 故哀 定 昭 君子之所見也 襄 成 文 宣 君子之所聞也 僖 閔 莊 桓 隱 君子之所傳聞也 所見六十一年 所聞八十五年 所傳聞九十六年 於所見微其辭 於所聞痛其禍 於傳聞殺其恩與情俱也)."[342]

이 같이 동중서는 이 3세의 미언대의 필법 속에 함축된 뜻을 탐구하여 3세대의 각 시대 사실과 시대성을 밝히고 나아가서 대일통의 큰

---

341) 戶川芳郎 外 著, 『儒教史』, 東京: 1987, p.73.
342) 『春秋繁露義證』, 「楚莊王」, p.10.

뜻을 밝혀야 한다고 주장하였는데[343] 이것이 동중서의 '삼세이사(三歲異辭)'설이었다. 또 하휴(何休, 전 722-481)는 이 같은 동중서의 '삼세이사' 설을 이어받아서 공자가 직접 목격하였던 시대(所見異辭)를 쇠란의 시대(據亂世)로, 공자가 구전을 통하여 들었던 시대(所聞異辭)를 평화에 접근하는 승평(升平) 시대로, 공자가 기록을 통하여 파악했던 시대(所傳聞異辭)를 천하가 일통되어 태평을 이루어지는 태평세(太平世)로 설정하였다. 그리고 이 3세 중에서 최초의 쇠란 시대는 공자가 노 나라를 중심으로 평화를 이룩하려고 하였던 시대, 두 번째의 승평세(升平世)는 공자가 노 나라의 관리로서 국가에 선정을 시행하면서 점진적 평화를 이루려고 하였던 시대, 그리고 마지막의 태평세(太平世)는 태평을 이룩한 중국이 다시 주변 이적 · 만이들을 교화하고 동화시켜서 중국을 중심으로 "천하는 멀고 가깝고 크고 적고 간에 모두 하나(天下遠近大小若一)"[344]로 되어 화하와 이적만이 간의 대일통이 이루어지는 시대로 설정하였다.[345]

그런데 주지하는 바와 같이 춘추 시대는 약육강식의 현상이 깊어 가는 분열, 대립의 항쟁 시대였으므로 쇠란, 승평, 태평의 시대는 사실상 존재하지 않았다. 그런데도 불구하고 동중서를 포함한 춘추공양가들은 공자의 춘추 3세설을 신봉하고 쇠란에서 승평, 승평에서 태평의 3단계로 발전한다는 황당한 이론을 전개하였다. 그리고 이 3단계의 마지막 단계 즉 태평세(太平世)에는 주변의 이적만이도 포함된 천하대일통이 이루어진다고 하였는데 춘추공양가들은 이 같은 3단계의 역사

---

343) 戶川芳朗 外 著, 『儒敎史』, 東京: 山川出版社, 1987, p.73.

344) 『春秋公羊傳何氏解詁』, pp.7b-8a.

345) 화하와 이적만이 간의 천하대일통에 관한 춘추공양가의 전체 구상은 '삼과구지설(三科九旨說)'에 제시되어 있다. 삼과(三科)는 장삼세(張三世), 존삼통(存三通), 이외내(異外內) 그리고 구지(九旨)는 시(時), 월(月),일(日), 왕(王), 천왕(天王), 천자(天子), 기(譏), 폄(貶), 절(絶)로 구성되었는데 이 중에서 '이외내(異外內)'의 제시가 가장 구체적이다(小島祐馬, 『中國の社會思想』, pp.113-121 참조).

발전과 천하대일통을 단순한 희망 사항으로 서술한 것이 아니고 하나의 세계국가[346]가 태동되는 필연적 사실로 인식하고 있었다.[347] 그러므로 『춘추공양전』에는 아래와 같이 언급하고 있다.

> "춘추에 의하면 자기 나라를 먼저 가까이 하고 다음으로 화하를 가까이 한다. 화하를 가까이 한 다음에 이적을 가까이 한다. 왕이 천하를 통일하는데 왜 내외를 언급하는가? 통일은 가까운 데서 시작하기 때문이다(春秋內其國而外諸夏內諸夏而外夷狄 王者欲一乎天下 曷爲以外內之辭言之)."[348]

이 같이 공양가들은 천하를 자국, 화하제후국 그리고 이적만이국의 3개 지역으로 설정하고 천하대일통 과정을 3단계 구도로 상정하여 첫 단계는 자국을 먼저 가까이 해서 일통하고 두 번째 단계는 화하제후국을 가까이 해서 일통하고 세 번째 단계는 이적만이를 가까이 해서 일통하여 천하대일통을 이루어야 한다고 하였다. 그리고 그 이유에 대해서는 통일은 가까운 데서 시작하여 멀리 확대되어야 하는 것으로 설명하고 있는데 동중서 역시 이 같은 춘추공양가의 천하일통의 방법과 과정을 그대로 계승하였다.

> "그러므로 왕의 사랑은 사방의 이적만이에까지 미치어야 한다(故王者愛及四夷)."[349]

여기에서 동중서는 군주의 선정은 이적만이에까지 미쳐야 한다는

---

346) 后川芳郎 外 著, 『儒教史』, 東京: 山川出版社, 1987, p.73.
347) 小島祐馬, 『中國思想史』, 東京: 創文社, 1968, p.188.
348) 『春秋公羊傳注疏及補正』, 成公 16년, p.16a.
349) 『春秋繁露義證』, 「仁義法」, p.252.

것인데 이것은 춘추공양가의 사상을 이어 받은 동중서가 천하대일통의 대상과 범주를 화하세계뿐만이 아니고 주변의 이적만이까지 확대하고 또 천하대일통을 천자가 수행해야 할 필연적 임무로 설정하고 있는 것이다. 또 동중서는 춘추공양가의 이론에 의한 천하대일통의 방법과 단계까지 계승하고 있다.

> "그러므로 그 나라를 먼저 안으로 하고 제하를 밖으로 한다. 제하를 안으로 하고 이적들을 밖으로 하는데 이것은 가까운 것에서 먼저 시작하는 것을 말한다(故內其國而外諸夏 內諸夏而外夷狄 言自近者始也)."[350]

이 같이 동중서는 천하일통을 군주의 필연적 임무로 설정하고 천하대일통의 단계와 방법까지 답습하여 자국, 화하제후국, 주변 이적만이의 순서로 그리고 자국에서 시작되어 화하세계로 화하세계에서 이적만이로 확대하여 이루어야 한다고 하였다. 다시 말하면 천하대일통은 자국에서 시작되어 화하세계 그리고 마지막으로 이적만이의 단계로 확대되어야 한다는 것이었다.

모든 사물은 이 같이 천도인 '일(일통)'의 원리에 의해서 일통되어야 하므로 화하와 이적만이 간의 천하대일통은 인력으로는 어떻게 해볼 수 없는 불가항력적이고 필연적인 것이라고 하였으며 또 천하일통은 '합(결합)'의 원리에 의해서 종속적으로 이루어져야 하고 화하는 양(陽), 이적만이는 음(陰),[351] 그리고 화하와 이적만이 간의 상호관계는 주종(主從)관계이기 때문에[352] 화하와 이적만이 간의 대일통은 이적만이가 화하에 종속되는 종속적 천하대일통이어야 한다고 하였다. 그

---

350) 위 책, 「王道」, p.116.

351) 李景明, 『中國儒學史』, 廣東教育出版社, pp.194-195.

352) 劉洋華 主編, 『中國古代政治思想史』, 南開大學出版社, 1992, p.299.

리고 천하대일통은 오직 성인(聖人)에 의해서만 가능하고 성인은 유일무이한 천명의 봉행자 천자를 의미하고 있으므로 화하와 이적만이 간의 천하대일통은 오직 유일무이한 천명의 봉행자 즉 중국 천자에 의해서만 가능한 것이라고 하였다.

이와 같이 동중서는 육고, 유경, 숙손통, 가의 등의 한 초기 유가들과 같이 대 제국이 태동되는 불가항력적 '시변'을 통찰하고 도가, 묵가, 법가의 학문과 사상을 두루 섭렵하고 있었으므로 한 제국의 전제군주국가 체제를 수용하고 전제군주국가 체제 기틀 위에서 유가 정치이념이었던 도덕정치 구현을 목표로 하였다. 그러므로 유학의 국학 채택을 통하여 한 제국 군주를 유일무이한 천명의 봉행자 천자로 선포하여 한 제국 통치의 정당성, 신성성, 유일성을 수립하고 오경 설정과 태학 설립을 통하여 유학 지식인들을 대거 배출하여 이후 유학독존의 시대를 개막하는 단초를 제공하였다. 또 동중서는 한 제국 천자를 정점으로 중앙 내번의 한 제국과 주변 외번의 이적만이 외번국으로 구성된 천하일국의 종속적 세계질서상을 제시하고 한 제국의 사면정벌과 주변국의 외번화를 이념적으로 합리화하였다.

이 같은 사실에서 볼 때 춘추전국 난세의 역사적 전환기에서 유가의 예치와 덕치의 한계를 느끼고 있던 법가들이 성문법에 기반한 법치, 법치에 기반한 강력한 군주권의 확립과 중앙집권국가체제 수립, 경제와 무력에 기반한 부국강병책으로 진국의 중국 통일의 원동력을 제공하고 황노사상의 무위정책이 한 초기 경제 회복과 사회 안정의 핵심정책으로 채택되어 신생 한 제국의 경제·사회적 기반을 공고히 하였던 것과 같이 유학도 무제 때 국학으로 채택되어 한 제국의 통치이념 수립, 유학 일존의 사상통일, 그리고 후술하는 바와 같이 대외정책의 독트린으로서 한 제국의 동아시아 패권 수립의 이념적 원동력이 되었는데 다음 장에서는 이 같은 유학 통치사상의 본질을 살펴볼 필요가 있다.

제5장
유가의 통치사상과 황제교황주의(皇帝敎皇主義)

은 왕조의 정문정치는 앞 장에서 설명한 바와 같이 정인들이 정문을 통해서 타진한 '상제의 뜻'을 은왕에게 보고하고 은왕은 이 같은 '상제의 뜻'을 정책으로 받들어서 시행하는 정치였다. 그러므로 정문은 상제가 인간에게 자신의 뜻을 전달하는 통교(通交)수단이었으며, 정인들은 정문을 통해서 받은 '상제의 뜻'을 판독하여 은왕에게 보고하는 신관(神官)들이었으며 은왕은 정문을 통해서 계시된 '상제의 뜻'을 지상에서 시행하는 유일무이한 상제의 대리자였다. 그리고 은 왕조 방읍연맹의 방백, 제후들은 '상제의 뜻'을 지상에서 시행하는 유일무이한 상제의 대리자 은왕의 신성적 권위와 통치에 복종하지 않을 수 없었는데 이것이 바로 은 왕조 정문정치의 본질이었으며 '신정정치(神政政治, Theocracy)'로 이해되어 왔다.

그런데 신정정치는 교황 등의 종교적 지도자가 종교적 목적을 위해서 세속의 정치권력을 수용하여 보조적으로 활용하는 정치, 즉 정치는 수단이 되고 종교가 목적이 되는 통치 형태를 말한다. 그런데 정문정치의 통치 형태를 살펴보면 우주 천지자연의 창조주 상제가 은왕의 세속적 권력을 이용하여 종교적 목적을 달성하려고 했던 것이 아니라, 은왕이 상제의 절대적 권위와 위엄에 의탁하여 세속의 정치적 목적을 달성하려고 한 것이다. 이런 사실에서 볼 때 은 왕조의 정문정치는 특정 신이 내린 계시의 신성적 권위와 위엄에 의탁한 통치였으므로 신정정치와는 그 성격이 완전히 다르고 오히려 기원전 3000여 년 전후 고대 중동 도시국가에서 시행되었던 '신탁통치(神託統治, Divine Rule)'와 유사하였다고 할 수 있다.

기원전 3000여 년 전후 고대 중동 지역에는 수많은 도시국가들이 번성하였는데 이들 도시국가들은 도시의 중앙에 건립된 신전(神殿)에 각기의 수호신(守護神)을 모시고 숭배하면서 수호신의 통치를 받고 있었다. 각 수호신은 '꿈', '하늘 징후', '천재지변' 등의 신비한 통교(通交) 방법을 통하여 자신의 신관(神官)들에게 계시를 내리고 수호신의 계시를 받은 신관들은 특권적 사제 지위를 누리면서 수호신의 계시를 정책으로 받들어 도시국가를 통치하였다. 이 같이 고대 중동 도시국가들은 특정 신이 내린 계시의 신성적 권위와 위엄에 의탁한 통치를 시행하였는데 이것이 바로 신탁통치였다.

그런데 위에서 말한 바와 같이 은 왕조의 정문정치도 신관 정인들이 점(占)을 쳐서 타진한 '상제의 뜻'을 은왕이 정책으로 받들어 시행하고, 은 왕조의 방백, 제후들도 '상제의 뜻'을 받든 은왕의 신성적 통치에 복종하였으므로 은 왕조의 정문정치 역시 특정 신이 내린 계시의 신성적 권위와 위엄에 의탁한 통치였다. 단지 은 왕조의 정문정치와 고대 중동 도시국가의 신탁통치 사이에 다른 점이 있었다면 고대 중동 도시국가의 신탁통치는 '꿈', '하늘 징후', '천재지변' 등을 통해서 받는 수호신의 계시를 신관들이 정책으로 받들어서 시행한 것이었으며, 은 왕조의 정문정치는 점(占)을 치는 정문을 통해서 받은 '상제의 뜻'을 은왕이 정책으로 받들어서 시행한 것이었다.

그러므로 그 차이는 '꿈', '하늘 징후' 등과 점(占)을 치는 '정문' 등 특정 신과의 통교 방법상의 차이뿐이었다. 이 같이 은 왕조의 정문정치와 고대 중동 도시국가의 신탁통치는 특정 신과의 통교 방법상의 차이만 있었을 뿐 모두 특정 신으로부터 받은 계시의 신성적 권위와 위엄에 의탁한 통치 형태였으므로 은 왕조의 정문정치는 고대 중동 도시국가에서 시행된 신탁통치와 본질적으로 같은 신탁정치였다고 할 수 있다. 다시 말하면 은 왕조의 정문정치는 신정정치가 아니라 신탁통치였다고 할 수 있다.

고대 이집트에서 파라오(Pharaoh)는 "자신은 태양의 아들이므로 자신에게 아무도 저항할 수 없고, 모든 백성들은 자신에게 복종해야 하며, 자신의 영토는 전 세계이며 신이 통치권을 부여하였다"고 선언하였다.[353] 또 바빌로니아의 나람신(Naram-sin)은 "자신을 사방의 통치자, 우주의 통치자"라고 선포하였으며, 아시리아 왕은 자신을 "사극의 왕", "모든 백성들의 태양"이라고 선포하였다. 그리고 에람과 수자(Elam and Suzk) 왕은 자신을 "사극의 왕", "하늘의 메신저"로 자처하면서 세계와 모든 백성들을 통치하는 "세계의 왕(The World king)"으로 선언하였다.[354]

이와 같이 고대 이집트와 중동의 정복자들은 '자신이 전 세계를 통치한다' '신으로부터 세계를 통치하도록 특별 명령을 받았으므로 영토를 세계로 확대하는 것은 성스러운 것이며 신성한 전쟁에 반항하거나 모독하면 멸망뿐이다'라고 선언하면서 자신들을 특정 신의 특별 소명(召命)을 받은 '신의 사자', '신의 아들', '신의 소명자' 등의 유일무이한 소명 수행자로 선포하고 유일무이한 세계 통치자 또는 세계의 왕으로 자처하였다. 다시 말하면 고대 이집트와 중동 정복자들은 특정 신으로부터 부여받은 소명의 신성적 권위와 위엄에 의탁하여 '유일무이한 세계 통치자' 또는 '세계의 왕'으로 선언하였는데 이것이 고대 이집트와 중동의 정복자들이 시행한 교권통치(敎權政治, Hierocentric Rule)였다.[355]

---

353) A. Gardiner, *Egyptian Grammar,* Oxford: Oxford University Press, 1957, p.74.

354) D. D. Luckenbill, *Ancient Records of Assyria and Babylonia,* Vol. II, Chicago: University of Chicago Press, 1968, pp.139-203

그런데 앞 장에서 언급한 주 왕조의 주왕도 우주 천지자연의 창조주 '천'으로부터 천명을 받은 유일무이한 천명 봉행자 천자로 선포하여 하늘 아래의 모든 땅과 바다 그리고 화 · 이를 망라한 천하 만백성들을 자신의 왕신(王臣)과 왕토(王土)로 설정하고 유일무이한 천하 통치자로 자처하였는데 이 같은 주 왕조의 천명정치는 우주 천지자연의 창조주 '천'으로부터 받은 천명의 신성적 권위와 위엄에 의탁한 통치형태였으므로 고대 이집트와 중동의 정복자들이 시행한 교권통치와 본질적으로 유사한 교권통치였다고 할 수 있다.

또 진 제국을 수립한 진시황은 은 왕조에서와 같이 정인들이 점을 쳐서 타진한 우주 천지자연의 창조주 '상제의 뜻'을 정책으로 받들어 시행하는 정문정치도 시행하지 않았고, 주 왕조에서와 같이 우주 천지자연의 창조주 '천'으로부터 받은 천명에 의탁한 천명정치도 시행하지 않았다. 대신 진시황은 황제를 '지상상제'로 신격화 하여 유일무이한 천하 통치자로 선포하고 천지사방과 화 · 이를 망라한 만백성들을 지상상제 황제의 통치영역과 신민으로 설정하였는데 이것은 한마디로 말해서 진시황이 황제의 자가신격화(自家神格化, Self-Divinization)를 통하여 황제를 지상상제로 신격화하고 지상상제의 신성한 권위와 위엄에 의탁하여 화 · 이를 망라한 천하를 통치영역으로 선포하고 유일무이한 천하통치자로 자처한 것이다.

이와 같이 은 왕조, 주 왕조 그리고 진 제국의 통치이념은 상제, 천, 지상상제 등의 특정 신의 절대적 권위와 위엄에 근원을 두었으며 또 이념적 통치형태도 은 왕조는 점을 쳐서 상제의 뜻을 타진하여 정책으로 시행하는 정문정치, 주 왕조는 '천'으로부터 받은 천명의 신성적 권위와 위엄에 의탁한 천명정치, 그리고 진 제국은 황제의 지상상제

---

355) Hugh, Nibley, "The Hierocentric State", *Western Political Quarterly*, Vol. IV(June 1951, pp.233–4.

신격화에 의탁한 황제신격화정치로 각기 달랐다. 그러나 은 왕조의 '상제', 주 왕조의 '천', 진 제국의 '지상상제' 실체의 명칭은 서로 달랐지만 실제적으로는 똑같은 우주 천지자연의 창조주였으며 이념적 통치 형태도 궁극적으로 우주 천지자연의 창조주의 절대적 권위와 위엄에 의탁한 형태였다.

그런데 은 왕조 정문정치의 본질을 분석해 보면 위에서 언급한 바와 같이 우주 천지자연의 창조주 상제가 은왕의 세속적 권력을 이용하여 종교적 목적을 달성하려고 했던 것이 아니고 은왕이 상제의 절대적 권위와 위엄에 의탁하여 세속의 정치적 목적을 달성하려고 한 것이다. 이런 사실에서 볼 때 은 왕조의 정문정치는 특정 신이 내린 계시의 신성적 권위와 위엄에 의탁한 신탁통치였지만 본질적으로는 세속적 통치자 은왕이 신성적 교권을 수용하여 세속적 정치 목적 달성의 보조적 수단으로 활용하였던 황제교황주의(Caesaropapism)의 정치였다고 할 수 있다.

주 왕조의 천명정치도 우주 천지자연의 창조주 '천'이 주왕을 통하여 '천'의 목적을 달성하려고 했던 것이 아니라 주왕이 천명의 신성적 권위와 위엄에 의탁하여 자신의 세속적 정치 목적을 달성하려고 한 것이다. 이런 점에서 주 왕조의 천명정치도 특정 신이 부여한 천명의 신성적 권위와 위엄에 의탁한 교권정치였지만 본질적으로는 세속적 통치자 주왕이 신성한 교권을 수용하여 세속적 정치의 보조적 수단으로 활용하였던 황제교황주의 정치였다.

진시황의 황제신격화정치도 우주 천지자연의 창조주 '상제'가 황제의 신격화를 통하여 종교적 목적을 달성하려고 했던 것이 아니라 황제가 자가신격화를 통해서 수립된 지상상제의 신성적 권위와 위엄에 의탁하여 정치적 목적을 달성하려고 하였는데 이것은 세속적 통치자 황제가 신성한 교권을 수용하여 세속정치 목적 달성의 보조적 수단으로 활용한 것이다. 이런 점에서 볼 때 진시황의 황제신격화정치도 세속적 통치자 황제가 신성한 교권을 수용하여 세속적 정치의 보조적 수단으로 활용한 황제교황주의의 정치였다.

이 같은 사실에서 볼 때 은 왕조의 정문정치, 주 왕조의 천명정치, 진 제국의 황제신격화정치는 각기 특정신의 절대적 권위와 위엄에 의탁한 신탁통치, 교권정치, 황제신격화정치로서 이념적 통치형태는 서로 달랐지만 본질적으로는 우주 천지자연의 창조주의 절대적 권위 위엄과 신성성을 세속적 정치에 활용한 것이었으므로 모두 황제교황주의 정치였다고 할 수 있다.

춘추전국 시대의 유가들은 은 왕조의 정문에 의탁한 정문정치와 주 왕조의 천명에 의탁한 천명정치 중에서 천명의 신성적 권위와 위엄에 의탁한 주 왕조의 통치사상과 천하일국상을 계승하여 유일무이한 천명의 봉행자 천자를 정점으로 화하와 이적만이들로 구성된 9주, 9기, 9복, 5복의 천하일국의 봉건적 세계질서상을 제시하였는데 주 왕조의 천명정치가 황제교황주의의 정치였던 사실을 감안하면 천명의 신성적 권위와 위엄에 의탁한 유가의 통치사상도 황제교황주의의 통치 이데올로기였다고 할 수 있다.

또 진 제국을 계승한 한 제국은 한 제국 통치의 정통성과 합법성을 옹호해 줄 정치사상, 방대한 관료계층의 황제와 국가에 대한 충성심 고양의 사상교육 그리고 존비고하의 가부장적 사회제도와 질서를 유지하고 옹호해 줄 사회지도이념 등의 필요에서 유학을 국학으로 채택하고 유가의 천명사상 수용을 통하여 한 제국 황제를 유일무이한 천명의 봉행자 천자로 선포하고 화 · 이를 망라한 천하를 한 제국 천자의 통치영역으로 선포하였다. 이런 점에서 볼 때 한 제국의 통치사상 역시 황제교황주의였다.

그런데 한 제국 개국 이후 대외정책을 검토해 보면 이미 검토한 바와 같이 한 제국은 평성전투(전 200)에서 흉노에게 대패한 후 흉노에게 매년 정기적으로 입공을 행하고 있으면서도 남월국 군주 조타를 외신 제후왕으로 책봉(전 196)하고 위만조선 군주 위만을 외신 제후왕으로 책봉(전 195-188?)하였다. 그리고 무제는 흉노를 구축하면서 사면정벌을 단행하여 주변국의 외번화를 적극적으로 강행하였고 선제는 마지막으로 남흉노 선우를 외신 제후왕으로 책봉하였으므로 한 제국은 한 제국 천자를 정점으로 화·이로 구성된 천하일국의 봉건적 세계질서를 수립하였다. 그런데 이 같이 수립된 한 제국의 봉건적 세계질서 수립의 구조를 살펴보면 전국 말기 유가들이 제시한 9주, 9기, 9복, 5복의 봉건적 세계질서상의 구조와 구조적으로 일치하고 있는데 이 같은 구조적 일치는 한 제국의 대외정책과 유학 상호 간의 연계성을 강력히 시사하고 있다.

그러므로 한 제국의 대외정책과 유학과의 상호 연계성을 한 제국 개국 후 주변국과 접촉을 시작하였던 한 고조 시기를 중심으로 검토해 볼 필요가 있다.

제6장
동아시아 열국(列國) 시대의 전개와 책봉입공의 국제질서 수립

1. 한 제국·흉노 제국·남월국·위만조선의 열국 형성과 대치

진한(秦漢) 교체기와 한 제국 초기의 동아시아 세계를 살펴보면 중원에 위치한 한 제국을 중심으로 북쪽의 흉노 제국, 남쪽의 남월국, 동북쪽의 위만조선이 흥기하고 있었으며 그 주변에는 아직까지 수초를 따라 유목 생활에 종사하고 있는 오환, 동호, 선비, 강족, 서남이 등의 군소 부족국가들이 난립하고 있었다. 그리고 중앙아시아의 서역(西域)에는 오아시스를 중심으로 다수의 도시국가들이 융성하고 있었는데 이 중에서 정치 · 군사적으로 강력하였던 국가는 중원의 한 제국을 포함한 북쪽의 흉노 제국, 남쪽의 남월국 그리고 동북의 위만조선이었다.

흉노 제국을 건설한 흉노는 원래 북방 몽골의 오르혼(Orhon), 오투켄(Otuken), 오르도스(Ordos) 평원과 셀렝가(Slelenga) 강 유역 등을 포함한 광대한 초원지대에 산재하면서 유목생활에 종사하고 있었다. 그런데 흉노는 원래 유목민이었기 때문에 전투적인 일상생활과 육식(肉食)과 마유(馬乳) 등으로 단련된 강인한 체력을 소유하고 흑해 지방의 스키타이로부터 습득한 청동제 무기를 사용하고 있었으며 서방 유목민으로부터 기마술을 습득하여 기마족으로 발전하고 있었다. 그러므로 우수한 청동제 무기, 전광석화와 같은 기동력 그리고 강인한 체력으로 무장된 흉노 기마군단은 당시 농경사회에서는 추종을 불허할 정도의 막강한 최신예의 군대였다.

이 같은 흉노의 강성은 두만(頭曼) 선우와 모둔(冒頓) 선우 때부터 급속도로 진행되었다. 특히 두만의 아들 모둔(전 209-174?)은 선우가 된 후 바로 주변의 동호와 군소부족들을 급습하여 가축과 영토를 병합하고 이어서 서방의 월지족(月氏族)을 정벌하여 장악하였으므로 여기에서 몽골초원을 중심으로 광대한 북아시아 대륙을 석권한 흉노 유목제국이 역사상 처음으로 탄생되었다.[356] 이렇게 광대한 북아시아 지역에 유목제국을 건설한 흉노는 이후 기후가 온난하고 물산이 풍부한 남쪽의 중국을 압박하기 시작하였다.

또 이와 비슷한 시기에 남쪽의 절강 · 복건 · 광동 지역에는 월족(越族)이 새로운 국가를 수립하고 있었다. 원래 이 지역은 백월(百越)이 거주하고 있었으며 또 중국에서 건너 온 유랑민, 도피자, 상인 등이 이들 월족과 함께 잡거하고 있었다. 이들 백월 중에서 가장 대표적 집단은 절강 남부의 동구(東甌), 복건의 민월(閩越), 광동의 남월(南越) 그리고 광서의 서구(西甌) 등이었는데 진 제국이 수립된 후 진 제국의 영토로 합병되어 계림(桂林), 남해(南海), 상군(象郡)의 3개 군이 설치되고 진 제국의 통치를 받고 있었다.

그런데 진시황 사후 진 제국은 2세 황제의 무능과 조고(趙高)의 농간으로 정치가 문란해지고 진승(陳勝) · 오광(吳廣)의 난을 기점으로 전국 6국 후예들이 반란을 일으키자 무질서와 혼란에 빠졌으며 마침내 항우(項羽)와 유방(劉邦)이 대립하는 한초전(漢楚戰)으로 압축되었다. 이렇게 진 제국 말기의 혼란과 무질서가 계속되고 도처의 반란이 한초전으

---

356) 護雅夫, 「匈奴-古代遊牧國家の形成」, 『東アジア文明の形成』, 東京: 筑摩書房, 1960, pp.282-283.

로 확대되자 민월의 추장 무지(無諸)와 동구의 추장 요(搖) 등은 월족을 이끌고 유방을 따라 한초전에 참가하여 독자적인 세력을 구축하기도 하였는데 이 와중에서 남월의 조타(趙佗)가 세력을 규합하여 급속히 성장하기 시작하였다.

조타는 원래 월족 출신이 아니고 중국 사람이었다. 진대에 남해군 용천현의 현령이었는데 당시 남해 군수였던 임효(任囂)가 중원의 혼란을 틈타 자립할 계획을 세우고 있었으나 질병으로 뜻을 이룰 수 없게 되자 조타를 불러 자신의 뜻을 계승하게 하였다. 이에 조타는 임효의 군수 직을 이어받고 반대하는 자를 모두 주살하였다. 그리고 진 제국이 멸망하자 계림(桂林)·상군(象郡)을 병합하고 광동·광서성 지역을 중심으로 남월국을 세웠다.

이후 조타는 정치·군사적 세력이 점차 강해지자 주변의 민월(閩越)과 서구(西甌) 지역으로 세력을 확대하였으며 이어서 복건 지방의 월족과 홍하 델타 지역에 있는 낙국(駱國)을 무력으로 위협하고 재물로 회유하여 복속시켰다. 이에 따라서 남월국은 남중국에서 북부 베트남에 이르는 광대한 영토를 소유하고 백만의 대군을 옹유한 대국으로 성장하면서 점차로 한 제국의 남쪽 변경에 압력을 가하기 시작하였다.

또 당시 한 제국 동북 지역에는 한 제국의 개국공신 노관(盧綰)이 분봉된 연(燕) 제후국이 있었다. 그런데 노관이 중앙정부와 불화하여 흉노로 망명하고 이어서 연 나라 국정이 혼란에 빠지자 토착 출신의 관리였던 위만(衛滿)이 무리 1000여 명을 이끌고 한반도 북부의 고조선으로 망명 하였다. 이 당시 고조선의 준왕(準王)은 진·한 제국 교체기의 대륙 정세에 불안을 느끼고 있었으므로 위만의 망명을 받아들여서 그에게 서쪽 100여 리의 땅을 주고 서변 방비를 위임하였다. 이같이 고조선 서변에 정착한 위만은 이 후 중국에서 밀려드는 망명객과 유민을 흡수하고 또 토착민을 포섭하여 그 세력이 크게 확대되자 고조선의 준왕을 한반도 남쪽으로 축출하고 왕검(王險)에 도읍하여 위만조선을 건국하였다(전 195?). 그리고 계속해서 주변 군소 부족들을 회유하고 복속시켰으므로 영토가 사방으로 확대되고 요서, 요동 지방으로 그 세력을 넓히고 있었다.

이 같이 당시 동아시아 세계는 중원의 한 제국을 중심으로 북쪽의 흉노 제국, 남쪽의 남월국, 동북쪽의 위만조선, 오환, 동호, 선비, 강족, 서남이 등의 군소 부족국가 그리고 서역의 도시국가들로 구성되었는데 이들 국가의 출신 배경을 살펴보면 중원의 한 제국은 화하(華夏) 출신, 북쪽의 흉노 제국은 북적(北狄) 출신, 남쪽의 남월국은 남만(南蠻) 출신, 동북의 위만조선은 동이(東夷) 출신이었으며 오환, 동호, 선비, 강족, 서남이 등의 군소 부족국가와 서역 도시국가 등도 모두 비한족의 이적만이 출신이었다.

그러므로 동아시아 세계에는 화하의 한 제국을 중심으로 동이, 서융, 남만, 북적 출신의 국가들이 출현하여 열국(列國) 시대를 형성하고 상호 간의 정치 · 군사 · 경제적 이해관계 속에서 날카롭게 대립하고 있었으며 이 중에서 초강대국이었던 한 제국과 흉노 제국 간의 대립과 충돌은 동아시아 전체의 국제정세를 좌우하고 있었다.

2. 열국 간의 책봉입공(冊封入貢)의 국제관계 수립

위에서 언급한 바와 같이 광대한 북아시아를 통일하여 역사상 처음으로 강력한 유목제국을 건설한 흉노는 기후가 온난하고 물산이 풍부한 남방의 한 제국을 동 서 북의 3면에서 포위하고 압박하기 시작하였다. 흉노는 진시황 때 상실하였던 하남(河南) 지역을 전부 회복하고 동북 지역의 연(燕), 대(代) 등지를 수시로 침탈하였으며 또 한 고조

6년(전 201년)에는 한왕 신(信)을 마읍(馬邑)에서 포위하여 항복을 받고 다시 신을 앞세우고 남하하였다. 그리고 구주산(句注山)을 넘어 태원군을 공격하고 진양성(晉陽城)까지 깊숙이 진출하였으므로 당시 전국이 흉노 공포에 떨었다.

이 같이 흉노의 무력 침탈이 노골화되자 한 고조 유방(전 206-195 재위)은 항우를 물리치고 중국을 통일한 여세를 몰아 흉노를 직접 정벌하려고 하였다. 한 고조는 보병 32만 병력을 직접 이끌고 출병하였으며 흉노 모둔(冒頓) 선우는 기병 40만을 이끌고 남하하였는데 이 희대의 남북 대결은(전 200) 지금의 산서성 평성 대동현 백등산(白登山) 부근에서 진행되었다.

이 남북 대결에서 한 고조의 보병 군단은 모둔 선우의 책략에 빠져서 7일 간 포위되었으며 이 7일 간의 포위 속에서 보급이 차단되어 아사 지경에 빠져서 거의 궤멸되었다. 한 고조만이 진평(陳平)의 책략에 의해 겨우 포위망을 뚫고 탈출하였는데 이것이 소위 '평성의 우(平城之憂)'를[357] 남긴 한 고조의 무참한 패배였다. 이후 흉노의 막강한 세력을 절감한 한 고조는 완전히 전의(戰意)를 상실하여 흉노에 대한 무력 대결을 포기하고 유경(劉敬)의 건의를 받아들여 흉노와 화친약(和親約)을 맺었다(전 198).

> "이에 고조는 유경으로 하여금 종실녀를 공주로 분장하여 선우 황후로 삼게 하고 해마다 일정량의 무명 · 비단 · 술 · 곡식 등을 보내 주고 형제가 되기로 약속하였다(於是高祖患之 乃使劉敬奉宗室女翁主爲匈奴閼氏 歲奉匈奴 絮繒酒食物各有數 約爲兄弟以和親)."[358]

---

357) 『漢書』 卷94 上, 「匈奴傳」, p.3777.
358) 위 책, 「匈奴傳」, p.3755.

"혜제 3년 … 종실녀를 공주로 삼아서 흉노 선우에게 출가시켰다(惠帝三年 … 以宗室女爲公主 匈奴單于)."[359)]

"문제 3년 … 흉노는 한(漢)과 형제가 되어 변경을 침범하지 않기로 약속했으므로 많은 물자를 보냈다(文帝 三年 … 漢與匈奴約爲昆弟 毋使害邊境所以輸遺匈奴甚厚)."[360)]

"사신의 말에 의하면 선우가 몸소 장군이 되어 여러 나라를 쳐서 공을 세우고 고생이 많았다고 하니 대례복인 수겹기의, 수겹장유, 금겹포 각각 1벌, 비여 1개, 황금 식구대와 서비 1개, 수놓은 비단 10필 … 붉은 비단과 푸른 비단 각각 40필을 보내는 바이요(使者言 單于自將伐國有功甚苦兵事 服繡袷綺衣 繡袷長襦 錦袷袍 各一 比余一 黃金飾具帶一 黃金胥紕一 繡十匹 錦三十匹 赤綈 綠繒各四十匹)."[361)]

"경제는 흉노와 화친을 회복하고 관시를 통해서 흉노에게 비단을 보내주고 이전 약속대로 흉노 선우에게 공주를 출가시켰다(景帝復與匈奴和親 通關市 給絹單于 遣公主與故約)."[362)]

"무제가 즉위하자 화친약속을 명확히 하여 흉노를 후히 대우하고 관시를 통해서 많은 물자를 보내주었다(今帝卽位 明和親約束 厚遇 通關市 饒給之)."[363)]

이 같이 한 제국은 한 고조 때 흉노 선우와 화친약을 맺은(전 198) 후 혜제 · 여후 · 문제 · 경제 그리고 무제 초기까지 매 선우의 즉위

359) 위 책, 「惠帝紀」, p.89.
360) 『史記』 卷10, 「孝文帝紀」, p.425.
361) 위 책, 卷110, 「匈奴列傳」, p.2897.
362) 『漢書』 卷94 上, 「匈奴傳」, p.3765.
363) 『史記』 卷110, 「匈奴列傳」, p.2895, 2897, 2899, 2905.

때에는 황실 여자를 공주로 분장시켜서 선우의 연지(閼氏, 황후)로 출가시키고 매년 정기적으로 솜 · 비단 · 술 · 쌀 · 음식물 등을 흉노 선우에게 봉헌하였다. 또 흉노 요구에 따라서 수시로 재화를 추가하고 또 국경 주변에 관시(關市)를 열어 흉노 측의 물자 수요에 응하고 또 형제관계를 맺어서 양국의 우호를 돈독히 하였으며 이에 대한 대가는 흉노의 한 제국 북방 변경에 대한 침탈 중지였다. 그리고 한 측은 이 같은 화친약을 "뇌물로 화친을 맺었다(貨賂與結和親)"[364]고 하여 단순히 '뇌물로 화친을 체결한 것'으로 인식하고 또 이 화친약 체결을 계기로 상호 대등관계로 인식하였는데[365] 이 같은 흉노-한 제국 간의 화친관계는 한 고조 9년(전 198)에서 무제 원년(전 134)까지 약 64년여 간 계속되었다. 그런데 이 같은 화친약에 대해서 문제(전 179-157) 때의 가의(賈誼)는 아래와 같이 평가하고 있다.

> "천하의 세가 거꾸로 되어 있다 … 무릇 천자는 천하의 머리이다. 그 이유는 위에 있기 때문이다. 만이는 천하의 발이다. 그 이유는 아래에 있기 때문이다 … 지금 한은 매년 금 · 솜 · 비단 등의 세폐(歲幣)를 봉정하고 있다. 이적이 공물을 징구하는 것은 주상이 조정하는 바이고 천자가 공물을 납입하는 것은 신하의 예이다 … 발이 오히려 머리 위에 있고 머리가 발아래에 있다. 이 같이 거꾸로 되어 있으니 해결할 수가 없다(天下之勢方倒縣 … 凡天子者 天下之首 何也 上也 蠻夷者 天下之足 何也 下也 … 而漢歲致金絮采繒以奉之 夷狄徵令 是主上之操也 天子共貢 是臣下之禮也 足反居上 首顧足下 倒縣如此 莫之能解)."[366]

"폐하께서는 황제의 이름을 갖고 어찌 융인의 제후 노릇을 차마 하고

364) 『漢書』 卷73, 「韋賢傳」, p.3127.

365) Nicola Di Cosmo, *Ancient China and Its Enemies, The Rise of Nomadic Power in East Asian History*, Cambridge: University of Cambridge Press, 2003, p, 41.

366) 『新書校注』, 「解縣」, p.127. 「威不信」 p.131, 『漢書』, 「匈奴列傳」, p.2241 참조.

있는 것입니까?(陛下何忍以帝皇之號爲戎人諸侯)"[367]

여기에서 보면 가의는 한 제국이 흉노 선우에게 매년 봉정하는 금·솜·비단·쌀·음식물 등의 세폐 봉헌을 한 제국이 흉노에게 헌상하는 공물(貢物) 즉 입공(入貢)으로 인식하고 있다.

"적국의 군주는 내가 비록 옳은 말을 해도 나한테 공물을 보내지 않는다. 나라 안의 제후들은 내 행동이 비록 옳지 않아도 새 짐승 등의 공물을 가지고 반드시 입조한다. 그러므로 힘이 강하면 사람들이 와서 조공을 하고 힘이 약하면 남에게 조공해야 한다. 그러므로 현명한 군주는 힘 양성에 노력한다(故敵國之君王 雖說吾義 吾弗入貢 而臣關內之侯 雖非吾行 吾必使執禽而朝 是故力多則入朝 力寡則朝於人 故明君務力)."[368]

이것은 약육강식이 난무하였던 전국 시대 각국 간의 역학(力學)관계를 분석하였던 한비자(韓非子)의 언급이다. 한비자는 이 언급 속에서 각국 간에 힘이 강하면 공물을 받고 힘이 약하면 공물을 바친다는 국제적 역학관계를 명확히 지적하고 있다. 또 한대 흉노를 포함한 주변 이적만이와의 접촉관계를 취급한『염철론(鹽鐵論)』에도 똑같은 지적이 있다.

"힘이 강하면 입조를 받고 힘이 약하면 입조하게 된다(力多則入朝 力寡則朝於人)."[369]

이 같이 한대에도 국가 간에 힘이 없으면 조공을 하고 힘이 있으면

---

367)『漢書』卷94 上,「匈奴傳」, p.2241.
368)『韓非子』,「顯學篇」, p.461.
369)『鹽鐵論』,「誅秦」, p.488.

조공을 받는다고 하여 입공 또는 조공관계는 국가 간의 역학관계 의해서 결정되었던 사실을 지적하고 있다. 이런 점에서 볼 때 한 제국이 평성에서 대패한 후 북방 변경에 대한 침탈 중지 조건으로 흉노 선우에 대한 매년 다액의 금 · 솜 · 비단 · 쌀 · 음식물 등의 세폐 봉헌과 매 선우 등극 시 한 제국 황실 공주의 출가 등은 뇌물도 아니었고 또 선물도[370] 아니었다. 한마디로 말해서 무력이 약한 한 제국이 무력이 강한 흉노 선우에게 정기적으로 행하는 공물 헌상, 즉 입공(入貢)이었다.[371] 그러므로 흉노와 한 제국 간의 화친약에 기본한 양국관계는 평등관계가 아니라 차등적 입공관계였으며 이 같은 흉노-한 제국 간의 입공관계는 한 무제 등극 초기까지 약 64년여 간 계속되었다.

남월국 창업주 조타는 앞 절에서 언급한 바와 같이 중원의 혼란을 틈타 자립하고 진 제국이 멸망하자 계림(桂林) · 상군(象郡)을 병합하고 광동 · 광서성 지역을 중심으로 남월국을 건립하였다. 이후 정치 · 군사적 세력이 더욱 강해지자 조타는 절강 · 광동 · 복건 지역 그리고 지금의 베트남 북부 지역까지 세력을 확대하고 무왕(武王)으로 등극하여 좌독(左纛)을 꽂은 황옥(黃屋)을 타고 다니면서 중국 천자와 같이 행세하였다. 그러나 평성 대동현에서 흉노에게 대패한 한 고조는 남월국을 원정할 여력이 없었으므로 즉위 11년(전 196년)에 육고(陸賈)를 사신으로 보내어 남월국 수립을 인정하고 조타를 남월국왕으로 책봉하면서 회유하였다.

---

370) Ying-shih Yü, 앞 책, p.41.

371) 李春植, 「漢代의 羈縻政策과 事大 · 朝貢」, 『史學志』 제2집, 1972, p.7 참조. 흉노 유목제국과 한 제국 간의 화친관계를 평등조약 관계로 인식하고 있다(金翰奎, 앞 책, p.198). Nicola DiCosmo는 한 제국의 흉노 선우에 대한 매년 다액의 금 · 솜 · 비단 · 쌀 · 음식물 등의 세폐 봉헌의 성격을 'bribes' 또는 'ho-ch'in payment' 'tribute' 등으로 혼란스럽게 이해하고 있다(*Ancient China and Its Enemies,: The Rise of Nomadic Power in East Asian History*, p.195 참조).

"조타가 말하기를 고조 황제께서 나를 남월왕으로 세우고 사신 왕래와 교역을 통하게 했다(佗曰 高帝立我王 通使物)."[372)]

"고황제가 신 조타에게 새인을 내리어 남월왕으로 봉하여 외신으로 삼고 시시로 공물을 헌상할 수 있게 하였다(高皇帝幸使臣佗璽 以爲南越王使爲外臣 時內貢職)."[373)]

"한 나라가 이미 중국을 평정하고 조타가 능히 월족들을 규합하여 남번을 보호할 수 있으므로 공납을 허용하였다(漢旣平中國 而佗能集楊越以保南藩 納貢職)."[374)]

이 같이 한 고조는 육고를 보내어 조타를 남월국왕으로 책봉하여 '새인(璽印)'을 하사하고 공물 헌상을 허용하였는데 '왕'과 '새인'의 의미를 살펴볼 필요가 있다. '왕'은 원래 은 왕조의 군주 존호였는데 주 왕조는 '왕'과 '천자' 존호를 함께 사용하고 진 제국은 '황제' 존호만을 사용하였다. 그런데 한 제국이 수립되면서 진 제국의 황제 존호와 주 왕조의 천자(天子) 존호만을 사용하였으므로 '왕' 존호는 한 단계 격하되어 한 제국 제후의 호칭으로 사용되었다. 그러므로 조타가 봉해진 왕의 의미는 제후왕을 의미하고 있다.

또 조타는 제후왕의 책봉과 더불어 한 제국 천자로부터 황금새를 받았다. '새인'은 원래 한 제국 황제가 자신이 임명한 신하 관료들에게 수여한 신분, 직위, 직책을 표시하는 공식적 징표(徵標)였는데 한 제국 내외의 제후왕들은 제후왕 책봉의 징표로서 황금새를 받았다. 그러므로 남월국 군주 조타가 황금새를 받은 것은 한 제국 천자의 제후왕

372) 『史記』 卷113, 「南越列傳」, p.2969.
373) 『漢書』 卷95, 「西南夷兩奧朝鮮傳」, p.3851.
374) 『史記』, 「太史公自序」, p.3317.

책봉을 의미한 것이다.[375] 그리고 후술하는 바와 같이 한 제국 천자의 외신 제후왕으로 책봉된 남월국 군주 조타는 빈번한 사신 파견과 입공을 이행하고 있었으므로 한 제국과 남월국 간에는 한 제국 천자의 남월국 군주의 외신 제후왕 책봉과 남월국 군주의 한 제국 천자에 대한 봉건적 책봉입공관계가 수립된 것이다.

> "때마침 혜제와 여후 시기로 천하가 아직 안정되지 않았으므로 요동 태수는 곧 위만과 약(約)을 맺고 외신이 되었다 … 요동 태수가 이를 보고하니 천자가 허락하였다(會孝惠高后時 天下初定 遼東太守卽約滿爲外臣 … 以聞 上許之)."[376]

> "연 나라 단이 요동 지역을 소란케 하자 위만이 도망하는 백성들을 거두어 해동에 집결시키고 진번을 병합하여 변방을 방위하였으므로 한 나라의 외신이 되었다(燕丹散亂遼間 滿收其亡民 厥聚海東 以集眞藩 葆塞爲外臣)."[377]

이에 의하면 위만조선 군주 위만도 혜제 · 여후(전 195-188?) 시기에 요동 태수의 중계로 한 제국과 '약(約)'을 체결하여 외신으로 책봉되었다. 그런데 사료에는 위만조선 군주가 한 제국 천자의 책봉을 수용한 후에 입공했다는 기록은 찾아볼 수 없다. 그러나 한 제국 천자의 위만

---

375) 한 제국의 새인(璽印)제도는 신하 관료들의 직위와 직책에 따라 황금새(黃金璽), 금인(金印), 은인(銀印) 등의 차등적으로 구성되었는데 제후왕은 황금새(黃金璽), 열후는 금인자수(金印紫綬), 승상은 금인자수(金印紫綬), 태위와 어사대부는 은인자수(銀印靑綬) 그리고 태부와 태사는 금인자수(金印紫綬)를 받았으며 무관들이었던 전장군, 후장군, 좌장군, 우장군들도 모두 금인자수를 받았다. 그리고 그 이하의 관료들은 대개 은인(銀印)을 받았다(栗原朋信, 『秦漢史の研究』, 東京: 吉川弘文館, pp.160-173 참조).

376) 『史記』 卷115, 「朝鮮列傳」, p.2986.

377) 위 책, 「太史公自序」, p.3317.

조선 군주의 외신 제후왕 책봉과 위만조선 군주의 외신 책봉 수용은 사실상 한 제국 천자에 대한 위만조선의 사신에 의한 입공 또는 군주의 입조를 전제한 것이므로 한 제국과 위만조선 간에는 한-남월국 간의 책봉입공관계와 같이 봉건적 책봉입공관계가 수립된 것이다.

"'노신이 망령되게 제호를 칭한 것은 오로지 혼자서 즐거워하려 한 것이지 어찌 감히 천왕께 알리고자 한 것이겠습니까?' 하며 조타가 머리를 조아려 사죄하며 '앞으로 오래도록 번신이 되어 공직을 받들기를 원합니다'(老臣妄竊 帝號 聊以自娛 豈敢以聞天王哉 乃頓首謝 願長爲藩臣 奉貢職)."[378]

"조타의 손자 호(胡)가 남월왕이 되었다. 이때 민월왕 영(郢)이 군사를 일으켜 남월의 변읍을 침입하였다. 이에 호가 사신을 보내고 글을 올려 말하기를 '두 나라는 천자의 번신이 되어 마음대로 군사를 일으켜 침범하지 않기로 하였습니다. 이제 민월이 군사를 일으켜 신을 침범하고 있지만 신은 감히 군사를 일으키지 못하고 있습니다. 오직 천자께서 조칙을 내려 주시기 바랍니다(佗孫胡爲南越王 此時民越王郢興兵擊南越邊邑 胡使人上書曰 兩越俱爲藩臣 毋得擅興兵相攻擊 今民越 興兵侵臣 臣不敢興兵 唯天子詔之)."[379]

여기에서 보면 남월국 군주 조타는 한 제국 천자로부터 외신 제후왕으로 책봉된 후 자신을 번신으로 자칭하고 또 조타의 손자 호(胡)도 자신을 번신으로 자칭하고 있으며 민월왕 영(郢)도 '번신'으로 지칭하고 있는데 이 같이 언급되고 있는 '번신'의 의미를 살펴볼 필요가 있다.

378) 『史記』 卷110, 「匈奴列傳」, p.2971.
379) 위 책, p.2971.

"대체로 제후가 공납하는 것은 … 술직(述職)하기 위한 것이다 … 제(齊) 나라는 동쪽의 제후국이다(夫諸侯納貢者 … 所以述職也 … 今齊列爲東蕃)."380)

제 나라는 한 고조 시에 분봉된 동성 제후국 중의 하나였다. 동쪽에 있었으므로 동번(東蕃)이라고 불렀는데 이것은 한 제국 천자에 의해 분봉된 모든 제후국은 번국(藩國)이었던 사실을 말하고 있다.

"효문제 시 오태자가 입현하고 황태자를 모시고 술을 마시며 쌍륙(雙六)을 놀게 되었다. 오태자의 사부들은 모두 경박하고 사나웠으며 오태자도 교만하였다. 또 쌍륙을 노는 데 불경하였으므로 황태자가 쌍륙판을 오태자에게 집어던져서 죽게 하였다 … 오왕은 이 일로 인하여 점차로 번신의 예를 잃고 병을 핑계 삼아 입조하지 않았다(孝文帝時 吳太子入見 得侍皇太子飮博 吳太子師傅皆楚人 輕悍 又素驕 太子引博局提吳太子 殺之 … 吳王由此稍失藩臣之禮 稱病不朝)."381)

"중산 정왕 승(勝)은 효경제 전 3년에 황제의 아들로 중산왕이 되었다 … 승은 사람됨이 술을 좋아하고 여자를 좋아하여 자식이 백이십여 명에 달하였다. 항시 형 조왕과 서로 비방하였다. '형은 왕이 되어서 오로지 관리를 대신해서 정사에만 힘쓰고 있다. 왕이란 마땅히 음악과 성색을 즐겨야 한다.' 조왕 역시 비난하여 '중산왕은 매일 음탕한 짓만 하고 천자를 도와 백성들을 돌보지 않으니 어찌 번신이라고 할 수 있겠는가' 라고 말하였다(中山靖王勝 以孝景前三年用皇子爲中山王 … 勝爲人樂酒好內 有子枝屬百二十餘人 常與兄趙王相非 曰 兄爲王 專代吏治事 王者當日聽音樂聲色 趙王亦非之 曰 中山王徒日淫 不佐天子拊循百姓 何以稱爲藩臣)."382)

---

380) 『漢書』 卷57 上, 「司馬上如傳」, p.2547.
381) 『史記』 卷106, 「吳王濞列傳」, p.2823.

위 글에 의하면 한 고조는 개국 후 일족이었던 비(濞)와 승(勝)을 오국과 중산국의 제후왕으로 봉하였다. 이들은 모두 제후왕으로 번신이라고 지칭하고 있는데 이것은 한 제국 천자의 책봉을 받은 제후왕들은 모두 번신이었던 사실을 말하고 있다. 번신의 임무에 대해서 『사기』 「천관서」에는 아래와 같이 언급하고 있다.

> "천구의 중앙에는 북극성이 있고 그중 유난히 밝은 별이 하나 있는데 그곳에 천제(天帝) 태일(太一)이 항상 거주하고 있다. 그 옆의 3개 별은 태일의 삼공이고 그 뒤에는 갈고리처럼 굽어져 있는 4개의 별이 있는데 끝의 큰 별은 황후이고 나머지 별은 후궁들이다. 그 주위를 울타리처럼 에워싸고 있는 12개의 별은 이들을 수호하고 있는 번신들이다(中宮 天極星 其一明者 太一常居也 旁三星三公 後句四星 末大星正妃 餘三星後宮之屬也 環之匡衛十二星 藩臣)."[383]

이 같이 북극성은 천자, 주변의 3개 별은 3공의 대신, 그리고 4개의 별은 황후와 후궁들을 각기 의미하고 있고 북극성을 울타리처럼 에워싸고 있는 주변 12개의 별들은 북극성을 수호하고 있는 번신들로 지칭하고 있다. 그러므로 번신은 천자를 수호하고 있는 번병(藩屛)의 임무를 지고 있는 제후왕들을 말하고 있다. 이 같이 한 제국의 제후왕들은 천상의 뭇 별들이 중궁인 북극성을 에워싸고 수호하고 있는 것과 같이 한 제국 천자를 수호하는 번병의 임무를 지고 있던 번신들이었다.

이 같은 사실을 감안하면 때 남월국 군주 조타는 한 제국 천자로부터 책봉된 외신 제후왕이었으며 한 제국 천자를 보호하는 번병(藩屛) 임무를 부여받은 번신이었다. 그리고 위만조선 군주 위만 역시 남월국 군주 조타와 마찬가지로 한 제국 천자의 책봉을 받은 외신 제후왕

382) 『史記』 卷59, 「五宗世家」, p.2099.

383) 위 책, 卷27, 「天官書」, p.1289.

이었으므로 한 제국 천자를 수호하는 번병 임무를 부여받은 번신이었다고 할 수 있다. 그러면 남월국 군주 조타와 위만조선 군주 위만이 한 제국 천자로부터 부여받은 번병 임무가 무엇이었는가를 살펴볼 필요가 있다.

> "한 11년 육고를 사신으로 보내어 조타를 남월왕에 봉하고 … 백월들을 잘 안정시켜서 남쪽 변경의 침해를 없게 하였다(漢十一年 遣陸賈因立佗爲南越王 … 和集百越 毋爲南邊患害)."[384]

이처럼 한 고조는 남월국 군주 조타를 남월왕으로 책봉하면서 남쪽 변경의 백월 관리와 변경 안정 임무를 부여하였는데 이것은 남월국 군주 조타가 한 제국 천자의 외신 제후왕으로 책봉되면서 한 제국 남쪽 변경의 백월 관리와 변경 안정에 대한 번병 임무를 부여받은 것을 말하고 있다.

> "때마침 혜제와 여후 시기로 … 요동 태수는 곧 위만과 약(約)을 맺어서 '외신이 되어 만이를 보호하고 변경을 침범하는 일이 없도록 하라. 여러 만이 군장들이 들어와서 천자를 뵙고자 하면 금하지 말라'고 하였다. 요동 태수가 이를 보고하니 황제가 허락하였다(會孝惠高后時 天下初定 遼東太守卽約滿爲外臣 保塞外蠻夷 無使盜邊 諸蠻夷君長欲入見天子 勿得禁止以聞 上許之)."[385]

이 같이 동북의 위만조선 군주 위만도 혜제·여후 시에 한 제국 천자의 외신으로 책봉되면서 한 제국 동북 변경 지역의 만이 관리, 변경 안정, 그리고 만이 군장들의 한 제국 천자에 대한 입현(入見) 협조 등을

---

384) 위 책, 卷113, 「南越列傳」, p.2975.
385) 위 책, 卷115, 「朝鮮列傳」, p.2986.

약조하였는데 이것은 위만조선 군주 위만도 동북 지역에서 번병 임무를 부여받은 것을 말하고 있다. 물론「조선열전」등의 자료에는 위만이 자신을 번신이라고 지칭하거나 제후왕 책봉의 상징인 황금새를 받았다는 기록은 없다. 그러나 남월국의 경우와 비교해 보면 위만의 외신 제후왕 책봉 수용과 더불어 동북 변경 만이의 관리와 변경 안정 그리고 만이 군장의 한 제국 천자에 대한 입현 협조 등은 사실상 위만이 외신 제후왕으로써 한 제국 천자를 수호하는 번병 임무를 수용한 것이라고 할 수 있다. 이 같이 남월국 군주 조타와 위만조선 군주 위만은 각기 한 제국 천자의 외신 제후왕의 책봉을 받고 번병 임무를 수용한 번신이었으므로 한 제국 천자와 남월국 군주 조타 그리고 위만조선 군주 위만 간에는 한 제국 천자를 정점으로 봉건적 책봉입공관계가 수립된 것이다.

그러므로 동아시아 세계를 4분하고 있던 북쪽의 흉노 제국, 중앙의 한 제국, 남쪽의 남월국 그리고 동북의 위만조선 간의 상호관계는 흉노-한 제국 간의 차등적 입공관계, 한 제국-남월국 간의 봉건적 책봉입공관계 그리고 한 제국-위만조선 간의 봉건적 책봉입공관계를 매개로 차등적 국제관계를 형성하고 있었는데 후술하는 바와 같이 4국 간의 차등적 입공관계와 봉건적 책봉입공관계는 모두 총체적 국력 강약과 자국의 국익 추구에 의해서 수립된 것이므로 자국의 국익 변동과 국제역학관계의 변동에 의해서 수시로 변할 수밖에 없었다.

실제로 흉노 제국은 한 제국 천자로부터 매년 정기적으로 입공을 받고 있으면서도 수시로 배약(背約)하여 한 제국 북변을 빈번히 침탈하고 있었으며 남쪽의 남월국은 한 제국 천자의 외신 제후왕으로 책봉되어 봉건적 책봉입공관계를 수립하고 있었으나 군주 입조는 행하지 않고 수시로 한 제국 천자와 같이 칭제(稱帝)하면서 한 제국 천자의 천하통치 유일무이성에 도전하고 있었다. 동북의 위만조선 역시 한 제국 천자의 외신 제후왕으로 책봉되어 봉건적 책봉입공관계를 수립하고 있었으면서도 군주 입조는 행하지 않고 주변 만이 군장들의 한 제국 천자에 대한 입현 차단 등의 독자적 정책을 추진하고 있었는데 이 같은 국제적 상황은 유일무이한 천명의 봉행자 하늘의 아들 천자로 자처하고 있는 한 제국 천자의 통치이념 차원에서 볼 때는 방관할 수 없는 것이었다. 그러므로 한 제국 국력이 부강해지고 무제가 등극하면서 이 같은 국제관계는 무력에 의해 재편되기 시작하였다.

제7장
한 제국의 굴기와 주변국의 외번화(外藩化)

1. 한 제국 초기의 정치·경제·사회적 위기와 극복

한 제국은 개국 이후 사회 · 경제적 파탄, 정치적 불안, 대외적 위협의 3대 난관에 봉착해 있었다 한 제국 수립을 전후한 사회 · 경제적 상황을 살펴보면 한 고조가 풍읍(豊邑)에서 기병한 이래 항우를 격퇴하고 한 제국을 수립하기까지 70여 차례의 큰 전투와 40여 차례의 작은 전투 등 모두 110차례의 전투를 치렀는데, 이 같은 치열한 전투 과정에서 백성들의 간과 골이 땅에 묻히고 아버지와 자식의 뼈가 함께 들판에 뒹굴고 부상당한 사람들은 회복되지 못하고[386] 또 남자들은 모두 징집당하여 종군하였으므로 모든 분야의 생산이 거의 정체되고 사재기꾼들의 농간으로 시장 물가는 천정을 모르고 치솟고 재상 등의 고위 관료들도 우마 등의 수레를 타고 등청할 정도로[387] 경제는 완전히 파탄되고 사회적 불안과 참상은 극도에 달하고 있었다.

한 제국은 또 잠정적인 조치로 봉건제도와 군현제도를 절충한 군국제도(郡國制度)를 시행하고 있었으므로 황하와 장강의 중 · 하류 지역에 동성 · 이성의 다수 제후왕들을 분봉하였는데 이들 제후왕들은 한 제국 영토의 2/3에 달하는 광대한 영토를 소유하고 독자적 관료제도를

386) 『史記』 卷99, 「劉敬叔孫通列傳」, p.2717.
387) 위 책, 卷30, 「平準書」, p.1417.

운영하고 모든 조세와 노역 등의 재정권을 직접 관장하고 있었다. 또 이성 제후왕들 중에서 한왕 신(信), 조왕 장이(張耳), 초왕 한신(韓信), 회남왕 영포(英布), 양왕 팽월(彭越) 등은 한초전에 참가하였던 백전노장들이었다. 이들은 전쟁 경험이 풍부하고 용병과 지력이 출중하며 방대한 병력을 소유하고 있었으므로 중앙정부에 심각한 위협이 되고 있었다.

또 동성 제후왕들은 황실과 가까운 근친이었음에도 불구하고 황제를 중심으로 결속하지 않고 자신들의 사적 이익만을 추구하여 전국의 망명객과 식객을 불러 모아서 세력을 형성하고 문제를 대형이라 부르고 임의로 법을 제정하여 시행하고 작위를 수여하는 등의 교만과 방종에 빠져 있었으며 또 황제와 중앙정부에 대해서도 적대적이었다.

이와 병행하여 밖에서는 최초의 유목제국을 수립한 흉노가 계속 남하하여 진대의 하서 지역을 접수하고 북쪽 변경을 수시로 침탈하고 있었으며, 남쪽의 월족 세계에서는 조타가 진 제국의 영토였던 계림 · 상군을 병합하여 남월국을 건설하고 남쪽 변경을 위협하고 있었다. 동북쪽에서는 위만조선이 흥기하여 요동 · 요서 지방으로 세력을 확대하고 있었다.

사실 이 당시 한 제국이 당면한 대외적 상황을 보면 "사방 오랑캐의 근심으로 한 번도 편안한 해가 없었다. 한 곳이 급하면 다른 세 곳이 위급함을 구하였으므로 천하가 다 요동하고 피해를 입었다(有四夷之患且無寧歲 一方有急 三面而救之 是天下皆動而其被害也)"[388]에서와 같이 사방 주변국의 강성과 활동은 국가 기반이 아직 다져지지 않았던 개국 초기의 한 제국 입장에서는 위협적일 수밖에 없었다.

그러므로 앞 장에서 언급한 바와 같이 한 고조는 먼저 흉노의 북쪽

388) 『漢書』 卷73, 「韋賢傳」, p.3172.

변경 침탈을 차단하기 위해서 대규모 병력으로 출동했으나 대패하였으므로 매년 세폐 봉헌과 선우 등극 시 한 황실 공주의 출가, 관시 개설 등을 포함한 입공을 통하여 흉노의 침탈을 무마하면서 북쪽 변경의 안정을 도모하였다.

남쪽으로는 조타의 남월국 수립과 계림 · 상군의 병합을 부득불 묵인하고 조타의 제후왕 책봉 수여 미명하에 사신 왕래와 물자 교역을 허용하면서 남쪽 변경의 안정을 도모하였다. 그리고 혜제 · 여후 시대에도 국가 기반이 안정되지 않았으므로 위만조선 건국을 부득불 인정하고 위만의 제후왕 책봉 수여의 미명하에 '병위재물'의 군사 · 경제적 원조를 제공하여 무마하면서 동북 지역의 변경 안정을 도모하였다.

이 같이 한 제국은 국가 기반이 다져지지 않았던 개국 초기에는 주변국과는 입공 허용, 사신 왕래, 물자 교역, 군사 · 경제적 원조 제공, 영토 양보 등의 모든 정책을 동원하여 우호관계를 수립하여 사방의 변경 안정을 도모하는데 전력을 기울였다. 그리고 안으로는 무위정책(無爲政策)을 경제 부흥과 사회 안정 수립의 핵심정책으로 채택하여 국력 회복에 전력을 다하였다.

무위정책은 한 고조 말기 소하(蕭何)에 의해 처음 시행되었는데 혜제, 여후, 문제, 경제 그리고 무제 초기까지 약 70여 년간 계속되었다. 이 시기에 한 정부는 모든 백성들에게 농사에만 전념케 하고 불필요한 노역을 줄이고 조세를 경감하였으며 민생에 대해 일체의 불간섭과 방임정책을 취하였다. 또 궁중에서 지출과 소비를 극도로 줄이고 긴축정책을 시행하면서 국가의 모든 역량을 경제 부흥과 사회 안정에 집중하고 중앙정부에 도전하는 이성 · 동성의 제후왕국은 각기 무력으로 평정하여 황제와 중앙정부에 도전하는 지방의 독립적 세력을 완전히 일소하였다.

> "지금 황제가 즉위하여 몇 년이 지난 후 한 나라가 일어난 지 70여 년이 되었다. 국가는 태평무사하여 홍수나 가뭄이 없고 백성들은 모두 만족하고 집집마다 풍족하다. 각 군과 현의 곡식창고는 꽉 차 있고 정부 창고에는 많은 재화가 보관되어 있었다. 경사의 금고에 보관되어 있는 돈은 쌓여서 억만금이나 되었는데 돈을 묶은 줄이 낡아서 셀 수도 없다. 태창의 곡식은 나날이 늘어서 층층으로 쌓아도 넘쳐나서 결국에는 노천에 모아 두었는데 썩어서 먹지 못하게 되었다(至今上卽位數歲 漢興七十餘年之間 國家無事 非遇水旱之災 民則人給家足 都鄙廩庾皆滿 而缶鼓餘貨財 京師之錢累巨萬 貫朽而不可校 太倉之粟陳陳相因 充溢露積於外 至腐敗不可食)."[389)]

이 같이 한 제국 초기에 시행된 무위정책은 크게 주효하여 시행 70여 년이 지난 후에는 경제가 부흥되고 사회 질서가 수립되고 정권이 안정되어 소위 '모든 사람들이 넉넉하고 집집마다 풍족한 가급인족(家給人足)'의 풍요 시대를 이루었는데 이 같은 '가급인족'의 현상은 한 제국이 개국 70여 년이 지난 후에 마침내 국기가 안정되고 국력이 충실해져서 태평시대를 맞이했던 사실을 말하고 있다. 그리고 이 같은 문·경제 시대의 태평시대를 이어받은 것이 바로 무제였다. 무제는(전 159-87) 부친 경제를 이어서 제6대 황제로 등극하였는데 반세기가 넘는 54년(전 141-87) 동안 한 제국을 통치하였다. 이 장기간의 재위 기간에 무제는 문·경제 시대의 경제 부흥과 사회 안정 기반 위에 역사상 전례가 드문 정치·경제·사회·사상적 대혁신을 단행하였다.

먼저 무제는 문·경제 때의 제후중건정책(諸侯衆建政策)과 삭번정책(削藩政策)을 이어서 추은령(推恩令)을 내려 제후왕 사망 시 영토를 자제들에게 분할 상속케 하고 부익률(附益律)을 공포하여 제후왕의 백성들 사역을 금지하고, 주금령(酒金令)을 제정하여 황실 종묘 제사에 헌

---

389) 『史記』 卷30, 「平準書」, p.1420.

상되는 주금(酒金) 수량이 부족하거나 성분이 나쁘면 제후왕의 작위를 취소하였으므로 이미 약화되고 있던 제후왕국들을 일반 군현과 거의 다름없게 만들어 버렸다.

또 무제는 종래 간헐적으로 시행되던 선거제도(選擧制度)를 전국의 현량, 방정한 인재들을 정기적으로 채용하는 새로운 관료제도로 혁신하였으며 전국의 군(郡)을 7주(州)로 분할하여 각 주에 자사(刺史)를 임명하여 지방 군 태수들의 지방통치를 철저히 감시하게 하였다. 그리고 견지법(見知法)을 제정하여 관료 상호 간의 감시와 고발 의무를 부과하고 국가정책 수행에 불만을 야기하거나 시행을 저해하는 자는 지위 고하를 불문하고 가차 없이 처단하였는데 이 같은 무제의 법치 시행은 진 제국의 법치에 못지않게 혹독하고 가혹한 것이었다.

또 무제는 정국거(鄭國渠)를 개수하고 육보거(六輔渠) 용수거(龍首渠) 조거(漕渠) 등을 개통하여 수해를 예방하고 관중(關中) 지역에 새로운 농경지를 개간하고 관동 지역에 기근이 심해지자 빈민 10여 만 명을 하서(河西) 지역으로 이주시켜서 새로운 농경지를 조성 하였다. 또 무제는 토지겸병을 무한정으로 자행하는 호족들을 엄단하여 국가의 조세, 병역, 부역을 전담하고 있는 소농민층을 사회 · 경제적으로 보호하고 안정시키어 국가의 통치기반을 공고히 하였다.

또 무제는 동중서의 사상적 영향을 깊게 받고 있었다. 동중서의 건의에 의하여 시(詩) · 서(書) · 예(禮) · 역(易) · 춘추(春秋)를 연구하는 5경박사(五經博士)를 임명하고 태학(太學)을 설립하여 귀족 자제들과 전국 인재들에게 유학 경전을 가르치게 하였으므로 유학은 국학(國學)으로 채택되어 사회지도이념으로 수립되었으며 이후 유학 독존(獨尊) 시대를 열게 되었다.[390]

---

390) 무제의 선친이었던 경제는 유학자 위관(衛綰)을 태자 철(徹, 후의 무제)의 교육을 담당케 하였으므로 무제는 유년시절부터 유학 교육을 철저히 받았다. 등극

이와 같이 무제는 강력한 법치 시행과 중앙집권적 관료제도 혁신을 통하여 주 왕조 봉건제도의 복귀를 주장하는 유가의 도덕정치와 이상주의 편향을 막고 국가의 조세, 병역, 부역의 기반을 잠식하고 있는 호족들을 철저히 탄압하여 소농민층의 사회 · 경제적 기반을 굳게 하여 안정시키고 황제권과 중앙정부를 위협하였던 지방의 독립적 제후왕국 세력들을 완전히 해체하였으며 유학을 국학으로 채택하여 한 제국의 사회지도 이념을 수립하였다.

이에 따라서 한 제국은 무소불위의 전제군주 황제를 정점으로 중앙집권적 관료제도와 군현제도에 기반한 전제군주국가로 발전하여 고대 통일제국의 이상을 완성할 수 있었다. 그러나 위에서 언급한 바와 같이 대외관계만은 여의치 않게 돌아가고 있었다.

후 무제는 유학자 출신의 승상 전분(田蚡), 두영(竇嬰) 등과 가까이 지냈으며 원광 원년(전 140)에는 전국에서 추천되어 올라온 현량(賢良)들에게 책문(策問)을 내려서 국가 경영의 의견을 구하였다. 이 당시 동중서는 현량 한 사람으로 무제의 책문에 대한 대책(對策)으로 '천인삼책(天人三策)'을 올렸다. 제1대책에서 천인상관론(天人相關論)을 주장하여 천과 인간과의 상호 관계를 밝히고 천인감응(天人感應)에 의한 재이설(災異說)을 설명하였다. 따라서 군주는 천의(天意)에 따라서 정치를 해야 하고 교화를 통해서 백성들을 선도해야 하며 학교를 세워서 인재와 관리들을 양성하지 않으면 안 된다고 하였다. 제2대책에서는 요·순 이래의 역대 정치를 상세히 비교, 비판하고 태학(太學)을 세워서 현사(賢士)를 양성하고 선거제도(選擧制度)를 마련해 인재들을 등용할 것을 주장하였다. 제3대책에서는 제자백가의 학설과 사상을 배격하고 유학으로 일통해야 춘추(春秋)에서 말하는 대일통을 이룰 수 있다고 하였다. 이 같이 동중서가 건의한 5경박사 임명, 태학 설립, 선거제도 시행, 유학 국학 채택 등은 시차를 두면서 시행되었으며 춘추에서 말하는 화 · 이 간의 대일통도 무제의 사면정벌에 의해서 추진되었다. 그리고 동중서는 무제의 사면정벌을 후술하는 바와 같이 천자의 은택에 의한 이적만이의 문명화, 이적만이 문명화에 의한 천하일통, 천하일통에 의한 태평성대 도래와 왕도 구현 등의 논리로 정당화하였다. 이 같은 사실에서 볼 때 동중서가 무제에게 끼친 영향은 실로 지대한 것이었다.

2. 흉노-한 제국 간의 쟁패전과 남흉노의 객신화(客臣化)

무제는 즉위 8년 되는 원광 2년(전 135)에 흉노 문제를 해결하기 위해서 조의(朝議)를 소집하여 대신들과 토의하였으나 흉노의 막강한 무력을 두려워하고 있던 대신들은 거의 전부가 흉노와의 개전을 반대하였다. 그런데 이듬해에 흉노와 오랫동안 밀무역에 종사하고 있던 마읍(馬邑)의 토호 섭일(聶壹)이 흉노 군신(軍臣) 선우를 남쪽으로 유인하여 사로잡을 수 있는 계책을 헌상하였다.

그러나 섭일이 제공한 계책은 한군의 작전 미숙으로 실패로 돌아갔으며 이에 분개한 군신 선우는 한 제국과의 화친관계를 단절하고 매년 북변에 대해 대대적인 무력 침탈을 감행하였다. 이에 무제도 흉노의 침탈에 정면 대응하였으므로 마침내 한 제국과 흉노 간에는 전면전이 개시되었다. 흉노-한 제국 간의 전쟁은 10여 년(전 129년-전 119) 동안 계속되었으며 동아시아의 패권 장악을 둘러싸고 전개되었던 쟁패전(爭霸戰)이었다.

이와 같이 흉노-한 제국 간의 전면전이 개시되자 무제는 종래 적을 유인하여 타격을 가하는 소극적 전략을 버리고 흉노의 본거지가 위치하고 있는 고비사막에 대병력을 집중적으로 투입하여 공격하는 적극적 전략을 택하였다. 이에 따라 무제는 수차례 대병력을 고비사막에 출동시켜서 흉노군을 요격하였는데 이 같은 흉노 공략에서 혁혁한 공훈을 세운 것은 차기장군 위청(衛青)과 위청의 생질이었던 곽거병(霍去病)이었다.

위청은 원광 6년(?-전105) 처음 출전 이후 전후 7회에 걸쳐 흉노 토벌을 단행했는데 중요한 업적을 들어보면 원삭 원년(전 126)에 기병 3만을 이끌고 산서성 안문(雁門)을 출발하여 고비사막에서 흉노 만여 명을 살상하였다. 또 산서성 운중(雲中)에 진격하여 흉노 수천 명을 참살하고 소 · 말 · 양 등의 가축 100여만 마리를 노획하였으며, 흉노에 상실되었던 섬서성의 오르도스(Ordos) 지방을 회복하였다. 무제는 여기에 삭방군(朔方郡)을 설치하여 전진기지로 삼았는데 이 오르도스 회복과 삭방군 설치는 한군의 흉노 정벌에 중요한 역할을 하였다.

이후 2년간 병사들을 휴식시킨 뒤 위청은 다시 원삭 5년(전 124)에 6인의 장군과 함께 기병 10여만 명을 이끌고 고비사막 깊숙히 진입하여 흉노 우현왕의 진영을 급습하였다. 이에 놀란 우현왕은 수 백기를 거느리고 겨우 탈출하고 미처 탈출하지 못한 왕족 10여 인과 남녀 1만 5천여 명은 위청군의 포로가 되고 가축 수백여 마리를 획득하는 대승리를 거두었다. 다음 해 위청은 같은 6인의 장군과 함께 10여만 명의 병력을 거느리고 다시 출격하여 1만 9천여 명을 참수하는 전과를 거두었으나 이때에는 한군의 손실도 상당하였다.

곽거병(?-전117)은 원삭 6년(전 123)에 숙부인 대장군 위청을 따라 종군하였는데 이 출격에서 곽거병은 2,028명의 흉노군을 참살하였다. 또 3년 후인 원수 2년(전 121) 표기장군으로 임명된 곽거병은 1만 기를 거느리고 다시 농서(隴西) 방면에서 고비사막으로 깊숙히 침투하였는데 여기에서 흉노의 절난왕(折蘭王), 노호왕(盧胡王)을 참수하고 혼야왕(昆邪王)의 아들을 포로로 하였으며 수급 1만 8천여를 획득하여 돌아왔다. 그리고 같은 해 여름에 다시 출격하여 기련산(祁連山)에서 흉노군을 포착하여 수급 3만을 얻고 흉노 122인을 포로로 하여 귀환하였다.

이후 위청과 곽거병은 다시 각기 5만 기를 거느리고 흉노의 본거지로 출격하였다. 위청은 고비사막을 천여 리 이상 침투하여 이치사(伊穉斜)선우를 만나 격전을 벌였는데 이 전투에서 위청은 흉노병 1만 9천 명을 참살했다. 곽거병도 고비사막을 2천 리 횡단하여 다수의 흉노 고관을 생포하고 7만여 명을 참수하였다. 이 같은 위청과 곽거병의 활약에 의해서 계속 참패한 흉노는 세력이 급속도로 약화하여 서쪽

방비가 무너지게 되었다.

이 같이 흉노의 서쪽 방비가 무너지게 되자 이 지역의 책임을 맡고 있던 흉노의 혼야왕(渾邪王)은 선우의 처벌을 두려워하여 수만의 병사들과 함께 한군에 항복하였다. 이에 무제는 혼야왕이 통치하였던 영토에 무위(武威) 주천(酒泉) 장액(張掖) 돈황(敦煌)의 하서(河西) 4군을 설치하여 서역으로 진출할 수 있는 전진기지를 구축하고 또 흉노가 남쪽의 강족(姜族)과 통교할 수 있는 통로를 끊을 수 있었다.

무제는 이 같이 북쪽으로 흉노를 압박하면서 장건을 필두로 많은 사신들을 서역에 파견하여 월지(月氏), 대하(大夏) 등과 국교를 맺고 또 공주를 오손국(烏孫國) 왕에게 출가시키는 등의 회유책을 써서 흉노를 지원하던 서역 국가들과 흉노와의 관계를 끊었으므로 마침내 흉노 주력은 고비사막 이북으로 축출되고 흉노의 서역 지배가 붕괴되어 한 제국에 대한 포위가 해체되었다. 그러나 무제 말기 천한 2년(전 99)과 4년(전 97), 정화 3년(전 90)의 3차에 걸친 흉노 원정은 모두 참담한 실패로 끝났으며 원정대를 지휘했던 이광리(李廣利), 상구성(商丘成), 마통(馬通) 이능(李陵) 등의 장수들은 모두 흉노 선우에게 포로가 되었거나 항복하였으므로 무제의 흉노 구축 계획은 비참하게 끝나고 말았다.

한편 양국은 이 같이 10여 년간 계속된 장기전에서 인력 상실과 물자 손실이 막대하였다. 한 측은 사졸이 많이 전사하고 말을 10만여 필이나 잃었기 때문에 고비사막 이북까지 진공하기가 어려웠으므로 위청과 곽거병의 기원전 119년의 출병을 고비로 종전과 같은 대규모의 출병은 감행하지 못하였다. 또 국가의 재정도 고갈되고 사회 불안도 전국적으로 확산되어 국가 위기감이 고조되고 있었으므로 무제는 소위 '윤대(輪臺)의 조서'를 발표하고 흉노와의 무력 충돌을 포기하였다.

흉노 측의 손실도 막대하였다. 한군에 의해 살상당하거나 투항한 인력 손실은 20여만 명이었는데 이 같은 인력 손실은 인구가 적었던 흉노의 입장에서는 심각한 것이었다. 또 흉노는 목축이 생업이었고 경제의 근본이었는데 한군에 의해 노획되거나 살육된 가축이 부지기수였다. 그리고 하남, 하서와 같은 최적의 목초지 상실과 계속된 가뭄과 병충해 만연으로 흉노 경제는 결정적으로 파탄되어 회복이 어렵게 되었으며 또 서역과의 단절은 부세(賦稅)의 고갈을 초래하였으므로 세력이 극도로 약화되었다.

이에 따라서 무제 사후 양국 간에는 화해 분위기가 조성되어 소제(昭帝)와 선제(宣帝) 초기까지 계속되었다. 그런데 이 기간 중에 흉노 측에서는 허려권거(虛閭權渠) 선우가 사망(전 60?)하고 우현왕이었던 도기당(屠耆堂)이 계승하여 악연구제(握衍朐鞮) 선우가 되었으나 인망이 없었으므로 내부 분란이 발생하였다.

이에 계후산(稽侯狦) · 도기(屠耆) · 호게(呼揭) · 거리(車犁) · 오자(烏藉)의 다섯 선우가 각기 자립하여 서로 공격하면서 소위 5선우쟁립 시대를 연출하였는데 이 중에서 우현왕 호도오사(呼屠吾斯)가 최후 승리를 얻어서 질지(郅支) 선우가 되었다. 그리고 권력쟁탈전에서 패배한 일축왕(日逐王) 비(比)는 불만을 품고 조부와 같은 호한야 선우의 이름으로 개명하고 남흉노로 독립하였으므로 흉노 제국은 마침내 남북으로 양분되었다. 그리고 호한야 선우는 선제 감로 3년(전 53)에 칭신 내조하여 정월 조하에 직접 참렬하였다.

> "흉노 호한야 선우가 오원 요새의 문을 두드리고 머리를 조아리면서 진기한 보물을 받들고 3년 정월에 조하하기를 원하였다. 황제가 신하들에게 의논케 하였는데 신하 전부가 말하기를 … '폐하의 성덕이 천지에 충만하고 사방에 미쳤습니다. 흉노 선우가 폐하의 위엄에 이끌리고 덕을 사모하여 … 보물을 받들고 조하하는 것은 고래로 없었던 일입니다. 선우가 정삭을 받들고 있지는 않지만 왕자의 신분입니다. 의례는 마땅

히 제후왕과 같이 하고 … 자리는 제후왕 아래에 배열해야 합니다.' 황제가 조서를 내려 말하기를 '나는 삼황오제 때에는 예교가 있으나 시행할 수 없는 곳이 있었고 정령과 형법이 있으나 집행할 수 없는 곳이 있었다고 들었다. 지금 흉노 선우가 북쪽 번신이 되어 정월에 조하 하는데 내가 못나고 은덕이 충분하지 못하여 은덕이 흉노에게 미치지 못했다. 객례로 대우하여 그 좌석을 제후왕의 위에 배열하도록 하라'(匈奴呼韓邪單于于款五原塞 願奉國珍朝三年正月 詔有司議 咸曰 … 陛下聖德 充塞天地 光被四表 匈奴單于鄉風慕義 擧國同心 奉珍朝賀 自古未之有也 單于非正朔所加 王者所客也 禮儀宜如諸侯王 … 位次諸侯王下 詔曰 蓋聞五帝三王 禮所不施 不及以政 今匈奴單于稱北藩臣 朝正月 朕之不逮 德不能弘覆 其以客禮待之 位在諸侯王上)."[391]

"3년 춘 정월에 황제가 감천에 행차하여 진시에서 교사를 지냈다. 흉노 호한야 선우 계후산이 내조하였는데 시종은 번신이라 부르고 거명은 하지 않았다. 새수 · 관대 · 의상 · 수레 · 말 · 황금 · 비단 · 솜을 하사하였다(三年春正月 行幸甘泉 行幸甘泉 郊泰畤 匈奴呼韓邪單于稽侯狦來朝 贊謁稱藩臣 而不名 賜以璽綬 冠帶 衣裳)."[392]

"흉노 선우가 감천궁에서 천자에게 조하(朝賀)하였다. 한은 파격적인 예우를 하여 선우를 제후왕의 상위에 배정하였다. 그리고 알현할 때에는 칭신만 하고 이름을 거명하지 않도록 하였다. 예물로 관대 의상 황금새를 하사하였다(單于 正月朝天子于甘泉宮 漢寵以殊禮 位在諸侯王上 贊謁稱臣而不名 賜以冠帶 衣裳 黃金璽)."[393]

이 같이 선제는 호한야 선우가 칭신 내조하자 호한야 선우를 객신(客臣)으로[394] 우대하고 천자를 알현할 때에는 '칭신하되 이름을 밝히지

391) 『漢書』 卷8, 「宣帝紀」, p.271.
392) 위 책, 「宣帝紀」, p.271.
393) 위 책, 「匈奴列傳」, p.3798.

않는 칭신불명(稱臣不名)'의 특권을 부여하였다. 그리고 조회 시의 좌석은 제후왕의 상위에 배정하고 한 제국 제후왕 책봉의 상징인 황금새와 함께 관대, 의상, 수레, 말 등의 부수적 물품을 하사하였는데 이것은 사실상 남흉노 호한야 선우가 칭신불명의 특권을 받은 객신의 대우를 받은 것이었으나 실제적으로는 한 제국 천자의 외신 제후왕으로 책봉된 것이다.[395)]

이에 따라서 무제 원광 3년(전 133)에서 선제 감로 3년(전 53)까지 80여 년간 계속되었던 흉노-한 제국 간의 쟁패전은 호한야 선우의 한 제국 천자에 대한 칭신 내조와 외신 제후왕 책봉 수용으로 그 막을 내리게 되었으며 동아시아의 패권은 흉노 제국에서 한 제국으로 넘어갔다.[396)]

3. 남월국의 내번화(內藩化) 거부와 멸망

앞에서 서술한 바와 같이 남월국 군주 조타는 남월국을 건국한 후 무제(武帝)라고 칭제하였는데 한 고조가 외신 제후왕으로 책봉하고 사신 왕래와 물자 교역을 허용하자 조타는 '제호'를 버리고 번신으로 자처하였으며 이후 한 제국과의 사신 파견과 물자 교역 등을 통해 한 제국의 선진문물을 구입하고 있었으므로 국력이 날로 발전하고

394) 객신(客臣)의 의미를 살펴보면 선우는 자국 내에서는 선우라는 흉노 고유의 군주 존호를 그대로 사용하고 또 흉노의 예와 법을 사용할 수 있으나 한 제국과의 관계에서는 한 제국의 예와 법을 준수하는 것을 말한다.

395) 屈 敏一도 남흉노 선우가 선제에게 칭신 내조하여 새인을 받고 객신의 우대를 받았으나 실제적으로는 한 제국 천자의 외신으로 책봉된 것으로 인정하고 있다(『中國と古代東アジア世界』, p.74, 참조).

396) 姚從吾 篇, 「匈奴與西漢爭奪東亞霸權的檢討」, 『東北史論叢』, 臺北: 正中書局, 民國 48, p.144.

있었다.

그런데 이 같은 남월국의 강성을 우려한 여후는 조타에게 부여한 외신 제후왕의 왕호를 박탈하고 남월국에 대한 부분적 금수 조치를 단행하였는데 이것은 남월국에 대한 일종의 경제적 봉쇄정책이었다. 그리고 여후의 이 같은 경제적 봉쇄정책에 크게 분개한 조타는 그 보복으로 병력을 동원하여 한 제국 남쪽 장사국 변경의 여러 현(縣)을 수차례 침입하였으며 여후도 무력으로 남월국을 응징하였으므로 양국 관계는 적대적으로 변하였다.

이후 여후를 이어서 등극한 문제는 국내외적으로 여러 가지의 어려운 문제에 봉착해 있었으므로 남월국 문제를 우선적으로 해결하려고 하였다. 이에 문제는 육고를 다시 남월국에 파견하여 조타의 왕호를 회복해 주고, 사신 파견을 허용하고 물자 교역 재개를 허락하였다. 그리고 이 같은 문제의 우호적인 대우에 감읍한 조타는 다시 '제호' 사용을 포기하고 신례를 취했는데 이때 조타는 '제호' 사용을 완전히 포기한 것은 아니었다.

> "남월의 위타(조타)가 백월들을 총괄하면서 스스로 칭제하였다(南越尉佗總百奧 自稱帝)."[397]

> "남월국 내에서는 몰래 예전의 칭호대로 불렀고 천자에게 사신을 보낼 때에만 제후와 같이 왕으로 호칭하며 천자의 명을 받았다(然南越其居國竊如故號名 其使天子 稱王朝命如諸侯)."[398]

이 같이 조타는 한 제국 천자에 대해서는 '제호' 사용을 포기하였지

---

397) 『漢書』 卷73, 「韋賢傳」, p.3127.
398) 위 책, 卷94 上, 「匈奴列傳」 p.2971.

만 남월국 국내에서는 여전히 '제호'를 사용하고 있었는데 이것은 조타가 '제호'에 대해서 아주 집착하고 있었던 사실을 말하고 있다. 그러나 유일무이한 천명의 봉행자 한 제국 천자의 입장에서 볼 때 천하에서 양제(兩帝)는 절대로 있을 수 없는 것이므로 한 제국과 남월국의 양국 관계는 겉으로는 우호적이었지만 안으로는 '제호' 사용을 둘러싸고 어느 시기에는 폭발될 수밖에 없는 이념적 갈등이 내재하고 있었다.

그런데 이 같은 현상과 병행하여 한 제국과 흉노 제국 간에 쟁패전이 야기되자 한 제국과 남월국은 또 전략적으로도 상극관계로 변하고 있었다.

> "남월국의 영토는 동서남북으로 수천만 리에 달하며 군대가 백만이 넘습니다(東西南北數千萬里 帶甲百有餘萬)."[399]

> "노부가 몸소 수백의 읍을 정벌하여 땅이 동서남북으로 수천만 리가 되며 무장 병력이 백만이 넘습니다(老夫身定百邑之地 東西南北數千萬里 帶甲百萬有餘)."[400]

> "남월왕은 좌독으로 장식한 황옥을 타고 행차하는데 땅은 동서 만여 리 됩니다. 이름은 외신이나 사실상 일국의 군주입니다(南越王黃玉左纛地東西萬餘里 名爲外臣 實一州主)."[401]

이에 의하면 남월국 군주 조타는 몸소 백여 읍(邑)을 정벌하고 또 주변의 민월(閔越) · 서월(西甌) · 낙월((駱越) 등 군소의 월족 국가들을 복속시키어 그 영토가 동서남북의 수천만 리에 달하고 병력은 백만이

399) 『史記』 卷116, 「西南夷列傳」, p.2994.
400) 『漢書』 卷95, 「西南夷兩奧朝鮮傳」, p.3852-3.
401) 『史記』 卷116, 「西南夷列傳」, p.2995.

넘었는데 이것은 남월국이 남쪽의 지역 강국이었던 사실을 말하고 있다. 그러므로 위에서 말한 바와 같이 여후 때의 관리들은 이 같은 남월국의 강성을 우려하여 남월국에 대한 경제적 봉쇄정책을 건의하였고 문제 때의 관리들은 남월국은 중국의 외신이나 실제적으로 일국의 군주와 같고 중국 천자와 같이 행세하고 있다고 평가하였는데 이 같은 남월국 군주의 중국 천자와 같은 제호(帝號) 사용, 급속한 강성과 형세는 한 제국에 대해 충분히 위협이 될 수 있었다.

그런데 무제가 등극하면서 한 제국은 북방 흉노와 전면전을 개시하고 전쟁이 서역 지방까지 확대되었으므로 한 제국은 모든 병력을 서북방에 집결시켜 놓을 수밖에 없었는데 만일 날로 강성해지고 있는 남월국이 한 제국을 남쪽 배후에서 공격하는 경우 한 제국은 치명타를 입을 수밖에 없는 전략적 취약점에 노출되기 시작하였다.

이 같이 당시 한 제국과 남월국은 이념적 측면에서는 '제호' 사용을 둘러싸고 갈등이 깊어지고 있었을 뿐만 아니라 국제적 전략 측면에서도 상극관계로 변하고 있었는데 이 같은 양국 간의 이념적 갈등과 국제정세의 급변이 무제의 남월국에 대한 기존 정책을 재고하게 만든 것 같다. 그리고 남월국에 대한 기존의 정책을 수정할 기회가 대두되었는데 그것은 남월국 창업주 조타가 건원 5년(전 137)에 사망한 것이었다.

남월국에서는 조타가 사망하자 아들 조호(趙胡)가 등극하였는데 이때 동쪽의 민월왕 영(郢)이 남월국 군주 교체기의 불안정한 기회를 이용하여 남월국의 변방 여러 지역을 침입하였다. 이에 새로 등극한 조호는 크게 놀라서 무제에게 사신을 보내어 구원병을 요청하였다. 이 같은 조호의 원병 요청을 받은 무제는 즉시 군대를 파견하여 민월왕을 응징하려고 하였는데 이때 민월왕의 동생 여선(余善)이 한 제국 출병을 두려워하여 먼저 민월왕을 죽이고 항복하였으므로[402] 무제는 원병 파견을 중지하고 대신 장조(莊助)를 위문사로 파견하여 남월왕 조호를 위로하였다. 그리고 무제의 이 같은 신속한 원병 파견 결정과 장조의 위문사 파견에 크게 감동한 조호는 이에 대한 보답으로 태자 영제(嬰齊)를 한 제국으로 파견하여 무제를 숙위(宿衛)케 하였다. 그리고 장조에게 아래와 같이 말하였다.

> "나라가 새로 침략을 당하였습니다. 사자께서는 떠나 주십시오. 조호는 서둘러 차비를 갖추어 천자를 배알하겠습니다(國新被寇 使者行矣 胡方日夜裝入見天子)."[403]

이에 의하면 무제의 신속한 원병 파견 결정은 당시 조호의 마음을 크게 감동시켰는데 사신으로 내려 온 장조는 이 기회를 이용하여 조호에게 무제에 대한 입조(入朝)를 여러 가지의 정치 · 군사적 이득과 달콤한 언변으로 설득하고 요청하였을 것이며 이 같은 장조의 언변에 설득된 조호는 마침내 자신의 입조를 약속하였던 것으로 생각된다.

그런데 앞뒤의 여러 사실을 종합해 보면 조호의 입조에 대한 위문사 장조의 요청과 설득은 장조의 개인적이고 돌발적인 발상에서 나온 것이 아니고 무제가 오랫동안 구상하였던 정책이었던 것으로 생각된다. 그러므로 조호의 친조(親朝)의 확답을 받은 장조는 바로 한 제국으로 귀국하였는데 이때 남월국 대신 중의 한 사람이 조호에게 아래와 같이 간언하였다.

---

402) 여선(余善)이 재상과 종족들과 의논하기를 "왕이 함부로 군사를 일으켜 남월을 치면서 천자께 주청하지 않았다. 이 때문에 천자의 군대가 와서 주멸하려고 한다. 지금 한 나라의 군대는 많고 강하다. 설령 이번에 이기더라도 원병은 갈수록 증강될 것이므로 결국 나라는 망하고 말 것이다. 이제 왕을 죽여서 사죄하자"고 하면서 마침내 형이었던 민월왕 영(郢)을 살해하였다(『史記』, 「南越列傳」, p.2981).

403) 『史記』 卷113, 「南越列傳」, p.2971.

“한 나라가 군사를 일으켜 민월왕 영을 주살하였는데 이 같은 행동은 또 남월을 위협하는 것입니다. 옛 선왕께서는 천자를 섬기는데 예를 잃지 않아야 한다고 하였습니다. 요컨대 달콤한 말을 듣고 들어가 천자를 뵈어서는 안 됩니다. 들어가 천자를 뵙고 돌아오지 못한다면 이는 망국의 형세입니다(漢興兵誅郢 亦行驚動南越 且先王昔言 事天子期無失禮 要之不可以說好語入見 入見則不得復歸 亡國之勢也).”404)

이 글은 조호가 위문사 장조의 달콤한 말만 듣고 한 제국에 들어가서 입조하였다가 만약 돌아오지 못하는 경우가 발생하면 나라가 망할 수도 있다는 입조의 위험성을 지적한 것이다. 그리고 이 같은 신하의 간언에 입조의 위험성을 깊이 깨달은 조호는 무제에 대한 입조 추진을 중단하고 병을 핑계로 끝까지 입조하지 않았으며 10여 년 후에 사망하였다. 그리고 조호가 사망하자 한 제국에서 무제의 숙위로 있던 태자 영제(嬰齊)가 귀국하여 남월국왕이 되었다.

그런데 영제는 장안(長安)에서 천자의 숙위로 근무하고 있을 때 한단(邯鄲) 규(摎) 씨의 딸을 부인으로 맞이하여 아들 흥(興)을 낳았다. 이후 귀국하여 남월국왕으로 등극한 영제는 다시 무제에게 아들 흥(興)을 태자로 봉해 줄 것을 요청하였는데 무제는 영제의 요청을 받아들여서 흥의 태자 결정을 승인하고 다시 남월국왕의 친조를 수차례 요구하였다.

“한 나라는 수차 사신을 보내어 영제에게 친조할 것을 슬그머니 권유하였다 … 영제는 한 나라에 들어가 입조하면 한 나라의 법에 따라 국내의 제후들처럼 취급받을 것을 두려워하여 병을 핑계로 끝내 입조하지 않고 아들 차공을 보내어 숙위하게 하였다(漢數使使者風諭嬰齊 … 懼入見要用漢法 比內諸侯 故稱病 遂不入見 遣子次公入宿衛).”405)

---

404) 위 책, 「南鉞列傳」, p.2971.

이 같이 무제는 남월국왕 영제에게도 사신을 수차 보내어 친조를 줄기차게 권유하고 영제는 병을 핑계로 무제의 계속된 친조 요구를 끝까지 거절하였다. 남월국왕 영제가 무제의 친조 요구를 거절한 이유를 살펴보면 한 제국에 들어가 친조하게 되면 한 제국 천자가 제정한 법의 적용을 받는 내제후로 전락될 것을 우려하였기 때문이었다.

다시 말하면 영제는 한 나라에서 숙위 근무와 홍의 태자 결정 등에 대한 무제의 친절과 호의에 대해서는 마음 깊이 감사하고 있었지만 남월국의 독립과 자신의 독립적 입지를 지키기 위해서 남월국왕의 친조만은 끝까지 거절하였던 사실을 알 수 있다. 이런 점에서 볼 때 남월국은 한 제국 천자와 봉건적 책봉입공관계를 수립하였지만 봉건적 신례인 군주 입조는 끝까지 거부하고 사신 파견에 의한 입공만 행하고 있었던 사실을 알 수 있다.

이후 남월국에서는 영제가 사망하자 무제의 숙위로 있던 태자 홍이 귀국하여 남월국왕으로 즉위하였으며 이때 중국인 어머니 규 씨도 함께 귀국하여 태후가 되었다. 무제는 이 기회를 이용하여 종군(終軍)과 안국소계(安國小季)를 사신으로 보내어 다시 친조를 설득하였다.

> "남월국과 한 나라가 화친을 이루자 종군(終軍)을 남월에 파견하여 그 왕을 설득하고 입조시켜서 국내 제후로 만들려고 하였다. 이에 종군이 자청하여 … 남월왕을 달래어 궁궐 아래에 데려오도록 하겠다고 하였다. 종군이 드디어 남월로 내려가서 남월왕을 설득하였으므로 남월왕이 종군의 설득을 듣고 나라를 들어 내속하기를 청하였다(南越與漢和親 乃遣軍使南越 說其王 欲令入朝 比內諸侯 軍自請願 … 必羈南越王 而致之闕下 軍遂往說越王 越王廳許 請擧國內屬)."[406]

405) 『漢書』 卷69, 「趙充國辛慶忌傳」, p.2971.
406) 『漢書』 卷64 上, 「嚴朱吾丘主父徐嚴終王賈傳」, p.2821.

종군은 원래 언변이 좋았으므로 남월국에 파견되면 남월국왕을 고삐와 굴레(羈縻)로 달래듯이 설득하여 내제후로 내속시킬 수 있다고 장담하였던 사람이었다. 그리고 안국소계는 패릉(覇陵) 사람으로 태후가 중국에서 영제의 부인이 되기 전에 태후와 불륜관계를 가졌던 이전의 정부(情夫)였다. 그러므로 남월국에 파견된 종군과 안국소계는 각자의 역할을 분담하여 종군은 유창한 언변으로 남월국왕 흥에게 무제에 대한 친조를 집요하게 설득하였으며 안국소계는 태후에게 왕이 친조할 수 있도록 협조를 요청하였다.

또 무제는 이와 별도로 위위 노박덕(路博德)에게 군사를 주어 계양(桂陽)에서 사신들을 기다리게 하였는데 이것은 사실상 남월국왕의 친조를 강요하는 일종의 무력시위였다. 이 같이 무제는 언변이 좋은 종군과 태후 옛 정인이었던 안국소계를 사신으로 파견하여 왕과 태후를 양면으로 설득하고 또 노덕박에게 병력을 주어서 무력시위를 감행하게 하였는데 이것은 남월국왕 친조를 추진하여 내제후로 만들려고 했던 무제의 의지가 얼마나 강하고 집요했었는가를 말하고 있다.

그런데 이때 안국소계와 불륜관계가 소문이 나서 평판이 좋지 않게 된 태후는 한 제국의 위세에 기대어 자신의 불편한 입장을 모면하려고 하였다. 이에 태후는 나이 어린 왕과 주변 대신들에게 무제에 대한 친조를 더욱 설득하고 압력을 가하였으므로 나이 어린 왕과 일부 신하들은 이 같은 태후의 집요한 설득과 압력 그리고 노박덕의 무력시위에 위압되어 무제에게 사신을 보내어 내속할 것을 결정하였다.

> "곧 사신을 보내어 글을 올려서 국내 제후로 되어서 3년에 한 번씩 입조하고 변경의 관문을 철폐할 것을 주청하였다. 이에 천자가 허락하고 승상 여가에게 은인(銀印)을, 내사 · 중위 · 태부에게 각각 인(印)을 하사하고 나머지 관직에 대해서는 알아서 설치하도록 하였다. 남월의 고유 형벌인 경형(黥刑)과 의형(劓刑)을 폐지하여 한 나라 법을 사용하고 그리

> 고 내제후로 되겠다고 하였다 … 남월왕과 태후는 행장을 꾸리고 예물을 후하게 갖추어 입조를 준비하였다(卽因使者上書 請比內諸侯 三歲一朝 除邊關 於是天子許之 賜其承相呂嘉銀印 及內史 中尉 太傅印 餘得自置 除其故黥劓刑 用漢法 比內諸侯 … 王 王太后飾治行裝重齎 爲入朝具)."[407]

이렇게 한 제국 천자에게 내속하기로 결정한 남월국왕 흥은 한 제국의 내제후들과 똑같이 3년 1회의 입조를 약속하고 남월국 고유의 법령 폐지와 한 제국 법령 사용 그리고 한 제국과 접한 국경의 관문 철폐를 약속하고 자신도 곧 무제에게 입조할 준비를 하였다.

이에 무제는 흥의 주청을 허락하고 이어서 승상 여가(呂嘉)에게는 은인(銀印)을 하사하고 내사·중위 태부 등의 신하들에게도 각기 인(印)을 내렸는데 이 같은 인 하사는 남월국 관리들을 한 제국의 관작질서 안으로 편입시키는 것이었다. 여기에서 남월국 군주를 입조시키어 내신 제후왕으로 신속시키려고 하였던 무제의 오랜 숙원은 거의 이루어지게 되었다.

그러나 남월국의 왕과 태후 그리고 일부 신하들에 의해서 남월국의 내속이 급속도로 추진되자 승상 여가(呂嘉)를 중심으로 한 토착세력이 강력히 반발하였다. 승상 여가는 토착의 월족 출신으로 3대를 섬긴 원로대신이었다. 그의 일족 가운데는 고관 벼슬을 한 자가 70여 명이나 되었으며 남자들은 모두 왕녀(王女)에게 장가들고 여자들은 모두 왕자 아니면 왕의 형제, 종실과 결혼하였다. 그리고 여가 자신도 왕보다도 백성들의 신망을 더 받고 있었다.

그런데 남월국 군주 흥이 무제의 요구를 받아들여서 한 제국 천자에 대한 내속을 일방적으로 결정하자 여가는 그 일족, 주변 신하들과 더불어 왕에게 내속 반대의 간언을 여러 번 올렸지만 왕이 듣지 않으므

---

407) 『史記』 卷113, 「南越列傳」, p.2973.

로 마침내 병을 핑계로 집에서 칩거하면서 한 제국 사신을 만나지 않았다. 이에 따라서 남월국 내부에서는 태후와 왕을 중심으로 한 친한파(親漢派)와 여가와 그 일족을 중심한 토착의 반한파(反漢派)로 분열되어 대립하게 되었다.

그런데 원정 4년(전 113) 한 제국 천자에 대한 입조 준비를 일방적으로 마친 왕과 태후는 출발하기에 앞서 주연을 베풀고 한 제국 사신의 도움을 받아서 여가와 주요 인물들을 살해하려는 음모를 계획하였다. 그러나 이 같은 음모 계획을 미리 알아차린 여가는 동생에게 병력을 주어 궁궐 밖에서 대기시켜 놓았다가 주연에서 위험을 느끼자 도중에 빠져나와 동생의 호위를 받고 귀가하였는데 이때에 월인들이 많이 따랐으므로 왕과 태후는 무력으로 여가를 공격할 수도 없게 되었다. 그러므로 양측은 수개월 동안 서로 대치하고 있었는데 이 같은 복잡한 사정을 알게 된 무제는 마침내 한천추(韓千秋)에게 태후의 동생 규락(摎樂)과 함께 병력 2000명을 주어 무력으로 사태를 해결하도록 하였다.

한편 무제가 이 같이 무력으로 남월국의 내속 문제를 해결하려고 하자 여가도 마침내 반란을 일으켜 왕궁을 습격하여 왕, 태후와 한 제국 사신을 살해하고 자신의 사위 건덕(建德)을 왕으로 추대하고 무제가 보낸 한천추의 병력 2000여 명을 몰살시켜 버렸다. 이에 무제도 원정 5년(전 112년)에 복파장군 노박덕(路博德)과 주작도위 양복(楊僕)에게 각기 10만의 병력을 주어서 남월국을 공략하게 하였다. 이에 양군은 남월국의 수도 반우(番禺, 지금의 광동시)에 집결하여 공격을 개시하였으므로 그 해 10월에 반우성이 함락되고 건덕왕과 여가는 사로잡혀서 장안으로 송환되었다.

이에 남월국의 자주성을 지키기 위해 내번화(內藩化)를 끝까지 반대했던 남월국은 5대 93년 만에 멸망되고 남월국의 영토에는 9군이 설치되어 한 제국 천자의 직속 영토로 편입되었다. 이에 따라서 무제는 이념적 측면에서 방관할 수 없었던 남월국왕의 제호 사용을 항구적으로 봉쇄할 수 있었고 북방의 흉노와 대치하고 있는 한 제국 남쪽 배후의 잠재적 위협을 제거할 수 있었으며 한 제국 천자의 천하통치 유일무이성을 남쪽 지역에까지 확대할 수 있었다.

4. 위만조선의 외번화(外藩化) 거부와 멸망

앞 장에서 설명한 바와 같이 한반도의 평양에 도읍한 위만조선(전 195?-108)은 건국 이후 급속한 발전을 계속하여 사방 수천 리의 영토를 소유한 동북의 지역 강국으로 급속히 성장하였는데 위만조선의 이 같은 급속한 성장의 원인과 배경을 살펴보면 중국에서 이주하여 온 망명객과 토착민의 수용에 있었던 같다.

위만조선이 건국되었던 전후의 시기에 중원의 진 제국은 진승 · 오광의 반란을 계기로 확대된 전국적 반란과 소요 사태 속에서 멸망되고 항우와 유방 간의 한초전 대결로 압축되었는데 이 과정에서 야기된 정치 · 사회적 혼란과 무질서는 중원 지역을 넘어서 동북 지역과 한반도에까지 그 영향을 미치고 있었다.

> "진승 등이 일어나고 천하가 진(秦)에 반란을 일으키자 연(燕), 제(齊), 조(趙)의 유민들이 조선으로 난을 피하였는데 수만 구였다(陳勝等起 天下反秦 燕齊趙民 避地朝鮮數萬口)."[408]

> "이십여 년 진승(陳勝) · 항우(項羽)가 반란을 일으키자 천하가 혼란스럽

---

408) 『三國志』 卷30, 「烏丸東夷鮮卑傳」, p.848.

게 되었다. 연, 제, 조의 백성들이 고생스럽자 점차 고조선 준왕에게로 망명을 하였으므로 준왕은 이들 망명객을 사방에 안치하였다. 연 나라 사람 위만이 상투를 매고 오랑캐 옷을 입고 왔으므로 이들을 다스리게 하였다(二十餘年而陳項起 天下亂 燕齊趙民愁苦 稍稍亡往準 準乃置之於四方 燕人 衛萬魋結夷服 復來王之)."[409]

이 같이 중원 지역의 정치 · 사회적 혼란과 무질서가 동북의 연(燕), 제(齊), 조(趙) 지역에까지 미쳤으므로 이 지역 수만 가구의 백성들이 난을 피하여 고조선으로 망명하였다. 그리고 고조선 준왕이 이들 난민들을 거두어 사방에 안치시키고 있었는데 이것은 위만조선 건국 이전에 이미 연, 제, 조 등지의 백성들이 정치 · 사회적 혼란을 피해 고조선 지역으로 대거 망명하고 있었으며 1000여 명으로 구성된 위만의 망명 집단도 이 같은 수많은 망명 집단 중의 하나였던 사실을 말하고 있다.

"연왕 노관이 배반하여 흉노로 들어가자 위만이 망명하여 천여 명의 무리를 모아서 상투를 짜고 만이의 복장을 하고 동쪽으로 가서 요새를 나와 패수를 건너서 진의 옛 땅에 살면서 두 겹의 성곽을 쌓고 오르내리면서 점차로 진번과 조선의 만이와 옛 연(燕)과 제(齊)의 망명인들을 복속시키어 다스리고 왕검에 도읍하였다(燕王盧綰反 入匈奴 滿亡命 聚黨千餘人魋結蠻夷服而東走出塞 渡貝水 居秦故空地上下鄣 稍役屬眞番朝鮮蠻夷及故燕 齊亡命者王之 都王險)."[410]

"연 태자 단(丹)의 군사가 패하여 요동으로 달아났을 때 위만이 망민들을 받아들여 해동에 집결시키고 진번을 병합하고 변방을 방위하여 한나라의 외신이 되었다(燕丹散亂遼間 滿收其亡民 厥聚海東 以集眞藩 葆塞爲外臣)."[411]

---

409) 위 책, p.850.

410) 『史記』 卷115, 「朝鮮列傳」, p.2985.

이에 의하면 연왕 노관(盧綰)이 중앙정부와 불화하여 흉노로 망명하고 또 연 나라 태자 단(丹)이 요동으로 달아났던 혼란의 시기에 연 나라의 관리였던 토착 출신의 위만도 무리를 이끌고 동쪽으로 망명하여 서변에 정착한 후 성곽을 구축하여 군사적 기반을 마련하였으며 이후 연, 제, 조 등지에서 흘러나온 중국 망명인들을 대량 수용하고 또 주변의 조선 토착민들을 흡수하여 세력을 확대하였다. 이 같이 세력이 확대되자 위만은 마침내 고조선 준왕을 축출하고 위만조선을 건국하였는데 이것은 중국에서 탈출한 중국 망명인들과 토착주민들의 인적 · 물적 자원이 위만조선 건국의 기반이 되었던 사실을 말하고 있다.412)

> "왕위가 아들에게 전해지고 다시 손자 우거에게 전해졌다. 우거는 한나라의 망명인들을 더욱 많이 받아들였다(傳子至孫子右渠 所誘漢亡人滋多)."413)

이것은 위만조선 창업주 위만 사후 아들을 거쳐서 손자 우거(右渠)가 등극하여 왕이 되었는데 우거왕은 조부 위만왕 때보다 중국 망명인들을 "더욱 많이 받아들였다"는 내용이다. 이 같이 위만조선은 창업주 위만에서 우거왕에 이르기까지 중국 망명인들을 계속 유치하고 수용하였는데 중국 망명인의 대량 유치와 수용은 위만조선 건국 이래의 일관된 정책이었던 사실을 말하고 있다. 이 같은 위만조선의 정책을 이해하기 위해서는 중국 망명인의 가치와 성격을 살펴볼 필요가 있다.

고대 동아시아 세계에서 춘추전국 시대와 진한 시대의 중원 지역은 유일의 선진문명 지역이었다. 그런데 중원에서 왕조 교체기에 발생한

---

411) 위 책, 「太史公自序」, p.3317.
412) 金翰奎, 『古代中國의 世界秩序硏究』, 서울: 一潮閣, 1982, p.258.
413) 『史記』 卷115, 「朝鮮列傳」, p.2986.

정치 · 사회적 혼란은 주변 지역에로 대량의 중국인들 이주와 망명을 촉진하였는데 이들의 이주와 망명은 단순한 인구 이동만이 아니었다. 인구 이동과 더불어 중원 지역 최신 정보와 기술의 대량 유출과 확산이 동시에 진행되었다. 그러므로 특정국에서 중국 망명인의 대량 유치와 수용은 한마디로 말해서 방대한 인력, 인재, 선진 기술 등의 확보였으며 최신 정보 수집이었다.

예를 들어 보면 흉노 선우의 참모로 활동하고 있던 중항열(仲行說)은 원래 한 제국 황실의 환관이었으나 불만을 품고 흉노 선우에게 투항하여 참모가 되었다. 이 같이 흉노 선우의 참모가 된 중항렬은 이후 한 제국의 국내 사정과 한군 전략의 장단점 등을 그대로 흉노 선우에게 제공하였으며 한 제국과 교섭 시 흉노 측의 대표로서 교섭을 담당하였다. 또 장기간 분열되었던 위(魏) · 오(吳) · 촉(蜀)의 삼국을 통일하여 서진(西晉)을 건국한 무제는 잉여의 무력을 해체하였다.

이에 해체된 병사들은 불만을 품고 중원의 최신 무기와 전략 그리고 정보를 가지고 북방 유목 부족국가로 망명하여 유목 군주들에게 신무기와 정보를 제공하고 중원의 전략 등을 소개하였는데 이것은 인력의 이동이었을 뿐만 아니라 신무기, 전략, 정보의 유출이었다. 그리고 이 같은 신무기, 전략, 정보 등을 제공받은 유목 부족국가들은 세력이 일시에 강해져서 중원 진출과 소위 오호16국 시대 전개의 한 원인을 제공하였는데 군소 유목 부족국가들의 세력 확장은 이 같은 중국 망명인들이 제공한 중원의 신무기, 전략, 정보 제공 등의 영향이 큰 작용을 하였다.

이 같은 사실을 감안하면 우거왕은 중국 망명인의 대량 유치와 수용의 이익과 혜택을 잘 알고 있었기 때문에 조부 위만이 취했던 중국 망명인의 유치와 수용정책을 그대로 계승하고 더욱 장려하였던 것 같다. 그리고 대량으로 유치된 중국 망명인들을 통하여 인력, 인재, 기술 등을 확보하고 동시에 중원의 내부 상황과 흉노와 한 제국 간의 국제 정세 등에 관한 모든 정보를 입수하고 있었을 것으로 생각된다. 그러므로 위만조선의 중국 망명인의 대량 유치와 수용은 무력 양성과 경제 발달에 못지않은 국가의 핵심 정책이었다고 할 수 있다.

"옥저 등이 다 복속했다(沃沮皆屬焉)."

"위만이 … 진 나라 옛땅에 살면서 장(鄣) 지역을 오르내리락하면서 점차로 진번과 조선만이와 옛 연(燕)과 제(齊)의 망명인들을 복속시키어 다스렀다(滿 … 居秦故空地上下鄣稍役屬眞番朝鮮蠻夷及故燕齊亡命者王之)."[414)]

"위만은 … 주변의 작은 나라를 침범하여 항복을 받았고 진번과 임둔이 다 복속하였으므로 사방 수천 리의 나라가 되었다(滿 … 侵降其旁小邑 眞番 臨屯皆來服屬 方數千里)."[415)]

"한 무제가 조선을 공략하여 멸망시키고 그 땅을 나누어 4군으로 삼았다. 그 이후로 호(胡)와 한(漢) 사이에 점차 차별이 생겼으며 대군장이 없어졌다(漢武帝伐滅朝鮮 分其地爲四郡 自始之後 胡漢稍別 無大君長)."[416)]

이 같이 위만조선은 팽창 과정에서 옥저, 진번, 예맥, 조선, 임둔과 주변의 다수 소읍들을 복속시켰는데 여기에서 '병합(倂合)'이라 하지 않고 복속(服屬)시켰다고 한 사실을 보면 위만조선은 동북 지역에서 주변 군소의 부족과 소읍들을 굴복시켜서 지역 패권을 장악하고 있던

---

414)『史記』卷115,「朝鮮列傳」, p.2985.
415) 위 책,「朝鮮列傳」, p.114-2986.
416)『三國志』卷30,「烏丸鮮卑東夷傳」, p.849.

대군장(大君長), 즉 지역 맹주(盟主)였던 사실을 말하고 있다.417)

"여러 좌방의 왕과 장군들은 동쪽에 주둔하며 상곡 군에서부터 동쪽을 맡았는데 예맥과 조선에 접해 있었다(諸左方王將居東方 直上谷 以往者東接濊貊 朝鮮)."418)

"한(漢) 나라가 일어나자 그곳이 멀어서 지키기 어려우므로 다시 요동의 옛 요새를 수축하고 패수에 이르러 경계를 정하고 연 나라에 속하게 하였다 … 위만이 망명하여 천여 명의 무리를 모아서 상투를 틀고 만이 복장으로 동쪽으로 가서 요새를 나와서 패수를 건너 한 나라의 옛 땅에 살면서 장(鄣) 지역을 오르락내리락하였다(漢興 爲其遠難守 復修遼東故塞 至浿水爲界 … 滿亡命 聚黨千餘人魋結蠻夷服而東走出塞 渡浿水 居秦故空地上下鄣)."419)

이 같이 위만조선이 지역 맹주로서 북쪽으로는 흉노의 동쪽 영토와 인접하고 서쪽으로는 요동 패수(浿水)를 경계로 한 제국과 인접하고 있었는데 이것은 위만조선의 영토가 당시 동아시아의 초강대국 흉노 제국과 한 제국의 영토와 상호 인접되어 있었던 사실을 말하고 있다.

그러므로 위만조선의 국제적 위치는 흉노 제국과 연계하여 한 제국을 동북 측면에서 군사적 위협을 가할 수 있고 또 한 제국과 연계하여 흉노 제국을 서북 측면에서 공략할 수 있는 아주 중요한 전략적 위치에 있었다. 다시 말하면 위만조선은 한 제국과 흉노 제국과의 전면전이 발생할 경우 양국 간의 전세(戰勢)를 좌우할 수 있는 결정적 위치에 있었다고 할 수 있다.

---

417) 金貞培, 『韓國古代國歌의 起源과 形成』, 고려대학교출판부, 1986, p.35-45.
418) 『史記』 卷110, 「匈奴列傳」, p.2890.
419) 위 책, 卷115, 「朝鮮列傳」, p.985.

"효문제가 즉위하자 장군 진무 등이 의논하여 말하기를 남월과 조선이 진대에 내속하여 신하가 되었는데 후에 방대한 병력을 옹유하고 험준한 지형에 웅거하면서 관망하고 있다 … 반역의 무리를 토벌하여 변방의 영토를 통일해야 합니다(曆至孝文卽位 將軍陣武等議曰 南越朝鮮 自全秦時內屬爲臣子 後且擁兵阻阸選蠕觀望 … 征討逆黨 以一封疆)."[420]

이것은 문제 때의 장군 진무(陣武) 등이 위만조선에 대해 평가한 상소문이다. 이에 의하면 위만조선은 진대에 내속하여 신하가 되었는데 지금은 방대한 병력을 옹유하고 험준한 지형에 웅거하여 남쪽의 남월국과 더불어 천하 형세를 관망하고 있다고 하면서 위만조선의 잠재적 위협을 간파하고 그에 대한 대책을 상주한 것이다.

이와 같이 위만조선은 창업주 위만에서 손자 우거왕에 이르는 90여 년 동안에 급속도로 발전하여 서북쪽으로는 요동 내의 패수(浿水)를 경계로 한 제국과 인접하고 북쪽으로는 예맥(濊貊)을 압박하면서 흉노의 동쪽 영토와 인접하였으며 남쪽으로는 한강(漢江) 유역의 진국(辰國)과 접경하여 사방 수천 리의 영토를 소유하고[421] 흉노 제국, 한 제국, 남월국과 더불어 천하를 4분하여 형세를 관망하고 있던 동북 지역의 강국이었다.

"왕위가 아들에게 전해지고 다시 손자 우거에게 이르렀다 … 또 우거는 입조하여 천자를 뵙지도 않았다. 진번 주위의 여러 나라들이 글을 올려서 천자를 뵙고자 하면 가로막고 통하지 못하게 하였다. 원봉 2년에 한 나라는 섭하를 시켜서 우거를 꾸짖고 타이르게 하였으나 끝내 그는 천자의 명령을 받들지 않았다. 섭하가 떠나 국경 패수에 이르렀을 때 수레를 이끄는 사람을 시켜서 섭하를 전송하던 조선의 비왕 장(長)을

420) 『史記』 卷25, 「律書」, p.1243.
421) 金貞培, 앞의 책, p.35-45.

죽이고 바로 패수를 건너 말을 달려 요새로 들어갔다(傳子至孫子右渠所誘漢亡人滋多 又未嘗入見 辰番旁衆國欲上書見天子 又擁閼不通 元封二年 漢使涉何譙諭 又渠 終不肯奉詔 何去至界上 臨浿水 使御刺殺送何者 朝鮮裨王長 卽渡 馳入塞).”[422]

여기에서 보면 위만조선에서는 위만 사후 아들을 거쳐서 손자 우거가 3대 왕으로 등극하였다. 그런데 “아직 천자를 입현하지 않았다(又未嘗入見)”에서와 같이 우거왕은 등극 이후 한 번도 한 제국 천자를 입조하지 않았던 사실을 알 수 있다.

그런데 위에서 언급한 바 있는 위만조선 군주 위만의 외신 제후왕 책봉은 혜제·여후 시대에 요동 태수와의 ‘약(約)’ 체결을 통해서 이루어졌는데 ‘약’ 체결 당시 위만조선 군주의 한 제국 천자에 대한 ‘입조’는 분명히 약조되었을 것이다. 그 이유는 주변국 군주가 한 제국 천자의 외신 제후왕으로 책봉되는 경우 한 제국 천자에 대한 입조는 봉건적 신속의례의 이행으로 필수적인 것이기 때문이다.

그러나 위만과 그 아들이 한 제국 천자를 한 번이라도 입조했다는 기록이 없고 사신 파견에 의한 입공 기록도 없는데 이 같은 사실은 우거왕만이 입조를 안 한 것이 아니고 위만조선의 창업주 위만 이래 우거왕 때까지 위만조선은 한 제국 천자에게 군주 입조도 하지 않았고 사신 파견에 의한 입공도 행하지 않았던 것으로 생각된다.

그런데 앞서 언급한 바와 같이 남월국 조타는 자신을 ‘신타(臣佗)’라고 하면서 여러 번 신례를 취하고 사신을 파견하여 입공은 행하였지만 조타 역시 한 제국 천자에게 친조(親朝)는 한 적이 한 번도 없었으며 조타 이래 남월국 군주도 친조하지 않았다. 이후 무제가 모든 책략을 동원하여 남월국 군주의 친조를 추진하였으나 남월국 군주들은 남월

---

422) 『史記』 卷115, 「朝鮮列傳」, p.2987.

국의 독립성을 유지하기 위해서 한 제국 천자에 대한 친조는 끝까지 거부하고 행하지 않았는데 이 같은 사실을 감안하면 위만조선 역시 남월국과 같이 한 제국 천자와 봉건적 책봉입공관계를 수립하였지만 봉건적 신례인 위만조선의 군주 입조는 물론 사신 파견에 의한 입공도 행하지 않았다고 할 수 있다.

> "우거는 … 또 진번의 주위 여러 나라들이 글을 올려 천자를 뵙고자 하면 가로막고 통하지 못하게 하였다(右渠 … 眞番旁衆國欲上書見天子又擁閼不通)."[423]

이 같이 우거왕은 한 제국 천자에 대해서 외신 제후왕으로서 반드시 이행해야 할 '입조'를 이행하지 않았을 뿐만 아니라 한 제국 천자를 입현하려는 진번 등의 주변 군소 부족국가 사신들의 통행을 가로막고 방해한 것이다. 주변 군소 부족국가의 한 제국 천자에 대한 입현 협조는 위만조선이 한 제국 천자의 외신 제후왕으로 책봉되고 '병위재물'의 군사 · 경제적 원조를 제공받았을 때 한 제국과 약조한 사항이었다. 그런데도 불구하고 우거왕이 주변 군소 부족국가의 한 제국 천자에 대한 '입현'을 차단하였는데 이 같은 '입현' 차단은 한 제국과 주변 군소 부족국가 간의 중개 무역의 이익 탈취만이 아니고[424] 보다 심각한 어떠한 정치 · 군사적 사정과 이유가 있었던 것으로 생각된다.

위에서 언급한 바와 같이 위만조선은 북쪽으로는 예맥(濊貊), 남쪽으

423) 위 책, 卷115, 「朝鮮列傳」, p.2986.

424) 崔夢龍, 「韓國 古代國家 形成에 대한 一考察 — 衛滿朝鮮의 例 —」, 『全海宗博士回甲記念史學論叢』, 知識産業社, 1983, pp.66-67. 또 저자는 위만조선이 북쪽 한 제국의 연국(燕國)과 남쪽의 예(濊), 진국(辰國), 중국(衆國)에 위치한 지리적 위치를 이용한 '중심지 무역(Central place trade)'을 통하여 막대한 중개무역 이익을 취하고 있었다고 주장하고 있다(崔夢龍, 「古代國家成長과 貿易」, 『韓國古代社會의 國家와 社會』, 一潮閣, 1985, p.65, 75 참조).

로는 진번(眞蕃), 진국(辰國), 동쪽으로는 임둔(臨屯) 등의 군소 부족국가들을 정복하거나 복속시키어 사방 수천 리의 영토를 소유한 강국으로 동북 일대의 지역 헤게모니를 장악하고 있었다. 그런데 중국 역대 왕조에서 주변 부족국가 군장들의 중국 천자에 대한 입조는 단순히 토산물의 공물 헌상과 천자의 하사품을 받은 등의 봉건적 신례 이행만으로 끝나는 것이 아니었다.

서주(西周) 시대 제후들의 주왕에 대한 조근(朝覲)과 헌공(獻貢) 이행을 보면 제후들은 주왕에 대해 그동안의 시정(施政)을 보고하고, 제후들의 시정을 보고받은 주왕은 새로운 정령(政令)을 하달하였으며 이어서 환영과 환송 등의 잔치를 거행하였다.[425] 또 춘추 시대 약소열국 군주의 패주(霸主)에 대한 조근도 공물 헌상과 더불어 그동안의 국정(國政)을 보고하고 또 패주의 정령을 하달받았는데[426] 이 같은 사실들을 참고해 보면 위만조선 주변 군소 부족국가 군장들의 한 제국 천자에 대한 '입현'은 단순한 봉건적 신례의 이행만은 아니었을 것이다.

바꾸어 말하면 한 제국은 주변 군소 부족국가 군장들의 한 제국 천자에 대한 '입현'을 통해서 위만조선 내부의 정치 · 군사적 상황, 주변 군소 부족국가의 내부 상황, 위만조선과 북방 흉노와의 정치 · 군사적 관계 등을 포함한 동북 지역 내부의 극비 정보를 입수할 수 있었을 것이며, 입수된 정보는 한 제국의 동북 지역에 관한 정책과 전략 수립에 중요하게 활용될 수밖에 없는 것이었다.

또 전통적으로 주변 군소 부족 군장들의 한 제국 천자에 대한 '입현' 때는 그에 대한 포상으로 천자의 푸짐한 하사품이 내려졌는데 이 같은 하사품은 후진적이었던 군소 부족국가 사회에서는 쉽게 구할 수 없는

---

425) 李春植, 「朝貢의 起源과 意味」, 『中國學報』 第10輯, 1969, pp.5-6.
426) 이춘식, 「동아시아 국제사회의 형성과 조공외교」, 『동양정치사상사』 제5권 2호, p.211.

선진문물이었다. 그리고 이 같은 선진문물의 하사는 군소 부족국가 군장들의 한 제국 천자에 대한 '입현'을 더욱 빈번하게 촉진시키고 그에 따른 '입현' 증가는 그만큼 동북 지역의 극비 정보가 한 제국에 유출될 수 있는 것이었다. 또 한 제국의 선진문물에 현혹된 군소 부족국가들은 한 제국에 급속도로 쏠리게 될 수도 있는 것이며, 만일의 경우 한 제국이 이들 부족국가들과 동맹을 형성하여 위만조선을 배후에서 협공할 수 있는 전략적 위험성도 배제할 수 없는 것이었다.[427)]

이와 같이 주변 군소 부족국가들의 한 제국 천자에 대한 '입현'과 '입현'을 통한 동북 지역 내부 상황에 관한 정보 유출과 돌출될 수 있는 기타 상황 등은 동북의 지역 패권을 장악하고 있고 또 한 제국과 소원 관계에 있는[428)] 위만조선을 정치 · 군사적 곤경과 위험에 빠지게 할 가능성이 아주 높은 것이었다. 그리고 이 같은 위험성을 간파한 위만조선은 자국의 안보와 지역 패권 유지 차원에서 주변 군소 부족국가 군장들의 한 제국 천자에 대한 '입현'을 그대로 방치할 수 없었을 것이다. 따라서 위만조선은 한 제국과의 적대적 관계 형성을 감수하고 또 한 제국과 맺은 '약'을 어기고 주변 군소 부족국가 군장들의 한 제국 천자에 대한 입현을 방해하고 차단하였던 것으로 생각된다.

그러나 한 제국의 입장에서는 주변 군소 부족국가 군장들의 한 제국 천자에 대한 위만조선의 '입현' 차단은 단순한 '입현' 차단만이 아니었다. 위에서 언급하였지만 한 제국은 남월국 군주와 주변 군소의 월족 부족국가 군장들을 외신 제후왕으로 책봉하여 유일무이한 천명의 봉행자 한 제국 천자의 천하통치 유일무이성을 수립하였던 것과 같이 동북 지역에서도 위만조선 군주를 외신 제후왕으로 책봉하고 주변 군

---

427) 李秉斗, 「漢四郡 設置의 歷史的 背景」, 『中齊張忠植博士華甲紀念論叢』, 1992, 단국대학교출판부, p.28.

428) 權五重, 「樂浪郡의 設置背景」, 『世宗大學論文集』, pp.207-208.

소 부족국가 군장들의 '입현'을 통해서 유일무이한 천명의 봉행자 한 제국 천자의 천하통치 유일무이성을 동북 지역에까지 확대하려고 하였을 것인데 위만조선의 완강한 비협조와 적대적 행위로 이 같은 한 제국의 구상은 사실상 수포로 돌아갈 수밖에 없는 것이었다.

그런데 무제는 이 같은 위만조선의 군주 불입조, 사신 불파견, 주변 군소 부족국가 군장들의 '입현' 차단 등의 적대적 행위에도[429] 불구하고 홀연히 섭하(涉河)를 우거왕에게 사신으로 파견하였다.

> "원봉 2년에 한은 사신 섭하를 보내어 우거를 꾸짖고 타일렀으나 우거는 끝내 천자의 조서를 받들려고 하지 않았다(元封 二年 漢使涉河礁 諭右渠 終不肯奉詔)."[430]

이 같이 위만조선에 도착한 섭하는 우거왕을 꾸짖고 무제의 조서를 받들도록 설득하였는데 우거왕은 무제의 조서 수령을 거부하였다. 무제의 조서 내용은 현재 자세히 알 수는 없으나 대체로 혜제 · 여후 시에 한 제국과 위만조선 간에 체결되었던 '약' 즉 위만조선 군주의 한 제국 천자에 대한 입조 이행, 중국 망명인의 유치 중지, 주변 군소 부족국가 군장들의 한 제국 천자에 대한 입현 협조[431] 그리고 양국 간의 우호관계 회복 등이었을 것으로 추측된다. 그런데 무제가 섭하를 위만조선에 파견한[432] 시기는 남월국을 멸망시킨 원정 5년(전 111)보다 2년 후인 원정 2년(전 109)이었는데 이 같은 시기에 무제의 위만조선에 대한 사신 파견은 당시 흉노와 한 제국 간에 긴박하게 전개되고 있던 대외적 상황과 무관하지 않았던 것 같다.

429) 金翰奎, 『古代中國的世界秩序研究』, 서울: 一潮閣, 1982, p.263.
430) 『史記』 卷115, 「朝鮮列傳」, p.2986.
431) 金翰奎, 앞 책, p.263, 1982.
432) 위 책, p.263, 1982.

앞에서 설명한 바와 같이 흉노와 한 제국 간의 전쟁은 일진일퇴의 공방 속에서 장기전으로 돌입하고 동시에 무한정의 소모전으로 변하였으므로 양국은 흉노의 고비사막 이북 후퇴를 계기로 일시 소강상태에 들어갔다. 그런데 무제는 흉노와의 전쟁 소강상태를 이용하여 남월국을 멸망시키고 2년 후에 섭하를 위만조선에 파견하여 양국 간의 우호관계 수립을 도모한 것이다.

이 같은 한 제국과 위만조선 간의 상호관계를 살펴보면 위만조선은 혜제 여후 시기에 한 제국 천자의 외신 제후왕으로 책봉되고 '병위재물'의 군사·경제적 원조를 받은 이후 문제, 경제, 그리고 무제의 섭하 파견 직전까지, 즉 기원전 179?년에서 109?년까지의 약 70여 년이 넘는 장기간 동안 양국 간의 사신 왕래를 포함한 어떠한 접촉과 교섭에 관한 기록을 찾아볼 수 없다. 그리고 이 기간 동안 위만조선은 한 제국에 대한 군주 불입조, 사신 불파견, 주변 군소부족장들의 입현 차단 등의 적대정책을 계속하고 있었다.

반면 남월국은 한 제국 천자의 외신 제후왕으로 책봉된 이래 빈번히 사신 파견을 통하여 조하(朝賀)를 행하고 교역을 행하면서 무제 초기까지 친선관계를 유지하고 있었는데 이 같은 사실을 감안하면 한 제국과 위만조선 간의 상호관계는 그렇게 우호적인 것은 아니었다.[433] 그런데도 불구하고 무제는 홀연히 섭하를 위만조선에 파견하여 우호관계 수립을 추구하였는데 여기에는 무제의 정치적 의도가 있었던 것 같다.

---

433) Maurizio RiIOTTO는 위만조선을 흉노 유목제국의 모둔 선우가 세운 위성국 내지 형제국이었을 가능성을 강력히 제시하고 있는데 이 같은 사실에 의거하면 위만조선은 당연히 흉노 유목제국과는 극히 우호적이고 한 제국에 대해서는 비우호적 내지는 적대적이었을 것으로 생각된다. "Ancient Koreans and Xiongnu: What was the Nature of Their Relationship?", *Journal of Northeast Asian History*, Vol.6, No.1(June 2009), p.14.

위에서 언급한 바와 같이 무제는 서역 국가들을 회유하여 복속시키고 오손국과는 군사동맹을 맺어 흉노를 서쪽에서 구축할 수 있는 기반을 구축하고 고립된 흉노는 고비사막 이북으로 후퇴하였으므로 흉노-한 제국 양국 간의 전쟁은 소강상태로 접어들었다. 그런데 무제는 흉노와 전쟁 소강상태를 이용하여 남쪽의 남월국을 무력으로 멸망시키어 배후에서 비수를 꽂을 수 있는 전략적 취약점을 제거하고 남월국 멸망 2년 후에는 동북쪽의 위만조선에 섭하를 파견하였는데 그 목적은 위만조선과 우호관계를 수립하여 동북쪽에서 흉노를 공략하기 위한 전략에 있었던 것 같다.

이런 점에서 볼 때 섭하의 위만조선 파견 임무는 서역에서 오손국을 설득하여 군사동맹을 맺어서 흉노 협공을 성사시켰던 장건의 임무와 같은 임무였다고 할 수 있다. 물론 이 같은 무제의 전략에 대한 직접적 자료는 없으나 아래의 글은 후대의 기록이지만 참고해 볼 수 있을 것 같다.

> "한 나라는 양신을 흉노에 사신으로 보냈다. 당시 한 나라는 동쪽으로는 예맥과 조선을 멸하여 군으로 삼고 서쪽으로는 주천군을 두어서 흉노와 강족과의 통로를 차단하였다. 한 나라는 또 서쪽의 월지, 대하와 통교하고 공주를 오손왕의 처로 출가시켜서 흉노를 지원하는 서방의 국가와 흉노와의 사이를 차단하였다(漢使楊信於匈奴 是時漢東拔穢貊 朝鮮以爲郡 而西置酒泉郡 以鬲絶胡與羗通之路 漢右西通月氏 大夏 又以公主妻烏孫王 以分匈奴西方之援國)."[434]

> "효무제는 동쪽으로 조선을 정벌하여 현토와 낙랑 2군을 설치하여 흉노의 왼팔을 잘랐다(孝武皇帝 東伐朝鮮 起玄菟 樂浪 以斷匈奴左臂)."[435]

434) 『漢書』 卷94 上, 「匈奴傳」, p.2913.

"무제 대외정책의 주요 목표는 흉노였다. 위만조선을 멸한 이유 중의 하나는 흉노의 오른팔을 자르기 위한 것이었고 서역과 통교한 것도 흉노의 왼팔을 자르기 위한 것이었다(武帝對外也可以匈奴爲主要目標 其滅朝鮮有一部分爲的是斷匈奴右臂其通西域全是爲斷匈奴左臂)."[436]

위 글을 종합해 보면 무제가 위만조선을 정벌한 것은 흉노의 왼팔을 자르기 위한 것이었고 서역과 통교한 것은 흉노의 오른팔을 자르기 위한 것이었다고 설명하고 있는데 이것은 무제가 남쪽 정면에서는 한 제국, 동북쪽에서는 위만조선 그리고 서쪽에서는 오손국 중심의 서역 국가들과 동맹을 맺어서 남 · 동 · 서의 3방면에서 흉노 공략의 원대한 국제적 전략을 수립하였던 사실을 시사하고 있다.

그런데 이 같은 국제적 전략을 차질 없이 수행하기 위해서는 한 제국 배후에 위치한 남월국 군주의 내신화가 필수적이었는데 독립성 상실을 우려한 남월국 군주의 완강한 반대로 이 같은 국제적 전략이 차질을 빚게 되자 무제는 무력으로 남월국을 멸망시켜서 '제호'에 대한 이념적 갈등의 소지를 해소하고 남쪽 배후에 비수를 꽂을 수 있는 전략상의 취약점을 제거하였다. 그리고 2년 후에 섭하를 위만조선에 파견하여 위만조선과의 우호관계 수립을 추진하고 군사동맹을 맺어서 흉노를 동북쪽에서 협공할 수 있는 전략을 수립하려 했던 것으로 생각된다.

그러나 우거왕을 일방적으로 꾸짖는 섭하의 오만한 자세와 무능 그리고 우거왕의 경직된 태도로 인한 무제의 조서 수령 거부, 조서 수령 거부에 대한 앙심으로 섭하의 우거왕 측근 실세였던 위만조선군 비장(裨將) 살해,[437] 이에 대한 보복으로 위만조선군의 요동 침입과 동부도

435) 위 책, 卷73,「韋賢傳」, p.3127.

436) 張蔭麟,『中國上古史綱』, 臺北: 中國文化出版社, 民國42, p.210.

437) 金瑛河,「韓國 古代社會의 政治構造」,『韓國古代史研究』8, 1995, p.37.

위에 임명된 섭하 살해 등의 불미스런 사건의 연속적 발생으로 양국간의 관계는 돌이킬 수 없게 파탄되어 버렸는데,[438] 이 중에서 특히 외신 제후왕이었던 우거왕의 무제 조서 수령 거부와 위만조선군의 요동 침입과 섭하의 살해 사건은 무제에 대한 직접적 도발이었으며 외신화의 거부였다고 할 수 있다.

이에 무제는 위만조선과의 우호관계 수립을 포기하고 남월국 병합의 여세를 몰아 위만조선을 무력으로 멸하여 한 4군을 설치하여 흉노의 왼팔을 자르고 한 제국 천자의 통치를 한반도 북부에까지 확대하였다.

5. 서역·서남이의 경략과 외번화

서역과 서남이에 대한 무제의 경략 역시 북방 흉노 구축을 위한 다양한 전략 구상에서 시작되었다. 먼저 서역의 범위를 보면 좁은 의미로는 파미르 고원 동쪽에서 중국의 하서회랑(河西回廊) 서쪽 사이의 지역을 의미하고 넓은 의미에서는 파미르 고원에서 서쪽 타지키스탄까지를 지칭하였다. 전국 시대 중국인들은 서역을 어떤 전설적인 지방으로 희미하게 알고 있었거나 인면수심의 괴물이 거주하는 지역으로 인식하고 있었으며, 한대에 들어와서도 서역에 대한 인식은 거의 무지 상태였다.

그런데 무제가 흉노 구축에 대한 적극적 정책을 수립하고 대병력을 직접 고비사막으로 투입하여 흉노를 공략하기 시작하였는데 이 과정에서 다수의 흉노 포로를 획득하게 되었다. 그리고 흉노 포로를 심문하는 과정에서 흉노의 서쪽, 지금의 감숙성 남부에 흉노와 사이가 좋

438) 屈 敏一, 『中國と古代東アジア世界』, 東京: 岩波書店, 1993, p.78.

지 않은 월지국(月氏國)이 있다는 정보를 얻게 되었는데 이것이 서역에 대한 한 제국의 구체적 인식의 출발이었다.

이 같이 흉노 포로로부터 구체적 정보를 얻게 된 무제는 건원 연간(전 140-135?)에 낭중 장건(張騫)을 서역에 파견하여 월지국(月氏國)과 군사동맹을 맺어서 흉노를 서쪽에서 협공할 수 있는 가능성을 알아보게 하였다. 이에 장건은 수하 100여 명을 거느리고 농서(隴西)에서 출발하였는데 이때에는 흉노 세력이 이미 남하하여 감숙성 일대를 점령하고 있었으므로 장건 일행은 국경을 벗어나자 곧 흉노의 포로가 되었다. 그 후 장건은 10여 년간 흉노에게 억류되어 있었지만 사명을 잊지 않고 기회를 노리고 있다가 흉노 내부에 분란이 일어나자 탈출하여 월지국으로 향하였다.

월지국은 원래 감숙성 일대에 있었는데 흉노의 공격을 받아서 서쪽으로 쫓겨 가서 그리스인이 세운 박트리아(Bactria) 왕국을 멸망시키고 대월지국(大月氏國)을 건립하였다. 대월지국은 지금의 제라프샨(Zeravshan) 강 유역, 바크쉬(Vakhsh), 옥수스(Oxus) 강의 북쪽, 우즈베키스탄(Uzbekistan), 타지키스탄(Tadzhikistan)의 서쪽 이른바 소그디아나(Sogdiana) 일대를 통치하고 있었는데 인구 약 40만 정도의 유목국가였다. 그런데 장건은 이 같은 사정을 모르고 있었으므로 대월지국을 찾지 못하고 대신 대완국(大宛國)에 도착하였다. 그리고 대완국에서 대월지국의 위치를 알게 된 장건은 다시 여행을 계속하여 마침내 대월지국에 도착하였다. 그러나 대월지국은 한 제국과 군사동맹을 체결하여 흉노를 협공하자는 장건의 요청을 거절하였으므로 장건은 목적을 이루지 못하고 타림분지 남쪽의 천산남로(天山南路)를 거쳐 기원전 126년에 장안(長安)으로 돌아왔다.

이 같이 귀국한 장건은 서역을 포함한 서아시아 지역에는 대원(大宛), 오손(烏孫), 강거(康居), 엄채(奄蔡), 대월지(大月氏), 안식(安息), 조지(條支), 대하(大夏) 그리고 대하 남쪽에는 신독국(身毒國) 등의 많은 나라가 있고, 이들 지역에서 산출되는 진기하고 다양한 물산과 각국 간에 행해지고 있는 교역 상황 등에 관한 모든 견문 지식과 정보를 무제에게 자세히 상주하였다. 그리고 무제는 이 같은 장건의 보고를 토대로 서역과의 통교와 경략을 본격적으로 추진하기 시작하였는데 3단계로 추진되었다. 1단계는 하서(河西) 4군의 설치, 2단계는 이광리(李廣利)의 대완국(大宛國) 정벌, 3단계는 서역도호 설치였다. 이 중에서 1, 2단계의 서역 통교와 경략은 무제의 생존 시에 진행되었으며 3단계인 서역도호 설치는 무제 사후 선제 시에 추진되었다.

한 제국 서역 경략의 1단계였던 하서(河西) 4군의 설치 과정을 살펴보면 위에서 언급한 바와 같이 원삭 2년(전 127) 장군 위청(衛青)은 운중(雲中)에서 진격하여 오르도스 내의 흉노를 축출하고 삭방성(朔方城)을 쌓고 또 진대 장군 몽념(夢恬)이 쌓은 요새도 개축하였다. 2년 후 위청은 다시 삭방에서 진격하여 흉노 우현왕을 공략하여 대승을 거두고 원수 2년(전 121)에는 하서지역 정벌을 단행하였으며 또 곽거병(霍去病)도 감숙 지방의 흉노를 3차에 걸쳐서 격파하고 포로 수만을 획득하였다. 그런데 이 지역은 흉노의 혼야왕(渾邪王)과 휴도왕(休屠王)이 공동으로 방어책임을 지고 있었는데 계속된 패배로 선우의 문책을 두려워한 혼야왕은 휴도왕을 죽이고 4만의 병력을 데리고 한 제국에 항복하였다.

이에 무제는 이 지역에 하서 4군을 신설하였는데 무위군(武威郡)과 주천군(酒泉郡)은 기원전 121년에 그리고 장액군(張掖郡)과 돈황군(敦煌郡)은 기원전 111년에 각기 설치하였다. 원래 하서지역은 고비사막 북쪽의 몽골고원과 청해(青海) 지방을 이어 주는 길목으로 동서교통의 요충지였으며 흉노와 한 제국이 서역과 통교를 하는 경우에 반드시 장악해야 할 전략적 요충지였다. 이런 점에서 하서 4군 설치는 한 제국의 서역 진출에 대한 전진기지 구축이었다.

이 같이 하서 4군을 설치한 이후 양 지역 간의 통교가 수월하게 되었으므로 무제는 매년 대규모의 사절단을 서역 각국에 파견하였는데 사절단 규모는 큰 것은 수백여 명, 작은 것은 백여 명으로 구성되었으며 일 년 중 많을 때는 10여 차례, 적을 때도 5, 6여 차례 되었다. 소요되는 시간도 먼 곳은 8-9년, 가까운 곳도 몇 년이 걸렸는데 이 같은 사실은 무제가 서역 각국과의 통교에 얼마나 큰 관심을 갖고 국력을 기울여 추진하였는가를 말하고 있다. 따라서 한 제국과 서역 각국 간에는 본격적인 교류가 시작되고 한 제국 세력이 급속도로 진출되기 시작하였다.

한 제국의 서역 경략의 2단계는 이광리의 무력 공략이었다. 원래 장건은 흉노에서 포로로 있을 때 흉노와 오손국과의 사이가 좋지 않다는 이야기를 들은 적이 있으므로 무제에게 대월지국 대신에 오손국과 동맹을 맺으면 흉노와 서역과의 연계를 차단할 수 있을 것이라는 전략을 상주하였다. 이 같은 장건의 전략에 고무된 무제는 다시 장건을 사신으로 임명하고 다수 부사와 시종 300여 명, 수만의 소와 양, 그리고 많은 패물을 가지고 오손국으로 가서 군사동맹 가능성을 알아보게 하였다.

그런데 당시 오손국은 연로한 왕의 후계 문제를 둘러싸고 정정이 불안하였으며, 또한 흉노의 막강한 세력은 알고 있었으나 한 제국에 대해서는 별로 아는 것이 없었기 때문에 장건이 제기한 군사동맹 체결을 거절하였다. 그러나 한 제국에 대해서 알아보기 위해 오손국은 장건의 귀로에 사신을 동행시켰는데 장안에 도착한 오손국 사신은 처음으로 한 제국이 대국이고 부강함을 알게 되었다. 이후로 한 제국과 오손국 간에는 사신이 빈번히 교환되었으며 무제는 강도왕의 딸 세군(細君)을 공주로 분장시켜서 오손국 왕에게 출가시키고 형제의(兄弟義)를 맺었으므로 양국 간에 마침내 우호관계가 수립되었다. 또 장건은 같이 온 부사들을 대완, 강거, 월지, 대하 등의 주변국에 파견하여 국교를 열게 하였으므로 양 지역 간의 통교가 더욱 빈번하게 되었다.

그러나 한 제국과 서역 간의 길목에 위치한 누란(樓蘭)과 고사(姑師) 등은 이 같은 한 제국 사절단의 빈번한 왕래를 의심하여 한 제국 사절단을 살해하고 한 제국이 금기시하는 흉노에게 접근하였다. 또 대완국은 하루에 천리를 달린다는 한혈마(汗血馬)를 구입하겠다는 무제의 요청을 거절하였을 뿐만 아니라 사신들을 죽이고 재물을 탈취하려고까지 하였다. 또 흉노 기병들이 수시로 출몰하여 한 제국 사신들의 서역 통행을 가로막고 공격하였는데 양 지역 간의 교통 요지에 있는 국가들의 이 같은 적대적 행위와 흉노 기병의 수시 출몰은 한 제국의 서역 진출에 대한 심각한 위협이 되었다.

그러므로 무제는 무력으로 이 같은 문제들을 해결하기로 결심하고 원봉 3년(전 108) 조파노(趙破奴)와 왕회(王恢)를 보내어 고사(姑師)와 누란(樓蘭)을 각기 정벌하여 항복을 받고 태초(太初) 4년(전 101)에 이광리(李廣利)를 이사장군(貳師將軍)에 임명하여 대완국을 4년 2회에 걸친 정벌을 통하여 굴복시켰으므로 마침내 한 제국의 위세가 서역에서 진동하게 되었다. 그리고 한 제국의 서역 진출이 급속도로 진행되었다.

이 같이 한 제국의 서역 진출이 급속도로 진행되자 양 지역 간 사신의 안전 통행, 교역 확보, 신속한 통신 필요성을 절감한 무제는 돈황에 주천도위(酒泉都尉)를 설치하고 윤대(輪臺)와 거려(渠犁)에 둔전(屯田)을 개간하여 식량을 생산하고 저장하였다가 외국으로 나가는 사신들에게 공급하도록 하였다. 그리고 하서(河西)에서 롭노르(Lop nor) 사이에는 망루를 설치하여 교통 편의와 통신 안전을 도모하였으며 또 사자교위(使者校尉)를 새로 설치하여 둔전 관리, 둔전병 통솔, 망루의 유지 등을 총괄케 하였는데 이 같은 조치는 하서 4군 설치 이후 서역 진출과 경영을 위한 제2의 전진기지 구축이었다.

그러나 이 같은 한 제국의 서역 진출과 세력 확대는 지금까지 서역을 장악하여 온 흉노의 입장에서는 방관할 수 없는 것이었으므로 흉노와 한 제국 간에는 서역 장악을 둘러싸고 다시 치열한 공방전이 계속되었는데 이번에는 한 제국이 크게 불리하였다. 천한 2년(전 99)에서 정화 3년(전 90)까지 이광리를 비롯한 손오(公孫敖), 노박덕(路博德), 이능(李陵), 한설(韓說) 등의 장수가 각기 군대를 이끌고 수차례 흉노를 공격하였으나 모두 패하였다. 특히 상구성(商丘成), 마통(馬通) 등과 함께 13만의 병력을 이끌고 마지막으로 출전한 이광리 역시 흉노에게 대패하고 자신도 흉노의 포로가 되었다. 그리고 국가 재정도 거의 바닥이 나서 전쟁을 더 이상 계속할 수 없게 되었으므로 무제는 마침내 서역 경영을 포기하게 되었다.

그런데 무제 사후 소제(紹帝) 시대에 흉노에서 내분이 발생하여 격화되어 가다가 선제(宣帝) 신작 2년(전 60) 흉노의 서역 경영 총책임을 지고 있던 일축왕(日逐王)이 수만의 부하들을 이끌고 항복하였으므로 서역에서 흉노의 지배는 결정적으로 파탄되었다. 그리고 이 같은 절호의 기회를 포착한 선제는 신작 3년(전 59)에 쿠차 동쪽의 전략적 요충지 오루성(烏壘城)에 서역도호(西域都護)를 설치하여 서역을 통령하기 시작하였는데 이것이 한 제국 서역 경략의 3단계였다.

서역도호는 도호를 비롯하여 부교위(副校尉), 승(丞), 사마(司馬), 후(候), 천인(千人) 등의 속관(屬官)들로 구성되었는데 이후 도호 업무 확대에 따라서 군사적 기능을 가진 무기교위(戊己校尉)를 설치하고 그 산하에 이순교위(伊循校尉)와 둔전교위(屯田校尉) 등을 두었다. 초대 도호는 정길(鄭吉)이었으며 정길 이후 왕망(王莽) 시대까지 모두 18명의 도호가 임명되었다. 서역도호 관할 범위는 한 제국 세력의 확충에 따라서 확대되었는데 대체로 강거(康居)를 제외한 천산남로와 북로를 포함한 서역 전체 지역이었다. 이 같이 한 제국의 서역 경략은 하서(河

西) 4군의 설치, 이광리의 대완국 정벌, 서역도호 설치의 3단계를 거쳐서 완료되었다.

서역의 전략적 중심지 오루성에 설치된 서역도호는 한 제국 중앙정부를 대리하여 서역 각국을 국가 단위로 통령하는 특수기관이었다. 서역도호의 임무는 서역 각국 간의 기존질서 유지, 이탈 방지와 보호 그리고 흉노의 위협을 저지하여 한 제국의 내속체제를 유지하는 것이었다.[439] 그리고 서역에서 흉노 세력이 완전히 축출된 후에는 강거를 제외한 모든 국가들은 서역도호의 통령 아래 한 제국 천자의 외신으로 신속되었으며 동시에 한 제국 천자의 봉건적 세계질서가 서역까지 미치게 되었다.

한대 서남이(西南夷)는 저족(氐族)에 속하였는데 대체로 지금의 귀주(貴州), 운남(雲南), 사천(四川), 감숙성(甘肅省) 일대에 거주하고 있었다. 전국 · 진대에는 중국과 일시 접촉은 있었으나 중국 세력이 서남이 지역으로 깊숙이 침투하지는 못하였다. 그런데 무제가 장건의 서역에 관한 보고를 통해서 큰 관심을 갖고 서역과 통교 방법을 강구하였는데 이때 장건이 서역과 통교하기 위해서는 서쪽 티베트의 강족(姜族)의 방해를 피하고 북쪽 흉노의 점령지를 피하기 위해서는 서남쪽의 촉건(蜀犍)에서 사신을 보낼 수 있는 방법을 무제에게 건의하였다.

이 같은 장건의 헌책에 고무된 무제는 서역 대하국으로 갈 사절단을 4대로 구성하여 보냈으나 모두 목적을 달성하지 못하였는데 이때 무제의 흉노 공략이 성공하여 서역이 개통되었으므로 이 계획은 일단 포기되었다. 그런데 당시 남월국이 한 제국에 비협조적이었는데 당몽(唐蒙)이 남월국 서북쪽에 서남이가 세운 야랑국(夜郎國)이 있고 이 야랑국과 협력하면 남월국을 제압할 수 있다는 글을 올린 뒤로 무제는 서남이에

439) 金翰圭, 『古代中國的 世界秩序硏究』, 서울: 一潮閣, 1982, p.295.

대해서 다시 관심을 갖기 시작하였다.

당시 서남이 지역에는 10여 군소 부족국가들이 난립하고 있었는데 이 중에서 야랑국(夜郎國)의 세력이 가장 컸다. 야랑국 서쪽에는 미막(靡莫)의 무리가 군거하고 있었는데 이 미막 무리 중에서 전국(滇國) 세력이 가장 컸다. 전국의 북쪽에는 10여 소국들이 난립하고 있었는데 그 중 공도(邛都)의 세력이 제일 강했다. 공도 밖 서쪽에는 동사(同師)가 있고 동사 동쪽에서부터 북쪽의 엽유(葉楡) 사이에는 수(巂)와 곤명(昆明)이 있었는데 이 지역 사람들은 모두 편발(編髮)을 하고 가축을 따라 옮겨 다니고 일정한 거주지도 없고 다스리는 군장(君長)도 없었다. 또 수(巂)의 동쪽에는 10여 개의 소국이 있는데 그 중 사(徙)와 작도(筰都)의 세력이 가장 컸다. 작도의 동쪽에도 10여의 소국이 있었는데 그 중 염방(冉駹)이 가장 컸다. 염방의 동북쪽에도 10여의 소국이 있었는데 백마(白馬)의 세력이 가장 강했는데 모두 저족(氐族)들이었다.[440] 이 같이 서남이들은 야랑국과 전국을 제외하고는 모두 군소의 부족국가들로 난립하고 있었으며 반농반목의 원시적 생활에 종사하고 있던 미개족이었다.

그러므로 무제는 건원 6년(전 135)에 당몽에게 군사 1000여 명을 주어서 서남이 지역을 조사하게 하고 또 서남이들을 효유하여 내속하도록 하였으며 또 파(巴)·촉(蜀) 등의 4군에서 서남이 지역으로 통하는 길을 개통하려고 하였다. 그러나 도로 개통에 비용이 많이 들고 서남이 부족들이 여러 차례 반란을 일으켜 공격하였으므로 서남이 경략을 일단 포기하였다. 그런데 원정 5년에 남월국이 반란을 일으키자 무제는 이 기회를 이용하여 중루(中壘)·둔기(屯騎)·보병(步兵)·월기(越騎)·장수(長水)·호기(胡騎)·사성(射聲)·호분(虎賁)으로 구성된 팔교위(八

440) 『史記』 卷116, 「西南夷列傳」, pp.2991-2995.

校尉)를 동원하여 서남이 지역 전체를 경략하였다.

> "남월이 멸망한 후 한 나라가 저란(且蘭), 공(邛)의 군장들을 죽였고 또 작후도 함께 죽였다. 염(冉)과 방(駹)이 모두 놀라서 떨며 한 나라의 관리 두기를 청하였다. 그래서 공도를 월수군으로 작도를 침리군으로 염과 방을 민산군으로 광한의 서쪽에 있는 백마를 무도군으로 삼았다(南越破後及漢誅且蘭 邛君 并殺筰侯 冉駹皆振恐 請臣置吏 乃以邛都爲越巂君 筰都都爲沈犁君 冉駹爲汶山君 廣漢西白馬爲武都郡)."441)

이 같이 무제는 남월국의 반란을 진압한 후 여세를 몰아서 남월국 주변의 저란(且蘭), 공(邛) 등의 서남이 군장들을 주살하였으므로 이에 놀란 인근의 군소 부족국가들이 신하되기를 자청하였다. 무제는 그들 땅에 각기 민산군(汶山君)과 무도군(武都郡)을 설치하여 한 제국 천자 직속의 군현으로 편입하였다.

> "황제는 왕연우를 시켜서 월(越)을 깨뜨리고 남이를 주살한 군사들의 위세로서 넌지시 전왕에게 입조하라는 뜻을 전하였다. 전왕은 그 무리가 수만 명이고 그 곁 동북쪽에는 노침(勞浸) 미막(靡莫)이 있었다. 모두 같은 성(姓)을 가지고 있고 서로 의지하고 있었기 때문에 그 말을 따르려고 하지 않았으며 노침과 미막이 여러 차례 한 나라의 사자, 관리, 군졸을 침범하였다. 원봉 2년에 황제는 파, 촉의 군사를 동원하여 노침, 미막을 공격하여 멸망시키고 군사들을 전(滇) 가까이에 주둔시켰다. 전왕 이난(離難)은 서남이의 나라 전체를 인솔하여 항복하고 한 나라의 관리 주둔과 입조를 청하였다. 그래서 그곳을 익주군으로 삼고 전왕에게 왕인을 하사하고 그 백성들을 다시 다스리게 하였다(上使王然于以越破及誅南夷兵威風喩滇王入朝 滇王者 其衆數萬人 其旁東北有 勞浸靡莫 皆同姓相扶 未

441) 위 책, 「西南夷列傳」, p.2997.

肯聽 勞浸靡莫數侵犯使者吏卒 元封二年 天子發巴蜀兵擊滅勞浸靡莫 以兵臨滇 滇王始首善 以故勿誅 滇王離難西南夷 擧國降 請置吏入朝 於是以爲益州郡 賜滇王王印 復長其民)."[442]

이 같이 남월국과 주변 국가들이 한 제국에 의해 멸망하는 사태를 목격한 전왕 이난은 자진해서 입조하였다. 이에 무제는 전왕 이난의 자진 입조를 가상히 여겨서 왕인(王印)을 내리고 계속해서 다스리도록 하였으므로 전왕 이난은 한 제국 천자의 책봉을 받아서 외신으로[443] 신속되었다.

"야랑후는 원래 남월에 의지하였는데 남월이 이미 멸망하였고 때마침 한 나라의 군사들이 돌아와서 반란을 일으킨 자들을 죽이므로 야량도 마침내 입조하였다. 황제는 그를 야랑왕으로 삼았다(夜朗侯始倚南越 南越已滅 會還誅反者 夜郎遂入朝 上以爲夜郎王)."[444]

야랑국은 원래 소국으로 남월국의 보호를 받고 있었는데 남월국이 멸망하고 한 제국 군사들이 들어와서 반대했던 자들을 죽였으므로 이에 놀란 야량후가 무제에게 자진하여 입조를 청하였다. 그리고 이 같은 자진 입조를 가상히 여긴 무제는 야랑후를 다시 왕으로 책봉하여 외신으로 신속시켰다. 이 같이 한 제국은 수천 리 떨어진 불모의 절역

442) 위 책, 「西南夷列傳」, p.2997.

443) 원래 한 제국 천자가 주변국 군장들에게 내리는 새인(璽印)은 한 왕조 천자에 대한 신속의 의미로 '漢某某之章' 형태의 새인을 하사하였는데 전왕이 받은 새인은 '漢'자를 붙이지 않는 '滇王之印'의 새인이었다. 이 같이 '漢' 자가 없는 새인은 전왕이 한 왕조의 내신과 외신의 중간적 존재 또는 양면성을 가진 것으로 이해되고 있는데(朴奉住, 「고대 滇 文化에 대한 一考察」, 『東洋史學硏究』 第104輯, p.29. 栗原朋信, 『秦漢史の硏究』, p.221 참조), 저자는 전왕이 왕인(王印)을 받았기 때문에 외신으로 이해한다.

444) 『史記』 卷116, 「西南夷列傳」, p.2997.

에 위치한 서남이 부족국가들을 무력으로 위협하여 외신으로 신속시키고 거부하면 멸망시켜서 한 제국 천자 직속의 군현 지역으로 병합하였다.

이와 같이 흉노 공략을 계기로 주변국에 대한 사면정벌을 단행한 무제는 북쪽으로는 흉노를 고비사막 이북으로 축출하고 흉노 선우에 대한 입공을 중단하고 남쪽으로는 내신화를 거부한 남월국을 무력으로 병합하고 동북쪽으로는 외신화를 거부한 위만조선을 무력으로 병합하였다. 그리고 서쪽으로는 서역 도시국가들과 서남이 부족국가들을 각기 외신으로 신속시키거나 군현으로 병합하였는데 이것은 무제의 사면정벌의 목적이 "모든 외국은 한 제국에 신속되어야 한다(外國皆臣屬於漢)"[445]는 주변국의 외번화(外藩化)였던 사실을 말하고 있다. 다음 이 같은 주변국 외번화의 목적이 무엇이었는가를 살펴볼 필요가 있다.

---

445) 위 책, 「西域傳」, p.3917.

제8장 한 제국의 동아시아 패권 장악과 봉건적 국제질서 수립

1. 한 제국의 주변국 외번화(外藩化)와 천하 제패

무제의 주변국 외번화 정책의 첫 상대는 북방의 흉노가 아닌 남쪽의 월족 국가들이었다. 당시 월족 세계는 앞에서 언급한 바와 같이 다수의 군소 국가들로 난립되어 있었는데 무제 건원 3년(전 138) 민월(閔越)이 동구(東甌)를 침입하였다. 그리고 민월의 침입을 받은 동구는 무제에게 위급함을 호소하고 구원을 요청하였는데 무제는 이 문제를 태위 전분(田蚡)과 상의하였다.

> "월족들은 항시 서로 싸우고 반복하고 있으므로 중국을 번거롭게 하면서 가서 구원할 필요가 없습니다. 진(秦) 나라 때부터 포기하고 방치하였습니다(越人相攻擊 固其常 又數反覆 不足以煩中國往救也 自秦時棄弗屬)."446)

이 같이 태위 전분(田蚡)이 월족들은 항시 싸우고 있으므로 그대로 방치하자는 불간섭정책을 제시하자 무제의 측근이었던 중대부 엄조(嚴助)가 전분의 불간섭정책을 아래와 같이 비판하면서 반대하였다.

---

446)『史記』卷113,「東越列傳」, p.2981.

"힘이 아둔해서 구할 수 없고 덕이 부족해서 수용할 수 없는 것을 걱정해야 할 것입니다 가능하다면 왜 그것을 포기해야 합니까 … 지금 소국이 곤궁하여 위급함을 고하는데 천자가 구하지 않는다면 어디에 하소연할 것이며 어찌 만국을 자식으로 돌볼 수 있겠습니까(於是 助詰蚡曰 特患力不能救 德不能覆 誠能 何故棄之 … 今小國以窮困來告急 天子不振 尙安所愬 又何以子萬國乎)."447)

이 같이 엄조는 한 나라를 부모, 주변국을 자식에 비유하면서 부모인 한 나라는 자식인 주변국 간의 분쟁에 적극적으로 간섭해야 한다는 개입 당위성을 주장하였는데 이것은 사실상 주변국 분쟁에는 무력 개입을 통해서라도 적극적으로 개입해야 한다는 대외팽창정책을 주장하고 있는 것이다. 무제는 전분의 불간섭정책에 대해서 "태위와는 계책을 논할 수 없다"고 하면서 엄조의 주장을 받아들여 동구에 구원 병력을 파견하였다. 그러나 무제의 구원병이 도착하기 전에 민월이 스스로 철수하였으므로 원정은 중지되었으나 무제의 구원병 파견 결정은 주변국 분쟁에 개입하려고 하였던 무제의 확고한 의지를 밝힌 것이었다.

또 3년 뒤에 민월이 다시 남월을 공격하고 남월은 무제에게 구원을 요청하였는데 이 같은 구원 요청을 받은 무제는 두 장군을 보내어 남월을 구하고 민월을 응징케 하였다. 이때 회남왕 유안(劉安)이 상소를 올렸다.

"월은 구주 밖의 지역으로 머리를 깎고 문신을 한 족속이므로 중국의 법도로써 다스릴 수 없습니다. 3대의 성세 이래로 호월족은 정삭을 받은 적이 없습니다. 강력한 힘 아니면 복속시킬 수 없고 위세가 아니면 제압할 수도 없습니다. 불모지의 땅과 교화할 수 없는 족속으로 중국을 번거롭게 할 필요가 없습니다 … 한 나라 건국이 72년이 되었는데 오월

447) 『漢書』 卷64 上, 「朱吾丘主父徐嚴終王賈傳」, p.2777.

족이 서로 싸우는 것은 헤아릴 수 없이 많았으나 천자가 병력을 일으켜서 그 지역으로 보낸 적도 없었습니다 … 또 월족은 우매하고 경박하여 배약을 반복하므로 천자의 법도를 적용시킬 수 없는 것이 어제오늘의 일이 아닙니다. 한 번 조서를 받들지 않았다고 해서 병력을 내어서 주벌한다면 신은 병혁으로 쉴 날이 없을까 두려워합니다(越 方外之地劗髮文身之民也 不可以冠帶之國法度理也 自三代之盛 胡越不與受正朔 非疆弗能服 威弗能制也 以爲不居之地 不牧之民 不足以煩中國也 … 自漢初定已來七十二年 吳越人相攻擊 者不可勝數 然天子未嘗擧兵而入其地也 … 且越人愚戆輕薄 負約反復 其不用天子之法度 非一日之積也 壹不奉詔 擧兵誅之 臣恐後兵革無時得患也)."[448]

이 같이 유안은 월족이 삭발문신의 족속으로 항시 서로 싸우고 있고 그 땅은 쓸모없는 불모지로서 중국과 단절되어 있으므로 중국이 희생하면서까지 개입할 필요가 없다고 주장하였는데 유안은 전분의 주장과 같이 주변국에 대한 불간섭정책을 제시한 것이다. 그런데 무제는 이 같은 유안의 정책을 받아들이지 않고 측근이었던 엄조(嚴助)를 보내어 자신의 뜻을 아래와 같이 피력하게 하였다.

"엄조는 천자의 뜻을 받들어 말합니다 … 대체로 병은 흉기이므로 현명한 군주는 그 발병을 꺼려하였습니다. 그러나 오제 삼왕 이래로 폭력을 금지하고 난을 진압하는 데 병을 사용하지 않았다는 것은 듣지 못하였습니다. 한 나라는 천하의 종주입니다. 생사여탈권을 장악하고 해내의 죽고 사는 것을 제압해야 합니다. 위험에 처하면 편안을 바라고 문란하면 안정을 바랍니다. 지금 민월왕은 시랑이 같습니다. 인자하지 못하여 골육을 죽이고 친척을 이산시키고 불의의 짓을 많이 하고 있습니다. 또 수차 병력을 일으켜서 백월을 침략하고 주변국을 병탄하는 폭거를 자행하고 음밀하고 기묘한 계책과 책략으로 심양에 침입하여 누선을

448) 위 책, p.2779.

불살라 버리고 회계의 땅을 욕심내고 있으며 옛날 월족 출신의 구천(句踐)이 취했던 전철(前轍)을 추구하고 있으며, 또 변경에서는 민월왕이 양국의 병력을 거느리고 남월을 치려고 한다는 소문이 있습니다. 폐하가 천하 만민의 안위에 관한 장구한 계획을 세우고 포고를 내려서 '천하가 태평하니 각기 후사를 계승하여 백성들을 무마하고 서로 병탄하는 일이 없게 하라'고 하였습니다. 그러나 유사는 민월이 호랑이나 이리 같은 욕심으로 백월의 이익을 탐하고 역순에 빠져서 폐하의 조서를 받들지 않고 있으므로 회계와 예장에 큰 근심이 될 것을 우려하고 있습니다. 폐하가 주벌만 하고 토벌하지 않는다면 어찌 백성들이 고생하고 병사들이 힘들어 하지 않겠습니까?(助諭意曰 … 夫兵固凶器 明主之所重出也 然自五帝三王禁暴止亂 非兵 未之聞也 漢爲天下宗 操殺生 之抦 以制海內之命 危者望安 亂者卬治 今閩越王狼戾不仁 殺其骨肉 離其親戚 所爲甚多不義 又數擧兵侵陵百越 幷兼鄰國 以爲暴彊 陰計奇策 入燔尋陽樓船 欲招會稽之地 以句踐之迹 今者邊又言閩王率兩國擊南越 陛下爲萬民安危久遠之計 使人諭告之曰 天下安寧 各繼世撫民 禁毋敢相幷 有司疑其以虎狼之心 貪據百越之利 或於逆順 不奉明詔 則會稽豫章必有長患 且天子誅而不伐 焉有勞百姓苦士卒乎)."[449]

이 같은 엄조의 주장에 의하면 민월이 백월들을 침탈하고 주변국을 병합하는 상황을 그대로 방치하면 옛날 월왕 구천이 월족의 세력을 규합하여 중원에 진출하여 화하 열국과 패권을 다투었던 것과 같은 화가 중국에 다시 미칠 수 있으므로 사전에 민월의 백월 침입과 병합을 저지해야 한다고 하면서 "한 나라는 천하의 종주이다. 생사여탈권을 장악하여 해내의 죽고 사는 것을 제압해야 한다(漢爲天下宗 操殺生之抦 以制海內之命)"는 명분을 내세우고 있는데 이것은 하나의 명분에 불과하고 실제적으로는 무제가 천하의 종주(宗主)로서 민월과 같이 주

449) 『漢書』 卷64 上, 「嚴朱吾丘主父徐嚴終王賈傳」, p.2787.

변국을 침탈하는 폭거를 제거하여 각국 간의 질서 유지와 화목을 도모하겠다고 선언한 것이다. 다시 말하면 무제는 주변국 간의 국제질서를 '천하의 종주' 한 제국 위주로 재편하겠다는 강력한 무제의 의지 즉 '천자의 뜻(天子之義)'을 표명한 것이다.

또 무제 건원 6년(전 135) 흉노가 북변 침탈을 중지하고 화친을 제의하였다. 무제는 이 문제를 조의(朝議)에 회부하여 토론케 하였으므로 대신들 간에는 격렬한 논쟁이 전개되었다.

> "한 나라가 흉노와 화친을 해도 몇 년이 지나지 않아서 다시 약속을 저버릴 것입니다. 허락하지 말고 군대를 일으켜서 공격해야 합니다(漢與匈奴 率不過數歲則復倍約 不如勿許 興兵擊之)."[450]

당시 대행 왕회(王恢)는 흉노와 인접한 연(燕) 관리 출신으로 흉노 상황에 대해서 잘 알고 있었으므로 이 같이 흉노 공략을 주장하였다. 그런데 화친파였던 어사대부 한안국(韓安國)은 아래와 같이 왕회와는 반대의 의견을 피력하였다.

> "천 리 밖에서 싸우면 군대는 이롭지 못합니다. 지금 흉노는 빠른 말에 의지하고 금수 같은 마음을 품고 새 무리처럼 옮겨 다니므로 제압하기 힘듭니다. 그 땅을 얻어도 넓다고 할 수 없고 그 무리를 얻어도 강해진다고 할 수 없습니다 … 한 나라 군대가 수천 리 밖에서 이익을 다툰다면 인마가 모두 지쳐 버릴 것이지만 흉노는 온전한 세력으로 우리의 피폐함을 제압할 것입니다 … 흉노를 치는 것은 불리합니다. 화친을 맺는 것만 못합니다(千里而戰 兵不獲利 今匈奴負戎馬之足 懷禽獸之心 遷徙鳥擧 難得而制也 得其地不足而爲廣 有其衆不足而爲彊 … 漢 數千里爭利 則人馬罷 虜以全制其敝 … 擊之不便 不如和親)."[451]

---

450) 『史記』 卷108, 「韓長孺列傳」, p.861.

이 같이 한안국은 "먼 천 리 밖에 가서 싸우는 것은 병법상으로 불리하다", "흉노는 옮겨 다니는 것이 새와 같아서 제압하기 어렵다", "그 땅을 얻는다고 해도 넓다고 하기에는 부족하고 그 무리를 갖는다고 해도 강하다고 하기에는 부족하다" 등의 이유를 열거하면서 흉노에 대한 공략을 반대하고 종래와 같은 화친관계 유지를 주장하였다. 그리고 많은 대신들도 이 같은 한안국의 화친책 주장에 동의하였으므로 무제도 할 수 없이 흉노와의 화친책을 받아들이지 않을 수 없었다.

그런데 그 이듬해 흉노와 밀무역에 종사하고 있던 마읍(馬邑) 토호 섭일(聶壹)이 흉노 선우를 유인하여 사로잡을 수 있는 계책을 헌상하자 무제는 흉노와의 화친을 다시 조의에 회부하여 토론케 하였다. 이에 따라서 한안국과 왕회 간에는 갑론을박의 격렬한 논쟁이 다시 전개되었는데 이때도 한안국은 흉노와 화친관계를 유지하자는 종전의 주장을 되풀이 하였다.[452] 그리고 왕회(王恢)는 이 같은 한안국의 주장을 아래와 같이 다시 반박하였다.

> "왕회가 말하기를 그렇지 않습니다. 봉황새는 바람을 타고 승천하고 성인은 때에 따라서 움직인다고 들었습니다. 옛날 진 나라 목공은 옹(雍)에 도읍하였는데 땅이 삼백 리였으나 때의 변화를 알아서 서융을 공략하여 천 리를 개간하고 14개국을 병합하였는데 농서와 북지가 그 지역입니다. 후에 이르러 진 나라 몽념이 오랑캐 땅을 침입하여 수천 리를 개간하고 강을 경계로 돌로 성을 쌓고 나무를 심어서 요새를 만들었습니다. 이에 흉노는 감히 강에서 말에게 물조차 못 먹였습니다 … 대체로 흉노는 오직 위세로써 복속시킬 수 있을 뿐 인의로 기를 수는 없습니다. 지금 중국은 강성하고 만 배의 자원을 가지고 있는데 그 백분의 일만으로 흉노를 공략하면 비유컨대 강궁으로 망가진 옹기를 쏘는 것과 같습니다.

451) 위 책, 卷108, 「韓長孺列傳」, p.2861.
452) 『漢書』 卷52, 「竇田灌韓傳」, p.2401.

이 같이 하면 북의 월씨까지도 신하로 만들 수 있습니다(恢曰 不然 臣聞鳳鳥乘於風 聖人因於時 昔秦穆公都雍 地方三百里 知時宜之變 攻取西戎 辟地千里 幷國十四 隴西 北地是也 及後蒙恬爲秦侵胡 辟數千里 以河爲境 累石爲城 樹榆爲塞 匈奴不敢飮馬於河 … 夫匈奴獨可以威服 不可以仁畜也 今以中國之盛 萬培之資 遣百分之一 以攻匈奴 譬猶以彊弩射且潰之癰也 若是則北發月氏可得而臣也)."[453]

이 같이 왕회는 때와 상황의 변화에 따른 융통성, 진 목공과 몽념이 취했던 과감한 팽창정책, 상종할 수 없는 흉노의 본성, 중국의 강성과 풍부한 자원 등 여러 가지의 장점과 이점을 들면서 한 나라의 부유와 강성으로 흉노 구축은 물론 북쪽의 월씨까지도 신하로 만들 수 있다고 주장하였다.

그런데 이 같은 왕회의 주장에는 흉노를 응징해서 선대의 수치를 씻자는 언급은 한마디도 없고 한 나라의 막강한 국력을 배경으로 흉노에 대한 응징을 넘어서 주변국에 대한 적극적 팽창정책의 방향을 제시하고 있는 것이다. 그리고 이 같은 왕회의 주장은 당연히 '천자의 뜻'에 부합되는 것이었으므로 무제는 왕회의 적극적 주장을 수용하여 흉노 공략을 결정하고 바로 흉노에 대한 공략을 개시하였다. 이 같은 흉노 공략은 이후 서쪽으로는 서역 국가들과 서남이 부족국가들의 경략, 남쪽으로는 남월국 그리고 동북으로는 위만조선에 대한 사면 공략으로 확대되었다.

이 같이 무제 등극 이후 추진된 대외정책을 살펴보면 무제는 건원 3년(전 138) 민월의 동구 침입에 대한 구원병 파견을 결정하고, 3년 후인 건원 6년(전 135)에는 두 장군을 보내어 남월을 침입한 민월을 응징하면서 주변국 간의 국제질서를 '천하의 종주' 한 제국 위주로

---

453) 위 책, 「竇田灌韓傳」, pp.2401-2.

재편하겠다는 강력한 '천자의 뜻'을 표명하였다. 그리고 원광 2년(전 133)년에는 흉노 공략을 개시하였으며[454] 이 같은 흉노 공략은 바로 사면정벌로 확대되었다.

이 같은 무제의 대외정책 추진 과정을 분석해 보면 무제는 건원 3년(전 138) 전후로 천하종주로서 천하 제패(制覇)를 구상하였으며 흉노 공략은 흉노 선우에 대한 입공 중단과 선대의 치욕 설욕에만 있었던 것만이 아니고 천하 제패의 군사적 시동이었다. 다시 말하면 나라가 부강해지면 반드시 패권을 추구한다는 '국강필패(國强必覇)'의 시작이었으며 그 목적은 천하 제패였다. 이 같은 천하 제패의 목적이 무엇이었는가를 살펴볼 필요가 있다.

> "흉노는 조신의 계책에 따라서 한 나라에 사신을 보내어 좋은 말로 화친을 청했다. 천자는 이 문제를 신하들에게 논의하도록 하였다. 어떤 신하는 화친을 주장하고 어떤 신하는 끝까지 신하로 만들어야 한다고 하였다. 승상 장사 임창은 '흉노는 새로 패배해서 곤란한 처지에 있다. 마땅히 외신으로 만들어 변경에서 조회를 올리도록 해야 한다'고 말하였다(匈奴用趙信之計 遣使於漢 好辭請和親 天子下其議 或言和親 或言遂臣之 丞相長史任敞曰 匈奴新破困 宜可使爲外臣 朝請於邊)."[455]

이것은 무제가 병력을 고비사막 이북까지 투입하여 흉노에 적극적 공세를 가하고 서역과의 연계를 차단하자 세력이 급속도로 약화된 흉노 이지타 선우가 원수 4년(전 119) 무제에게 사신을 보내 화친을 청한 것이다. 무제는 이 같은 흉노 선우의 화친 제의를 신하들에게 논의하

---

454) Thoma Barfield는 무제가 단순히 흉노 굴복을 목적으로 흉노 공략을 시작한 것으로 이해하고 있다(Book Review: "Ancient China and its Enemies ; The Rise of Nomadic Power in East Asian history", *T'oung Pao.* Vol. 89, Fasc. 4/52003, pp.458-466).

455) 『史記』 卷110, 「匈奴列傳」, p.2911.

도록 하였는데 당시 신하들은 흉노의 북변 침탈 중단과 우호 회복 등을 논의하는 것이 아니고 흉노 선우를 외신으로 책봉하여 봄과 가을에 변경에서 천자에게 조청(朝請)을[456] 올리게 해야 한다고 주장하였다. 이것은 흉노 선우에게 외신 제후왕의 봉건적 신속 즉 흉노의 외번화를 요구한 것이었는데 이 흉노의 외번화는 이후 실제적으로 시행되었다.

> "오랑캐들은 한 나라의 재물을 탐내는 것이 습관처럼 되어 있습니다. 만약 지금 후한 물건을 오손에게 보내주고 더 동쪽으로 가까이 불러서 그 전의 혼야왕의 땅에 살게 하고 한 나라와 형제의 의를 맺게 하면 오손은 형편상 한 나라를 따르게 될 것입니다. 이렇게 된다면 흉노의 오른 팔을 끊는 것입니다. 오손과 연합이 성립되면 그 서쪽의 대하 등을 모두 끌어들여 외신으로 만들 수가 있습니다(蠻夷俗貪漢財物 今誠以此時而厚幣賂烏孫 招以益東 居故混邪之地 與漢結昆弟 其勢宜廳 廳則是斷匈奴右臂也 旣連烏孫 自其西大夏之屬皆可招來而爲外臣)."[457]

이것은 한 제국이 서역으로 진출하여 오손국과 군사동맹 교섭을 시작하였을 때의 한 제국의 책략이었다. 이 책략에 의하면 한 제국이 먼저 오손국을 후한 재물로 유인하여 이전의 혼야왕의 땅에 이주시키어 거주하게 하고 한 제국과 형제의(兄弟義)를 맺으면 주변의 다른 국가들도 오손국을 본받아서 한 제국 천자를 따르게 될 것이므로 한 제국 천자의 외신으로 포섭할 수 있다는 것이다. 이것은 서역에서 한 제국의 단기적 목표는 오손국, 대하국 등을 동맹국으로 포섭하여 흉노 세력을 축출하는 데 있었지만 장기적 목표는 서역 국가들을 외번으로 책봉하여 신속시키는 데 있었으며 이후 서역 국가들의 외번화는 실제적으로 시행되었다.

---

456) 栗原朋信,『秦漢史の研究』, 東京: 吉川弘文館, 1960, p.244.
457)『史記』卷123,「大宛列傳」, p.3169.

"한 나라는 우리를 치지 말아 주십시오. 우리는 좋은 말을 있는 그대로 모두 내어 마음대로 골라 가도록 맡기고 또 한 나라 군사에게 식량을 공급하겠습니다 … 대완의 약속을 받아들였다 … 이에 대완은 좋은 말을 가져와서 마음대로 고르게 하였으며 많은 식량도 가져와서 제공하였다. 한 나라 군사들은 좋은 말 몇 십 필과 중급 이하의 암수 3,000여 필을 고른 다음에 대완의 귀인 가운데 한 나라 사신을 잘 대우했던 매채(昧蔡)를 대완왕으로 세우고 함께 맹약을 맺은 후 군사를 거두었다(漢毋攻我 我盡出善馬 恣所取 而給漢軍食 … 許宛之約 宛乃出其善馬 令漢自擇之 而多出食食給漢軍 漢軍取善馬數十匹 中馬以下牡牝三千餘匹 而立宛貴人之故待遇漢使善者名昧蔡 爲宛王 與盟而罷兵)."[458]

"이사장군이 대완왕을 참수한 후에 귀인들 중에서 평소 한 나라와 친한 매채(昧蔡)를 대완왕으로 옹립하였는데 일 년여 후에 귀인들은 매채가 한 나라에 아첨하여 나라를 멸망하게 하였다고 하여 매채를 살해하고 무과의 동생 선봉(蟬封)을 왕으로 옹립하였다. 새로 옹립된 왕은 아들을 한 나라에 보내어 인질로 하였다. 이에 한 나라는 사신을 파견하고 후한 뇌물을 보내어 진정시키고 무마하였다 … 대완왕 선봉과 한 나라는 약을 맺었는데 대완이 한 나라에 매년 천마 2필을 헌상하기로 하였다(貳師將軍斬宛王 更立貴人素遇漢善者名昧蔡爲宛王 後歲餘宛貴人以爲昧蔡諂 使我國遇屠 相與共殺昧蔡 立毋寡弟蟬封爲王 遣子入侍 質於漢 漢因使使賂賜鎭撫之 … 宛王蟬封與漢約 歲獻天馬二匹)."[459]

이 같이 무제는 대완국에 대해서 2차례 정벌을 단행하고 1차, 2차 두 번의 '약'을 체결하였는데 1차 '약' 체결에서 한 제국은 말 300여 필과 식량을 얻고 친한적 정권만 수립하고 귀국하였다. 이후 대완국에서 다시 정변이 발생하여 새로운 왕이 등극하였는데 새로운 왕은 바로

458) 위 책, 「大宛列傳」, p.3177.
459) 위 책, 「大宛列傳」, p.3179.

아들을 인질로 보내어 충성을 서약하였다. 이에 무제는 대완국의 정권 교체를 인정하고 2차의 '약'을 체결하였는데 '약'의 조건은 한 제국 천자에 대한 인질 파견과 매년 천마 2필의 헌상뿐이었다.

무제는 이 같이 대완국을 두 번이나 정벌하였으면서도 한 제국 영토로 편입하지 않고 자제 인질과 천마 2필의 공납을 통해 대완국의 복속과 충성만을 약속받았는데 이 같은 정책 의도는 대완국을 멸하여 한 제국의 영토로 편입하는 데 있었던 것이 아니고 대완국의 기존 지배층을 그대로 온존시켜서 한 제국에 협조할 수 있는 친한적 정권 수립에 목적이 있었던 사실을 말하고 있다.

> "이사장군이 동쪽으로 돌아올 때 도중의 작은 나라들이 대완이 항복한 것을 듣고 모두 그 자제들을 한 나라 군에 딸려 보내어 천자를 뵙고 볼모로 삼게 하였다(貳師將軍之東 諸所過小國聞宛破 皆使其子弟從軍入獻見天子 因以爲質焉)."[460]

> "이사장군이 대완을 정벌한 이후 서역 국가들이 놀래고 두려워하여 사신들을 보내고 공물을 헌상하였다(自貳師將軍伐大宛之後 西域震懼 多遣使來貢獻)."[461]

이 같이 이광리 군은 대완국을 정벌한 후 다른 지역으로 군사작전을 확대하지 않고 귀국길에 올랐는데 주변국들은 회군하는 한군에 사신을 동행시켜서 한 제국 천자에게 공물을 헌상하고 아들들을 볼모로 제공하였는데 이후 이들 국가들은 모두 한 제국 천자의 책봉을 받아서 외번으로 신속되었다.

또 당시 서역 각국은 자국의 국익 도모와 친선 유지를 위해 상호

---

460) 『史記』 卷123, 「大宛列傳」, p.3179.
461) 『漢書』 卷96 上, 「西域傳」, p.3873.

간에 인질을 교환하고 있었는데 서역 각국 간의 인질 교환 현상을 목격한 이광리는 "외국은 모두 한 나라 천자에게 신속되어 있다(外國皆臣屬於漢)"고[462] 언급하였다. 이 '신속(臣屬)'의 의미를 살펴볼 필요가 있다.

> "제(齊) 나라가 반드시 두려워하여 말을 낮추고 후한 폐물로 진(秦) 나라를 섬길 것입니다(齊必懼 必卑辭重幣 以事秦)."[463]

> "지금 왕이 진실로 그 말을 듣는다면 나라를 들어서 초왕을 섬길 것입니다(今王誠聽之 被必以國事楚王)."[464]

> "지금 한(韓) 나라와 위(魏) 나라는 중국의 중심이고 천하의 중추입니다. 만약 왕이 패권을 장악하려고 하면 반드시 중국과 가까워져서 천하의 중추가 되어야 합니다. 한(韓) 나라와 위(魏) 나라를 위협해야 합니다. 조(趙) 나라가 강해지면 초(楚) 나라가 아부할 것이고 초(楚) 나라가 강해지면 조(趙) 나라가 아부할 것이고 초 나라와 조 나라가 아부하면 제(齊) 나라가 두려워할 것입니다. 제 나라가 두려워하면 비굴한 아첨과 많은 재화로 진(秦) 나라를 섬길 것입니다(今韓魏中國之處 而天下之樞也 王若欲霸 必親中國 而以爲天下樞 以威楚趙 趙强則楚附 楚强則趙附 楚趙附 則齊必懼 懼必卑辭重幣以事秦)."[465]

위의 기사는 국력 면에서 거의 대등하였던 한(韓), 위(魏), 조(趙), 제(齊), 진(秦), 초(楚), 연(燕)의 전국 7웅으로 구성된 전국 중기의 국제사회에서도 춘추 시대와 마찬가지로 국제 역학관계에 의해서 힘이 부족

---

462) 위 책, 「西域傳」, p.3917.
463) 『戰國策』, 5 : 6a.
464) 『戰國策』, 3 : 10a.
465) 위 책, 5 : 6a.

한 약소국은 강대국에 대해서 조빙 · 헌물의 조빙사대를 강요당했던 사실을 말하고 있다.

> "이제 서쪽의 진(秦) 나라에 사대를 행하고 동번(東藩)으로 칭하겠습니다(今乃有意西面 而事秦稱東藩)."[466]

> "이제 24만 명을 참수하였으므로 한(韓) 나라와 위(魏) 나라가 이제 와서 동번으로 칭하고 있는데 이것은 그대가 이룩한 공이다(斬首二十四萬 韓魏以故至今稱東藩 此君之功也)."[467]

> "이제 여러 신하들의 의견을 들어서 신하로서 진(秦) 나라를 섬기려고 한다(今乃聽於群臣之說 而欲臣事秦)."[468]

위의 기사는 진(秦) 나라의 집요한 공략을 받은 한(韓), 위(魏) 두 나라가 진 나라에 할지 · 사대를 행하면서 자국을 진 나라의 동번으로 자처한 것이다. 원래 서주 시대에는 동쪽의 제후국들을 동번(東藩)이라고 하였으므로 한, 위 두 나라가 동번으로 자처한 것은 진국의 동쪽 제후가 되어서 진국을 섬기겠다는 뜻이었다. 그리고 제후가 되어서 섬기겠다는 '사대'를 '신사(臣事)'로 묘사하고 있는데 이 '신사'는 '신속(臣屬)' 또는 '신종(臣從)'과 같은 뜻이었으므로[469] '신속'은 입조 · 할지 사대의 '신사'와 같이 약소국이 제후국으로서 특정 대국을 섬기겠다는 뜻이었다. 그러므로 이광리가 언급한 "外國皆 臣屬於漢"은 모든 외국은 한 나라 천자의 제후국이 되어야 한다는 뜻이었다고 할 수 있다.

---

466) 위 책, 22 : 4a.
467) 위 책, 33 : 6a.
468) 『史記』 卷69, 「蘇秦列傳」, p.2255.
469) 『大漢和辭典』 卷9, p.9741.

"그렇다고 하나 왕은 칭제(稱帝)하였소. 두 황제가 양립한다는 것은 좁은 길에서는 일승의 사신(一乘之使)도 통과할 수 없는 것과 같은 것이니 이것은 전쟁이요(雖然 王之號爲帝 兩帝竝立 亡一乘之使以通其道 是爭也)."[470]

이것은 남월국 군주 조타가 한 제국 황제와 같은 제호(帝號)를 사용하자 문제가 무력으로 응징할 수밖에 없다는 강력한 경고를 전한 것인데 이 같은 문제의 경고는 한 제국 천자 이외의 다른 '제(帝)', 즉 천하에서 두 황제는 절대로 있을 수 없다는 것이었다.

"한 나라는 천하종주이다. 생사여탈권을 장악하여 해내의 사생을 주관하고 있다. 위험에 처하면 안전을 바라고 어지러우면 질서를 바란다(漢爲天下宗 操殺生之柄 以制海內之命 危者望安 亂者卬治)."[471]

이것은 무제가 대외적으로 한 제국을 천하의 종주(宗主)로 선포한 것이다. 원래 주대 대종(大宗)과 소종(小宗)으로 구성된 특정의 종족(宗族) 내에서 적장자 출신의 대종(大宗)이 '종주(宗主)'가 되어 종가(宗家)를 형성하여 종묘(宗廟)를 모시고 일족의 종인(宗人)들을 통솔하며 대외적으로는 종족을 대표하였는데 무제가 한 제국을 천하의 종주로 선포한 것은 후술하는 바와 같이 주변국을 소종으로 관리하겠다는 대외적 선포였다.

위와 같은 사실을 종합해 보면 문제의 천하 두 황제의 불허 그리고 무제의 대외적 천하의 종주 선언은 한 제국 천자 천하통치의 유일무이성을 선포한 것이며 동시에 주변국의 외번화(外藩化) 또는 주변국의 소종화(小宗化)를 전제한 것이다. 그러므로 무제의 흉노 공략은

---

470) 『漢書』 卷95, 「西南夷兩奧朝鮮傳」, p.3851.

471) 『漢書』 卷64 上, 「嚴朱吾丘主父徐嚴終王賈傳」, p.2787.

한 제국 천자의 천하통치의 유일무이성을 전제한 대외정책의 무력적 시동이었으며 이후 주변국에 대한 사면정벌로 확대되었는데 그 목적은 주변국의 외번화였으며 한 제국 천자를 정점으로 화 · 이로 구성된 봉건적 세계질서 수립이었다. 그리고 주변국의 외번화와 봉건적 세계질서 수립의 완성은 선제 감로 3년 칭신 내조한 남흉노 선우의 제후 외신왕 책봉으로 마침내 이루어지게 되었다.

2. 한 제국의 외번(外藩) 통어책과 이념적 세뇌

앞 장에서 언급한 바와 같이 한 고조는 남월국 군주 조타를 외신 제후왕으로 책봉한 후 남쪽 변경의 월족 관리와 안정의 번신 임무를 부여하고 사신 왕래, 물자 교역, 관시 개설 등을 허용하였으나 영토 할양, 조세 부과, 병역 제공 등의 요구는 없었다. 이것은 남월국이 한 제국 천자의 외번으로 신속하면 남월국의 정치적 자율성을 보장하고 교역을 허용하여 한 제국의 방대한 경제력과 선진문물의 혜택을 누릴 수 있게 한 것이다.

혜제 여후도 동북의 위만조선 군주 위만을 외신 제후왕으로 책봉한 후에 동북 변경의 만이 관리와 변경 안정 그리고 만이 군장들의 한 제국 천자에 대한 입현 협조 등의 번신 임무를 부여하고 군사 · 경제적 원조를 제공하였으나 영토 할양, 조세 부과, 병력 제공 등의 요구는 없었는데 이것은 위만조선이 한 제국 천자의 외번으로 신속하자 위만조선의 정치적 자율성을 보장하고 군사 · 경제적 원조를 제공하여 상호간의 결속과 유대 강화를 도모한 것이다.

또 무제 시 이광리가 서역의 대완국을 정벌한 후 체결한 화친약에는 대완국 군주의 한 제국 천자에 대한 태자의 인질 파견과 매년 말 두

필의 헌상뿐이었으며 영토 할양, 병력 제공, 조세 징수 등의 조항은 없었다. 그리고 다른 서역 국가에서도 친한적 정권이 수립되면 한 제국 천자의 인수를 하사하여 봉건적 신속관계를 수립하고 사신 파견과 공물 헌상, 물자 교역을 허용하였다. 그리고 상호 간의 연병체제를 구축하여 흉노 세력 축출을 도모하였을 뿐 영토 병합, 조세 징수, 병력 제공 등의 요구는 없었는데 이것은 서역 국가들이 한 제국 천자의 책봉을 수용하자 정치적 자율성을 보장하고 교역을 통해서 한 제국 선진 문물의 혜택을 누리게 한 것이다.

선제도 남흉노의 호한사 선우가 칭신 내조하자 외신으로 책봉하여 봉건적 조공관계를 수립하였으나 영토 할양, 조세 징수, 병력 제공 등의 요구는 없었는데 이것은 호한사 선우가 한 제국 천자의 책봉을 수용하자 남흉노의 정치적 자율성을 보장하면서 상호 간의 결속과 유대를 도모하고 나아가서 공동으로 호전적 북흉노를 대적한 것이다.

이와 같이 한 제국은 주변국이 한 제국 천자의 외신 책봉을 수용하여 봉건적 입공 또는 조공관계를 수립하면 정치적 자율성을 보장하고 교역을 통하여 한 제국의 방대한 경제력과 선진문물의 혜택을 누릴 수 있게 하고 국가 안보도 보장하였는데 한 제국은 이것으로 그치지 않고 이념적으로 통어하였다.

> "천자가 장조를 사신으로 보내어 남월왕을 설득케 하였다(天子使莊助往諭南越王)."[472]

> "천자께서 신을 위해 군사를 일으켜 민월을 토벌했는데 신은 죽어도 그 덕에 보답할 길이 없습니다(天子乃爲臣興兵討閩越 死無以報德)."[473]

472) 『史記』 卷113, 「南越列傳」, p.2971.
473) 위 책, 「南越列傳」, p.2971.

"천자는 가(嘉)가 왕의 명령을 듣지 않고 왕과 왕태후는 약하고 고립되어 통제할 수 없었다(天子聞 嘉不聽王 王,王太后弱孤不能制)."[474]

"진번과 주변 여러 국가들이 글을 올려 천자를 알현하려고 하였다(眞番旁衆國欲上書見天子)."[475]

"천자는 죄인들을 모집하여 조선을 쳤다(天子募罪人擊朝鮮)."[476]

"천자가 파와 촉의 병력을 발동하여 노침(勞浸)과 미막(靡莫)을 멸망시키고 병력을 전(滇) 가까이 주둔시켰다(天子發巴蜀兵擊滅勞浸 靡莫 以兵臨滇)."[477]

이 같이 『사기』의 「남월열전」「동월열전」「서남이열전」「조선열전」 등의 외국열전에서 사용된 한 제국 군주의 존호를 살펴보면 '황제'의 존호는 거의 보이지 않고 대부분 '천자' 존호만을 사용하고 있는데 이 것은 한 제국이 주변 이적만이를 다루는 대외관계에서는 '황제' 존호 사용은 기피하고 '천자' 존호만을 사용했던 사실을 말하고 있다.

원래 한 제국은 건국 이래 '황제'와 '천자'의 두 군주 칭호를 같이 사용하였는데 대외관계에서 이 같이 '천자' 존호만을 사용했던 것은 무소불위의 전제군주 칭호였던 '황제'보다는 유일무이한 천명의 봉행자 그리고 하늘의 아들 '천자'의 신성적 권위와 위엄에 의탁한 이념적 통어가 더 효과적이었기 때문에 천자 존호를 사용했던 것으로 생각된다.

다시 말하면 주 왕조 개국 시에 주 왕실이 은 왕조의 구 관리들과

474) 위 책, 「南越列傳」, p.2973.
475) 위 책, 「南越列傳」, p.2978.
476) 위 책, 卷115, 「朝鮮列傳」, p.2987.
477) 위 책, 卷116, 「西南夷列傳」, p.2997.

유민들을 회유하고 무마하기 위해 천명사상을 창출하고 이 천명사상에 의탁하여 통치의 정당성, 신성성, 유일성을 수립하여 거의 독립적이었던 제후들을 이념적으로 통어하였던 것과 같이 한 제국도 이적만이의 외신들을 하늘의 아들 천자의 신성적 권위와 위엄에 의탁하여 이념적으로 통어하려고 하였던 것으로 생각된다. 또 한 제국은 이적만이의 외신들을 의제적 혈연관계에 의탁하여 통어하려고 하였다.

> "한 나라는 천하종주이다. 생사여탈권을 장악하여 해내의 사생을 주관하고 있다. 위험에 처하면 안전을 바라고 어지러우면 질서를 바란다(漢爲天下宗 操殺生之柄 以制海內之命 危者望安 亂者卬治)."[478]

여기에서 보면 한 제국은 대외적으로 천하의 종주(宗主)임을 선포하였다. 원래 '종주'는 주 왕조의 종법제도(宗法制度)에서 유래하였다.[479] 종법제도는 주대에 부계(父系) 조상의 종묘를 중심으로 형성된 동일혈족의 제사제도였다. 종(宗)은 그 내부에 다수의 족(族)으로 구성되었으며 그 혈연관계의 고하에 따라서 대종(大宗)과 소종(小宗)으로 구분되었다. 각 '종' 내에서 장자(長子)는 대종이 되어 종가(宗家)를 형성하

---

478) 『漢書』 卷64 上, 「嚴朱吾丘主父徐嚴終王賈傳」, p.2787.

479) 종법(宗法)제도는 종(宗)과 족(族)으로 구성되었는데 '족'은 다수의 동일혈연의 족원(族員)을 의미하고 '종'은 특정 조상을 중심으로 5세 간의 족인으로 구성되었다. 각 '종'은 내부의 상 · 하의 혈연관계에 따라 대종(大宗)과 소종(小宗)으로 구분되었으며 대종의 적장자(嫡長子)가 바로 종주(宗主) 또는 종손(宗孫)이었다. 종주는 조상의 제사를 받들고 종묘(宗廟)를 모셨으며 종족을 대표하였다. 종주는 종인들을 통괄하였으며 종인 중에서 범법자, 종족의 명예를 훼손하는 자를 처형 또는 축출하였으며 전쟁 시에는 종인들을 이끌고 전쟁에 참여하였다. 소종이 된 종인들은 종주의 권위와 지시에 복종하였으며 조상의 제일(祭日)에는 물심양면으로 종주에 협조하였고 전쟁 시에는 종주의 지휘 아래에 출전하였다. 또 소종은 5세가 지나면 분가하여 새로운 종을 형성하고 종주로서 막하의 종인들을 통괄하였다. 그러므로 종법제도는 적장자인 대종을 주축으로 종족 세력이 무한히 확대해 나갈 수 있는 대혈연집단이었다(宇都本章, 「宗族制와 邑制」, 『古代史講座』, p.212 참조).

고 종주(宗主)로서 종묘를 모시고 대외적으로는 '종'을 대표하여 일족의 종인(宗人)들을 통솔하였는데 주 왕실은 이 같은 종법제도를 봉건제도 안으로 도입하였다.

주지하는 바와 같이 주 왕조의 봉건제도는 정치 · 군사적으로 거의 독립적이었던 동성 · 이성의 다수 제후들로 구성되었는데 주왕은 이들 제후들을 통어하기 위해서 밖으로는 제후들의 주왕에 대한 주기적인 조근(朝覲), 제후 상호 간의 조빙(朝聘), 주왕의 제후들 대한 순수(巡狩) 제도를 시행하여 주왕과 제후 간의 봉건적 신속관계를 수립하였다. 그리고 안으로는 동일혈연관계에 기반한 종법제도를 도입하여 주왕과 제후 간의 관계를 본가(本家)와 분가(分家)에 기본한 대종(大宗)과 소종(小宗) 관계를 수립하고 이성 제후들은 족외혼인(族外婚姻)에 기반한 동성불혼법칙(同姓不婚法則)에 의해서 인척(姻戚)으로 수용하였다.

이에 따라서 동성 · 이성의 제후들은 종번(宗藩)으로서 동일혈연의식과 공동운명 의식으로 종주 주왕을 중심으로 강력히 결속하고 수호하였으므로 주 왕조는 800여 년 간의 장구한 왕조 수명을 누렸다. 그런데 한 제국도 장구한 왕조 수명을 누렸던 주 왕조의 종법봉건제도를 수용하였던 것 같다. 아래의 예문은 앞 절에서 인용하였지만 다시 인용한다.

> "대체로 제후가 공납하는 것은 … 술직하기 위한 것이다 … 제 나라는 동쪽의 제후국이므로 동번(東蕃)이다(夫諸侯納貢者 … 所以述職也 … 今齊列爲東蕃)."[480)]

> "고조 황제가 제후들을 건립하였는데 … 유왕(幽王)과 도혜왕(悼惠王)이 자손이 없어서 뒤를 잇지 못하였다. 문제가 이를 불쌍히 여겨서 은혜를

---

480) 『史記』卷106, 「吳王濞列傳」, p.2823.

베풀어서 유왕의 아들 수(遂)와 도혜왕의 아들 앙(卬) 등을 왕으로 세워서 그 선왕의 종묘를 받들게 하고 한 나라의 번국으로 삼았다(高皇帝 … 建立諸侯 幽王 悼惠王絶無後 孝文皇帝哀憐加惠 王幽王子遂 悼惠王子卬等 令奉其先王宗廟 爲漢蕃國)."481)

"효문제 시 오태자가 입현하고 황태자를 모시고 음주하며 쌍륙(雙六)을 놀게 되었다 … 쌍륙을 노는 데 불경하였으므로 황태자가 쌍륙판을 오태자에게 집어던져서 죽게 하였다 … 오왕은 이 일로 인하여 점차로 번신의 예를 잃고 병을 핑계 삼아 입조하지 않았다(孝文帝時 吳太子入見 得侍皇太子飮博 … 太子引博局提吳太子 殺之 … 吳王由此稍失藩臣之禮 稱病不朝)."482)

"중산 정왕 승은 효경제 전 3년에 황제의 아들로 중산왕이 되었는데 … 술을 좋아하고 여자를 좋아하여 자식이 백이십여 명에 달하였다. 항시 형 조왕과 서로 비방하였는데 형은 왕이 되어서 오로지 관리를 대신해서 정사에만 힘쓰고 있다. 왕이란 마땅히 음악과 성색을 들어야 한다고 하였다. 조왕 역시 비난하여 말하기를 중산왕은 매일 음탕한 짓만 하고 천자를 도와 백성들을 돌보지 않으니 어찌 번신이라고 할 수 있겠는가(中山靖王勝 以孝景前三年用皇子爲中山王 … 樂酒 好內 有子枝屬百二十餘人 常與兄趙王相非 曰 兄爲王 專代吏治事 王者當日聽音樂聲色 趙王亦非之 曰 中山王徒日淫 不佐天子拊循百姓 何以稱爲藩臣)."483)

위 문은 한 제국 천자가 책봉한 모든 제후국과 제후왕들은 한 제국 천자의 번국(藩國), 번신(藩臣)이었던 사실을 말하고 있다. 이 같은 번국, 번신의 임무는 한 제국 제후왕들은 천상에서 뭇 별들이 중궁인

481) 『史記』 卷106, 「吳王濞列傳」, p.2833.
482) 위 책, 「吳王濞列傳」, p.2823.
483) 위 책, 卷59, 「五宗世家」, p.2099.

북극성을 에워싸고 수호하고 있는 것과 같이 지상에서 한 제국 천자를 수호하는 번병 임무였다. 그런데 남월국 군주 그리고 주변의 월족 국가들도 한 제국 천자의 '번신'으로 지칭하고 있다.

> "노신이 망령되게 제호를 칭한 것은 오로지 혼자서 즐거워하려 한 것이지 어찌 감히 천왕께 알리고자 한 것이겠습니까? 하며 조타가 머리를 조아려 사죄하며 앞으로 오래도록 번신이 되어 공직을 받들기를 원합니다(老臣妄竊 帝號 聊以自娛 豈敢以聞天王哉 乃頓首謝 願長爲藩臣 奉貢職)."484)

> "조타의 손자 호(胡)가 남월왕이 되었다. 이때 민월왕 영(郢)이 군사를 일으켜 남월의 변읍을 침입하였다. 이에 호가 사신을 보내고 글을 올려 말하기를 '두 나라는 천자의 번신이 되어 마음대로 군사를 일으켜 침범하지 않기로 하였습니다. 이제 민월이 군사를 일으켜 신을 침범하고 있지만 신은 감히 군사를 일으키지 못하고 있습니다. 오직 천자께서 조칙을 내려주시기 바랍니다(佗孫胡爲南越王 此時民越王郢興兵擊南越邊邑 胡使人上書曰 兩越俱爲藩臣 毋得擅興兵相攻擊 今民越 興兵侵臣 臣不敢興兵 唯天子詔之)."485)

이 같이 남월국 군주 조타는 한 제국 천자로부터 외신 제후왕으로 책봉된 후 자신을 '번신'으로 지칭하고 또 조타의 손자 호(胡)도 자신을 '번신'으로 지칭하였으며 민월왕 영(郢)도 '번신'으로 지칭하였는데 이것은 남월국과 주변 월족 국가들이 한 제국 천자의 번국, 번신으로 수용되었던 사실을 말하고 있다. 그리고 한 제국의 '천하종주' 선언은 주변국들을 소종으로 수용한 한 제국 천자가 대종으로서 소종들을 관리하겠다는 대외정책의 천명이었으므로 한 제국과 남월국 간에는 대

---

484) 『史記』 卷113, 「南趙列傳」, p.2971.
485) 위 책, 「南趙列傳」, p.2971.

종 한 제국 천자를 종주(宗主)로, 소종 남월국 군주를 종번(宗藩)으로 한 종주-종번의 종번(宗藩)관계가 수립된 것이다. 그러나 대종 한 제국 천자와 소종 주변국 군주는 동성(同姓)이 아니었으므로 한 제국과 남월국 간의 종번관계 수립은 일종의 인위적 혈연관계에 의탁된 의제적 종번관계 수립이었다고 할 수 있다.

이런 점에서 볼 때 한 제국과 남월국 간의 상호관계는 주 왕조의 주왕과 제후와의 관계에서와 같이 겉으로는 책봉입공에 의탁된 봉건적 신속관계였지만 안으로는 인위적 혈연관계에 의탁된 의제적 종번관계였다고 할 수 있다. 그리고 한 제국 천자와 남월국 군주 간에 수립된 의제적 종번관계는 한 제국과 위만조선과의 관계에도 적용해 볼 수 있을 것이다.

동북의 위만조선 군주 위만과 우거왕은 남월국 군주 조타가 했던 것과 같이 한 제국 천자의 '번신'이라고 지칭한 것은 기록상으로는 보이지 않고 있다. 그러나 위만조선 군주 위만 역시 위에서 언급한 바와 같이 한 제국 천자의 외신 제후왕 책봉을 수용하고 동북 변경의 만이 관리와 변경 안정, 주변 만이 군장들의 한 제국 천자 입현 협조 등의 번병 임무를 부여받았으므로 위만조선은 한 제국 천자의 번국이었으며 위만조선 군주는 한 제국 천자의 번신이었다. 그리고 한 제국의 대외적 '천하종주' 선언에 의해서 위만조선 군주 역시 한 제국 천자의 소종으로 편입될 수밖에 없는 것이었다.

이에 따라서 한 제국과 위만조선 간에는 대종 한 제국 천자를 종주(宗主)로, 소종 위만조선 군주를 종번(宗藩)으로 한 인위적 혈연관계에 의탁된 의제적 종주-종번의 종번(宗藩)관계가 사실상 수립되었다고 할 수 있다. 따라서 한 제국 천자와 위만조선 군주 간의 상호관계는 주 왕조의 주왕과 제후와의 관계에서와 같이 겉으로는 책봉입공에 의탁된 봉건적 신속관계였지만 안으로는 의제적 혈연관계에 의탁된 종주-

종번의 종번(宗藩)관계였다고 할 수 있다.

이 같은 사실에서 볼 때 주 왕조가 천자와 제후 간의 상호관계를 혈연관계에 기반한 종주-종번의 종번(宗藩)관계 수립을 통하여 800여 년간의 장구한 왕조 수명을 누렸던 것과 같이 한 제국도 천하의 종주로 선언하고 이성의 주변국 군주들을 의제적 종주-종번관계로 덧씌워서 한 제국 천자를 정점으로 수립된 봉건적 조공관계 유지를 항구적으로 도모하려고 하였던 사실을 알 수 있다. 그러나 한 제국은 서역 국가에 대해서는 다른 정책을 취했다.

> "원귀미의 아들 성미(星靡)가 대를 이어서 대곤미가 되었으나 유약하였으므로 빙부인이 상서를 올려서 오손에 사자를 보내어 성미를 격려해주기를 원했으므로 한 나라는 사졸 백 명을 보냈다. 도호 한선도 오손의 대사, 대록, 대감에게 금인을 하사하여 대곤미를 받들도록 상주하였으므로 한 나라는 그것을 허락하였다. 그 후 도호 한선이 성미는 겁이 많고 유약하므로 폐하고 그의 숙부 좌대장대락으로 대체할 것을 다시 상주하였으나 한 나라 정부는 허락하지 않았다. 그 후 단회종이 도호가 되어 망반자들을 회유하였으므로 정국이 안정되었다(元貴靡子星靡代爲大昆彌 弱馮夫人上書 願使烏孫鎭撫星(彌)漢遣之 卒百人送焉 都護韓宣奏烏孫大吏 大祿 大監皆可以賜金印紫綬 以尊輔大昆彌 漢許之 後都護韓宣復奏 星彌怯弱 可免 更以季父左大將樂代爲昆彌 漢不許 後段會宗爲都護 招還亡畔 安定之)."486)

원제 시에 오손국 왕 대곤미는 친한적이었으나 성격이 유약하고 세력이 미약하였으므로 한 나라는 사졸 백여 명을 보내어 대곤미의 세력을 강화하고 또 오손국의 대리, 대록, 대감 등의 대신들에게 천자의 금인자수를 하사하여 대곤미를 보좌하도록 하였으나 역부족이었다.

---

486) 『漢書』 卷96 下, 「西域傳」, p.3909.

이에 도호가 오손국 내정에 직접 개입하여 한 나라에 유리한 왕의 교체를 중앙정부에 건의하였으나 수용되지 않았는데 위와 같은 일련의 사태는 서역도호가 오손국 내정에 직접 개입했던 사실을 말하고 있다.

"그해 말에 소곤미가 백성들에 의해 살해되고 여러 영후(翎侯)들이 큰 혼란에 빠졌다. 한 나라는 회종을 불러서 좌조중랑장광록대부에 임명하고 오손국을 회유하고 소곤미 형 말진장(末振將)을 소곤미로 즉위시켜서 오손국을 안정시키고 돌아오게 하였다(歲餘 小昆彌爲國民所殺 諸翎侯大亂 徵會宗爲左曹中郎將光祿大夫 使安輯烏孫 立小昆彌兄末振將 定其國而還)."[487]

오손국에서 친한적이었던 왕 소곤미가 실정으로 인해 백성들에게 살해되고 나라가 혼란에 빠지자 도호 회종이 내정에 개입하여 살해된 소곤미의 형이었던 말진장을 소곤미로 등극시켜서 오손국을 안정시켰는데 이것은 도호가 직접 개입하여 오손국에서 친한적 정권을 계속해서 유지하게 하였던 사실을 말하고 있다.

"소곤미 조취도가 죽자 아들 부리(拊離)가 대를 이었으나 동생 일리(日離)에게 살해되었다. 한 나라가 사자를 보내어 부리 아들 안일(安日)을 소곤미로 세웠으므로 일리가 강거로 도망하여 의지하였다. 한 나라는 기교위군을 이동시켜 고흑에 주둔시키고 기회를 봐서 토벌하려고 하였다. 안일이 귀인 고막익 등 3인으로 비밀리에 따라가 일리를 죽이게 하였다. 이에 도호 염포가 고막익 등에게 금인 이십 근과 비단 3백 필을 하사하였다(星彌死 子雌栗靡代 小昆彌烏就屠死 子拊離代立 爲弟日離所殺 漢遣使者立拊離子安日爲小昆彌 日貳亡 阻康居 漢徙己校屯姑黑 欲候便討焉 安日使貴人姑莫匿等三人詐亡從日貳 刺殺之 都護廉褒賜姑莫匿等金人

487) 위 책, 卷70, 「傳常鄭甘陳段傳」, p.3031.

二十斤 繒三百匹)."488)

오손국에서 친한적이었던 왕 소곤미 부리가 동생 일리(日離)에게 살해되자 도호가 부리의 아들 안일을 소곤미로 세워서 친한적 정권을 유지시키고 병력을 동원하여 일리를 암살하여 친한적 정권에 방해가 될 수 있는 잠재적 대상을 미리 제거한 것이다.

"처음 초비왕 옹귀미의 흉노처 아들인 오취도는 광왕이 부상을 당하였을 때에 여러 영후(領侯)들과 북산 중으로 이동하면서 외가인 흉노병들이 올 것이라고 큰소리를 치고 있었으므로 많은 군중들이 모여들었다. 후에 광왕을 습격하여 살해하고 자립하여 곤미가 되었다. 한 나라는 파강장군 신무현에게 장병 만오천 명을 거느리고 돈황으로 가게 하였다 … 도호 정길이 … 오취도에게 한 나라 병력이 출동하면 반드시 멸망할 것이니 항복하는 것이 좋다고 하였다. 오취도가 겁에 질려서 소곤미만 되기를 바란다고 하였다 … 이에 선제가 … 원귀미를 대곤미, 오취도를 소곤미로 세우고 모두에게 인수를 하사하였다(初 肥王翁歸靡胡婦子 烏就屠 狂王傷時驚 與諸翎侯俱去 居北山中 揚言母家匈奴兵來 故衆歸之 後遂襲殺狂王 自立爲昆靡 漢遣破羌將軍辛武賢將兵萬五千人至敦煌 遣使者案行表 穿卑鞮侯井以西 欲通渠轉穀 積居廬倉 以討之 … 都護鄭吉 … 以漢兵方出 必見滅 不如降 烏就屠恐 曰 願得小號 宣帝 … 立元貴靡爲大昆彌 烏就屠爲小昆彌 皆賜印綬)."489)

오손국에서 친흉노 인물 오취도가 왕 곤미로 등극하자 도호가 중앙정부 지원하에 개입하여 위협하고 문책하면서 오손국을 양분하여 원귀미를 대곤미, 오취도를 소곤미로 즉위시키어 세력을 약화시키고 흉노 세력의 부활을 사전에 봉쇄한 것이다.

---

488) 위 책, 卷96 下, 「西域傳」, p.3909.
489) 위 책, 「西域傳」, p.3907.

이 같이 서역도호는 전략적 요충지 오루성에 주둔하고 있으면서 서역 각국의 동태를 감시하여 특정국의 친한적 왕의 세력이 미약하면 보강해 주고, 왕이 교체되거나 살해되면 내정에 개입하여 친한적 인물을 왕으로 등극시키고 친한적 정권에 방해가 될 수 있는 인물은 암살을 통하여 미리 제거하고 또 오손국 같은 강국에서 권력싸움이 발생하면 양분하여 각기 왕을 즉위시키어 세력을 약화시키고 한 제국 천자의 인수를 받게 하여 신속하게 하였다.

이 같은 사실을 종합해 보면 한 제국은 서역 지역에서 흉노 세력을 축출한 후에는 수천 리의 불모지 사막과 가파르게 중첩된 산맥으로 구성된 절역 서역의 지리적 환경과 특수조건을 감안하여 특수 기관 서역도호를 설치하고 서역도호를 통하여 서역 국가들을 국가 단위로 관리하면서 기존질서를 유지시키고 흉노 세력의 부활을 저지하면서 한 제국 천자의 외신으로 신속시켜서 통어하였던 사실을 알 수 있다.

이런 점에서 볼 때 서역도호의 목적은 서역 국가의 영토 획득, 조세 징수, 병력 요구 등에 있지 않고 한 제국 중앙정부의 지시하에 서역 국가들을 관리하여 외번으로 신속시키는 데 있었던 사실을 알 수 있다. 그리고 이 같은 서역 국가들의 외번화 과정을 남쪽의 남월국의 내번화와 동북의 위만조선의 외번화 과정과 비교해 보면 그 방법과 성격은 달랐어도 궁극적 목표는 모든 서역 국가의 외번화였던 사실을 알 수 있다. 그런데 이뿐만이 아니었다.

> "지금 중국 내의 백성들은 한 사람도 빠짐없이 행복합니다. 그러나 이적 만이는 풍속이 다르고 멀리 떨어져 있고 다른 종족이어서 배와 수레가 통하지 않고 인적도 드물며 정치와 교화가 아직 베풀어지지 않았으며 덕화도 아직 미미합니다. 이들을 안으로 들이면 변경에서 의를 범하고 예를 침범하며 밖으로는 내치면 간사한 행동을 멋대로 하여 군주를 내

쫓아 죽이고 군주와 신하의 지위를 바꾸고 존비질서를 흐트러지게 하고 부형은 죄가 없어도 처벌을 받고 어린이와 고아는 종이 되어 묶여 가며 울게 합니다. 그리고 중원을 향하여 원망하여 말하기를 '대체로 들으니 중원에는 지극히 어진 이가 있어서 덕은 성대하고 은택은 널리 덮여 있어서 만물이 제자리를 얻지 못한 것이 없다고 한다. 그런데 어찌하여 우리만 버리는가?'라고 하면서 발뒤꿈치를 들고 사모하는 것이 마치 가뭄에 비를 기다리고 있는 것과 같다고 합니다. 포학한 자도 이 때문에 눈물을 흘리는데 하물며 성상께서 어떻게 견디어 내시겠습니까? 그리하여 북쪽으로는 군대를 출동시켜 강한 오랑캐를 치고 남쪽으로 사자를 보내어 강한 월을 꾸짖었으므로 사방이 덕에 감화되었습니다 … 장차 은혜를 널리 베풀고 멀리 미치게 하여 … 미개몽매한 지방도 광명의 빛을 얻게 함으로써 전쟁을 쉬게 하고 토벌을 그치게 하려는 것입니다. 멀고 가까운 곳이 일체가 되고 안과 밖을 안락하고 행복하게 하려는 것도 즐거운 일이 아니겠습니까? 대체로 백성들을 곤궁함 속에서 구제하고 주 나라의 끊어진 맥락을 잇는 것이 천자의 급선무일 것입니다. 설령 백성들이 수고로울지라도 어찌 그칠 수 있겠습니까?(今封疆之內 冠帶之倫 咸獲嘉祉 靡有闕遺矣 而夷狄殊俗之國 遼節異黨之地 舟輿不通 人迹罕至 政教未加 流風猶微 內之則犯義侵禮於邊境 外之則邪行橫作 放弒其上 君臣易位 尊卑失序 父兄不辜 幼孤爲奴 係루 號泣 內嚮而怨 曰 蓋聞中國有至仁焉 德洋而恩普 物靡不得其所 今獨曷爲遺己 舉踵思慕 若枯旱之望雨 盭夫爲之垂悌 況乎上聖 又惡能已 故北出師以討彊胡 南馳使以誚勁越 四面風德 … 將博恩廣施 … 阻沈闇昧 得耀乎光明 以偃甲兵於此 而息誅伐於被 遐邇一體 中外提福 不亦康乎 夫拯民於沈溺 奉之尊之休德 反衰世之陵遲 繼周氏之絶業 斯乃天子之急務也 百姓雖勞 又惡可以已哉?)."[490]

이것은 중국 백성들은 성군의 은택에 의해서 모두 태평한 생활을 누리고 있는데 이적만이는 무지몽매한 생활 속에서 중국 성군의 은택

490)『史記』卷117,「司馬相如列傳」, p.3051.

을 목마르게 기다리고 있다는 사마상여의 언급이다. 이 같은 사마상여의 언급 중에서 "은혜를 널리 베풀고 멀리 미치게 하여 … 미개몽매한 지방도 광명의 빛을 얻게 함으로써 전쟁을 쉬게 하려는 것이다(將博恩廣施 … 阻沈闇昧 得耀乎光明 以偃甲兵於此)"라는 것은 천자의 은택에 의한 이적만이의 문명화를 말하고 있는 것이다. "원근이 하나로 합치게 된다(遐邇一體)"라는 것은 천자의 은택에 의한 이적만이의 문명화는 화하와 이적만이가 서로 합쳐져서 천하일통이 되어야 한다는 뜻이다. "안과 밖이 안락하고 행복하게 된다(中外提福)"라는 것은 화하와 이적만이의 천하일통에 의해서 태평성대가 도래한다는 뜻이다. "북쪽으로는 군대를 출동시켜 강한 오랑캐를 치고 남쪽으로 사자를 보내어 강한 월(越)을 꾸짖었으므로 사방이 덕에 감화되었습니다 … 설령 백성들이 수고로울지라도 어찌 그칠 수 있겠습니까?(故北出師以討疆胡南馳使以誚勁越 四面風德 … 百姓雖勞 又惡可以已哉?)"라는 것은 화하와 이적만이 간의 천하일통과 천하일통에 의한 태평성대 도래를 위해서는 백성들이 고생하더라도 무력을 사용해서 이루어야 한다는 것이다.

이 같이 사마상여는 무제의 주변 이적만이에 대한 사면의 무력 정벌을 천자의 은택에 의한 이적만이의 문명화, 이적만이 문명화에 의한 화하와 이적만이 간의 천하일통, 화하와 이적만이 간의 천하일통에 의한 태평성대 도래로 옹호하고 무력에 의해서라도 이루어야 한다고 주장하였다.

> "성스런 황제께서 위에 계셔서 덕이 천하에 흐르고 제후들이 복종하고 위엄이 사방 오랑캐에 떨치고 사해 밖까지도 자리를 삼아서 사발을 엎어 놓은 것보다 편안하며 천하가 골고루 되고 합쳐져서 일가가 되었다(今聖帝在上 德流天下 諸侯賓服 威振四夷 連四海之外以爲席 安於覆盂 天下平均 合爲一家)."[491]

이것은 무제 측근의 하나였던 동방삭이 무제의 사면정벌에 의한 이적만이의 봉건적 신속을 찬미하고 있는 언급이다. 이 동방삭의 언급 중에서 "성스런 황제가 위에 계셔서 덕이 천하에 흐르고 있다(今聖帝在上 德流天下)"라는 것은 천자의 은택에 의해서 무지몽매한 이적만이의 문명화를 의미하고, "천하가 골고루 되어서 일가가 되었다(天下平均合爲一家)"라는 것은 화하와 이적만이 간의 일가(一家) 형성에 의한 천하일통을 말하고 있는 것이다. 그리고 "성스런 황제가 위에 계셔서 덕이 천하에 흐르고 있어서 사해 밖까지도 사발을 엎어 놓은 것보다 편안하다(今聖帝在上 德流天下 連四海之外以爲席 安於覆盂)"라는 것은 화하와 이적만이 간의 천하일통에 의해서 천하가 태평성대를 누리고 있다는 것인데 이 같은 동방삭의 언급은 천자의 은택에 의한 이적만이의 문명화, 화하와 이적만이 간의 일가 형성에 의한 천하일통 그리고 천하일통에 의한 태평성대 도래를 찬미하고 있는 것이다. 이것은 무제의 사면정벌에 의한 이적 · 만이의 봉건적 신속, 즉 외번화를 미화하고 정당화하고 있는 것이다.

> "하늘이 백성들을 낳았는데 그 성(性)[492]은 선하나 질(質)은 선에 못 미친다. 이에 왕을 세워서 백성들을 선하게 해야 한다. 이것이 하늘의 뜻이다. 백성들은 부족한 성을 하늘로부터 받았으므로 물러나서 성을 이룰 수 있는 교육을 왕에게 받아야 한다. 왕은 이 같은 하늘의 뜻을 받들어서 백성들의 성을 이루게 하는 것이 임무이다(天生民 性有善 質而未能善 於是爲之立王而善之 此天意也 民受未能善之性於天 而退受成性之敎於王 王承天意 以成民之性爲任者也)."[493]

---

491) 위 책, 卷126,「滑稽列傳」, p.3207.

492) 동중서는 성(性)은 벼(禾)에 선(善)은 쌀(米)에 비교하고 있다. 쌀은 벼 속에서 나오지만 벼가 바로 쌀은 아니다. 선(善)은 성(性) 속에서 나오지만 성은 바로 선이 되지 못한다고 하였다(『春秋繁露義證』,「深察名號」, p.297 참조).

493)『春秋繁露義證』,「深察名號」, p.302.

여기에서 '하늘이 생성한 민(天生民)'은 화하와 이적만이를 포함한 천하 만백성들을 의미하고 있다. 그러므로 하늘이 임명한 천자는 당연히 화하뿐만 아니라 이적만이의 부족한 '성(性)'까지 이루게 할 절대적 책임이 있는 것인데 이것은 하늘이 천자에게 이적만이의 문명화 임무를 부여했다는 논리이다. 또 "하늘의 뜻을 받들어서(王承天意)", "이것은 하늘의 뜻이다(此天意)"라고 한 것은 화하를 포함한 이적만이의 문명화는 '하늘의 뜻'이기 때문에 천자는 반드시 이루어야 하고 또 이루어진다는 것인데 이 같은 동중서 논리는 우주 천지자연의 창조주 '천'의 절대적 권위와 위엄에 의탁하여 중국 천자에 의한 이적만이 문명화와 화하와 이적만이 간의 천하대일통의 필연성을 주창하고 있는 것이다.[494]

> "그러므로 군주가 마음을 올바르게 하여 조정을 대하고 조정을 바르게 하여 백관들을 대하고 백관들을 바르게 하여 만민들을 바르게 해야 한다. 만민이 바르게 되면 사방이 올바르게 되고 사방이 올바르게 되면 원근이 올바르게 통일되며 그 사이에 간악과 사기가 없어지게 된다. 이로써 음양이 조화롭게 되고 풍우가 때맞게 내리므로 만물이 번창하고 만백성들이 농사에 열중하며 오곡이 무르익고 초목이 울창해진다. 천지가 윤택해져 대풍년이 든다 … 사해가 그 성덕을 듣고 와서 신하가 된다(故爲人君者 正心以朝廷 正朝廷以正百官 正百官以正萬民 正萬民以正四方 四方正 遠近莫敢不壹於正 而亡有邪氣奸其間者 是以陰陽調而風雨時 群生和而萬民殖 五穀熟而屮木茂 天地之間彼潤澤而大豐美 … 而王道終矣)."[495]

여기에서 '정(正)'은 '하늘의 뜻(天意)'을 의미하고 있고 "만민(萬民)"

---

494) 동중서가 주창하고 있는 천자의 은택에 의한 이적 · 만이의 문명화는 사실상 중국문명의 세계화(Sinicization of Chinese Culture)를 의미하고 있는 것이다(이춘식, 『中華思想의 理解』, 신서원, 2002, p.281 참조).

495) 『漢書』 卷56, 「董仲舒傳」, p.2503.

은 화하와 이적만이를 포함한 천하 만백성들을 지칭하고 있으므로 "원근사방이 올바르게 일통된다(四方 … 遠近莫敢不壹於正)"라는 것은 '하늘의 뜻'을 받든 천자의 올바른 정치에 의해서 화하와 이적만이가 하나로 합쳐지는 천하일통을 의미하고 있다. "이로써 음양이 조화롭게 되고 풍우가 때맞게 내리어 만물이 번창하고 만백성들이 농사에 열중하며 오곡이 무르익어서 … 대풍년이 든다(是以陰陽調而風雨時 … 五穀熟 … 而大豊美)"라는 것은 하늘의 뜻을 받든 천자의 올바른 정치에 의해서 무지몽매한 이적만이가 문명화되고 이적만이의 문명화에 의한 사방 원근의 일통, 즉 화하와 이적만이 간의 천하일통이 이루어지고 이 같은 화하와 이적만이 간의 천하일통은 천도인 음양의 도리에 부합되는 것이므로 당연히 대풍년이 들어서 태평성대가 이루어진다는 것이다.

이것은 사실상 동중서가 음양오행의 천도에 의탁하여 천자의 은택에 의한 이적만이의 문명화, 이적만이 문명화에 의한 화하와 이적만이 간의 천하일통, 화하와 이적만이 간의 천하일통에 의한 태평성대 도래를 필연적인 것으로 주장하고 또 옹호, 미화하고 있는 것이다.

또 "왕도가 구현된다(而王道終矣)"라는 것은 '하늘의 뜻'을 받든 천자가 천하 만백성들의 부족한 '성'을 이루어서 무지몽매한 이적만이가 문명화되고, 이적만이의 문명화에 의해서 화하와 이적만이 간의 천하일통이 이루어지고 화하와 이적만이 간의 천하일통은 음양의 도리에 부합하는 것이므로 당연히 대풍년이 들어서 태평성대가 도래하고 태평성대 도래를 '왕도'의 구현으로 미화하고 있는 것인데[496] 이것은 동

496) 왕도는 전국 시대의 맹자가 처음으로 제시하였다. 맹자는 당시의 정치를 패도(覇道)와 왕도(王道)로 구분하여 인(仁)에 가장한 무력정치를 패도(覇道)라 하고, 인(仁)에 기반한 정치를 왕도(王道)라고 하면서 전국 시대 각국의 정치는 패도라고 비판하였는데 당시 맹자가 언급한 패도와 왕도정치의 대상과 범위는 전국 시대 7국으로 구성된 화하세계였다. 그런데 동중서가 "사해의 만이가 성덕을

중서가 한 제국의 주변국 외번화를 유가의 정치적 이상이었던 '왕도 구현'으로 확대하고 연계하여 미화하고 있는 것이다.

이 같은 사실을 종합해 보면 한 제국은 주변국 외번화 과정에서 각국의 국력 강약, 자연환경과 지리적 조건, 전략적 중요성 등의 여러 요인에 따라서 다양한 정책을 개발하여 활용하였다. 북방 흉노 제국에 대해서는 무력으로 참패하였기 때문에 한 제국의 국력이 회복될 때까지 흉노 선우에 대한 주기적 입공을 통하여 흉노의 남침을 무마하였다. 그리고 흉노가 양분되어 세력이 약화되고 남흉노 선우가 칭신 내조하자 외신으로 책봉하여 신속시키고 북흉노 위협에 공동으로 대처하였다.

남쪽 지역 강국 남월국에 대해서는 금, 철, 철제 농기구와 가축 등의 물자 교역을 허용하여 외번으로 신속시키고 인위적 혈연관계에 의탁한 의제적 종번관계를 수립하여 상호 간의 결속과 유대를 강화하였다. 동북 지역 강국 위만조선에 대해서는 '병위재물'의 군사 · 경제적 원조 제공을 통하여 외번으로 신속시키고 인위적 혈연관계에 의탁한 의제적 종번관계 수립을 통하여 동북 지역의 변경 안정을 도모하였다.

수천 리 떨어진 불모지의 사막과 가파르게 중첩된 산맥으로 구성된 절역의 서역 국가들에 대해서는 무력시위와 정벌, 문물 제공과 교역을 통하여 친한적 정권으로 유도하고 흉노 세력을 축출한 후에는 서역도호를 신설하여 서역 국가들을 국가 단위로 통령하면서 한 제국 천자의 외신으로 신속시켰다.

그리고 이 같이 주변국을 외번으로 신속시킨 후에는 천자의 은택에

듣고 모두 와서 신하가 되므로 왕도가 구현된다(四海之內聞盛德而皆來臣 … 而王道終矣)"고 한 것은 왕도 구현의 범위와 대상을 화하를 중심으로 이적만이까지 포함한 천하로 확대하고 있는 것인데, 이 같은 동중서의 논리에 의해서 종래 유가의 이상적 정치로 추앙되었던 왕도 구현은 한 제국의 천자를 정점으로 한 천하일국의 봉건적 세계질서 수립으로 확대되었다고 할 수 있다.

의한 이적만이의 문명화, 이적만이 문명화에 의한 화하와 이적만이 간의 천하일통, 천하일통에 의한 태평성대 도래와 왕도 구현 등의 논리 개발을 통하여 미화, 정당화하고 우주 천지자연의 창조주 '천'의 절대적 권위와 위엄에 의탁하여 주변국 외번화와 봉건적 세계질서 수립을 이념적으로 정당화하고 세뇌하였던 사실을 알 수 있다.

그러나 한 제국 천자의 외번으로 신속된 주변국은 후술하는 바와 같이 총체적 국력 면에서는 한 제국에 비해서는 격차가 있었으나 모두 자주국가였다. 그리고 이 같은 자주국가의 본질을 유지하면서 한 제국과 봉건적 입공조공관계를 수립하고 있었는데 한 제국과 주변국 간의 봉건적 입공조공관계를 흉노-한 제국 간에 수립되었던 차등적 입공관계와 비교하고 또 춘추전국 시대 대국과 소국 간의 조공사대 관계와 비교하여 그 본질과 성격을 밝혀볼 필요가 있다.

3. 한 제국－외번국 간 입공조공(入貢朝貢)의 본질과 성격

춘추 초기의 중원에는 100-180여 대소 열국이 병립하여 국제사회(Multi-State Society)를 이루고 있었다. 그런데 춘추 중기로 진입하면서 상호 간의 대립과 항쟁이 계속되고 약육강식이 전개됨에 따라서 13개국으로 축소되고 이 과정에서 영토 크기, 경제 규모, 인구 수효 등의 여러 면에서 국력 차이가 나타나게 되었다. 그리고 이 같은 국력의 차이에 따라서 열국은 대국(大國), 차국(次國), 소국(小國) 등으로 분류되었으나 영토 크기, 경제 · 군사적 규모, 인구 수효 등에 관계없이 모두 자주국가였다.

그런데 이 같은 열국 중에서 화하세계 변방에 위치하였던 제(齊), 진(晉), 초(楚) 등의 열국이 대국으로 성장하면서 상호 간에 치열한 쟁패전(爭覇戰)을 야기하고 이 쟁패전의 와중에서 약소 열국은 대국의 무력 위협 아래에 끝없는 부세(賦稅) 수탈에 시달리고 또 정치적 압력과 간섭 속에서 자주성까지 위협받고 있었다.

> "초국 사신이 송 나라에 도착하자 송인들이 초 사신을 제지하였다. 송 나라 재상 화원(華元)이 말하기를 '통행증이 없는 사신을 통과시킨다면 초 사신이 송 나라를 무시한 것이 되고 송 나라를 무시하는 것은 송 나라가 멸망한 것이나 다름없다. 그렇다고 초 사신을 사형시키면 초 나라가 우리를 침입할 것이므로 송 나라는 멸망할 것이다. 멸망하기는 마찬가지이다' … 9월에 초 나라 군대가 송을 포위하였다(及宋 宋人止之 華元曰 過我而假道 鄙我也 鄙我亡也 殺其使者 必伐我 伐我亦亡也 一也 … 九月楚子圍宋)."[497]

이것은 초국 사신이 송국의 통행허가를 받지 않고 송국 영토를 통과하려고 하자 송국이 초국 사신을 억류하였던 장면이다. 춘추 시대에는 일국의 사신이 다른 나라의 영토를 통과할 때는 사전에 통행허가를 받아야 하는데 당시 대국이었던 초국 사신이 자국의 힘만 믿고 송국의 통행허가를 받지 않고 영토를 통과하려고 하였으므로 송국이 억류한 것이다. 이렇게 초국 사신을 억류한 송 재상 화원(華元)은 '통행허가가 없는 초국 사신을 통과시키면 주권국가로서 송국은 멸망한 것이나 다름없다'라고 하면서 송국의 주권을 수호하기 위해서 초국 사신을 사형에 처하였다. 이 같은 사실은 당시 약소 송국이 대국의 무력 위협 속에서도 자국의 자주권 수호에 얼마나 단호하였는가를 말하고 있다.

> "만약 우리 군주의 몇 신하가 세상을 떠나고 진 나라 대부가 그 자리를 차지하면 정나라는 진 나라의 한 고을이 되고 말 것입니다(若寡君之二三

497) 『左傳注疏及補正』, 24:17b, 18a.

臣 其卽世考 晉大夫而專制其位 是晉之縣鄙也)."[498]

이것은 당시 정국 군주가 새로운 재상을 임명하려고 하였을 때 이웃 패국 진국(晉國)이 자국에 유리한 인물을 재상에 임명하라는 간섭과 압력을 가했던 상황을 말하고 있다. 당시 정국은 패국이었던 진국과 남방 대국 초국의 양 대국 사이에 위치하고 있었으므로 남북으로부터 끊임없는 부세 수탈과 무력 위협에 시달리고 있었다. 이 같은 상황 속에서 진국이 자국에 유리한 특정 인물의 재상 임명을 요구하자 당시 정국 재상이었던 자산(子産)이 "정국의 재상은 정국 군주가 결정해야 하며 그렇지 않으면 정국은 진국의 일개 현(縣)과 다를 바가 없다"고 반발한 것이다. 그리고 정국 군주는 진국이 추천하는 인물을 물리치고 자신의 뜻에 따라서 재상을 임명하였는데 이것은 정국이 비록 약소국이었지만 대국의 내정간섭을 단호히 배격하였던 사실을 말하고 있다.

또 약소 열국이었던 채국(蔡國)은 대국 초국이 남방에서 흥기하여 북상한 이래 초국과 전투에서 군주가 생포되고, 채국 군주 등극 시에는 초국의 극심한 내정 간섭과 무한정의 부세 수탈에 시달리고 또 군주가 초국의 뇌물과 감언에 속아서 취중에 살해당하는 등 온갖 모욕과 치욕을 당하고 있었다.

그러나 약소 채국은 이 같은 모욕과 치욕을 참으면서 친초(親楚)정책을 계속 취하면서 복속하고 있었는데 이 같이 채국의 인내심도 한계에 달하여 폭발하는 상황이 발생하였다.

"채 소후가 두 개의 패옥(佩玉)과 두 벌의 가죽옷을 마련하여 초 나라로 가지고 갔다. 하나는 초 군주에게 선사하고 다른 하나는 소후가 입었다 … 영윤 자상이 욕심을 냈으나 주지 않았으므로 자상은 채 소후를 삼

498) 위 책, 48: 18a.

> 년간이나 구류하였다. 채 나라 사람들이 이것을 전해 듣고 채 소후에게 요청하여 패옥을 자상에게 바쳤다 … 채후가 방면되어 귀국길에 한수에 이르자 옥(玉)을 강물에 던지며 내가 다시는 한수를 건너서 초국에 가는 일은 없을 것이다 … 그 뒤에 채후는 진(晉)나라로 가서 자신의 아들 원(元)과 대부 아들을 인질로 삼고 초 나라 치기를 청했다(蔡昭侯爲兩佩與兩裘 以如楚 獻一佩一裘於昭王 昭王服之 … 蔡侯亦服其一 子常欲之 弗與 三年止之 … 蔡人聞之 固請而獻佩於子常 … 蔡侯歸及漢 執玉而沈曰 余所有濟漢而南者 有若大小 蔡侯如晉 以其子元 與其大夫之子 爲質焉 而請伐楚)."499)

이것은 초 영윤 자상(子常)이 초국 군주에게 조근 온 채 소후를 어떻게 핍박하고 모욕하였는가를 기술하고 있다. 내용에 의하면 채 소후가 초 소왕 조근 시에 패구(佩裘) 두 벌을 가지고 가서 한 벌을 초 소왕에게 증정하고 다른 한 벌은 자신이 입었는데 초 영윤 자상이 패구를 욕심냈으나 주지 않았다. 이에 앙심을 품은 자상은 채 소후를 3년이나 초국에 구류하고 온갖 협박 끝에 패구를 받아낸 다음에 채 소후를 방면한 것이다. 이 같이 3년 구류 끝에 방면된 채 소후는 귀국 도중 한수(漢水)에 이르자 가지고 있던 옥(玉)을 물속으로 던지면서 다시는 초국에 조근하지 않고 또 당한 모욕에 대한 복수를 맹세하였다.

이후 귀국한 채 소후는 즉시로 아들 원(元)과 대부 아들을 초국과 패권을 둘러싸고 대립하고 있는 진국(晉國)에 보내어 인질로 하고 친진(親晉)정책을 표방하면서 초국에 대한 무력 응징을 요청하였다. 그리고 이 같은 채국의 요청을 받은 진국은 동맹국들과 소능(召陵)에서 회맹을 개최하고 초국을 침입하여 응징하였는데 채국의 복수는 이것으로 끝나지 않았다.

---

499) 『左傳注疏及補正』, 54: 23b.

당시 초국 남쪽 배후에는 월족의 오국(吳國)이 새로 흥기하고 있었는데 채국은 이 오국과 밀통하고 오군을 초국 배후로 인도하여 초국을 급습케 하였다. 이때 초국은 중원 경략을 위해 모든 병력을 북방에 집결시키고 있었으므로 오군의 배후 급습에 초군은 크게 패하여 수도 영(郢)까지 함락되고 초 소왕도 지방으로 도피하지 않을 수 없었다. 이후 채국은 국력을 재정비한 초국으로부터 바로 보복을 받았지만 이 같은 일련의 사실은 채국이 비록 약소국이었지만 초국의 지나친 경제적 수탈, 초국에 의한 채 소후 취살, 채 소후에 대한 초 영윤의 개인적 모독 등의 지나친 중압과 교만 그리고 자주성을 유린하는 등의 행위에 대해서는 분연히 일어나서 당시 상치된 국제정세를 교묘히 이용하여 초국에 치명상을 가했던 사실을 말하고 있다.

이 같이 춘추 시대 송, 정, 채국과 같은 약소 열국은 비록 영토 크기, 인구 수효, 경제 · 군사력 규모 등의 면에서는 대국과는 비교할 수 없을 정도로 열세하였다. 그리고 국제역학관계에 의해서 진 · 초 등의 대국에 대해서는 조빙 · 헌공의 조공관계를 수립하고 있었으나 안으로는 군주를 정점으로 장구한 시일에 걸쳐서 형성된 지배 씨족 간의 결속과 전통, 상호 간의 공동혈연의식과 공동운명의식 등을 기반으로 수립된 자주국가였다.

그러므로 대국으로부터 부당한 내정 간섭과 모독에 대해서는 단호하게 거부하고 또 자주성이 위협당하면 멸망을 각오하고 분연히 항거하였는데 당시 남월국과 위만조선 등을 포함한 주변국의 국가 본질과 성격을 이 같은 춘추전국 시대의 약소 열국의 국가 본질과 성격에 연관하여 검토해 볼 수 있을 것이다.

위에서 설명한 바와 같이 남월국은 무제에 의해서 멸망되기 직전까지 5대 90여 년의 역사를 누리면서 광동 · 복건 지역에서 베트남 북부에 이르는 사방 수만 리의 영토를 장악하고 백만의 병력을 소유한 남쪽의 지역 강국이었다. 그러나 남월국은 지국의 경제 발달과 무력 양성에 필요한 한 제국의 선진문물 구입이 필수적이었으므로 외신 제후왕의 책봉을 수용하여 남월국 군주의 한 제국 천자에 대한 조근 입공의 조공(朝貢)관계를 수립하였다.

그러나 이 같은 책봉조공관계 수립은 남월국 군주 조타의 한 제국 천자에 대한 입조(入朝)의 봉건적 신례 이행은 필수적인 것이었지만[500] 조타는 자신을 신타(臣它)로 칭신하고 또 매년 사신을 파견하여 조하(朝賀)에 참열하고 공물을 헌상하였으나 자신은 직접 입조한 적은 한 번도 없었다. 반면 남월국 내에서 한 제국 천자와 같은 '제호'를 사용하고 한 제국과 국익 관계 충돌이 발생하면 한 제국 남쪽 변경을 수시로 침탈하면서 한 제국 천자의 권위와 위엄에 도전하였다.

또 조타 사후 남월국 군주 조홍이 한 제국 천자의 내신으로 내속 결정을 하였을 때 3년1조의 입조를 약속하였지만 이 같은 입조 약속은 신하들의 반대로 무산되고 이후 한 제국의 수차에 걸친 독촉에도 불구하고 '칭병'을 핑계로 입조를 끝까지 행하지 않았다. 이 같이 남월국 역대 군주들은 대대로 한 제국 천자의 책봉을 받아서 책봉조공관계를 수립하고 있었지만 봉건적 신례의 상징인 군주 입조는 한 번도 행하지 않고 사신 파견에 의한 입공으로 군주 입조를 대체하면서 한 제국 선진문물을 구입하고 있었다. 그리고 한 제국 역시 이 같은 남월국 군주 입조 불이행을 묵인하면서 남월국과의 교역을 사실상 허용하고 있었다.

또 한 제국이 홀연히 남월국의 자주성이 상실될 수 있는 내번화(內藩化)를 집요하게 요구하고 무력 압력을 가하면서 강행할 기세를 보이자 남월국은 자국의 자주성을 수호하기 위해 멸망을 각오하고 무력으로

500) 사실 한 제국 내신 제후왕들은 3년1조(三年一朝)의 입조를 주기적으로 이행하였다.

분연히 항거하다가 결국 멸망되었는데, 이것은 남월국이 영토 크기, 인구 수효, 경제 · 군사력 규모, 문화 발달 등의 총체적 국력 면에서는 한 제국에 비교할 수 없을 정도로 열세하였지만 안으로는 춘추 시대의 약소열국과 같이 군주를 정점으로 장구한 시일에 걸쳐서 형성된 지배 씨족의 결속과 장구한 전통, 공동혈연의식, 공동운명의식 등을 기반으로 수립된 자주국가였던 사실을 말하고 있다.

동북의 위만조선도 무제에 의해서 멸망되기 직전까지 3대 90여 년의 역사를 누리면서 주변의 약소 부족국가들을 병합하거나 복속시켜서 사방 수천 리의 영토를 장악하고 철제 무기로 무장된 방대한 병력을 보유한 동북의 지역 강국이었다. 그러나 위만조선 역시 자국의 경제 발달과 무력 양성을 위해서는 한 제국 선진문물 구입이 필수적이었으므로 한 제국 천자의 책봉을 수용하여 조공관계를 수립하고 이 같은 조공관계 수립의 대가로 '병이재물'의 군사 · 경제적 원조를 받았다.

그러나 위만조선 역시 남월국의 경우에서와 같이 창업주 위만 이래 우거왕에 이르기까지 한 제국 천자에 대해서 봉건적 신례인 군주 입조는 한 번도 행하지 않았고 주변 만이 군장들의 한 제국 천자에 대한 입현도 차단하였으며, 무제의 조서 수령까지 거부하였다. 이 같이 위만조선은 한 제국 천자의 외번이었지만 실제적으로는 독자적 정책을 추진하였는데 이것은 위만조선이 남월국과 같이 공개적으로 '칭제' 하면서 무력 도발은 하지 않았지만 자국의 국익에 따라서 독자적 정책을 수행하였던 외국이었다. 다시 말하면 위만조선은 영토 크기, 인구 수효, 경제 · 군사력 규모, 문화 발달 등의 총체적 국력 면에서는 한 제국에 비교할 수 없을 정도로 열세하였지만 춘추전국 시대 대소의 열국과 같이 자주국가였다는 사실을 말하고 있다.

서역 국가들도 대부분이 천산남북로에 산재한 사막의 오아시스를 중심한 도시국가였기 때문에 영토 크기, 인구 수효, 경제 · 군사력 규모,

문화 발달 등의 면에서는 한 제국은 물론 남월국, 위만조선과도 비교할 수 없을 정도로 열세하였다. 그러나 서역 국가들은 수천 리 떨어진 불모지의 사막과 가파르게 중첩된 산맥으로 구성된 절역 지역에 위치하고 또 오아시스 주변에 위치한 군소의 도시국가였지만 각기의 왕 통치하에 독자적 통치제도, 군사력과 영토를 보유하고 상호 인질을 교환하면서 다국적 사회를 형성하고 있었다. 또 한 제국 천자와 책봉입공관계 수립 이전과 이후 그리고 서역도호의 통령 아래에 있으면서도 자국의 통치권은 그대로 행사하고 사신 파견과 입공, 인질 파견과 충성 서약 등을 통하여 한 제국 천자에게 신속하고 있었으나 남월국과 위만조선과 같이 본질적으로 자주국가였다.

서남이 지역의 야랑국(夜郎國), 미막(靡莫), 전국(滇國), 공도(邛都), 동사(同師), 엽유(葉楡), 수(巂), 곤명(昆明), 사(徙), 작도(筰都) 등의 10여 군소 부족국가들도 수초를 따라 이동하는 유목생활 아니면 원시적 농경에 종사하고 있던 반농반목의 미개 부족들이었지만 모두 일정의 영토를 소유하고 토착 군장들의 통치 아래 독자적 생활을 영위하고 있었다. 그러므로 서남이 부족국가들은 영토 크기, 인구 수효, 경제 · 군사력 규모, 문화 순준 등의 총체적 국력 면에서는 국가라고 할 수 없을 정도로 미약하고 열세하였지만 무제의 무력 침략 이전에는 부족국가들로서 자주성을 유지하고 있었다.

그러므로 사마천은 『사기』에서 주변국의 역사를 「흉노열전」 「남월열전」 「조선열전」 등의 독립적 이름으로 편찬하여 주변국을 외국으로 분명히 인정하였으며 반고 역시 『한서』 「백관공경표」에서 한 제국 천자가 임명한 신하 관료들의 관품(官品)을 기록하면서 외신 제후왕들의 관품은 배제하였는데 이것은 반고 역시 외번들을 외국으로 인정하였던 사실을 말하고 있다. 이 같이 외신 제후왕들은 한 제국 천자와 입공조공관계를 수립하고 있었지만 자국에서 한 제국 천자가 제정한 예

(禮)와 법(法)은 받들지 않고 독자적 법으로 통치하고 오직 한 제국 천자의 왕화(王化), 즉 한 제국의 문화적 영향만을 수용하고 있었는데 이것은 외번국이 사실상 외국이었던 사실을 말하고 있다.

이와 같이 한 제국을 포함한 흉노 제국, 남흉노, 남월국, 위만조선, 서역 국가, 서남이 부족국가 등 당시 동아시아 세계의 대소 국가들은 춘추전국 시대의 대소 열국과 같이 국력 강약에 관계없이 본질적으로 자주국가였다. 그리고 상호 간의 대립과 충돌 과정에서 총체적 국력의 강약 혹은 자국 국익의 필요성에 의해서 흉노-한 제국 간의 차등적 입공관계, 한 제국-남월국, 위만조선, 서역 도시국가, 서남이 부족국가 간의 봉건적 입공조공관계로 형성되었다. 그리고 후술하는 바와 같이 한 제국과 남흉노 관계는 조공관계가 수립되었는데 이들 대소의 열국은 본질적으로 자주국가였다. 그리고 상호관계는 차등적 입공관계 또는 봉건적 조공관계로 수립되었는데 이 같은 차등적 입공 또는 봉건적 조공관계가 성립된 이유와 성격을 살펴볼 필요가 있다.

> "선제께서는 장성 이북의 활 잘 쏘는 나라에서는 선우의 명령을 받고 장성 이남의 의관을 갖춘 나라에서는 짐이 다스리고 있소 … 한 나라와 흉노는 인접국입니다(先帝制 長城以北 引弓之國 受命單于 長城以內 冠帶之室 朕亦制之 … 漢與匈奴鄰國之敵)."[501]

이에 의하면 문제는 만리장성을 경계로 자신의 통치 영역은 장성 이남의 의관을 갖추는 관대국(冠帶國) 그리고 흉노 선우의 통치 영역은 장성 이북의 활을 다루는 궁인국(弓人國)으로 구분하여 양국 군주의 독자적 통치 영역과 국경을 인정하고 또 상호 대등한 인접국으로 인식

501) 『史記』 卷110, 「匈奴列傳」, p.2903. 『한서』 「흉노열전」에도 "先帝制 長城以北 引弓之國 受命單于 長城以內 冠帶之室 朕亦制之 … 漢與匈奴鄰國之敵"과 같이 똑같은 내용으로 흉노 제국을 인접국으로 인정하고 있다.

하고 있었으므로[502] 흉노 제국과 한 제국은 대등한 인접국이었다.

“흉노가 교만해져서 고후에게 망언의 서신을 보냈다(匈奴以驕 冒頓乃爲書遺高后 妄言).”[503]

“그 이듬해 선우가 한에 서신을 보냈는데 ‘하늘이 세운 흉노 대 선우는 삼가 황제에게 문안합니다’(其明年 單于遣漢書曰 天所立匈奴大單于敬問皇帝無恙).”[504]

“문제 6년에 한 나라는 흉노 선우에게 글을 보냈는데 ‘황제는 삼가 흉노 대 선우에게 안부를 묻습니다’(孝文帝前六年 漢遺匈奴書曰 皇帝敬問匈奴大單于無恙).”[505]

“종래 한 나라가 선우에게 편지를 보낼 때 한 자 한 치의 목간을 쓰고 첫 머리의 형식은 ‘황제는 삼가 흉노의 대 선우에게 문안하오니 무양하신지요? 그리고 보내준 물건은 … 용건은’과 같은 식이었다. 중항열은 선우가 한 나라에 글을 보낼 때에는 한 자 두 치의 목간을 쓰게 하고 도장과 봉투는 세로와 가로를 다 크게 하고 글투도 거만스럽게 하여 ‘천지가 낳으시고 일월이 세우신 흉노의 대 선우는 삼가 한 나라 황제에게 문안하오니 무양하신지요?’라고 쓰게 하였다(漢遺書牘以尺一寸 辭曰 皇帝敬問匈奴大單于無恙 所遺物及言語云云 中行說令單于遺漢書以尺二寸牘 급 印封皆令廣大長 倨傲其辭曰 天地所生日月所置匈奴大單于敬問漢皇帝無恙).[506]

502) Thomas Barfield, Book Review “Ancient China and Its Enemies; The Rise of Nomadic Poer in East Asian history,” *T'oung Pao*, Vol. 89, Fasc. 4/5(2003). p.465.

503) 『史記』 卷110, 「匈奴列傳」, p.2895.

504) 위 책, 「匈奴列傳」, p.2895.

505) 위 책, 「匈奴列傳」, p.2903.

506) 위 책, 「匈奴列傳」, p.2899.

위의 내용을 보면 한 고조 사후 홀로 된 여후에게 흉노 선우가 구혼(求婚)을 청했던 청혼 서신과 상호 간의 외교적 안부를 포함해서 양국 군주 간에는 필요에 따라서 일정의 격식에 의한 목간(木簡)을 통해서 서신 교환이 있었다.[507] 흉노는 원래 유목민이었기 때문에 한자 사용이 불가능하였지만 중항열(中行說) 같은 다수 중국 망명인들의 보좌를 받고 있었으므로 문서 작성과 해독에는 큰 어려움이 없었는데 이것은 흉노-한 제국 간에는 일정 격식에 의한 서신을 통해서 정상 외교가 진행되고 있었던 사실을 말하고 있다.

"한 나라 변경 관리들이 우현왕을 모멸하여 침입하고 우현왕 또한 선우에게 상의하지 않고 휘하의 후의, 노후, 난지 등의 계책을 받아들여 한 나라의 관리들과 상거하여 두 나라 임금의 약속을 깨고 형제의 우애를 어렵게 하였소. 황제로부터의 책망 편지가 두 번이나 이른지라 우리 쪽에서도 사신을 보내어 황제께 글로써 회답을 하였는데 그 사신은 돌아오지 않았고 한 나라 사신 또한 오지 않았소. 그러므로 한 나라도 우리와 화친을 꾀하지도 않았고 우리도 한 나라와 친할 수가 없게 되었소. 작은 관리들이 약속을 깨뜨렸기 때문에 그 죄를 물어 이번에 우현왕에게 서쪽 월지를 토벌하게 하였소(漢邊吏侵侮右賢王 右賢王不請 聽後義盧侯難氏等計 與漢吏相距 絶二主之約 離兄弟之親 皇帝讓書再至 發使以書報 不來 漢使不止 漢以其故不和 隣國不附 今以小吏之敗約 罰右賢王 使之西求月氏擊之)."[508]

"지금까지 흉노에서 한 나라로 도망해 온 사람들은 인구를 더해 주는 것도 영토를 넓혀 주는 것도 없으므로 앞으로는 흉노가 요새의 선을 넘어 들어오지 못하게 하고 한 나라도 요새 선을 벗어나는 일이 있어서는 안 되겠습니다. 이 규정을 어기는 자는 사형에 처하면 오래 화친하게

507) 위 책, 「匈奴列傳」, p.2897-2903.
508) 위 책, 「匈奴列傳」, p.2897.

될 것이며 후에도 문제가 생기지 않고 두 나라가 다 편하게 될 것입니다(亡人不足以益衆廣地 匈奴無入塞 漢無出塞 犯令約者殺之 可以久親 後無咎俱便).”509)

이 같이 흉노 제국과 한 제국은 사신 파견과 서신 교환을 통해서 위약 행위에 대한 해명과 재발 방지 당부, 양국 국경 설정에 관한 논의, 양국 월경인 처리와 관리 등의 양국 간의 현안 문제를 취급하고 있었는데 양국 간의 이 같은 교섭은 사실상 외교였다. 다시 말하면 흉노-한 제국은 차등적 입공관계 속에서 외교를 수행하고 있었다. 이런 사실에서 볼 때 흉노 제국과 한 제국은 동아시아의 초강대국이었으며 상호 대등하였지만 무력 강약에 의해 차등적 입공관계가 수립되고 입공을 통해 외교가 진행되고 있었으므로 양국 간에는 입공외교가 수립된 것이다.

또 흉노 제국은 무제의 집요한 공략에 의해서 고비사막 이북으로 축출되고 축출된 후 장기간 전개된 내부의 권력쟁탈전으로 인해서 남북 흉노로 양분되었으며 세력이 궁핍해진 남흉노 호한야 선우가 선제 감로 3년에 칭신하면서 내조하였는데 이후 양국관계를 보면 아래와 같다.

“이듬해 호한야 질지 두 선우가 모두 사신을 보내어 공물을 봉헌하였다 … 이듬해 호한야 선우가 다시 입조하였으므로 예우와 하사품이 처음과 같았다(明年 兩單于俱遣使朝獻 … 明年 呼韓邪 單于復入朝 禮賜如初).”510)

“그런 후에 선우는 머리를 숙여서 신복하고 아들을 보내어 입시시키고 삼 대에 걸쳐서 번신으로 칭하며 한 조정의 빈객이 되었다(然後單于臣服

509) 『史記』 卷110, 「匈奴列傳」, p.2903.
510) 『漢書』 卷94上, 「匈奴傳」, p.3799.

遣子入侍 (二)〔三〕世稱藩 賓於漢庭)."[511]

이 같이 남흉노 호한야 선우는 칭신 내조 후 선제로부터 황금새를 받고 외신 제후왕으로 책봉된 후 자신이 직접 입조하여 공물을 헌상하였으며, 이 같은 선우의 조근과 입공은 3대에 걸쳐서 이행되었으므로 한 제국과 남흉노 간에는 차등적 입공관계가 아닌 봉건적 조공관계가 수립된 것이다. 그런데 한 제국과 남흉노 간의 조공관계가 형성되었던 정치 · 군사적 배경을 살펴보면 아래와 같다.

"질지선우가 주살된 뒤 호한야 선우는 기쁘기도 하고 두렵기도 하여 천자에게 글을 올려서 말하기를 '항시 천자를 알현하기를 원하였습니다만 질지 선우가 서방에 있고 오손과 함께 신을 치지 않을까 두려워하여 한 나라에 갈 수가 없었습니다. 이제 질지 선우가 주살되었으므로 조정에 들어가 알현할 수 있기를 원합니다.' 경연 원년 호한야 선우가 다시 입조하여 알현하였으므로 예우와 하사품을 이전과 같이 하고 의복, 비단, 명주솜을 황룡 때보다 배로 주었다(郅至旣誅 呼韓邪 單于且喜且懼 上書言 常願謁見天子 誠以郅至在西方 恐其與烏孫俱來擊臣 以故未得至漢 今郅至已伏誅 願入朝見 竟寧元年 單于復入朝 禮賜如初 加衣服錦帛絮 皆倍於黃龍時)."[512]

이것은 남흉노 호한야 선우가 흉노 내부의 권력투쟁에서 패배하자 남흉노로 독립은 하였으나 북흉노 질지 선우로부터의 무력 위협에 직면하자 한 제국에 의지하려고 하였던 남흉노의 정치 · 군사적 궁핍 상황을 말하고 있다.

---

511) 위 책, 「匈奴傳」, p.3830.
512) 위 책, 「匈奴傳」. p.3803.

> "한창(韓昌)과 장맹(張猛)은 흉노 선우와 맹약을 맺으며 말하였다.'오늘부터 한과 흉노는 합하여 한 집안이 되었으니 대대로 서로 속이거나 서로 공격해서는 안 된다. 몰래 훔치는 일이 발생하면 서로 통보하여 절도한 자를 처벌하고 물건은 보상한다. 침략이 있으면 군대를 일으켜서 서로 돕는다. 한과 흉노 가운데 먼저 맹약을 배반하는 자가 있다면 하늘의 징벌을 받게 될 것이다. 자손 대대로 맹약을 따르게 한다'(昌猛卽與爲盟約 自今以來 漢與匈奴合爲一家 世世毋得相詐相攻 有竊盜者相報 行其誅 償其物 有寇發兵相助 漢與匈奴敢先背約者 受天不祥 令其世世子孫盡如盟)."[513]

이 같이 호한야 선우의 시자(侍子)를 남흉노로 호송하였던 거기도위 한창(韓昌)과 관록대부 장맹(張猛)이 북흉노의 위협에 대처하기 위해서 남흉노와 상호 군사적 협력을 포함한 친선조약을 임의로 체결하고 돌아왔다. 그런데 당시 공경 대신들은 중앙정부의 허락 없이 조약을 맺은 한창과 장맹을 비판하면서 부도죄(不道罪)로 처벌하려고 하였다. 그러나 이 조약으로 남흉노가 북변 요새를 지키는 한 나라의 울타리가 되었으므로 원제는 공경 대신들의 주장을 물리치고 재물로 한창과 장맹을 속죄시켜 주었는데[514] 이것은 남흉노 호한야 선우가 한 제국 천자와의 조공관계 수립 후 한 제국의 북변을 지키는 울타리가 되었던 사실을 말하고 있다.

그러므로 한 제국과 남흉노 양국 간의 조공관계 수립은 북흉노의 무력 위협에 압박받던 남흉노 선우가 한 제국의 군사적 보호와 협조를 얻기 위해서 직접 입조하여 입공하고 한 제국 역시 북흉노 위협을 대적하는 데 남흉노의 협조가 필요하였으므로 양국 간에는 상호 안보적 차원에서 조공관계가 수립된 것이다. 그런데 위에서 언급하였지만 남

---

513) 위 책, 「匈奴傳」, p.3801.
514) 위 책, 「匈奴傳」, p.3801.

흉노는 북흉노에서 분리되어 약소국으로 전락되었지만 본질적으로 자주국가였으므로 한 제국과 남흉노 간의 조공관계는 조공에 의탁된 봉건적 국제관계 수립이었다.

이와 같이 흉노가 패권을 장악하였을 때는 한 제국 천자가 흉노 선우에게 입공을 행하는 흉노-한 제국 간의 차등적 입공관계가 수립되었으며 한 제국이 패권을 장악하였을 때는 남흉노 선우가 한 제국 천자에게 입조하고 공물을 헌상하는 한 제국-남흉노 간의 봉건적 조공관계가 수립되었다. 그리고 양국은 입공 또는 조공을 통해서 외교를 수행하고 있었으므로 입공외교와 조공외교가 각기 생성된 것이다.

다시 말하면 한 제국과 흉노 제국은 동아시아 세계의 초강대국이었으며 대등한 인접국이었지만 양국 간의 무력 강약에 의한 역학관계 변동에 의해서 입공을 매개로 한 차등적 국제관계 또는 조공을 매개로 한 봉건적 국제관계가 수립되었다. 그리고 이 같은 입공 또는 조공의 국제관계를 통하여 외교가 진행되고 있었다.

> "한 11년 육고를 사신으로 보내어 위타를 세워서 남월왕으로 삼고 부절(符節)을 나누어 사신을 통하게 하였다(漢十一年 遣陸賈因立佗爲南越王與剖符通使)."[515]

> "조타가 말하기를 고조 황제가 나를 남월국왕으로 세우고 사신을 통하고 물자를 교역할 수 있게 하였다(佗曰 高帝立我 通使物)."[516]

> "고황제가 신 조타에게 새인을 내리어 남월 왕으로 봉하고 외신으로 삼고 시시로 공물을 헌상하게 하였다(高皇帝幸使臣佗璽 以爲南越王 使爲外臣 時內貢職)."[517]

---

515)『史記』卷113,「南越列傳」, p.2967.
516) 위 책,「南越列傳」, p.2969.

위 글은 한 고조가 육고를 남월국에 보내어 남월국 군주 조타를 외신 제후왕으로 책봉하고 부절(符節)을 하사하여 남월국의 사신 파견과 입공을 허락한 사실을 말하고 있다.

> "관리들이 남월이 관시에서 철기를 구입하지 못하도록 진청하였다(有司請禁南越關市鐵器)."518)

이것은 한 고조가 남월국에 사신 파견과 입공 외에 관시(關市)를 통해 교역을 허용하였던 사실을 말하고 있다. 그리고 이 같은 교역 허용으로 남월국은 한 고조에서부터 혜제 여후 시대까지 남쪽 국경지대의 관시를 통하여 한 제국의 금 · 철 · 농기구와 소 · 말 · 양 등의 가축 등을 구입하고 있었다.

> "여후가 친히 정사를 시행하자 소인들을 가까이 하고 참신들의 말만 믿고 만이들을 차별하고 명령을 내려 만이들에게 금 · 철 · 농기구를 주지 못하게 하고 소 · 말 · 양은 수놈만 주고 암놈은 못 주게 하였다(高后自臨用事 近細士 信讒臣 別異蠻夷 出令曰 毋予蠻夷外 金鐵田器 牛馬羊 卽予 予牡毋與牝)."519)

그런데 남월국이 한 제국의 금 · 철 · 농기구와 소 · 말 · 양 등의 가축 구입을 통해서 급속도로 강성해지자 남월국의 강성을 우려한 일부 관료들이 여후에게 남월국에 대한 경계의 상소를 올렸다. 그리고 이 같은 관료들의 상소를 받은 여후는 남월국에 교역되는 품목 중에서 금 · 철 · 농기구 등의 일부 품목 교역을 제한하였는데 이 같은 여후의 교역 제한

517) 『漢書』 卷95, 「西南夷兩奧朝鮮傳」, p.3851.
518) 『史記』 卷113, 「南越列傳」, p.2969.
519) 『漢書』 卷95, 「西南夷兩奧朝鮮傳」, p.3851.

조치에 남월국은 즉각적으로 반발하였다.

> "고후 때 관리들이 남월이 관시에서 철기 구입 금지를 요청하였다. 조타는 고황제가 나를 왕으로 세우고 사신을 왕래케 하고 물자를 교역케 하였습니다. 지금은 '고후가 참신의 말만 듣고 만이를 차별하여 기물과 물자의 교역을 끊게 하였는데 이것은 분명히 장사왕의 계략일 것입니다. 장사왕이 중국에 의지하여 남월을 멸하고 병합하여 자신의 공으로 세우려고 한 것입니다.' 이에 조타는 남월 무제라고 높이고 군사를 발동하여 장사현 변경을 공격하고 수 개의 현을 공략하였다(高侯時有司請禁奧關市鐵器 佗曰 高皇帝立我 通使物 今高侯聽讒臣 別異蠻夷 鬲絶器物 此必長沙王計 欲倚中國 擊滅南海并王之 自爲功也 於是佗乃自尊號爲南武帝 發兵攻長沙邊 敗數縣焉)."[520]

> "이에 … 조타는 … 좌독을 꽂은 황옥을 타고 다니면서 칭제하고 중국 천자와 같이 하였다(於是 … 佗 … 乃乘黃屋左纛 稱帝 與中國侔)."[521]

이 같이 여후가 일부 관료들의 말만 믿고 교역을 제한시키자 철기와 농구 등의 물자를 구입할 수 없게 된 조타는 그 보복으로 한 제국 천자의 수레와 같이 황옥으로 장식된 수레를 타고 다니면서 무제(武帝)라고 칭제하고 한 제국 남쪽 장사국의 변경을 침입하여 여러 현(縣)을 유린하였다. 그리고 이 같은 조타의 반발, 칭제와 남쪽 변경 침탈에 크게 노한 여후는 장군 융여후(隆慮侯)와 주조(周竈)에게 장병을 주어 조타를 토벌케 하였으나 사졸들이 무더운 기후와 잦은 비 그리고 풍토병에 시달려 사상자가 속출하였으므로 원정은 도중에 실패하고 말았다. 이에 조타는 자신의 세력을 더욱 믿고 인근의 민월(閩越), 서구(西

---

520) 『漢書』 卷95, 「西南夷兩奧朝鮮傳」, p.3849.

521) 위 책, 「西南夷兩奧朝鮮傳」, p.3849.

甌), 낙(駱) 등을 무력으로 위협하고 막대한 재물을 풀어서 복속시켰으므로 그 영토가 동서 만여 리나 되었다.

한편 한 제국에서는 이 시기에 여후가 사망하고 문제(文帝, 전179–157)가 즉위하였는데 밖으로 북방 흉노 선우에 대한 입공을 주기적으로 계속하고 있었으며 안으로는 동성 제후왕들이 점차 교만과 방종에 빠지고 중앙정부에 대해 반독립적 입장을 취하고 있었다. 그리고 여후가 보낸 남월국 원정도 실패하였으므로 문제는 내외적으로 어려운 사정에 봉착해 있었다. 이 같은 상황 속에서 문제는 남월국 문제를 먼저 해결하기 위해서 남월국 사정을 비교적 많이 알고 있는 육고를 다시 사신으로 파견하여 조타의 '제호' 사용을 꾸짖으면서 다시 회유하였다.

> "관리가 말하기를 '왕이 가진 땅은 그렇게 크지 않고 왕이 가진 재물도 그렇게 부유하지 않으므로 복령 이남의 땅은 왕이 다스리는 것이 좋다'고 하였소. 그렇다고 해도 왕은 칭제(稱帝)하였소. 두 황제가 양립한다는 것은 좁은 길에서는 일승의 사신(一乘之使)도 통과할 수 없다는 것을 뜻하니 이것은 전쟁이요 … 원컨대 왕과 함께 이전에 있었던 근심을 털어 버리고 지금부터 옛날과 같이 사신을 왕래할 수 있게 했으면 좋겠소(得王之地不足以爲大 得王之財不足以爲富 服領以南 王自治之 雖然 王之號爲帝 兩帝竝立 亡一乘之使以通其道 是爭也 … 願與王分棄前患 終今以來通使如故)."[522]

> "육고가 도착하니 남월왕이 놀라서 머리를 숙여 사과하고 현명한 황제의 조서를 받들어 영원히 번신이 되어 공직(貢職)을 받들 것을 청하였다 … 황제는 어진 분이다. 지금부터 제제(帝制)와 황옥 좌독을 버린다고 선포하였다(陸賈至 南奧王恐 乃頓首謝 願奉明詔 長爲藩臣 奉貢職 … 皇帝賢天子也 自今以後 去帝制黃屋左纛)."[523]

522) 『漢書』 卷95, 「西南夷兩奧朝鮮傳」, p.3851.

"이제 폐하가 다행히 조타를 불쌍히 여겨서 이전의 호를 회복해 주고 옛날과 마찬가지로 한 나라에 사신을 왕래케 해 주시니 노부는 죽어도 뼈가 썩지 않을 것입니다(今陛下幸哀憐 復故號 通使漢如故 老夫死骨不腐)."[524]

위문에 의하면 문제는 복령(服領) 이남의 땅을 남월국 군주 조타의 영역으로 인정해 주면서도 한 제국 황제와 같은 제호(帝號)를 사용해서는 안 되고 만일 계속해서 사용한다면 무력으로 응징할 수밖에 없다는 강력한 경고를 전하였다. 그리고 이 같은 경고와 함께 문제가 조타에게 이전의 왕호(王號)를 회복해 주고 사신 왕래를 허락해 주자 조타는 감읍하여 '제호' 사용을 즉시 포기하고 문제를 '황제 폐하' 자신을 '신타(臣佗)'라고 하면서[525] 신례를 취하였다. 그런데 이 당시 문제는 단순히 남월국 군주 조타에게 고호(故號)를 회복해 주고 사신 왕래만을 허락하였던 것만은 아닌 것 같다.

위에서 언급한 바와 같이 한 고조가 조타를 외신 제후왕으로 책봉하고 한 제국 남쪽 변경의 백월 관리를 맡기면서 남월국의 금 · 철 · 농기구 그리고 가축 등의 교역을 허락한 이래 남월국은 한 제국의 선진물자를 꾸준히 구입하고 있었다. 그런데 남월국 강성을 이유로 여후가 물자 교역을 홀연히 제한하자 이에 크게 반발한 조타는 '제호'를 다시 사용하기 시작하고 병력을 수차 동원하여 한 제국 남쪽 변경을 침탈하였던 것이다.

다시 말하면 조타가 '제호'를 다시 사용하고 장사국 변읍을 수차 침탈하였던 주요 원인은 여후가 금 · 철 · 농기구 · 가축 등 한 제국의 물자 구입을 부분적으로 봉쇄한 때문이었다고 할 수 있다. 그리고 이

523) 위 책, p.3851.
524) 위 책, p.3853.
525) 위 책, p.3853.

같은 남월국의 내부 사정과 조타 의중을 감지한 문제는 조타의 왕호 복구와 사신 왕래를 허용하면서 남월국이 절실히 필요한 금 · 철 · 농기구 그리고 가축 등의 교역을 다시 허용하였으므로 문제의 이 같은 교역 재개 조치에 감읍한 조타는 바로 자신을 '신타(臣佗)'라고 하면서 '제호' 사용을 중단하고 한 제국 천자의 외신으로 다시 복귀하였던 것으로 생각된다.

이후 조타의 한 제국 천자에 대한 칭신, 사신 파견과 조하(朝賀) 참여는[526] 무제 초기까지 계속되었는데 이것은 남월국이 무제 초기까지 한 제국 천자와 책봉조공관계를 유지하면서 한 제국 물자를 계속해서 구입하고 있었던 사실을 말하고 있다. 이 같이 남월국 군주 조타는 금, 철, 농기구, 가축 등의 물자를 구입하기 위해서 '제호' 를 포기하고 신례까지 취하였는데 여기에는 금, 철, 농기구, 가축 등의 물자 구입과 관련된 남월국의 정치 · 경제적 이유가 있었을 것으로 생각된다.

먼저 한 제국은 건국 이래 주변국과 군소의 부족국가에게 다양한 물자 제공 등을 포함한 이이제이책(以夷制夷策)과 기미책(羈縻策)을 시행하였는데 시행된 정책과 제공된 물자 종류는 상대 국가와 부족의 강약, 전략적 위치와 가치 등에 따라 크게 차이가 있었다. 예를 들면 광대한 영토를 장악하고 강력한 무력을 소유했으나 척박한 유목경제에 기반하고 문화수준이 낮았던 유목민 흉노에게는 고도의 소비 · 사치 · 향락적인 물자를 제공하여 그들의 욕구를 충족시켜 주면서 빈번한 무력 침탈을 제어하였다. 또 척박한 땅에서 반농 · 반목의 원시적 생활을 영위하고 수시로 변경을 침탈하는 오환, 서남이, 선비 등의 군소 부족들에게는 후(侯) · 군(君) · 장(長) 등의 관작을 수여, 사치품과 생활 필수품 제공 그리고 새내(塞內) 거주를 허용하면서 변경 침탈을 무마

526) 『史記』 卷113, 「南越列傳」, p.2971.

하고 포섭하였다.[527]

이 같이 한 제국은 건국 이래 후진적이었던 주변 국가와 군소 부족들에게 관작 수여, 사치품과 생활필수품 제공, 새내 거주 허용 등을 통하여 회유하고 무마하면서 변경 안정을 추구하였는데 한 제국이 남월국에게 제공하였던 금 · 철 · 농기구와 가축 등도 이 같은 시각에서 분석해 볼 필요가 있다.

한 제국이 남월국에 교역하였던 물자는 위에서 언급한 바와 같이 금 · 철 · 농기구와 소 · 양 등의 가축이었는데 이 중에서 금은 주지하는 바와 같이 고가의 사치품에 속하는 귀금속이었다. 이 같은 고가의 사치품인 금을 한 제국이 남월국의 교역을 허용하였던 이유는 대체로 남월국 지배계층의 환심을 사서 친한(親漢) 감정을 유발하기 위한 것이었을 것이다. 철은 춘추전국 시대에 출현하였으나 야금술(冶金術)의 미발달로 농기구 제작에만 사용되다가 한 초기에 이르러 철제무기 생산으로 사용되었는데[528] 철과 철제 무기는 당시의 첨단 소재였고 첨단 무기였다.

그런데 남월국은 조타 시에 백만이 넘는 병력을 보유하고 있었는데 이 같이 방대한 병력을 양성하고 또 무장시키기 위해서는 막대한 양의 철이 필요하였을 것이며 막대한 양의 철을 생산할 수 있는 주변 국가는 한 제국 외에 사실상 없었다. 그러므로 남월국은 백만 이상의 병력을 무장시키고 유지하는 데 필요한 철의 상당 부분을 한 제국에서 구입되는 철에 의존하고 있었다고 할 수 있다.

중국에서 농기구는 춘추 시대까지는 나무, 돌 아니면 뿔로 제작된

---

527) 李春植, 「兩漢代 制夷策과 羈縻策의 性格에 대하여」, 『東洋學』 第25輯, 1995, p.208.

528) 중국에서 철기 사용은 무제 시대에 보편화되기 시작하였고 전면적 사용은 전한(前漢)과 후한(後漢)의 교체 시기로 보고 있다(潮見浩, 『東アジア初期鐵器文化』, p.197 참조).

농기구를 사용하였으나 전국 시대에는 철제농구를 보편적으로 사용하고 있었으므로 한 초기 농기구는 당연히 철제농구였다. 그러므로 당시 한 제국에서 남월국으로 교역되었던 농기구는 나무 돌 또는 뿔로 만든 농기구가 아니라 철제 농기구였을 것이 분명하다. 그런데 농경은 산업혁명 이전의 경제에서는 가장 선진적 경제였기 때문에 철제농기구는 바로 첨단적 산업 기간재였다. 그리고 남월국은 기간산업이었던 농업을 발달시키기 위해서는 철제농기구가 절대로 필요하였을 것이며 이 같은 철제 농기구를 한 제국으로부터 구입하고 있었다고 할 수 있다.

또 한 제국은 남월국에 소 · 말 · 양 등의 가축 교역을 허용하였다. 소 · 말 · 양 등의 가축으로 구성된 목축은 농경사회에서는 농경에 버금갈 정도로 경제적 비중이 높았으며, 특히 소는 우경(牛耕)에 필수적이었다. 또 남월국이 위치한 복건 · 절강 · 광동 등의 지역은 흉노의 본거지였던 몽골 초원지대와는 달리 농경과 목축이 발달할 수 있는 비옥한 지역이었다. 그리고 신생 남월국은 농업과 목축업을 포함한 경제 발달이 필수적이었을 것이므로 한 제국으로부터 철제농구와 더불어 소 · 말 · 양 등의 가축을 교역을 통해 구입하고 있었을 것으로 생각된다. 다시 말하면 철 · 철제 농기구, 소 · 말 · 양 등의 가축은 남월국의 무력 양성과 경제 발달에 필수적이었다고 할 수 있다.

그런데 이 같이 남월국의 무력 양성과 경제 발달에 필수적이었던 철 · 철제농기구와 소 · 말 · 양 등의 가축에 대한 교역을 여후가 홀연히 제한하자 조타는 분개하여 중국이 그렇게 싫어하는 '제호'를 다시 사용하고 병력을 동원하여 장사국의 변읍을 유린하면서 무력으로 한 제국을 남쪽 변경에서 압박하였던 것으로 생각된다.

이 같은 사실에서 볼 때 남월국 군주 조타가 한 제국 천자의 외신 제후왕 책봉과 번병 임무를 수용하고 '제호'를 포기하면서 신례를 취했던 것은 남월국의 무력 양성과 경제 발달에 필수적이었던 금 · 철 ·

철제 농기구와 소 · 말 · 양 등의 가축을 구입하기 위한 것이었다고 할 수 있다. 그리고 남월국의 이 같은 내부 사정을 간파한 문제는 남월국에 절대적으로 필요한 전략 물자와 산업 기간재의 교역을 다시 허용하고 조타를 외신 제후왕으로 복구해 주면서 남쪽 변경 침탈 중지와 변경 안정을 도모하고 '제호' 사용을 봉쇄하였던 것으로 생각된다.

이 같은 사실을 종합해 보면 한 제국은 철 · 철제 무기 등의 전략 물자와 철제 농기구 · 소 · 말 · 양 등의 산업 기간재의 교역을 허용하면서 남월국 군주를 한 제국 천자의 외신 제후왕으로 책봉하여 남쪽 변경 침탈 중지와 변경 안정을 도모하고 남쪽 지역에서 유일무이한 천명의 봉행자 한 제국 천자의 이념적 위상과 권위를 수립하고 동시에 흉노와 대치하고 있는 한 제국 남쪽 배후의 정치 · 군사적 안정을 도모하였다고 할 수 있다.

반면 모든 면에서 낙후되었던 약소 후진국 남월국은 자국의 경제 발달과 무력 양성 등의 국가 발전을 위해서는 동아시아 유일의 선진대국 한 제국의 물자 도입이 필수적이었으므로 한 제국 천자의 책봉을 받고 군주가 조근과 입공을 행하는 조공관계를 수용하지 않을 수 없었을 것이다.

그러나 남월국은 외번으로 책봉된 후에 군주 입조는 절대로 행하지 않고 사신 파견에 의한 입공으로 군주 입조를 대체하면서 자국의 경제 발달과 무력 양성에 필요한 전략 물자와 산업 기간재를 구입하였으며 또 한 제국도 사실상 이것을 묵인하고 있었다. 그러므로 한 제국과 남월국 간에는 한 제국 천자에 대한 남월국 군주의 입조는 배제된 입공관계만 성립되었다고 할 수 있다.

그런데 남월국은 한 제국과 입공관계를 수립하고 있었지만 위에서 누차 언급한 바와 같이 한 제국과 충돌이 발생할 때는 수시로 장사국 남변을 무력으로 침탈하였다. 그리고 남월국 군주 홍이 무제의 집요한 권유에 못 이겨서 내속을 결정하였을 때 "곧 … 내제후가 되어서 3년에 한 번 씩 입조하고 변경의 관문을 철폐하고 … 남월의 고유 형벌인 경형(黥刑)과 의형(劓刑)을 폐지하여 한 나라 법을 사용하겠다(卽 … 請比內諸侯 三歲一朝 除邊關 … 除其故黥劓刑 用漢法)"[529]라고 하였는데 이것은 남월국이 자국 내에서는 남월국 고유의 법령과 형벌을 시행하고 한-남월국 간의 국경에는 관문을 설치하여 국경을 관리하고 있었던 사실을 말하고 있다. 다시 말하면 남월국은 자국 내에서는 한 제국 천자가 제정한 예와 법을 시행하지 않았으며 오직 사신 파견, 물자 교환, 관시 개설 등을 통한 한 제국의 문화적 영향, 즉 한 제국 천자의 왕화(王化)만 받고 있던 외국이었다.

그러므로 한 제국과 남월국 간에 수립된 입공관계는 한 제국 입장에서는 한 제국 천자의 천하통치 유일무이성을 전제한 봉건적 신속관계였지만 남월국 입장에서는 경제 발전과 무력 양성 등의 국익을 위해서 수용된 형식적 의례였다. 그리고 양국 간의 현안 문제를 다루는 외교는 입공사들을 통해서 수행되고 있었으므로 사실상 입공외교가 출현한 것이다. 이런 점에서 볼 때 한 제국과 남월국 양국 간에는 책봉입공에 의탁된 봉건적 국제관계가 수립된 것이다. 다음 한 제국과 위만조선 간의 상호관계도 이 같은 시각에서 살펴볼 수 있을 것이다.

> "섭하가 떠나서 국경인 패수에 이르자 수레를 끄는 사람을 시켜서 섭하를 호송하는 조선군의 비장 장(長)을 죽이고 바로 패수를 건너 말을 달려 요새로 들어갔다. 그리고 돌아가서 천자에게 조선의 장수를 죽였다고 보고하였다. 천자는 조선 장수를 죽였다는 이유로 꾸짖지 않고 섭하를 요동의 동부도위에 임명하였다. 이에 조선은 섭하를 원망하여 군사를 일으켜서 섭하를 죽였다(何去至界上 臨浿水 使御刺殺送何者 朝鮮裨王長

529)『史記』卷113,「南越列傳」, p.2973.

卽渡馳入塞 遂歸報天子曰 殺朝鮮將 上爲其名美 卽不詰 拜何爲遼東東部都尉 朝鮮怨何 發兵襲攻殺何)."[530]

이것은 우호관계 수립을 목적으로 위만조선에 파견되었던 섭하가 우거왕의 냉대와 조서 수령 거부 등으로 목적을 달성하지 못하고 귀국하게 되자 앙심을 품고 한-위만조선 간의 국경이었던 패수에 이르자 자신을 호위하고 있던 위만조선의 비왕 장(長)을 살해하고 패수를 건너서 한 제국의 요새 안으로 들어갔다. 그리고 이 같은 조선군의 비왕 장을 살해한 공으로 섭하가 요동의 동부도위에 임명되었던 당시의 상황을 설명하고 있다.

이 같은 상항에 의하면 한 제국과 위만조선 간의 국경이었던 패수를 경계로 패수 서쪽의 한 제국 영토 내에는 국경을 관리하는 요새가 축조되어 있었는데 한 제국의 이 같은 요새 축조는 당연히 패수 동쪽의 위만조선 영토 내 위만조선의 요새 축조를 전제하고 있는 것이다. 그리고 이 같은 요새가 축조되었기 때문에 위만조선은 군사를 발동하여 패수를 건너서 한 제국 영토 안으로 침입하고 요동의 동부도위 섭하를 죽일 수 있었던 것으로 생각된다. 이 같이 한 제국과 위만조선 양국은 패수를 국경 경계로 자국 내에 각기 요새를 구축하고 국경을 엄중히 관리하고 있었는데 이것은 위만조선이 남월국과 같이 자국 내에서는 한 제국 천자가 제정한 예와 법을 사용하지 않고 한 제국의 문화적 영향 즉 왕화(王化)만을 받고 있던 외국이었던 사실을 말하고 있다.

또 위만조선은 위에서 언급한 바와 같이 혜제 · 여후 시기에 한 제국 천자의 외신 제후왕으로 책봉되고 한 제국 동북 변경 지역의 만이들의 침탈 중지와 변경 안정 도모 그리고 만이 군장들의 한 제국 천자에 대한 입현 협조 등의 번병 임무를 수용하였다. 그런데 위만조선 역시

530) 『史記』 卷115, 「朝鮮列傳」, p.2987.

한 제국 천자의 외신 제후왕의 책봉과 번병 임무만 수용한 것이 아니었다.

> "이로써 위만은 병위와 재물을 얻어서 주변의 소읍들을 침입해서 항복을 받았으며 진번과 임둔이 다 내속하였으므로 영토가 사방 수천 리가 되었다(以故滿得兵威財物 侵降其旁小邑 眞番 臨屯皆來服屬 方數千里)."[531]

위문에서 '병위(兵威)'의 뜻을 살펴보면 『사기(史記)』와 『한서(漢書)』 중의 위만에 관한 기록 중에는 "병위"에 대한 주석이 없다. 『대한화사전(大漢和辭典)』 2권에서는 "병위"를 "軍의 威勢" "兵勢"[532]로 해석하고 있고 오다케 다케오(小竹武夫)의 일본어 번역 『한서』에는 '병위'를 "兵權"[533]으로 설명하고 있다. 또 한국 연구자들은 '병위(兵威)'를 '군사',[534] '군사적 위세',[535] '우수한 무기',[536] '철제 무기',[537] '병(兵)',[538] '군장비(軍裝備)' 등[539]으로 해석하고 있으므로 사실상 '병위'에 대한 해석은 다양하다. 그런데 '병위'를 "軍의 威勢" "兵勢" "兵權"으로 해석하여 위만조선이 한 제국으로부터 "軍의 威勢, 兵勢, 또는 兵權 얻어서 주변 소국들을 병합하고 영토를 사방 수천 리로 확대하였다"라고 해석

531) 『漢書』 卷95, 「西南夷兩奧朝鮮傳」, p.3865.
532) 諸橋轍次, 『大漢和辭典』 券2, p.1167. 金瑛河, 「韓國古代社會의 政治構造」, 『韓國古代史研究』 8, 1995, p.36.
533) 小竹武夫 譯, 『漢書』 下卷 「列傳 II」, 東京: 筑摩書房, 1979, p.332.
534) 김재선 외 역, 『한글동이전』, 서울: 서문문화사, 1999, p.14.
535) 國史編纂委員會 譯, 『中國正史朝鮮傳』 1, 2007, p.7.
536) 서영수, 「衛滿朝鮮의 形成過程과 國家的 性格」, 『韓國古代史研究』 9, 1996, pp.105-106.
537) 김한규, 『古代中國的世界秩序研究』, 서울: 一朝閣, 1982, p.261.
538) 金貞培, 『韓國古代의 國家起源과 形成』, 서울: 고려대학교출판부, 1986, p.40.
539) 尹乃鉉, 『韓國古代史新論』, 서울: 一志社, 1999, p.264.

하면 이것은 앞뒤 사정과 맞지도 않고 해석도 되지 않는다.

그런데 당시 동북 지역과 한반도 북부 지역에는 철기 사용이 확대되고 위만조선군도 철제무기로 무장하고 있었으므로[540] 철과 철제무기의 효용성을 잘 알고 있던 위만조선은 한 제국과 동북 변경의 만이 침탈 중지, 변경 안정 도모, 만이 군장들의 한 제국 천자에 대한 입현 협조 등의 조건으로 '약'을 체결할 때 이에 대한 대가로 철제무기를 요청하였을 것으로 생각된다. 그리고 한 제국 역시 남월국을 회유하기 위해서 철 · 철제 무기와 철제 농구를 제공하였던 전례를 감안하면 '병위(兵威)'는 철제 무기로 이해하는데 무리가 없을 것 같다. 또 한 제국은 위만조선에 '병위'와 더불어 '재물(財物)'을 제공하였는데 이 '재물'은 물자(物資),[541] 재물(財物)[542] 군비(軍費) 등으로 이해하고 있으므로 '재물'은 일종의 경제원조였을 것으로 생각된다. 이런 점에서 한 제국이 위만조선에 제공한 '병위재물'은 군사 · 경제적 원조였다고 할 수 있다.

다시 말하면 광대한 영토를 소유하고 농경에 기반한 위만조선은 척박한 땅에서 유목생활을 영위하고 있는 흉노와 반농반목의 원시적 생활을 영위하고 있는 오환, 서남이, 선비 등의 군소 부족국가들과는 자연환경과 경제 · 사회적 조건이 근본적으로 다른 국가였다.

그러므로 위만조선은 흉노, 오환, 선비 등에게 제공되었던 고급 의류 · 술 · 수레 · 황금 등의 일시적인 소비 향락의 사치성 물품보다는 남월국과 같이 무력 양성과 경제 발달에 필요한 철제무기와 경제원조 등이 필요하였을 것이므로 한 제국 천자의 외신 제후왕 책봉 수용 조건으로 철제무기와 경제원조를 요청하였을 것으로 생각된다. 그리고 위만조

540) 金貞培, 『韓國古代의 國家起源과 形成』, p.44.
541) 金貞培, 위 책, p.40.
542) 尹乃鉉, 앞 책, p 264.

선의 이 같은 경제·사회적 사정을 잘 알고 있던 한 제국은 위만조선의 요청에 응하여 철제무기와 경제원조를 제공하면서 동북 변경의 침탈 방지와 변경 안정 그리고 만이 군장들의 한 제국 천자에 대한 입현 협조 등의 번병 임무를 부여하였던 것으로 생각된다.

> "왕위가 아들에게 전해지고 다시 손자 우거에게 이르렀다. 우거는 한나라 망명자들을 유혹하여 많이 받아들이고 천자에게 입조도 하지 않았다(傳子至孫右渠 所誘漢亡人者多 右未嘗入見)."[543]

이에 의하면 위만조선의 3대 군주 우거왕은 등극 이후 중국 망명인들을 많이 유치하면서도 한 제국 천자에게는 한 번도 입조하지 않았다는 내용이다. 그런데 위에서 언급한 바와 같이 위만조선은 요동 태수의 주선으로 '약'을 체결하였다. 그리고 이 '약' 체결에 의해서 위만조선 군주는 한 제국 천자의 외신으로 책봉되었는데 이 같은 위만조선 군주의 외신 책봉은 당연히 위만조선 군주의 한 제국 천자에 대한 조근과 입공은 전제되어 있는 것이다. 그런데 「조선전」에는 위만조선 군주의 한 제국 천자에 대한 입조 기록은 보이지 않고 있다.

그런데 『위략』「조선전」 주소에 의하면 진대 장군 몽념(夢恬)이 흉노를 구축하고 그 세력을 요동까지 확대하였을 때 고조선 왕 부립(否立)이 몽념의 공략을 두려워하여 진 제국에 내속하고 조회(朝會)를 약속하였다. 그러나 "不肯朝會"[544]의 기록으로 보아서 실제적으로는 고조선 왕이 진 제국에 조회를 하지 않았다는 사실을 시사하고 있다.[545] 또 위에서 언급한 남월국 군주 조타도 '칭신'하면서 황금새의 인수를

543) 『史記』 卷115, 「朝鮮列傳」, p.2987.
544) 『三國志』 卷30, 「烏丸鮮卑東夷傳」, p.851.
545) 金翰奎, 앞 책, p.255.

받고 한 제국 천자의 외신으로 책봉되어 조공관계를 수립하고 이 조공관계를 통하여 한 제국 선진문물을 구입하고 있었음에도 불구하고 조타 자신은 한 제국 천자에게 한 번도 입조한 적이 없었으며 조타 사망 후 남월국 군주들은 여러 가지의 핑계와 변명을 대면서 남월국이 멸망할 때까지 입조를 한 번도 행하지 않았다.

따라서 이 같은 사실을 감안해 보면 위만조선 군주 위만도 한 제국 천자의 외신으로 책봉되어 조공관계를 수립하고 '병위재물'의 군사 · 경제적 원조까지 받았지만 한 번도 입조하지 않았으며 위만 사후 그 아들과 손자 우거왕도 봉건적 신례인 군조 입조를 한 제국 천자에게 한 번도 행하지 않았던 사실을 알 수 있다. 그러므로 한 제국과 위만조선 간에는 한 제국 천자에 대한 위만조선 군주의 입조는 배제된 입공관계만 수립되었다고 할 수 있다.

반면 위만조선은 한 제국이 싫어하는 중국 망명인들을 더욱 많이 받아들이고 주변 만이 군장들의 한 제국 천자에 대한 입현을 차단하고, 무제의 조서 수령까지 거부하는 등의 독자적 정책을 지속적으로 추진하였는데 한 제국에 대한 이 같은 적대, 독자적 정책의 지속적 추진은 위만조선이 남월국과 같이 공개적으로 '칭제' 하면서 무력 도발은 하지 않았지만 실제적으로는 한 제국 천자에 대한 외신화의 거부였으며 한 제국 천자의 천하통치 유일무이성을 무시한 것이었다.

따라서 양국 간의 관계는 적대적 관계로 변하고 결국 무력 충돌로 확대되어 위만조선이 멸망되었는데 이것은 위만조선이 영토 크기, 인구 수효, 경제 · 군사력 규모, 문화 발달 등의 총체적 국력 면에서는 한 제국에 비교할 수 없을 정도로 열세하였으나 춘추 시대의 약소 열국과 같이 자주국가였던 사실을 말하고 있다.

그러므로 한 제국과 위만조선 간에 수립된 책봉입공관계도 한 제국 입장에서는 한 제국 천자의 천하통치 유일무이성을 전제한 봉건적 신속관계였지만 위만조선 입장에서는 경제 발전과 무력 양성 등의 국익을 위해서 수용된 형식적 의례였다. 그리고 한 제국과 위만조선은 총체적 국력 강약과는 관계없이 본질적으로 자주국가였으므로 양국 간에는 책봉입공에 의탁된 봉건적 국제관계가 수립된 것이다. 다음 한 제국과 서역 국가 간에 수립된 상호관계도 이 같은 시각에서 살펴볼 수 있을 것이다.

> "만이들은 한 나라 재물을 욕심내고 있으므로 이때 진심으로 후한 재물을 오손에게 보내 주고 … 그전 혼야왕의 땅에 살게 하고 한 나라와 형제의를 맺으면 오손은 형세에 따를 것입니다(蠻夷俗貪漢財物 今誠以此時而厚幣賂烏孫 招以益東 居故渾邪之地 與漢結昆弟 其勢宜聽)."[546]

> "대완에서는 한 나라는 물자가 풍부하다는 말을 듣고 서로 왕래하고자 했으나 그러지를 못하였다(大宛聞漢之饒財 欲通不得)."[547]

이것은 장건이 대월지국과 군사동맹을 체결하기 위해서 서역에 파견되었을 때의 상황이다. 이에 의하면 서역 국가들은 한 제국과 통교 이전에 이미 한 제국의 선진문물을 선망하고 교역 기회를 기대하고 있었으며 한 제국도 서역 국가들이 선망하고 있는 선진문물을 이용하여 정치적 목적을 달성하려고 하였던 사실을 알 수 있다.

> "처음 주천군을 설치하여 서북의 국가들과 통할 수 있게 되었다. 그러므로 많은 사신들을 안식, 엄채, 여헌, 조지, 신독에 보냈다. 또 천자가 대완 말을 좋아하였기 때문에 사신들을 보냈으므로 사신들끼리 길에서 마주쳤다. 외국으로 가는 사자들은 많을 때는 몇 백 명, 적을 때는 백여

546) 『史記』 卷123, 「大宛列傳」, p.3169.
547) 위 책, p.3159.

명이나 되었다 … 한 나라가 대체로 일 년 동안에 사신을 파견하는 횟수는 많으면 10여 차례, 적으면 5-6차례로서 멀리 간 사람은 8-9년, 가까운 곳으로 간 사람은 몇 해가 걸려서 돌아왔다(初置酒泉郡以通西北國 因益發使抵安息 奄蔡 黎軒 條枝 身毒國 而天子好宛馬 使者相望於道 諸使外國一輩大者數百 小者百餘人 … 漢率一歲中使多者十餘 小者五六輩 遠者八九歲 近者數歲而反)."[548)]

이 같이 하서 4군 설치 이후 한 나라와 서역 간의 통교가 빈번하게 되자 무제는 매년 대규모의 사절단을 서역 각국에 파견하였다. 사절단 규모는 큰 것은 수백여 명, 적은 것은 백여 명으로 구성되었는데 일 년 중 많을 때는 10여 차례, 적을 때라도 5, 6여 차례가 되었으며 빈번한 파견으로 사절단이 길에서 서로 마주치는 경우도 있었다. 소요되는 시간도 멀리 간 경우는 8-9년 가까운 곳은 몇 년이 걸렸는데 이 같은 대규모의 빈번한 사절단 파견은 무제가 서역에 지대한 관심을 갖고 전력을 기울여서 추진하고 있었던 사실을 말하고 있다.

"이때에 천자는 자주 바닷가를 순행하였는데 언제나 외국 손님들을 데리고 다녔으며 인구가 많은 큰 도시에 들러서는 재물과 비단 등을 풀어서 상으로 내리고 풍성한 술과 안주를 갖추어 후하게 대접하여 한 나라의 부유함을 과시하였다. 또 수시로 씨름대회를 열고 진기한 놀이와 갖가지 괴이한 물건들을 전시하여 많은 관중들을 끌어 모았으며 많은 상품들을 하사하고 주지육림으로 큰 잔치를 베풀었으며 외국 손님들로 하여금 각 창고와 부장에 쌓여 있는 것들을 보게 하여 한 나라의 광대함을 드러내어 그들을 놀라게 하였다(是時上方數巡狩海上 乃悉從外國客 大都多人則過之 散財帛以賞賜 厚具以饒給之 以覽示漢富厚焉 於是大觳抵 出奇戲諸怪物 多聚觀者 行賞賜 酒池肉林 今外國客偏觀 倉庫府藏之積 見漢廣

548) 위 책, p.3171.

大 傾駭之)."[549]

이 같이 한 제국과 서역 간의 통교 이후 양 지역 간의 사신과 상인들의 왕래가 빈번해지자 무제는 서역 사신과 상인들을 초대하여 술과 안주로 후하게 대접하고 재물과 비단 등을 상으로 내리고 각지로 여행시켜서 각지의 창고와 곳간에 쌓여 있는 재물을 두루 구경시켜 주었는데 무제의 외국 사신과 손님들에 대한 이 같은 극진한 대우는 한 제국의 광대함과 부유함을 과시하여 서역 국가의 한 제국에 대한 친한 감정을 유발하고 유혹하는 데 목적이 있었다고 할 수 있다.

> "그러나 북쪽의 주천(酒泉)을 거쳐서 대하에 왕래한 사신이 너무 많아서 외국에서는 차츰 한 나라의 폐물(幣物)을 싫어하고 그 물건들을 귀하게 여기지도 않게 되었다(而北道酒泉抵大夏 使者旣多 而外國益壓漢幣 不貴其物)."[550]

이것은 한 제국과 서역 간의 통교 이후 서역 각국에 한 나라의 물자가 너무 많이 유입되어 흔하게 되어 버렸던 상황을 설명하고 있는데 양 지역 간의 교역이 아주 왕성하였던 사실을 말하고 있다.

이 같이 한 제국과 서역 각국 간의 교역은 활발하였는데 당시 교역되었던 물자를 살펴보면 서역에서 한 제국에 유입되었던 문물은 포도, 거여목, 참깨, 오이, 누에콩, 마늘, 호두, 석류, 완두콩, 당근 등의 식품류, 환술(幻術) · 기인(奇人) 같은 곡예사, 바빌로니아의 천문과 역학, 비파 공후(箜篌 , 하프) 등의 악기, 호상(胡床, 접는 의자), 탑(榻, 걸상) 등의 생활용품, 불교, 불경과 불교예술 등 서방의 문물이었다. 그리고

---

549) 『史記』 卷123, 「大宛列傳」, p.3173.

550) 위 책, 「大宛列傳」, p.3171.

한 제국에서는 비단, 칠기, 철기, 연옥과 다양한 장식품 등이 대량으로 서역에 수출되었다.

서역으로 수출된 한 제국의 물자는 중개무역을 통해서 서방으로 다시 수출되었는데 이 중에서 주종 품목은 비단(Silk)이었다.[551] 비단은 세르(Ser) 또는 세레스(Seres)라는 이름으로 사차(莎車), 선선(善善), 언기(焉耆), 쿠차(龜玆) 등 서역 도시국가와 서아시아 국가 간의 중개무역을 통하여 로마 제국에까지 교역되었으며 로마 귀족들의 일상품이 되었다. 그리고 이 같은 동서 간의 중개무역에 의해서 서역 국가들은 경제가 융성하고 문화가 발달하였으므로 무제 시대에 36국이었던 서역 국가들이 애제(哀帝), 평제(平帝) 시대에는 55개국으로 증가하였는데[552] 이것은 서역 국가들이 동서 간의 중개무역을 통하여 막대한 상업적 이익을 창출하고 이 같은 막대한 상업적 이익이 서역 국가들의 경제 발달과 문화 융성의 기반이 되었던 사실을 말하고 있다.

"성제 시기에 이르러 강거가 아들을 인질로 보내어 입시케 하고 공물을 바쳤다. 그러나 멀리 떨어져 있는 것을 이용하여 교만해지고 서역의 다른 국가와 마주 대하려고 하지 않았다. 도호 곽순이 수차례 상소를 올렸는데 … 강거는 교만하고 교활하여 한 나라 사자에게 경의를 표하지 않습니다 … 도호 관리가 도착하면 오손과 다른 나라 사신보다 더 낮은 자리에 앉힙니다 … 이 같이 해서 한 나라를 눈치 볼 필요가 없다는 것을 과시하는 것입니다. 이 같은 사실로 헤아려 볼 때 아들을 보내어 입시케 하는 이유는 교역을 원하여 그럴싸한 말로 속이는 것입니다. 마땅히 그 인질을 돌려보내고 다시 사자를 파견하지 않아야 합니다(至成帝時 康居遣子侍漢 貢獻 然自以絶遠 獨驕慢 不肯與諸國相望 都護郭舜數上

551) 沈福傳, 『中西文化交流史』, 上海: 上海出版社, 1988, p.56.
552) 나가사와 가즈도시 저, 이재성 역, 『실크로드의 역사와 문화』, 서울: 민족사, 1990, p.71.

言 … 而康居驕黠 訖不肯拜使者 … 都護吏至其國 坐之烏孫諸使下 都護吏故爲無所省以夸旁國 以此度之 何故遣子入侍 其欲賈市爲好 辭之詐也 … 宜歸其侍子 絶勿復使)."[553]

"지금 회개하고 돌아왔지만 왕의 친속이나 귀인들은 하나도 없고 헌물을 바치는 자들은 모두 장사하는 천민들이며 상품을 교환하고 장사를 하려고 할 뿐 봉헌한다는 것은 명분일 뿐입니다(今悔過來 而無親屬貴人 奉獻者皆行賈賤人 欲通貨市賈 以獻爲名)."[554]

"계빈은 실제로 조정의 하사품과 교역에서 이익을 얻기 위해서 그 사신들을 수년에 한 번씩 보낸다(罽賓實利賞賜賈市 其使數年而壹至云)."[555]

위 글은 강거(康居)와 계빈(罽賓)을 포함한 서역 국가들이 한 나라 천자에게 사신을 파견하고 자제를 입시시키어 충성을 서약하고 공물을 헌상한 목적이 한 나라와의 교역에 있었던 사실을 말하고 있다. 그런데 한 제국의 교역은 한 제국 천자의 천하통치 유일무이성을 전제한 책봉과 입공을 수용하지 않고서는 근본적으로 불가능하였다.

예를 들면 남월국이 한 제국 천자의 천하통치 유일무이성을 전제한 책봉입공관계를 수용한 후에 한 제국의 금, 철, 농기구, 가축 등의 교역이 허용되었고 위만조선 역시 한 제국 천자의 천하통치 유일무이성을 전제한 책봉입공관계를 수용한 후에 '병위재물'의 군사 · 경제적 원조를 받았던 것과 같이 서역 국가들도 한 제국 천자의 천하통치 유일무이성을 전제한 책봉입공관계를 수용 후에 교역이 허용되고 한 제국의 물자를 구입할 수 있었다. 그리고 이 같이 구입된 한 제국 물자를 이용

---

553) 『漢書』 卷66上, 「西域傳」, p.3893.
554) 위 책, 「西域傳」, p.3887.
555) 위와 같음.

하여 동서 중개무역에 종사하여 막대한 이윤을 창출하고 서역의 경제 발달과 문화 융성의 기반을 형성하였다. 그러므로 서역 국가의 한 제국 천자에 대한 책봉입공관계 수용은 동서 간의 중개무역에 필수적인 한 제국의 물자를 구입하기 위한 정책적 소산이었다.

그런데 서역 국가들은 한 제국에서 구입된 물자로 동서 중개무역에 종사하여 거대한 무역수익을 창출하고 있었음에도 불구하고 한 제국 천자에 대한 서역 국가 군주의 입조는 구자왕 강빈(絳賓)뿐이었다. 구자왕 강빈은 황실 외손녀와 결혼한 황실 인척이었는데 인척 명목으로 입조하였으며 구자왕 이외의 서역 국가 군주들의 한 제국 천자에 대한 입조 사실을 찾아볼 수 없으므로 서역 국가 군주들의 한 제국 천자에 대한 입조는 사실상 없었다고 보아야 할 것이다. 그러므로 한 제국과 서역 국가 간에 수립된 책봉입공관계도 한 제국 입장에서는 한 제국 천자에 대한 봉건적 신속관계였지만 서역 국가 입장에서는 경제 발전 등의 국익 차원에서 수용된 형식적 의례였다. 그리고 한 제국과 서역 국가들은 국력 강약의 관계없이 본질적으로 자주국가였으므로 양 지역 간에는 책봉입공에 의탁된 봉건적 국제관계가 수립된 것이다.

이 같은 사실을 종합해 보면 흉노-한 제국 간의 입공관계는 평성에서 대패한 한 제국이 흉노의 지속적인 북변 침탈을 제어하기 위해서 수립된 것이었으며, 한 제국과 남흉노 간의 조공관계는 북흉노의 무력 위협에 직면한 남흉노의 한 제국의 군사적 보호와 협조의 필요성 그리고 북흉노의 무력 위협에 대한 한 제국의 남월국과의 공동 방어 등의 상호 필요성에서 수립되었다. 한 제국-남월국 간의 책봉입공관계는 남월국의 경제 발전과 무력 양성을 위한 한 제국 문물 구입 필요성의 국익 차원에서 수립된 것이었으며, 한 제국-위만조선 간의 책봉입공관계는 한 제국의 '병이재물'의 군사, 경제적 원조를 받기 위한 위만조선의 국익 차원에서 수용된 것이었다. 그리고 한 제국-서역 국가 간의 책봉입공관계는 서방과의 중개무역에 필수품이었던 한 나라의 문물을 구입하기 위한 국익 차원에서 수립된 것이었다.

한편 이들 국가들은 총체적 국력 규모와 강약에는 격차가 있었으나 본질적으로 모두 자주국가였으며 상호 간의 국익 추구과정에서 대립과 전쟁을 포함한 충돌, 접촉, 교섭을 가질 수밖에 없었으므로 어떠한 형태의 국제관계가 형성될 수밖에 없었다. 그러므로 흉노 제국이 패권을 장악하였던 흉노-한 제국 간의 상호관계는 입공을 매개로 한 차등적 국제관계, 한 제국이 패권을 장악하였던 한 제국-남흉노 간의 상호관계는 책봉조공을 매개로 한 봉건적 국제관계, 한 제국-남월국 간의 상호관계는 책봉입공을 매개로한 봉건적 국제관계, 한 제국-위만조선 간의 상호관계는 책봉입공을 매개로 한 봉건적 국제관계, 한 제국과 서역국가 및 서남이 부족국가 간의 상호관계도 책봉입공을 매개로 한 봉건적 국제관계가 수립되었다. 다시 말하면 동아시아 대소 열국 간의 국제관계는 총체적 국력 강약에 따라서 입공을 매개로 한 차등적 국제관계 또는 책봉입공조공을 매개로한 봉건적 국제관계로 수립되었다고 할 수 있다.

따라서 동아시아 세계의 국제관계 형태를 살펴보면 춘추전국 시대에는 대국과 소국 간의 조공사대를 매개로 한 차등적 국제관계, 흉노-한 제국 간의 입공을 매개로 한 차등적 국제관계 그리고 한 제국과 주변국 간의 책봉의 입공 또는 조공을 매개로 한 봉건적 국제관계는 각국 간의 총체적 국력 강약, 즉 국제역학관계에 의해서 형성된 것이었으므로 그 형태만 달랐을 뿐 본질적으로는 똑같은 차등적 국제관계였다. 그런데 한 제국이 패권을 장악하면서 동아시아의 국제관계 형태가 한 제국 천자를 정점으로 책봉의 입공 또는 조공의 봉건적 국제관계로 변한 것은 한 제국의 대외정책과 유학과의 깊은 연관성을 시사하고 있다.

그러므로 남월국 군주를 외신으로 책봉하여 외국과 처음으로 입공관계를 수립한 한 고조 시대를 중심으로 한 제국의 대외정책과 유학과의 상관성 그리고 유학의 통치사상과 천하일국상을 한 제국의 봉건적 세계질서 수립과 연계하여 그 성격과 의미 등을 검토해 볼 필요가 있다.

제9장

한 제국의 동아시아 패권 수립과 유학의 통치이념

앞 장에서 언급한 바와 같이 유가들은 진시황에 의해서 자행된 분서갱유 사건에 의해서 극심한 탄압을 받고 지하에 잠복하지 않을 수 없었으므로 유학의 학통은 거의 끊어지고 오직 동쪽의 제(齊)·노(魯) 지역에서만 명맥을 유지하고 있었다.

그런데 진 제국이 멸망하고 한 제국이 건국되자 왕씨역전(王氏易傳), 양씨역전(楊氏易傳), 주씨역전(周氏易傳), 정씨역전(丁氏易傳), 채공역전(蔡公易傳)과 한씨역전(韓氏易傳) 등의 역(易), 노(魯) 신공(申公)의 노시(魯詩), 제(齊) 원고생(轅固生)의 제시(齊詩), 연(燕) 한시(韓詩) 등의 시(詩), 제남 복생(伏生)의 서(書), 고당생(高堂生)·소분(蕭奮)·맹경(孟卿)·후창(后倉)의 예(禮), 호모생(胡母生)의 춘추(春秋) 등의 경학(經學)이 부활하고 융성하기 시작하였는데 학문이 단시일 내에 발전할 수 없는 사실을 감안하면 유가의 학문·사상 연구는 진 제국 말기와 한초전 등의 난세 속에서도 부단히 계속되었으며 한 제국이 수립되자 그동안 집적되었던 연구 성과가 나타난 것이었다고 할 수 있다.

이 같이 유학은 진 제국의 극심한 압박과 탄압 그리고 한초전의 난세 속에서도 꾸준히 발달하고 있었으므로 한 제국 수립 후에는 이미 다른 학파의 추종을 불허할 정도로 앞서 있었다. 그런데 이뿐만이 아니었다.

일부 유가들은 경학 연구에만 몰두하지 않고 한초전에 직접 참여하였다. 당시 유가들은 유방을 천하통일을 이룩할 수 있는 인물로 평가하고 유방에게 접근하여 천명사상을 제시하고 사상적 후원자가 되려고 하였다.[556] 또 일부는 유방과 창업기의 고초를 같이 하면서 『시(詩)』·『서(書)』에 의한 정치를 기회 있는 대로 건의하였으며 유학자 숙손통(叔孫通)은 한 제국 개국 직후 한 고조에게 요청하여 황제를 정점으로 군신 간의 명분(名分)을 밝히고 관료 상하의 위계질서를 수립하는 조례(朝禮)를 제정하여 신생 한 제국 조정의례의 기초를 수립하였다.

유가들은 또 선진 시대의 공자, 맹자, 순자 등과는 달리 진·한 제국 교체기에 야기된 정치·사회의 극열한 변화와 신사태의 소용돌이 속에서 진 제국과 같은 중앙집권적 전제군주국가가 태동하고 있는 불가항력적 '시변(時變)'을 깊이 인식하고 있었으므로 유가의 이상적 정치제도였던 주 왕조의 봉건제도를 포기하고 중앙집권적 전제군주국가 체제를 수용하였다. 그리고 이 중앙집권적 전제군주국가 체제의 기틀 위에서 유학의 정치이념이었던 도덕정치 구현의 통치사상을 제시하기 시작하였는데 이것은 불가항력적 '시변'에 따른 유가들의 사상적 변신이었다 그리고 이 같은 사상적 변신에 앞장섰던 인물들이 위에서 언급한 육고(陸賈)·유경(劉敬)·숙손통(叔孫通)·가의(賈誼)·동중서(董仲舒) 등이었다.

또 한 고조는 젊어서는 유학을 아주 싫어했지만, 재위 12년에 순행(巡幸)을 마치고 돌아가는 도중에 노국(魯國)을 통과하게 되자 공자의 사당에 들러서 제사를 성대하게 지냈다. 그리고 임종 시에는 "내가 포의와 삼척 칼 한 자루로 천하를 취하였는데 이것이 천명이 아니고 무엇이겠는가(吾以布衣 提三尺取天下 此非天命)"[557]라고 하여 자신의 창

556) Pan ku, *The History of the Former Han Dynasty*(trans. by Homer H. Dubs), Vol. II, p.342.

557) 『漢書』 卷1 上, 「高帝紀」, p.79.

업을 천명에 의한 것으로 선언하였는데 이 같은 한 고조 임종 시의 선언은 사실상 한 고조가 심정적으로 유가의 천명사상을 받아들인 것이었다.

사실 한 고조는 무식한 임협 출신이었지만 다년간의 전란에서 얻은 깊은 경륜과 시대 전환을 꿰뚫어 보는 안목을 가지고 있었으므로 주변 유가들이 수시로 올리는 조언 속에서 유학의 가치와 의미를 깊이 깨닫고 있었다. 또 임종 시의 천명 수용은 한 고조의 유학에 대한 근본적 인식 변화를 말하고 있는 것이다. 그리고 이 같은 한 고조의 유학에 대한 근본적 인식 변화는 당연히 이후 황제와 정치에 영향을 줄 수밖에 없는 것이었다.

그러므로 문제는 즉위 후에 주변국에 사신을 보내어 한 제국의 문물을 선양하고 수도 장안에 내조하여 한 제국 천자의 덕치 왕화에 감은(感恩)할 것을 종용하고 또 천재지변을 자신의 부덕으로 간주하였는데[558] 문제의 이 같은 사고(思考)는 다분히 유가적인 것이었다.

또 무제가 등극하였을 때는 유가 출신의 전분(田蚡), 왕장(王臧), 두영(竇嬰), 조관(趙綰) 등이 이미 고위 관료로서 정관계에서 크게 활약하고 있었는데 이것은 무제 등극 이전에 유가들이 정관계에 이미 대거 진출하여 활동하고 있었던 사실을 전제하고 있는 것이다. 그리고 이 같은 유학의 꾸준한 학문 · 사상 발달과 유가의 정관계의 대거 진출과 활동은 당연히 유학 학문 · 사상의 사회적 전승과 확산을 수반할 수밖에 없는 것이었는데[559] 이 같은 유학의 학문 · 사상적 전승과 사회적

558) 위 책, 卷4, 「文帝紀」, p.109.

559) 이 같은 유학의 학문 · 사상적 발달과 사회적 확산을 배경으로 동중서는 무제에게 유학의 국학 채택을 건의하였으며 동중서의 건의를 받은 무제는 원삭(元朔) 5년(전 124)에는 학문을 권장하고 예를 진흥시키라는 권학조(勸學詔)를 내렸으며 유가 출신 승상 공손홍(公孫弘)은 수도 장안에 박사제자원(博士弟子員)을 설치하고 5경박사(五經博士)를 임명하여 시(詩) · 서(書) · 예(禮) · 역(易) · 춘추(春秋)의 5경(五經)을 전문적으로 교육하도록 하였다. 12년 후에는 마침내 태학(太學)을

확산 추세는 문제 때의 개혁가 가의(賈誼)의 『신서(新書)』를 통해서 확인할 수 있다.

"시경에 '넓은 하늘 아래의 땅은 왕의 땅이 아님이 없고 넓은 해변에 사는 백성들은 왕의 신하 아님이 없다'고 하였는데 왕은 천자를 말한다. 수레와 배가 이르는 모든 지역과 인적이 미치는 모든 지역은 비록 이적 만이가 살고 있어도 천자가 다스리지 않는다면 누가 다스리겠는가?(詩曰 普天之下 莫非王土 率土之濱 莫非王臣 王者 天子也 苟舟車之所至 人迹之所及 雖蠻貊戎狄 孰非天子之所作也)."[560]

"지금 한 나라가 중국을 다스리고 있다. 마땅히 후한 덕으로 사방 오랑캐를 감싸 안아야 하고 분명한 의를 원방에까지 과시하면 수레와 배가 이르는 모든 지역과 사람들이 미치는 모든 지역은 교화되지 않음이 없을 것이다. 누가 감히 천자의 뜻을 받들지 않겠는가?(今漢帝中國也 宜以厚德懷服四夷 擧明義 博示遠方 則舟車之所至 人迹之所及 莫不爲畜 又孰敢紛然不承帝意)."[561]

위 글에서 가의는 하늘 아래의 모든 땅, 바다, 화 · 이를 막론한 천하 만백성들을 주왕의 왕토 · 왕신으로 선포하였던 주대의 『시경』 구절을 인용하면서 '수레와 배가 이르는 곳,' '인적이 미치는 모든 지역,' '화

창설하여 유학 교육을 본격적으로 실시하였으므로 유학은 국학으로 정식 채택되었다. 이에 따라서 한 제국 황제는 유학의 천명사상에 의해서 우주 천지자연의 창조 주 '천'으로부터 천명을 받은 유일무이한 천명의 봉행자 그리고 하늘의 아들 천자로서 통치의 정통성 · 신성성 · 유일성을 수립하고 화 · 이를 망라한 천하의 유일무이한 통치자로 군림할 수 있게 되었다. 또 유학의 충효사상과 윤리 도덕의식으로 교육된 인재들은 관료사회에 진출하여 국가 경영의 핵심을 담당하였으므로 관료제도는 전제군주의 항구적 통치기반이 되었으며 유학의 윤리 도덕의식과 가치관 등이 사회 공덕(公德)으로 확립되기 시작하였다.

560) 『新書校注』, 「匈奴」, 中華書局, p.139.

561) 위 책, 「匈奴」, p.135.

· 이를 망라한 천하 만백성들'을 한 제국 천자의 왕토와 왕신으로 선포하였는데 이 같은 가의의 선포는 사실상 유일무이한 통치자 한 제국 천자를 정점으로 하늘 아래의 모든 땅, 바다, 화이를 포함한 천하 만백성들로 구성된 천하일국상을 제시한 것이다.

그런데 가의가 제시한 천하일국상은 유일무이한 천명의 봉행자 천자를 정점으로 내번의 화하 제후국과 외번의 이적만이 제후국으로 구성된 9주 · 9복 · 9기 · 5복의 천하일국의 봉건적 세계질서상과도 일치하고 있는데 이것은 『시경』에 뿌리를 둔 유일무이한 통치자 천자를 정점으로 중앙의 화하와 주변의 이적만이로 구성된 천하일국상이 공자 · 맹자를 거쳐서 그리고 전국 말기의 9주 · 9복 · 9기 · 5복의 천하일국의 봉건적 세계질서상을 통하여 한대 가의의 사상 속에 그대로 전승되고 있었던 사실을 말하고 있는 것이다.

그리고 이 같은 유가의 통치사상과 천하일국의 봉건적 세계질서상이 가의 사상 속에 전승되고 반영되어 있는 것은 유학이 진 제국의 극심한 탄압과 한초전의 난세 속에서도 부단히 발전하고 있었으며 한 제국이 건국되자 한 고조와 위정자들을 포함한 정관계와 사회에 급속도로 확산되고 있었던 사실을 증명하고 있는 것이다. 다시 말하면 한 제국 개국 이후 한 고조를 포함한 위정자들은 천명의 신성적 권위와 위엄에 의탁된 유학의 통치사상과 천하일국의 봉건적 세계질서상에 깊은 영향을 받고 있었다고 할 수 있다.

한편 유학이 정관계와 사회에 급속도로 확산되고 있던 시기의 한 제국 대외관계를 살펴보면 한 고조가 평성에서 흉노에게 대패(전 200)하여 흉노 선우에게 입공을 행하고 있으면서도 접촉하였던 첫 국가는 남쪽의 신생 약소국 남월국이었다. 한 고조는 즉위 11년(전196) 남월국 군주 조타를 외신 제후왕으로 책봉하였는데 이 같은 한 고조의 대외정책의 기조는 한 고조 사후에도 그대로 계속되었다.

그러므로 혜제 · 여후는 위만조선 군주 위만을 외신 제후왕으로 책봉하여 입공관계를 수립하고, 무제는 무력으로 서역 국가와 서남이 부족국가들을 외신으로 책봉하여 입공관계를 수립하고, 선제도 남흉노 선우를 외신으로 책봉하여 조공관계를 수립하였으므로 동아시아 세계에서 한 제국은 한 제국 천자를 정점으로 중앙 내번의 한 제국과 주변 외번의 남흉노, 서역 국가, 서남이 부족국가들로 구성된 천하일국의 봉건적 세계질서를 수립하였다.

이 같은 한 제국의 천하일국의 봉건적 세계질서 수립은 한 고조 11년(전196) 남월국 군주의 외신 채봉을 시작으로 선제 3년(전 53) 남흉노 선우의 외신 책봉에까지 무려 143년여가 걸렸다. 이 같이 143년여가 걸린 주변국의 외번화 과정에서 한 제국은 막대한 인명 손실과 천문학적인 경제 · 사회적 비용을 감당하였다. 또 이 과정에서 한 제국은 대국, 소국, 부족국가 그리고 동맹국과 비동맹국을 불문하고 정치 · 군사적 목적과 이해관계에 따라서 일시적으로 동맹도 맺고 친선관계도 수립하고 공동작전도 수행하였지만 한 제국 천자와 상대국 군주 간의 대등성은 절대로 인정하지 않고 무력시위와 정벌, 선진문물 제공, 관작수여 등의 모든 방법과 수단을 동원하여 주변국을 외번으로 유도하거나 강요하여 제후국으로 신속시켰는데 이 같은 한 제국의 주변국에 대한 143년여 간의 집요한 외번화 정책, 천문학적인 인명 손실과 경제 · 사회적 비용 감당, 대외관계에서 한 제국 천자의 천하 통치의 유일무이성 고수 등의 사실은 어떤 특정 이념에 대한 집념(執念)을 전제하지 않고서는 사실상 불가능한 것이었다.

그런데 앞 장에서 언급한 공자와 맹자 정치이념의 목표는 지상에서 천도 구현이었다. 공자는 우주 천지자연 속에서 진행되고 있는 항구적인 질서 · 평형 · 조화 · 평화를 이루고 있는 '천도'를 북극성과 같은 덕치(德治)를 통하여 지상에서 구현하려고 하였으며 맹자는 하늘이 부여하여 인간에게 내재되어 있는 인 · 의 · 예 · 지의 '천도'를 인정(仁政)을 통하여 지상에서 구현하려고 하였다. 그리고 이 같은 천도 구현은 어떤 한정된 지역이나 특정 국가에 국한될 수 없는 것이었으므로 공자와 맹자는 하늘 아래의 모든 땅, 바다, 천하 만백성들을 유일무이한 천명의 봉행자 천자의 왕토 왕신으로 설정하고 하늘에서 유일의 태양이 온 누리를 두루 비추면서 천지자연 만물의 생육 양장을 돌보고 있는 것과 같이 하늘의 아들 천자가 천하 만백성들을 두루 보살피고 있는 천하일국상을 제시하였다.

또 전국 말기 유가들은 이 같은 공자와 맹자의 통치이념과 천하일국상을 계승하고 당시 역사 무대에 새로 등장하고 있는 이적만이들을 수용하여 유일무이한 천명의 봉행자 천자를 정점으로 내복의 화하 제후국과 외복의 이적만이 제후국으로 구성된 9주, 9복, 9기, 5복의 천하일국의 봉건적 세계질서상을 제시하였다.

이와 병행하여 춘추공양가들은 화하와 이적만이 간의 천하대일통을 주창하면서 천하대일통을 지상에서 필연적으로 구현되어야 할 천도로 설정하고 천자를 천하대일통의 주체로 상정하였다. 그리고 천하대일통은 먼저 자국에서 시작되어 화하세계로 확대되고 화하세계에서 이적만이 세계로 확대되어 "천하는 멀고 가깝고 크고 적고 간에 모두 하나(天下遠近大小若一)"로 대일통되어야 한다는 3단계의 천하대일통 방법을 제시하였다.

그런데 한 제국의 중원 통일과 천하일국의 봉건적 세계질서 수립과정을 살펴보면 한 고조 유방은 풍읍(豊邑)에서 기병한 이후 한때 항우에 의해서 한중(漢中)에 분봉되었으나 바로 기병하여 항우를 물리치고 중원을 통일하여 한 제국을 수립하였다. 그리고 한 고조는 다시 주변의 남월국을 외신 제후왕으로 책봉하여 신속시키고 이후 황제들도 이 같은 한 고조의 대외정책을 이어받아서 주변국의 외번화 정책을 계속 추진하였으므로 선제 때는 한 제국 천자를 정점으로 화 · 이로 구성된 천하대일통이 완성되었던 것이다.

이와 같이 한 제국의 수립과 천하대일통의 과정은 춘추공양가들이 제시한 3단계의 천하대일통 과정과 일치하고 있으며 한 제국 천자를 정점으로 화 · 이로 구성된 한 제국의 봉건적 세계질서 구조는 유일무이한 천명의 봉행자 천자를 정점으로 문화가 발달된 중심부의 내번 화하 제후국과 문화가 낙후된 주변부의 이적만이 제후국으로 구성되었던 전국 유가의 9주, 9복, 9기, 5복의 봉건적 세계질서상의 구조와 완전히 일치하고 있다.

또 유학은 한 고조와 주변 위정자들을 포함한 정관계와 사회에 이미 확산되어 있었는데 이 같은 여러 사실들을 감안하면 천명의 신성한 권위와 위엄에 의탁한 유가의 통치사상과 천하일국상이 한 제국 초기 대외정책의 독트린으로 채택되어 이적만이 출신의 남월국과 접촉하였을 때 처음으로 적용되었으며 이후 한 제국 국력의 신장과 사면정벌을 통하여 확대되고 선제 때 마침내 완성되었던 것으로 생각된다.

그러므로 한 제국의 봉건적 세계질서 수립은 사실상 천명의 신성적 권위와 위엄에 의탁한 유가 통치사상과 천하일국상의 정치 · 군사적 실현이었으며 동시에 한 제국의 동아시아 패권 장악이었다. 그리고 이 같은 한 제국의 봉건적 세계질서 수립은 한 고조 이래 143여 간에 걸친 주변국의 외번화 정책 추구와 천문학적 경제 · 사회적 비용과 막대한 인명 손실을 감당하면서 추진되었던 한 제국 대외정책의 목표였다. 이런 점에서 천명의 신성적 권위와 위엄에 의탁한 유가의 통치사상과 천하일국상은 한 제국의 동아시아 패권 장악의 이념적 원동력이었던 사실을 알 수 있다.

한편 이 같이 수립된 한 제국의 봉건적 세계질서는 한 제국 천자를 정점으로 제후왕, 열후, 공경백관들로 구성된 내번의 한 제국과 남흉노, 서역 도시국가, 서남이 부족국가들로 구성된 이적만이의 외번국들로 구성되었는데 내번의 한 제국은 무소불위 황제가 중앙집권적 관료제도를 통하여 직접 통치하는 전제적 체제였으며 이적만이 제후들로 구성된 외번국은 유일무이한 천명의 봉행자 한 제국 천자가 책봉입공을 통하여 간접적으로 통어하는 봉건적 체제였다.

따라서 동아시아 세계에는 유일무이한 천명의 봉행자 한 제국 천자를 정점으로 안으로는 전제적 체제에 기반한 중앙 내번의 화하 한 제국과 밖으로는 봉건적 체제에 기반한 주변 이적만이의 외번국들로 구성된 천하일국의 봉건적 세계질서가 수립되었다. 그리고 이 같은 한 제국의 봉건적 세계질서 수립은 천명의 신성적 권위와 위엄에 의탁한 유가의 통치사상과 천하일국상의 정치 · 군사적 실현이었기 때문에 이념적으로는 하늘에서 유일의 태양이 온 누리를 두루 비추면서 천지자연 만물의 생육 양장을 보살피고 있는 것과 같이 지상에서는 유일무이한 천명의 봉행자 한 제국 천자가 '하늘의 뜻'을 받들어서 화 · 이를 망라한 천하 만백성들의 생육 양장을 보살피는 천도의 구현 즉 유가의 유토피아 실현이었다. 그러나 이 같은 유가의 유토피아 구현은 이상향(理想鄕)의 실현만은 아니었다.

위에서 언급하였지만 유가들은 우주 천지자연을 창조하고 천지자연의 법칙을 운행하고 인간사를 규제하고 또 유덕자에게 천명을 내리는 절대신 그리고 주족의 조상신이었던 주대의 '천' 개념을 거의 그대로 이어받았으므로 유가의 '천'은 사실상 '중국의 천(The Chinese Heaven)'이었다.[562] 또 천명을 받을 수 있는 유덕자는 인류가 준수하고 따라야 할 도덕[563]을 필수적으로 구비해야 하는데 이 같은 도덕은 주대 봉건귀

562) Elbert Duncan Thomas, *Chinese Political Thought*, New York: Greenwood Press, 1968, p.38.

563) 『說文解字』에는 '도(道)'를 '행할 길(所行道)', 『論語』에는 이행해야 할 '일정의 이의(理義)', 『中庸』에서는 마땅히 '행해야 할 이치(理致)'로 설명하고 있으며 '덕

족들의 덕목으로 구성되었다.564) 그러므로 천명을 받을 수 있는 유덕자는 오직 중국의 유덕자로 한정되고 비유가의 유덕자는 제외될 수밖에 없는데 이 같은 유가의 유덕자 개념은 인류 구원의 대상을 이스라엘 고유의 관습, 전통, 제사 규범, 불문율 등으로 구성된 이스라엘 율법을 지키는 자로만 한정하였던 유대교의 메시아(Messiah)사상과 같이 독선, 배타적인 것이었다.

그러므로 중국적 덕목을 가진 유덕자만이 중국의 천으로부터 천명을 받을 수 있고 유일무이한 천명의 봉행자 중국의 천자만이 화 · 이를 망라한 천하일국의 봉건적 세계질서를 수립할 수 있는 것이었으므로 유일무이한 천명의 봉행자 천자를 정점으로 화 · 이로 구성된 천하일국의 봉건적 세계질서 수립은 중국의 전유물일 수밖에 없었다. 따라서 이 같이 독선 배타적인 유가의 유덕자 개념에 기반한 유가의 통치사상과 천하일국의 봉건적 세계질서상은 사실상 이념적 제국주의일 수밖에 없었다.565)

또 사마상여, 동방삭, 동중서는 무제의 사면정벌과 주변국 외번화를 천자의 은택에 의한 이적만이의 문명화, 이적만이 문명화에 의한 천하일통, 천하일통에 의한 태평성대 도래와 왕도 구현 등의 논리와 우주 천지자연의 창조주 '천'의 절대적 권위와 위엄에 의탁하여 미화하고 정당화하였는데 이 같은 논리는 자국 상품의 해외 판로 개척, 해외

(德)'은 『春秋左傳』에서는 '얻는 것(得)' 또는 '사물의 이치를 얻는 것(得事宜也)', 『說文解字』에서는 '사물의 이치를 체험을 통해서 얻은 것'으로 설명하고 있다. 그러므로 '도덕'은 인류가 준수하고 따라야 할 인륜의 규범을 의미하고 있다(李春植, 「儒家政治思想의 理念的 帝國主義」, 『人文論叢』 第27輯, 1982, p.91 참조).

564) 유덕자는 선천적으로 출현하는 것이 아니고 수신과 교육을 통해서 '육덕(六德)'과 '육행(六行)'을 갖춘 자를 말하고 있다. 『尙書』에서 '육덕'은 지(知), 인(仁), 성(聖), 의(義), 충(忠), 화(和)를 말하고 있고 '육행'은 『주례』에서 효(孝), 우(友), 목(睦), 인(婣), 임(任), 휼(恤)로 설명하고 있는데 대체로 주대 봉건귀족들이 구비하고 있던 학식과 교양을 의미하고 있다(李春植, 위 논문, p.91 참조).

565) 李春植, 위 논문, p.98.

생산원료 구입, 잉여인구 배출 지역 확보 등의 목적으로 후진 지역에 식민지를 건설하고 약탈과 수탈을 자행하면서 '약자에 대한 강자의 생존원칙을 주장하는 사회적 진화론[566]과 유럽 선진문명에 의한 무지몽매한 비유럽 문명 선진화의 사명감으로 정당화하였던[567] 18-19세기 유럽 제국주의 열강들의 논리와 사실상 똑같은 것이다.

이런 점에서 천자의 은택에 의한 이적만이의 문명화, 이적만이 문명화에 의한 천하대일통, 천하대일통에 의한 태평성대 도래와 왕도 구현을 주창한 사마상여, 동방삭, 동중서 등의 논리는 사실상 주변국의 외번화를 통한 한 제국의 제국주의 팽창을 옹호하고 정당화하고 있는 것이다.

이 같은 사실을 종합해 보면 한 제국 천자를 정점으로 입공조공관계를 매개로 화 · 이로 구성된 천하일국의 봉건적 세계질서 수립은 이념적으로는 유일무이한 천명의 봉행자 한 제국 천자가 하늘의 태양이 온 누리를 두루 비추면서 천지자연 만물을 보살피고 있는 것과 같이 '하늘의 뜻'을 받들어서 화 · 이를 망라한 천하 만백성들을 보살펴야 한다는 유가 유토피아 구현이었다. 그러나 실제적으로는 143년여 간의 주변국 외번화 추진과 천문학적인 경제 · 사회적 비용과 막대한 인명 손실 위에 이룩된 한 제국의 동아시아 패권 장악이었으며 제국주의의 산물이었다.

이런 점에서 천명의 신성적 권위와 위엄에 의탁한 그리고 황제교황주의에 기본한 유가의 통치사상과 천하일국의 봉건적 세계질서상은 한 제국의 동아시아 패권 장악과 제국주의 팽창의 이념적 원동력이었던 사실을 알 수 있다.

566) htt://en.wikipedia.or/w/index.php?title=Darwinism&printable=yes

567) 위의 =Civilizing mission&printable=yes

맺는말

중국 고대 특정신의 절대적 권위와 위엄에 의탁한 통치사상과 천하일국상은 은·주 왕조 때부터 출현하였다. 은 왕조는 국가의 통치 근간이었던 방읍연맹을 구성하고 있는 내·외복의 독립적 다수 방·읍·국들을 통어하기 위해서 우주 천지자연의 창조주 상제(上帝)의 절대적 권위와 위엄에 의탁하였다.

상제는 은족의 족신(族神)이며 최고 신이었는데 수하에 자연신과 조상신들을 두고 있었다. 자연신은 신격화된 거대한 산악, 대하, 거목 등이 신격화된 것이었으며 조상신 역시 신격화된 은족과 이성부족의 영명했던 조상들로 구성되었다. 상제를 포함한 이들 신들은 천상에 거주하면서 대자연의 바람, 구름, 번개, 비 등을 관장하고 전쟁의 승패를 결정하며 농사의 풍·흉을 내리고 인간의 운명을 결정하는 막강한 권능을 가지고 있었다.

그러므로 은왕은 상제를 포함한 자연신과 조상신들을 모두 수용하여 제단에 안치하고 은왕이 사제장이 되어 매년 성대한 제사를 직접 거행하였다. 그리고 각 연맹 방·읍·국의 성지(聖地)에도 제단을 설치하고 제관(祭官)들을 파견하여 제사를 주관하였는데 이 같은 국가 주도의 대규모 제사 거행은 단순한 종교적 신앙심의 발로가 아니라 은 왕조의 통치 근간을 형성하고 있는 방읍연맹국 간의 상호 결속과 유대를 강화하는 범국가적 행사였다. 그러므로 은왕은 이 같은 '상제의 뜻'을 받들어서 정치를 행하지 않을 수 없었다.

은왕은 연맹의 각 부족에서 선발된 정인(貞人)들로 정인집단을 구성하고 정문(貞問)을 통해 '상제의 뜻'을 타진하였으며 정문을 통해 타진된 '상제의 뜻'을 정책으로 받들어 시행하였다. 그러므로 정문은 상제가 인간에게 자신의 뜻을 전달하는 통교(通交)수단이었으며 정인들은 '상제의 뜻'을 판독하여 은왕에게 보고하는 신관(神官)들이었으며 은왕은 정문을 통해서 계시된 '상제의 뜻'을 정책으로 받들어 지상에서 시행하는 유일무이한 상제의 대리자였다. 그리고 은 왕조의 제후 · 제백들은 유일무이한 상제의 대리자 은왕의 신성적 권위와 위엄을 인정하고 은왕 통치에 복종하지 않을 수 없었는데 이것이 바로 은 왕조 정문정치였다.

또 은대에는 수도 상읍을 천읍(天邑)으로 불렀으며 천읍 상읍을 중심으로 1000여 개의 대소 방 · 읍 · 국들로 구성된 사방 · 사극이 형성되어 있었는데 은왕은 '상제의 뜻'을 지상에서 실천하는 유일무이한 상제의 대리자였으므로 사방 · 사극은 은왕의 이념적 통치 영역이었다. 그러므로 은왕은 은 왕조의 정치 · 군사력이 미치는 한정된 지역의 세속적 통치자였지만 이념적으로는 정문을 통해서 계시된 '상제의 뜻'을 지상에서 시행하는 유일무이한 상제의 대리자였으므로 사방 · 사극의 유일무이한 통치자였으며 통치 영역은 사방 · 사극이었다. 이에 따라서 유일무이한 상제의 대리자 은왕을 정점으로 은 왕조와 사방 · 사극으로 구성된 하나의 천하일국상이 출현하게 되었다.

주 왕조의 봉건제도 역시 내 · 외복의 독립적 다수 제후국들로 구성되었는데 주왕은 이들 독립적 제후국들을 이념적으로 통어하기 위해서 우주 천지자연의 창조주 '천'의 절대적 권위와 위엄에 의탁한 천명사상을 창출하였다. 그리고 천명의 신성적 권위와 위엄에 의탁하여 주왕은 유일무이한 천명의 봉행자 천자로서 주 통치의 정당성, 신성성, 유일성을 수립하고 화 · 이를 망라한 천하 만백성들을 주왕의 왕신 왕토로 설정하였다. 그러므로 주왕 역시 주 왕조의 정치 · 군사적 통치력이 미치는 한정된 지역의 세속적 통치자였지만 이념적으로는 유일무이한 천명의 봉행자 천자로서 천하 유일무이의 통치자였으며 통치 영역은 화 · 이를 망라한 천하였다. 이에 따라서 주대에도 유일무이한 천명의 봉행자 주왕을 정점으로 주 왕조와 사방의 이적만이를 망라한 천하일국상이 수립되었다.

또 춘추전국 시대 공자 · 맹자와 전국 말기 유가들은 '천명'의 신성적 권위와 위엄에 의탁한 주 왕조의 통치사상을 계승하고 역사 무대에 새로 등장한 이적만이들을 봉건제도 확대를 통하여 수용하고 유일무이한 천명의 봉행자 천자를 정점으로 화하의 내복과 이적만이의 외복으로 구성된 9주, 9기, 9복, 5복의 천하일국의 봉건적 세계질서상을 제시하였다.

전국 6국을 병합하여 중국을 통일한 진시황은 주 왕조 군주 존호였던 천자(天子)와 전국 7국의 군주 존호였던 왕(王)을 폐지하고 황제(皇帝)를 새로운 군주 존호로 제정하였다. 황제의 '황(皇)'은 지상에서 찬란히 떠오르고 있는 태양(太陽)을 의미하고, '제(帝)'는 우주 삼라만상을 통괄하고 있는 상제를 상징하였으므로 황제는 '광휘의 상제' 또는 '위대한 상제'의 뜻이었는데 이것은 황제를 지상상제로 자가신격화(自家神格化, Self-Divinization)한 것이다.

또 진시황은 상제가 거주하고 있는 하늘의 북극성과 주변 별들로 구성된 성좌(星座) 즉 북극성을 중심한 천상(天像)을 모방하여 황제가 거주하는 아방궁과 주변 궁궐들을 축조하였다. 그리고 천지사방을 황제의 영토로 설정하고 화 · 이를 망라한 천하 만백성들을 황제의 신민으로 선포하여 지상상제 황제를 정점으로 진 제국과 화 · 이로 구성된 천하일국상을 제시하였는데 이것은 진시황 역시 지상상제 황제를 정점으로 진 제국과 이적만이로 구성된 천하일국상을 선포한 것이다. 그러므로 진 제국의 황제는 은 · 주왕과 같이 현실적으로는 한정된 지역의 세속적 통치자였지만 이념적으로는 지상상제로서 유일무이한 천하통치자였으며 통치 영역은 화 · 이를 망라한 천하였다.

그런데 은 왕조의 정문정치, 주 왕조의 천명정치, 유가의 통치사상 그리고 진 제국의 황제신격화정치는 모두 '상제' '천' '지상 상제' 등 특정 신의 절대적 권위와 위엄에 의탁하였으며 통치형태도 '점'을 쳐서 상제의 뜻을 타진하는 정문정치, 하늘로부터 천명을 받았다는 천명의 신성적 권위에 의탁한 천명정치 그리고 상제의 절대적 권위와 위엄에 의탁한 황제신격화정치로 각기 달랐다.

그러나 은 왕조의 '상제', 주 왕조의 '천', 유가의 '천', 진 제국의 '지상상제'의 명칭은 서로 달랐지만 사실상 똑같은 우주 천지자연의 창조주였다. 그리고 이념적 통치형태도 모두 우주 천지자연의 창조주의 절대적 권위와 위엄에 의탁한 것이었으므로 본질적으로는 똑같은 것이었으며 은 왕조, 주 왕조, 진 제국 통치의 정통성, 신성성, 유일성과 천하일국의 세계질서상 역시 똑같은 우주 천지자연 창조주의 절대적 권위와 위엄에 의탁하여 수립된 것이었으므로 본질적으로 똑같은 것이었다.

이와 같이 은 왕조, 주 왕조, 진 제국의 통치자들이 '상제' '천' '지상상제' 등 특정 신의 절대적 권위와 위엄에 의탁한 정문정치, 천명정치, 황제신격화 정치와 천하일국상 제시 그리고 천명의 신성적 권위와 위엄에 의탁한 유가의 통치사상과 천하일국상은 공통적으로 똑같은 특정 신의 절대적 권위와 위엄에 의탁한 것이므로 본질적으로 같은 것이었다. 그리고 이 같은 은 왕조, 주 왕조. 유가 통치사상, 진 제국의 통치사상은 모두 세속적 통치자(Secular Power)들이 특정신의 절대적 권위와 위엄에 의탁한 교권(Ecclesiastic Power)을 수용하여 세속 통치의 이념적 보조수단으로 활용한 것이었으므로 황제교황주의 정치사상(Caesaropapism)이었다.

진 제국을 이어서 중국을 통일한 한 제국도 '천명'의 신성적 권위와 위엄에 의탁한 유가의 통치사상과 천하일국상을 계승하여 통치의 정당성, 신성성, 유일성을 수립하고 유일무이한 천명의 봉행자 한 제국 천자를 정점으로 화 · 이를 망라한 천하를 통치 영역으로 선포하였으므로 한 제국 천자 역시 한 제국의 정치 · 군사적 통치력이 미치는 한정된 지역의 세속적 통치자였지만 이념적으로는 하늘로부터 천명을 받은 유일무이한 천하 통치였으며 통치 영역은 화 · 이를 망라한 천하였다. 그러므로 한 제국의 통치사상 역시 황제교황주의 정치사상이었으며 특정신의 절대적 권위와 위엄에 의탁한 황제교황주의 통치사상과 천하일국상은 은 · 주 왕조, 춘추전국 시대의 유가사상, 진 제국 그리고 한 제국까지 계승되어 내려왔던 사실을 알 수 있다.

그런데 한 제국은 천명의 신성적 권위와 위엄에 의탁한 유가의 통치사상과 천하일국상을 단순히 이론과 사상적으로 계승한 것만이 아니고 대외정책의 독트린으로 선포하고 동아시아에서 정치 · 군사적으로 실천을 강행하였다.

한 제국 수립을 전후한 당시의 동아시아 세계를 살펴보면 중앙의 한 제국을 중심으로 북방의 흉노 유목제국, 남쪽의 남월국, 동북의 위만조선, 서역의 도시국가, 서남이의 군소 부족국가 등 대소 국가들이 출현하여 하나의 열국사회(Multi-States Society)를 형성하고 있었다. 이들 대소 국가들은 무력을 포함한 총체적 국력 면에서는 상호 간에 극심한 차이가 있었으나 본질적으로는 자주국가였다. 그리고 상호 간의 정치 · 군사 · 경제적 이해관계 속에서 날카롭게 대립하고 있었으므로 전쟁을 포함한 접촉과 충돌이 발생하지 않을 수 없었다.

이에 따라서 각국 간에는 총체적 국력 강약에 따라서 입공관계를 매개로 한 차등적 국제관계가 수립되었는데 흉노 제국이 패권을 장악하였을 때는 한 제국 천자가 흉노 선우에게 입공을 행하는 흉노-한 제국 간의 입공관계, 한 제국과 남월국 간에는 사신 파견의 입공만을 행한 한 제국-남월국 간의 봉건적 입공관계, 한 제국과 위만조선 간에는 위만조선 군주의 외신 책봉에 의한 봉건적 입공관계가 수립되었다.

그러나 이 같이 입공관계를 매개로 수립된 차등적 국제관계는 국가 간의 총체적 국력 강약에 따라서 수립되었으므로 국제 역학관계의 변화에 따라서 수시로 변동될 수밖에 없었다. 무력이 월등히 강했던 흉노 제국은 한 제국과의 화친약을 수시로 파기하고 북변 침탈을 자행하였으며 남월국은 한 제국 천자의 외번이었음에도 불구하고 국익이 상충되면 수시로 칭제하고 한 제국 변방을 침탈하였으며 위만조선 역시 한 제국의 군사·경제적 원조를 받은 외번국이었음에도 불구하고 국익에 따른 독자적 정책을 수행하고 있었는데 이 같은 국제적 상황은 한 제국의 국력이 부강해지면서 재편되기 시작하였다.

개국 후 70여 년이 지나 국력이 부강해진 한 제국은 주변에 대한 사면정벌을 단행하여 북방의 흉노를 고비사막 이북으로 축출하여 흉노 선우에 대한 입공을 중단하였으며 흉노 제국이 남북으로 양분되자 남흉노 선우를 외신으로 책봉하여 조공관계를 수립하였다. 또 내신화를 거부한 남월국과 외신화를 거부한 위만조선을 각기 무력으로 정벌하여 군현으로 병합하였으며 서역 도시국가와 서남이 부족국가들은 무력시위와 정벌, 선진문물 제공 등의 방법을 통하여 외신으로 책봉하여 입공관계를 수립하였다. 그러나 영토 할양, 부세 징수, 병력 징발 등의 요구는 없었다.

이런 점에서 볼 때 한 제국의 대외정책 목표는 주변국의 영토 병합에 있었던 것이 아니고 주변국의 외번화였다. 그리고 주변국 외번화를 통한 천하 제패였으며 한 제국 천자를 정점으로 화이로 구성된 천하일국의 봉건적 세계질서 수립이었다. 그리고 선제 때 남흉노 선우의 조공관계 수용에 의해 한 제국 천자를 정점으로 제후왕, 열후, 공경백관들로 구성된 내번의 한 제국과 남흉노, 서역 도시국가, 서남이 부족국가들로 구성된, 즉 이적만이의 외번국들로 구성된 천하일국의 봉건적 세계질서가 수립되었다.

이와 같이 한 제국 천자를 정점으로 천하일국의 봉건적 세계질서를 수립한 한 제국은 외번국의 정치적 자율성을 보장하고 사신 왕래, 물자 교역, 관시 개설 등을 허용하여 한 제국의 방대한 경제력과 선진문물의 혜택을 누릴 수 있게 하면서 상호 간의 결속과 유대를 강화하였다. 그리고 천자의 은택에 의한 이적만이의 문명화, 이적만이 문명화에 의한 화하와 이적만이 간의 천하대일통, 천하대일통에 의한 태평성대 도래와 왕도 구현 등의 논리 개발을 통하여 한 제국 천자를 정점으로 한 천하일국의 봉건적 세계질서 수립을 정당화하고 우주 천지자연의 창조주 '천'의 절대적 권위와 위엄에 의탁한 이념적 세뇌를 통하여 항구화하려고 하였다.

그러나 주변 외번국들은 총체적 국력 면에서는 한 제국과 비교할 수 없을 정도의 격차가 있었지만 무력을 소유하고 국경을 관리하고 독자적 정책을 수행하고 한 제국의 법과 예는 시행하지 않고 오로지 한 제국 천자의 왕화(王化) 즉 문화적 영향만 받아들이고 있던 자주국가였다. 그러나 자국의 경제 발전, 무력 양성, 국가 안보 등의 여러 측면에서 동아시아 유일의 선진대국 한 제국과의 수교, 협력, 교역 등이 절대로 필요하였으므로 국익 차원에서 한 제국 천자의 책봉을 수용하여 봉건적 입공조공관계를 수립하고 봉건적 입공조공관계를 통하여 선진문물을 구입하고 군사 · 경제적 원조를 받아서 국력을 향상하고 한 제국으로부터 구입한 문물로 중개무역에 종사하여 막대한 경제적 이익을 취하고 있었다. 그러나 상호 간의 국익이 충돌되면 입공조공관계를 수시로 단절하고 또 자국의 자주성이 위협당하면 멸망을 각오하고 항전하였다. 이런 점에서 볼 때 주변 외번국의 한 제국 천자에 대한 봉건적 입공조공관계 수립은 국익 차원에서 수용된 의례적인 것이었다.

그러므로 한 제국과 약소 주변국 간에 수립된 봉건적 입공조공관계는 한 제국 입장에서는 한 제국 천자의 천하통치의 유일무이성을 전제한 봉건적 신속관계였지만 주변국 입장에서는 국익을 위해서 수용한 하나의 형식적 의례에 불과하였으며 국익이 충돌되면 언제든지 파기될 수 있었다. 이 같이 입공조공관계는 자주국가였던 대소 열국 간의 총체적 국력 강약과 상호 이해관계의 국제역학관계에 의해서 수립된 것이었으므로 본질적으로는 약소 주변국이 한 제국의 패권을 인정하고 복속하는 의례였다. 이런 점에서 당시 동아시아 세계에는 패국 한 제국과 약소 주변국은 입공조공의 의례를 매개로 봉건적 국제관계와 질서가 형성되었다고 할 수 있다.

한편 춘추전국 시대 국제관계는 대국과 소국 간의 조공사대를 매개로 한 차등적 국제관계가 형성되었는데 이 같은 차등적 국제관계도 대소 열국 간의 총체적 국력 강약과 상호 이해관계에 의해서 형성된 것이었으므로 한대 대소 열국 간의 입공조공 의례를 매개로 수립된 봉건적 국제관계와 본질적으로 같은 것이었다. 그런데 천명의 신성적 권위와 위엄에 의탁한 유가의 통치사상과 천하일국의 봉건적 세계질서상을 대외정책 독트린으로 채택한 한 제국이 방대한 경제력, 선진문물, 막강한 무력으로 한 제국 천자 책봉의 입공조공관계를 주변국에 덧씌워 버렸기 때문에 춘추전국 시대의 차등적 국제관계가 봉건적 국제관계로 변한 것이다.

이런 점에서 볼 때 춘추전국 시대에는 차등적 국제관계 속에서 약소 열국들이 진(晉) · 초(楚)의 패권을 인정하고 조공사대를 통하여 복속하고 있었다고 한다면 한대에는 봉건적 국제관계 속에서 약소 주변국들이 한 제국의 패권을 인정하고 입공조공을 매개로 복속하고 있었다고 할 수 있다.

그러나 이념적으로 볼 때 한 제국의 봉건적 세계질서 수립은 하늘에서 유일의 태양이 온 누리를 두루 비치면서 천지자연 만물의 생육 양장을 보살피고 있는 것과 같이 지상에서는 유일무이한 천명의 봉행자 한 제국 천자가 하늘의 뜻을 받들어서 화 · 이를 망라한 천하 만백성들을 보살펴야 한다는 유가의 천명 구현이었으며 천하일국상의 실현이었다. 다시 말하면 유가의 유토피아 구현이었다.

그런데 이 같은 유가의 유토피아 구현은 143여 년간의 긴 세월, 무수한 인명 손실과 희생, 천문학적인 경제 · 사회적 비용 지출 위에서 이룩된 한 제국의 동아시아 패권 장악이었으며 제국주의 팽창의 결과물이었으므로 천명의 신성적 권위와 위엄에 의탁된 그리고 황제교황주의에 기본한 유가의 통치사상과 천하일국상은 한 제국의 동아시아 패권 장악과 제국주의 팽창의 이념적 원동력이었던 사실을 알 수 있다.

부록

The Roots and Nature of Chinese Hegemony in the Former Han Times

by

Choon S. Lee

Professor Emeritus of Korea University

Korea University Press

2014

The Roots and Nature of Chinese Hegemony in the Former Han Times

Table of Contents

ABSTRACT

The ancient Chinese's unique spiritual belief in the absolute authority and majesty entrusted in its ruling ideology and "Single Unified State under Heaven" was developed during the Shang/Chou dynasties. In order to govern the various independent Inner and Outer Regional States, which formed the P'ang Yi Kuo League, the Shang dynasty founded its rule on the basis of an all powerful divine creator of the universe Shang-ti's absolute authority and majesty. In effect, Shang-ti was regarded not only as a Shang tribal god but also as the supreme god. It was believed that Shang-ti, while ruling from Heaven, controlled all aspects of nature including wind, cloud, lightening, and rain; decided all outcomes of war, agricultural harvest results and ultimately the fate of mankind as the all powerful deity.

Therefore, the King of Shang enshrined Shang-ti along with other deities in an alter and personally performed the annual grand sacrificial rites as a priest while dispatching officers of sacrifice to the P'ang Yi Kuo League to also perform the sacrificial rites. Through these ceremonies; the King of Shang received the will of Shang-ti and conducted its political affairs.

The King of Shang formed a group of diviners made up of those from the League and through these Oracle Bonzes consulted the Will of Shang-ti and conducted the will of Shang-Ti as political policy. Thus, the Oracle Bonzes (貞問) was used as a communicative mechanism through which Shang-ti communicated its will to human society and the diviners were regarded as interpreters of divine will. And this made the King of Shang as the only representative of Shang-ti on earth.

In addition, during the Shang period there were roughly about 1000 P'ang, Yi, Kuos which formed the Four Quarters surrounding Shang's Shang-yi(商邑) as the capital; since the King of Shang was the only representative of Shang-ti's will on earth, the surrounding Four Quarters formed an ideological sphere of influence under the King of Shang. Hence, while the King of Shang's political and military power were limited as a secular ruler; ideologically speaking, as the one and only representative of Shang-ti's will, the King of Shang was the one and only ruler of all Four Quarters. Thus emerges the concept of "Single Unified State under Heaven" based upon the King of Shang's role as the one and only ruler, who ruled in accordance with Shang-ti's will as his only one representative on earth.

The feudal Feng-chien system during the Chou dynasty was also formed of various independent vassal states of inner and outer regions. The King of Chou too, in order to ideologically rule these various independent vassal states relied on the concept of "Heaven's Mandate(天命)", which was entrusted in the divine authority and majesty of the all powerful supreme creator of universe, the Heaven(天). And entrusted by this divine authority and majesty, the King of Chou instituted the legitimacy, sacredness, and the uniqueness of Chou's rule and as the "sole carrier of the Mandate of Heaven" and "the Son of Heaven". The King of Chou, thus, established and declared all people and territory under Heaven, which included Chinese and non-Chinese barbarians, to be subjects and belonging to the King of Chou. Therefore, the King of Chou too, although had limited political and military rule, was nonetheless regarded ideologically the one and only carrier of "Heaven's Mandate" and "Son of Heaven", who ruled all people under Heaven, which included all Chinese and non-Chinese.

Thus, even during the period of Chou, the vision and concept of "Single Unified State under Heaven" based on the King of Chou, who ruled over all region and people, was established. And the following Confucian ruling ideology during the Ch'un-ch'iu Chan-Kuo period was a succession of the Chou dynasty's ruling ideology and its vision of "Single Unified State under Heaven".

Ch'in-shi-Hwang-ti, who unified six kingdoms, abolished the title of "Son of Heaven" used during the Chou dynasty along with the title of King used during the Chan-Ko period by kings of all seven kingdoms, and adopted "Hwang-Ti" (皇帝, Emperor) as the new title for ruling head of state. The first character "Hwang" means the glorious sun rising from earth, and "Ti" represented the supreme god Shang-ti who controlled the universe; thus the title of "Hwang-ti", which in effect meant "Great God", was Ch'in-Shi-Hwang-ti's new title of self-divinization.

In addition, based on the polestar and its surrounding constellation,

Ch'in-Shi-Hwang-ti built Hwang-ti's residential palace (palace of A-Fang). He also established everything under heaven as the territory of Hwang-ti and declared all people, including all Chinese and non-Chinese, as the subject of Hwang-ti. This was in effect, the presentation of the "Single Unified State under Heaven" based on the rule of the living divine emperor on Earth and his Empire, which ruled over all people under Heaven.

Incidentally, the ruling ideologies of Shang dynasty's Oracle Bones, Chou dynasty's Mandate of Heaven, and Ch'in Empire's divinized living emperor were all different in name and in terms of practice as diviners relied on a type of fortune reading of Shang-ti, while Chou used the Mandate of Heaven as a ruling basis, and lastly the self-divinization of the Emperor rule were all rather different. However, while Shang's notion of "Shang-ti", Chou's Heaven, and Ch'in's divinized living Emperor's can be substantively understood as being different with different names, the underlying essence of all three concepts essentially mean and refer to the same notion of an all powerful universal supreme creator God.

Additionally, since all three shared the same ideological ruling structures and were entrusted by the absolute authority and majesty of the supreme creator, they can be understood as essentially the same in nature amounting to a form of Caesaropapism. And thus, since the Han Empire also inherited Chou's ruling ideology of Mandate of Heaven and the Single Unified State under Heaven, which were also absorbed and succeeded by Confucian ideology, the ruling ideology of the Han Empire can also be understood as a form of Caesaropapism.

Meanwhile, the Han empire, which succeeded the Ch'in dynasty, inherited Confucian ruling ideology, which continued the notion of Single Unified State under Heaven and Chou's ruling ideology. Therefore, the Emperor of Han while realistically a secular ruler of an empire, ideologically understood, the Emperor was considered to be the Only One World Ruler, who carried out the will of the supreme God of Universe who created and ruled heaven and earth. And the emperor's rule encompassed all territory and all people under Heaven.

Around the period of Han empire's emergence, East Asia had formed a multi-state system in which the center was occupied by the Han empire, which was surround by the Hsiung-nu empire to the north, Nan-yea kingdom to the south, Wei-man

Kingdoms to the east, Western city-states and various Southwestern tribal states. However, it must be noted that the Han Empire did not merely inherit the ruling ideology entrusted in the Mandate of Heaven and concept of Single Unified State under Heaven by the Chou dynasty and Confucian ruling ideology in a conceptual sense but took it further and used them as a foreign policy doctrine. And thus enforced these ruling ideology onto the neighboring states through vastly superior economic power, advanced civilization, and, military power.

Accordingly, since the time of Han Kau-tzu, the Han Empire used force to subdue the powerful neighboring states and used its vastly greater economic power and advanced culture to attract the smaller and lesser states into becoming its outer vassal states. Therefore, the political order of East Asia was established as a multi state feudal order in which the Han Empire occupied the center of the world whose emperor carried out the will of the Supreme Creator and Mandate of Heaven; and ruled the world as the only one Son of Heaven while the Nan-Hsiung-nu, Western city- states, Southwestern tribal states all of which were considered as the outer feudal barbarian vassal states in the periphery, made up the world feudal global order under the concept of "Single Unified State" under Heaven.

Thus, as the Han Empire established the feudal world order under the Son of Heaven and concept of a Single Unified State under Heaven, it guaranteed political autonomy to the barbarian vassal states of the outer regions and permitted trade, diplomacy, and so on. And thus allowing these states to benefit from the greater economic power and advanced civilization through which mutual solidarity and relationship was enhanced. The Han Empire also developed various other ideological justifications and notions such as the Realization of Grand Unification of World and Emergence of Grand Period of Peace all brought upon by the enlightenment of the barbarians and the Grace of the Son of Heaven. These were all used as a brainwashing mechanism to justify and perpetuate the legitimacy of the global feudal order of Single Unified State under Heaven established by the Han Empire.

However, although all the neighboring states were overwhelmed and inferior by any measure in terms of national resources, wealth, and military power; they were essentially independent nations. And as they needed Han Empire's advanced civilization, military, and economic power in order to promote their own economy, military, and national security, the neighboring states accepted the inferior status in the tributary relationship offered by the Son of Heaven. The neighboring states, in fact, benefited and profited enormously as they engaged in trade and continued the tributary relationship by periodically giving what Han Empire needed and receiving in return various economic and military aid and advanced technology.

It should also be noted, in spite of its subjection to the tributary relationship, the outer neighboring states refused to practice "Ruler visit Court" required by the feudal rituals of subjugation to Han Emperor and conducted its diplomacy through tribute-bearers. The neighboring states also controlled their own military forces, protected their national border and security, and enforced their own autonomous policies. In effect, the neighboring states refused to abide by Han Empire's law and its influence but accepted only its cultural and civilizing influence.

Moreover, whenever mutual national interests clashed or their autonomy threatened or infringed, not only the neighboring states were invariably all too willing to sever the tributary relationship, they resisted the Han Empire at the risk of their own ruin. Therefore, according to the Barbarian Biographies of Shi-chi(史記) and Han-shu(漢書) , these neighboring states are recorded as foreign countries, and given all these facts combined, although in a tributary relationship with the Han Empire, these neighboring states were practically independent and autonomous countries of their own.

From this perspective the relationship between the Han Empire and its neighboring states can be essentially described as a hierarchy of power with the most powerful Han Empire occupying the top rung and the less powerful smaller neighboring states accepting Han's hegemony and thus subjugating themselves to the Han Empire as feudal vassal states.

Therefore, the tributary relationship centering on Han Emperor with the Feudal vassal kingdoms of Barbarians can be understood in two perspectives. From the perspective of the Han Empire, the relationship was based on a feudal relationship that recognized the superiority of the Son of Heaven of Han Empire; while for the neighboring states, the relationship was a recognition of their subjected status and the hegemony of the Han empire.

Therefore, as the neighboring states accepted the tributary relationship and became part of Han Empire's feudal world order, the Han Empire and its notion of Son of Heaven became the focal point and center of a world order that included the Nan-Hsiung-nu, Western city-states, and Southwestern tribal states all of which formed the "Barbarian Feudal Kingdoms in the Periphery"; and thus, the "Chinese Feudalistic One World Order under Heaven" was established.

However, since this feudal world order established by Han Empire is structurally identical with the Confucian world order based on the notion of Son of Heaven and Feudalistic Order made up of Chu-hsia in the center of the world and its neighboring barbarians in the periphery of the world, this is a political and military realization of the Confucian ruling ideology and the concept of the "Single Unified state under Heaven". Hence, Han Empire's establishment of a feudalistic world order in reality was the realization of Confucian's ruling ideology of a single unified state under Heaven, which was based on the Mandate of Heaven and its sacred authority and majesty. Just like the One and Only Sun in the Heaven is responsible for the sustenance of everything in Heaven ; ideologically, on Earth, Han Empire's feudalistic order was an embodiment of Confucian's utopian vision in which the One and Only Son of Heaven and Carrier of the Mandate of Heaven, which is the Han Emperor, shall carry out the will of Heaven in order to govern and rule over all people.

Thus, the Confucian ruling ideology used missionary notions such as Enlightenment of the Barbarians, the Grand Unification between the Chinese and non-Chinese Barbarians, and the resultant period of Grand Peace in order to justify, legitimize, and perpetuate the Supreme Creator or Heaven's absolute authority and majesty. However, these Confucian notions and ideology were no different from Western European colonialism, which based its justification on a civilizing mission of the non-Europeans when in reality the mission only served the purpose of colonialism and exploitation in order to develop new markets, secure natural resources, and acquire new territories to accommodate over population. Namely, the Confucian ruling ideology was very much likethe 19thcentury European imperialism defended and basedon "whitemen'sburden"of civilizing the world and the notion of survival of the fittest put forth by Social Darwinism. From this point, Han Empire's pursuit of Single Unified State under Heaven and its ensuing world feudal order is a world order based on Imperialism.

Thus, the ideological origin and root of Han Empire's feudal world order can be traced to the sacred authority and majesty of the notion "Mandate of Heaven" and the Confucian ruling ideology and the notion of "Single Unified State under Heaven"; and thus, the One and Only Son of Heaven carries out the Mandate of Heaven as the emperor of Han Empire, who rules over Chinese and non-Chinese to establish a Single Unified State under Heaven. However, in reality, this was nothing but an ideology resulted from Han Empire's hegemony and imperialism.

참고문헌

원전 및 자료

『公羊注疏及補正』, 臺北: 世界書局, 1960.
『國語韋氏解』, 臺北: 世界書局, 1975.
『管子校正』, 臺北: 世界書局, 1969.
『論語注疏及補正』, 臺北: 世界書局, 1972.
孟子注疏(十三經注疏), 北京: 北京大學出版社, 2000.
『毛詩注疏及補正』, 臺北: 世界書局, 1972.
『墨子今注今譯』, 臺北: 商務印書館印行, 1974.
『史記』, 서울: 景仁文化社 編.
『三國志』, 서울: 景仁文化社 編.
『尙書注疏及補正』, 臺北: 世界書局, 1972.
『荀子集解』, 臺北: 世界書局, 1972.
『詩經注疏及補正』, 臺北: 世界書局.
『新語校注』, 中華書局.
『呂氏春秋』, 臺北: 世界書局.
『鹽鐵論』, 校沽, 台北: 中華書局.
『禮記正義』, 北京: 北京大學出版社.
『禮記注疏及補正補正』, 臺北: 世界書局, 1972.
『殷墟書契 前篇』, 芸文書会官, 1970.
『殷墟綜述』, 北京, 1956.
『爾雅注疏(十三經注疏)』, 北京: 北京大學出版社, 2000.
『周禮注疏及補正』, 臺北: 世界書局, 1972.
『戰國策』.
『左傳注疏及補正』, 臺北: 世界書局.
『春秋公羊傳注疏及補正』, 臺北: 世界書局.

『春秋公羊傳何氏解詁』.

『春秋繁露義證』,上海: 齊魯書社, 1987.

『韓非子 集辭』, 中華書局.

『漢書』, 서울: 景仁文化社 編.

『後漢書』, 서울: 景仁文化社 編.

『說文解字義證』, 上海: 上海出版印刷公司, 1987.

『孝經孟子注疏及補正』, 臺北: 世界書局, 1968.

저서 및 역서

金翰奎,『古代中國的世界秩序研究』, 서울: 一潮閣, 1982.

김한규,『天下國家』, 서울: 소나무, 2005.

具塚茂樹 編,『古代殷帝國』, 東京: みすず書房, 1967.

屈 敏一, 中國と古代東アジア世界, 東京: 岩波書店, 1993.

金貞培,『韓國古代國歌의 起源과 形成』, 서울: 고려대학교출판부, 1986.

나가사와 가즈도시 저, 이재성 역,『실크로드의 역사와 문화』, 서울: 민족사, 1990년.

白川靜,『金文の世界』, 東京: 1973.

梁启超,『先秦政治思想史』, 臺北: 中華書局, 民國 55年.

姚從吾 篇,『匈奴與西漢爭奪東亞覇權的檢討』, 東北史論叢, 臺北: 正中書局, 民國 48.

尹乃鉉,『韓國古代史新論』, 서울: 一志社, 1999.

栗原朋信,『秦漢史の研究』, 東京: 吉川弘文館, 1960.

李藤道治,『中國古代王朝の形成』, 創文社, 1975.

李春植,『事大主義』, 서울: 고려대학교출판부, 1998

______,『中華思想의 理解』, 신서원, 2002년.

______,『유학의 천도관과 정치이념』, 서울: 고려대학교출판부, 2004.

伊藤道治,『中國古代國家の支配構造』, 東京: 中央公論社, 1987.

日原利國,『漢代思想の 研究』, 東京: 研文出版, 1986.

張蔭麟,『中國上古史綱』, 臺北: 中國文化出版社, 民國42.

赤塚忠,『中國古代の宗教と文化一般王朝の祭祀』, 東京: 角川書店, 1977.

田崎仁義 , 王學文 譯,『中國古代經濟思想及制度』, 臺灣: 商務印書館, 1965.

潮見浩,『東アジア初期鐵器文化』.

沈福傳,『中西文化交流史』, 上海: 上海出版社, 1988.

護雅夫,「匈奴-古代遊牧國家の形成」,『東アジア文明の形成』, 東京: 筑摩書房, 1960.

연구논문

金兆梓,「封邑國邦方辦」,『歷史研究』第2期, 1956.
郭沫若,「天の思想考」,『東洋思潮』, 東京: 岩波書店, 1935.
金翰圭,「賈誼의 政治思想—漢帝國秩序確立의 思想史的 一過程」, 歷史學報 第六十輯.
權五重,「樂浪郡의 設置背景」,『世宗大學論文集』, 1984.
金瑛河, 韓國 古代社會의 政治構造,《韓國古代史研究》8, 1995.
朴奉住,「고대 滇 文化에 대한 一考察」,『東洋史學研究』第104輯.
西嶋定生,「皇帝支配の成立」,『世界歷史 4 東アジア世界の形成』, 東京: 岩波書店, 1970.
松丸道雄,「殷周國家の構造」,『世界歷史 4, 東洋編 4』, 東京: 岩波書店, 1970.
서영수,「衛滿朝鮮의 形成過程과 國家的 性格」,『韓國古代史研究』9, 1996.
王震中,「試論我國中原地區國家形成的道路」,『中國史研究(京)』3, 1984.
李兼斗,「漢四郡 設置의 歷史的 背景」,『中齊張忠植博士華甲紀念論叢』, 단국대학교출판부, 1992.
李愛熙,「宋代의 天命觀에 관하여」,『人文研究』第19輯, 1984.
李春植,「朝貢의 起源과 意味」,『中國學報』第10輯, 1969.
______,「左傳 중에 보이는 事大의 意味」,『史叢 』제14집, 1969.
______,「漢代의 羈縻政策과 事大·朝貢」,『 史學志』제2집, 1972,
______,「儒家政治思想의 理念的 帝國主義」, 人文論集 第27輯, 1982.
______,「中國古代國家의 二重構造와 世界觀」,『亞細亞研究』第XXXV권, 第1號, 1992.
______,「兩漢代 制夷策과 羈縻策의 性格에 대하여」,『東洋學』第25輯, 1995.
______,「先秦시대 유학의 天道觀과 정치이념」,『史叢 』제27집, 2003.
______,「동아시아 국제사회의 형성과 조공외교」,『동양정치사상사』제5권 2호, 2006.
田中柚美子,「王と天子」,『中國古代史研究』第 六 .
晁福林,「殷墟卜辭中的商王名號與商代王權」,『歷史研究』5, 1986.
崔夢龍,「韓國 古代國家 形成에 대한 一考察—衛滿朝鮮의 例」,『全海宗博士回甲記念史學論』.

Legge, James. 『The Shoo king or The Book of Historical Documents』.
Creel, H. G. "The Origins of Statecraft in China", Chicago: The University of Chicago Press,

1970.

_________. *The Birth of China*, New York: Reynal & Hitchcock, 1937.

Karlgren, Bernard. "Some Sacrifies in Chou China", *The Museum of For Eeastern Antiquities*, No. 40(1968).

Pan, ku. *The History of the Former Han Dynasty*(trans. by Homer H. Dubs), Vol. II.

Thomas, Elbert Duncan. *Chinese Political Thought*, New York: Greenwood Press, 1968.

Loewe, Michael. *Dong Zhongshu, a 'Confucian' Heritage and the Chunqiu fanlu*, Brill: Leiden Boston, 2011.

Gardiner, A. *Egyptian Grammar*, Oxford: Oxford University Press, 1952.

Luckenbill, D. D. *Ancient Records of Assyria and Babylonia*, Vol. II (Chicago: University of Nibley, Hugh. "The Hierocentric State", Western Political Quarterly, Vol. IV.(June 1951).

RiIOTTO, Maurizio. "Ancient Koreans and Xiongnu: What was the Nature of Their Relationship?", *Journal of Northeast Asian History*, Vol.6, No.1(June 2009).

Barfield, Thomas. "Book Review: Ancient China and its Enemies ; The Rise of Nomadic Power in East Asian history", T'oung Pao Vol. 89, Fasc. 4/5 2003.

Chang, Chun-shu. *The Rise of the Chinese Empire* Vol. 1, Ann Abor: The University of Michigan Press, 2007.

Yihong, Pan. *Son of Heaven and Heavenly Qaghan*, Belinghan: Western Washington University Press, 1997.

Yü, Ying-shih. *Trade and Expansion in Han China*, Berkeley and Los Angeles: University of California Press, 1967.

찾아보기

중국 패권의 뿌리와 이념

초판 발행 1쇄 2014년 6월 19일

지은이 이춘식

펴낸곳 **고려대학교출판부**

www.kupress.com

kupress@korea.ac.kr

136-701 서울특별시 성북구 안암동

02-3290-4230, 4232

Fax 923-6311

찍은곳 (주)동화인쇄공사

ISBN 978-89-7641-853-1 93910

값 25,000원

* 잘못 만들어진 책은 바꿔드립니다.